职业教育·道路运输类专业教材

道路建筑材料

张富钧　叶姣凤　主　编
宁晓东　李　娟　主　审

人民交通出版社股份有限公司

北京

内 容 提 要

本书依据我国最新修订的相关标准及试验规程编写。全书共十个单元,每个单元都由道路建筑材料理论知识和材料性能的试验检测组成。具体为绪论、砂石材料、气硬性胶凝材料、水硬性胶凝材料、水泥混凝土和砂浆、无机结合料稳定材料、沥青材料、沥青混合料、建筑钢材、工程高分子聚合物十部分。每个单元的"价值引领"板块均融入了课程思政元素,实现全方位育人的理念;教材中加入了思维导图、工程施工图片、建筑材料图片、试验过程配套图片、施工案例,以及习题集和考证训练题,便于学生自学和毕业后考证所需;教学视频以二维码的形式呈现,有机地结合了信息化教学的相关要求,以提高学生的学习效果。

本书可作为高等职业教育道路桥梁工程技术、道桥工程检测技术、道路工程造价、道路养护与管理、工程监理、铁道工程等专业教材,亦可供从事公路施工、试验检测、工程监理工作的工程技术人员参考。

本书配课件和教案,教师可通过加入"职教路桥教学研讨群"(QQ:561416324)获取课件。

图书在版编目(CIP)数据

道路建筑材料 / 张富钧,叶姣凤主编. — 北京：
人民交通出版社股份有限公司,2021.8
ISBN 978-7-114-16976-2

Ⅰ.①道… Ⅱ.①张…②叶… Ⅲ.①道路工程—建
筑材料—高等职业教育—教材 Ⅳ.①U414

中国版本图书馆 CIP 数据核字(2020)第 246456 号

职业教育·道路运输类专业教材
Daolu Jianzhu Cailiao

书　　名:道路建筑材料
著 作 者:张富钧　叶姣凤
责任编辑:李　瑞
责任校对:孙国靖　扈　婕
责任印制:刘高彤
出版发行:人民交通出版社股份有限公司
地　　址:(100011)北京市朝阳区安定门外外馆斜街 3 号
网　　址:http://www.ccpcl.com.cn
销售电话:(010)59757973
总 经 销:人民交通出版社股份有限公司发行部
经　　销:各地新华书店
印　　刷:北京市密东印刷有限公司
开　　本:787×1092　1/16
印　　张:24.5
字　　数:586 千
版　　次:2021 年 8 月　第 1 版
印　　次:2022 年 9 月　第 3 次印刷
书　　号:ISBN 978-7-114-16976-2
定　　价:55.00 元

(有印刷、装订质量问题的图书由本公司负责调换)

前·言
Preface

　　"道路建筑材料"是道路运输类专业(道路与桥梁工程技术、道桥工程检测技术、道路养护与管理、道路工程造价等)的专业技术基础课,本教材在编写过程中,在知识内容选取上侧重考虑了其对应的职业能力以及其对后续专业课程的基础作用。同时,本教材编写人员认真学习2020年发布的《职业院校教材管理办法》,紧密结合高等职业教育的特点,积极对接行业和企业的需求,充分参考工程一线人员的指导意见,广泛征集学生对试用版教材的意见,根据我国最新修订的相关标准和行业企业最新规范,编写了本教材。

　　本教材具有以下特色

　　(1) 通过价值引领融入"课程思政"元素,实现全方位育人的理念;

　　(2)列出思维导图,引导学生思考和自学;

　　(3) 强化信息化教学,配套了与教材对应的微课视频,供学生课前预习和课后复习;配套了教材对应的课件和教案,供教师们教学时参考;

　　(4)注重实践性,引入了工程实际案例,以提高学生分析和解决实际问题的能力;

　　(5)根据"1+X"证书制度试点工作需要,加入了公路工程试验检测工程师考证训练题,力求做到"书证融通""课证融通"。

　　(6)体现先进性和实效性,本教材中采用了国家及行业最新技术标准和技术规程,选取了具有代表性的新材料、新工艺,以适应生产和教学所需。

　　本教材的培养和学习目标

　　(1)能根据相应的试验规程对材料的相关技术指标进行检测,

并能正确填写试验原始记录；

（2）能依据相应的技术规范对所测定的技术指标进行正确的评价，并能独立出具试验报告；

（3）能根据不同的工程环境，正确地选用各种建筑材料；

（4）学生要不断提高自己的个人修养、学习能力和保持身心健康，要不断提升自己的社会责任感和爱国情怀，努力成为德智体美劳全面发展的社会主义建设者和接班人。

本书由甘肃交通职业技术学院的张富钧、兰州交通大学的叶姣凤担任主编并统稿。参加本书编写的人员有甘肃交通职业技术学院李飞、马彦明。具体分工如下：张富钧编写绪论、单元一、单元二、单元三和单元四，叶姣凤编写单元五、单元六、单元七，李飞编写单元八，马彦明编写单元九。教学视频分别由甘肃交通职业技术学院张富钧、宁晓东、李飞、马彦明、李伯乐、王莎莎（思政老师）、张璇（思政老师））录制完成。

全书由甘肃交通职业技术学院高级试验检测工程师宁晓东、甘肃智通试验检测公司高级工程师李娟主审。两位主审认真的审阅了本教材，提出了许多宝贵的修改意见，在此深表感谢。

由于编者学术水平和实践经验有限，教材中存在的不妥之处恳请读者批评指正，以便修订时完善。

编　者
2021 年 5 月

本教材配套资源索引

本教材配套了课件、教案、微课教学资源,其中既有对道路建筑材料理论知识的讲解,又有对材料试验操作步骤的演示。这些资源可以有效激发学生的学习兴趣和积极性,有助于学生更好地理解相关知识点,同时可方便教师组织和实施教学。

具体微课视频资源列表如下,您可以扫描封二的二维码,通过移动端或者 PC 端进行观看学习,具体使用说明详见封二介绍。

教 材 内 容		资源序号	资 源 名 称	包含知识点
单元0 绪论	模块一 道路建筑材料 课程的主要内容	1	绪论	课程主要内容
单元一 砂石材料	模块二 集料	2	粗集料的力学性质	粗集料压碎值试验方法、磨耗值试验方法
		3	细集料的技术性质	细集料的物理常数
		4	细集料的级配	细集料的级配
	模块三 砂石材料性能检测	5	细集料的筛分试验	细集料干筛法筛分试验
		6	细集料的表观密度试验	容量瓶法测细集料表观密度试验
		7	细集料的堆积密度试验	细集料的堆积密度、紧装密度试验
单元二 气硬性胶凝材料	模块一 石灰	8	石灰的基本知识	石灰的生产、分类、消化、硬化
		9	石灰的技术性质及应用	石灰的技术要求、应用
单元三 水硬性胶凝材料	模块一 通用硅酸盐水泥	10	水泥的简介	通用硅酸盐水泥、硅酸盐水泥、水泥熟料
		11	水泥的技术性质与技术标准	水泥的凝结、硬化、物理性质、技术性质、技术标准
		12	水泥标准稠度用水量凝结时间安定性试验方法	水泥标准稠度用水量、凝结时间和安定性
		13	水泥细度试验方法	负压筛析法、比表面积测定法测水泥细度
		14	水泥胶砂强度试验方法	水泥胶砂强度试验方法
	模块三 水泥性能检测	15	水泥细度试验	负压筛析法试验测水泥细度
		16	水泥胶砂强度试验	制作水泥胶砂试件用于抗压、抗折检验

教材内容		资源序号	资源名称	包含知识点
单元四 水泥混凝土 和砂浆	模块一 水泥混凝土概述	17	水泥混凝土的概述及对组成材料的要求	水泥混凝土定义、分类和组成材料的技术要求
	模块二 普通混凝土	18	新拌水泥混凝土和易性	新拌水泥混凝土的和易性、坍落度试验
		19	硬化后水泥混凝土的力学性质	水泥混凝土的抗压强度与抗压强度试验
		20	水泥混凝土的初步配合比设计	水泥混凝土初步配合比设计步骤
		21	水泥混凝土的基准、实验室及施工配合比设计	水泥混凝土的基准配合比、实验室配合比、施工配合比
	模块六 水泥混凝土 性能检测	22	水泥混凝土抗压强度试验	水泥混凝土立方体的抗压强度试验
单元六 沥青材料	模块一 沥青及其分类	23	沥青的理论知识	沥青的定义和分类
	模块二 石油沥青	24	石油沥青的理论知识	石油沥青的定义、分类、组分、结构、性质
		25	石油沥青的检验要求	石油沥青的制备、取样、保护、存放、适用范围
	模块四 沥青材料性能检测	26	道路石油沥青黏滞性检验	道路石油沥青的针入度试验
		27	道路石油沥青塑性检验	道路石油沥青的延度试验
		28	道路石油沥青温度稳定性检验	道路石油沥青的软化点试验
单元七 沥青混合料	模块一 沥青混合料的 特点及分类	29	沥青混合料理论知识	沥青混合料的定义、分类和组成结构
	模块二 热拌沥青混合料	30	沥青混合料技术性质	沥青混合料的高温稳定性和试件制作方法(击实法)
	模块四 沥青混合料 性能检测	31	压实沥青混合料密度试验方法(表干法)	压实沥青混合料密度试验方法(表干法)
单元八 建筑钢材	模块一 建筑钢材概述	32	桥梁建筑用钢	桥梁建筑用钢材分类与其技术要求
	模块二 建筑钢材的技术 性质和技术要求	33	钢材技术性质	钢材的分类、抗拉性能、塑性
		34	金属材料室温拉伸试验方法	金属材料室温拉伸试验方法
	模块四 建筑钢材性能检测	35	钢筋室温拉伸试验	钢筋的抗拉强度与断后伸长率

目·录
Contents

单元0
UNIT ZERO

绪论

📖 知识目标

熟悉道路建筑材料的定义、分类、技术性质及其检测方法;掌握道路建筑材料在道路与桥梁建筑工程中的评价和选用方法。

📖 能力目标

能够运用所学的知识正确地评价和选用材料。

📖 价值引领

学生通过学习专业知识,练就"大国工匠"应具备的职业技能,提高个人修养,培养国家情怀和社会情怀,使其成为德智体美劳全面发展的、能担当民族复兴大任的时代新人。

随着交通运输基础设施建设规模的迅速发展以及交通量和车辆荷载的与日俱增,对道路路面工程与桥梁结构工程使用性能的要求也在不断提高。为了保证和提高路桥工程结构的使用质量,降低工程建设造价,使选择的建筑材料更加合理、耐用和经济,从事相关专业的工程技术人员应全面了解和掌握道路建筑材料的基本概念与理论、技术性能与质量要求、检测手段方面的系统知识。

模块一 道路建筑材料课程的主要内容

道路建筑材料课程是针对道路桥梁工程技术、道路养护与管理、道路工程检测技术、道路工程造价、工程管理、工程监理等专业开设的专业基础课,重点介绍了当前道路建筑工程中水泥、石灰、水泥混凝土、沥青、沥青混合料和钢材等常用建筑材料的技术性质和质量检验方法。主要内容为:

1）砂石材料

石料与集料包括人工开采的岩石或轧制的碎石、天然砂砾石及各种性能稳定的工业冶金矿渣,如煤渣、高炉渣和钢渣等,这类材料是道路与桥梁工程结构中使用量最大的材料。其中尺寸较大的块状石料经加工后,可以直接用于砌筑道路、桥梁工程结构及附属构造物;性能稳定的集料可制成沥青混合料或水泥混凝土,用于铺筑道路;一些活性或非活性的矿质材料或工业废渣,如粒化高炉矿渣、粉煤灰等经加工后可作为水泥原料,也可以作为水泥混凝土和沥青混合料中的掺合料使用。

2）无机胶凝材料

石灰和水泥是道路建筑材料中常见的无机胶凝材料,其作用是将松散的集料颗粒胶结成具有一定强度和稳定性的整体材料,通常称为结合料。把水泥、石灰、粉煤灰或土壤固化剂作为稳定材料,将松散的土、碎砾石集料经过稳定、固化形成的复合材料称为稳定土材料。该材料具有一定的强度、板体性和扩散应力的能力,但耐磨性和耐久性略差,不宜用作路面面层,常用作路面的基层和底基层。

3）水泥混凝土与砂浆

水泥混凝土是由水泥与矿质集料组成的复合材料,具有较高的强度和刚度,主要用于各种桥梁结构及圬工结构。水泥砂浆主要由水泥和细集料组成,是各种桥梁、圬工结构物的砌筑和抹面材料。

4）有机胶凝材料

沥青是道路建筑材料中常见的有机胶凝材料,将松散的集料颗粒胶结成具有一定强度和稳定性的沥青混合料。沥青的性能是多种多样的,这些性能会直接影响路面的使用状况。因此,必须合理地选择使用沥青。石油沥青是道路与桥梁工程中常用的沥青种类。

5）沥青混合料

沥青混合料是由矿质集料和沥青材料组成的复合材料,具有较高的强度、柔韧性和耐久性,所铺筑的沥青路面连续、平整,具有弹性和柔韧性,适合于车辆的高速行驶,是高速公路和城市快速路面层结构及桥梁桥面铺装层的重要材料。

6）其他道路建筑材料

在道路或桥梁工程结构中,其他常用材料包括钢材、填缝料等。钢材主要应用于桥梁结构及钢筋混凝土结构中,填缝料则主要应用于水泥混凝土路面接缝构造中。

模块二 道路建筑材料的技术性质

道路与桥梁都是无遮盖而裸露于大自然的结构物,除了承受频繁的车辆荷载作用外,还要承受各种自然因素的综合作用。道路建筑材料除了要有良好的力学强度外,还应具有抵抗各种自然因素破坏的能力,即长期在各种恶劣自然因素的影响下,材料的综合力学性能不产生明显的衰减。因此,要求道路建筑材料必须具备以下几个方面的技术性质:

1）物理性质

物理性质是道路建筑材料的基本性质，取决于材料本身的基本组成和结构。对于一般的材料，当温度或湿度发生变化时，其力学性能也会发生相应的变化。如沥青材料在夏季气温升高时，其力学强度会明显下降；浸水的水泥混凝土，当气温在0℃以下时，会因冰冻而胀裂等。因此，物理性能良好的建筑材料应是在各种自然因素变化的情况下，其性能变化不大的材料。

2）化学性质

化学性质是材料抵抗各种周围环境对其化学作用的性能。道路桥梁构件经常要受到周围环境的化学侵蚀，如浸在工业废水或海水中的桥墩等水泥混凝土结构物，由于水中含有 SO_4^{2-}、碳酸、镁盐等有害物质，极易与水泥混凝土中的矿物成分起化学反应，使水泥混凝土遭到破坏。又如沥青由于受日光、紫外线的综合作用，引起化学组分的转化，使沥青材料逐渐"老化"等等。因此，用于道路桥梁的建筑材料应该具有一定的抗化学腐蚀能力。

3）力学性质

道路建筑材料的力学性质是指建筑材料在各种外力作用下抵抗破坏或变形的性质，包括强度、弹性、塑性、脆性、韧性、硬度和耐磨性。这些性能相互作用可能会导致结构物出现拉、压、弯、剪等多种受力状态。在这些受力状态中，对具体的某一构件来讲，通常只受一种或两种主要力的作用。而对于某一种建筑材料的力学性质通常在某一方面或某几个方面存在一些弱点。因此，应根据构件的受力状态，合理地选用建筑材料。如桥墩主要承受压应力，因此，应选用抗压强度较高的材料，如水泥混凝土。

4）工艺性质

工艺性质是指材料能够按照一定的工艺流程被加工制造的特性。道路桥梁构件通常要做成各种各样的形状，因此，道路建筑材料应具备一定的工艺性质。如水泥混凝土应有良好的可塑性，钢筋应便于弯曲、焊接等。

模块三　道路建筑材料的技术标准

道路建筑材料的基本技术性质需要通过适当的检测手段来确定，材料性能的检测方法应能够反映实际结构中材料的受力状态，所得到的试验数据和技术参数应能够表达材料的技术特性，并具有重复性与可比性。为此，材料性能检测应按照当前技术标准中规定的标准程序进行，以保证试验结果的科学性、公正性和权威性。

材料的技术标准是有关部门根据材料自身固有特性，结合研究条件和工程特点，对材料的规格、质量标准、技术指标及相关的试验方法所做出的详尽而明确的规定。科研、生产、设计与施工单位，应以这些标准为依据进行道路建筑材料的性能评价、生产、设计和施工。

目前，我国建筑材料按照《标准化法》的规定：按级别分为国家标准、行业标准、地方标准和企业标准。按约束性将国家标准、行业标准分为强制性标准和推荐性标准。

工程建设国家标准编号由国家标准代号、发布标准的顺序和发布标准的年号组成。如强制性国家标准的代号为"GB",推荐性国家标准的代号为"GB/T"。地方标准或企业标准所制定的技术要求应高于类似(或相关)产品的国家标准。几个行业的标准代号见表0-1。

几个行业的标准代号 表0-1

行业名称	建工行业	黑色冶金行业	石化行业	交通行业	建材行业	铁路行业
标准代号	JG	YB	SH	JT/JTG	JC	TB

国际上较有影响的技术标准有:国际标准(ISO)、美国材料试验学会标准(ASTM)、日本工业标准(JIS)和英国标准(BS)等。

随着科技的不断进步,检测手段和测试设备功能的提高,材料的试验规程和技术标准也在不断地变化,这就要求我们不断地学习新的试验方法和技术标准,积极探索改善材料性能的新途径。

模块四 道路建筑材料课程的学习方法

根据课程性质和特点,可将学习内容分成四个层次:

第一层次:道路建筑材料的基础理论知识。学生要了解和掌握每类材料的特点、生产工艺、组成、结构、构造和用途,重点领会影响材料性能的各种因素。

第二层次:道路建筑材料的技术性质。学生要重点掌握每种材料的物理性质和力学性质,了解其化学性质和工艺性质,并能运用这些理论知识来指导实践操作,为工程实际中材料的性能检测和评判,以及正确选用提供理论指导。

第三层次:道路建筑材料的质量检验。学生依据相关的试验规程和规范,结合所学的试验方法对材料的性能进行检验。通过质量检验验证所学的基础理论,加深对理论知识的理解,熟悉材料的相关质量检验方法,提高学生的实践技能。

第四层次:道路建筑材料的质量评定。学生学会利用相关的技术标准和技术规范对各类道路建筑材料的质量进行评定,出具正确的质量检测报告,并能根据工程特点合理选择材料。

根据新时代信息化教学的要求,学习过程可分为三个阶段:

第一阶段:学生通过信息化教学平台获取学习任务。利用教学课件、教学视频等教学资源提前预习学习任务。

第二阶段:学生在"理实一体化"教室参与教师的现场信息化理论教学活动。通过观看试验视频和教师实际操作展示,分组参与实操演练,相互观摩,相互点评。

第三阶段:学生对学习任务进行复习和巩固。利用信息化教学平台对试验报告和课后作业进行互评,对学习效果进行及时反馈。

模块五　道路建筑材料的发展趋势

　　随着社会的不断发展和进步,集料、水泥、水泥混凝土、沥青、沥青混合料、建筑钢材、钢筋混凝土、预应力混凝土、高性能混凝土,因此,由新理念、新材料、新技术和新工艺所催生的新型道路建筑材料的应用越来越广泛,传统材料的性能越来越难以满足道路建筑工程发展的需求道路建筑材料将会向着再生化、多元化、利废化、节能化、绿色化及智能化等方向发展。所以不断开发功能多样性和综合性强的、具备全寿命周期经济性的、可循环性与再生利用性的道路建筑材料势在必行。

单元一
UNIT ONE
砂石材料

本单元思维导图

知识目标

了解各种砂石材料的定义和分类;熟悉岩石和集料的技术性质;掌握集料技术性质的检测方法和检测标准。

能力目标

(1)能够根据《公路工程集料试验规程》(JTG E42—2005)对粗细集料的相关技术指标进行检测,并依据《公路桥涵施工技术规范》(JTG/T 3650—2020)对所测定的砂石材料技术指标进行正确评定,从而为实际工程合理选择砂石材料。

(2)能够规范填写试验原始记录,并独立出具相关试验报告;

价值引领

砂石材料的技术性质指标检测方法易于掌握,但要操作规范,使试验数据精准客观却较难。因此,只有通过大量试验,反复钻研,精益求精,方能有效提高实践技能,成为真正的"工匠之才"。

砂石材料是道路与桥梁建筑中用量最大的一种建筑材料,它是水泥混凝土、沥青混合料的主要组成材料之一,亦可以直接用于道路或桥梁的圬工结构。由于道路与桥梁构造物一般都处于露天环境,并承受一定的工作荷载作用,因此,用作道路与桥梁的砂石材料都应具备一定的技术性质,以适应不同工程的技术要求。

砂石材料主要包括岩石和集料两大类,下面我们详细学习。

模块一 岩石

岩石是由各种不同地质作用所形成的天然固态矿物组成的集合体,是构成地壳及地幔的主要物质。

1.1 岩石分类

根据成岩条件,按地质分类法,天然岩石可分成三类:岩浆岩、沉积岩、变质岩。

岩浆岩又称火成岩。它是地壳深处熔融的岩浆在地下或喷出地面后,经冷凝而成的岩石。岩浆岩是组成地壳的主要岩石,占地壳总量的89%。根据岩浆冷却情况的不同,岩浆岩可分为深成岩、喷出岩和火山岩三种。

沉积岩又称水成岩。它是由露出地表的各种岩石(母岩)经自然风化、风力搬迁、流水冲移等作用后,再沉积堆积在地表及离地表不太深处形成的岩石。沉积岩的密度小,密实度较差,吸水率较大,强度较低,耐久性也较差。但由于分布广,加工较容易,因此应用较广泛。

变质岩是在地壳运动过程中,原有岩石受到地壳内部高温、高压的作用,结构发生变化,产生熔融再结晶作用而形成的岩石。根据原有岩石的不同,变质岩可分为正变质岩和副变质岩两种。

1.2 岩石的技术性质

岩石的技术性质,主要从物理性质、力学性质、化学性质和耐久性四方面进行评价。

1.2.1 岩石的物理性质

岩石的物理性质包括物理常数(如真实密度、毛体积密度和孔隙率等)和吸水性(如吸水率和饱水率)。

1)物理常数

岩石的物理常数是岩石矿物组成结构状态的反映,它与岩石的技术性质有着密切的关系。岩石的内部主要是由矿质实体和孔隙(包括与外界连通的开口孔隙和不与外界连通的闭口孔隙)所组成,如图 1-1a)所示。各部分质量与体积的关系如图 1-1b)所示。

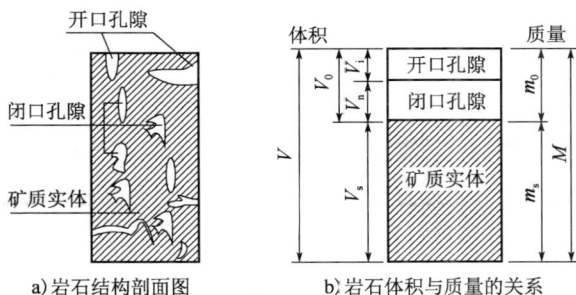

a)岩石结构剖面图   b)岩石体积与质量的关系

图 1-1 岩石组成部分的质量与体积关系示意图

V_s-矿质实体体积;V_n-闭口孔隙体积;V_i-开口孔隙体积;V-岩石毛体积;m_s-矿质实体质量;m_0-岩石的孔隙质量;M-岩石的总质量

物理常数主要指岩石的密度和孔隙率,此类常数能够直接影响岩石的力学性质,也是将岩石用于水泥混凝土、沥青混合料等配合比设计的参数之一。

（1）密度

密度是指在规定条件下（大多指规定的温度），烘干岩石单位体积的质量。由于岩石在组成结构上或多或少存在着孔隙，而孔隙又分为与外界连通的开口孔隙和与外界不连通的闭口孔隙，所以岩石（包括集料）的密度有数种不同形式。

由于烘干岩石孔隙中空气的质量与岩石矿质实体的质量相比微乎其微，所以通常会将岩石中空气的质量假定为 0，即 $m_0 = 0$，那么，矿质实体的质量就等于烘干岩石的总质量，即 $m_s = M$。

①真密度

真密度是指在规定条件下，烘干岩石矿质实体单位真实体积（不包括孔隙体积）的质量，按照式（1-1）计算。

$$\rho_t = \frac{m_s}{V_s} \tag{1-1}$$

式中：ρ_t——岩石的真密度，g/cm^3；

　　　m_s——岩石矿质实体的质量，g；

　　　V_s——岩石矿质实体的体积，cm^3。

按《公路工程岩石试验规程》（JTG E41—2005）规定，岩石真密度的测定采用"密度瓶法"。

②表观密度

表观密度是指在规定条件下，烘干岩石单位表观体积（包括闭口孔隙在内）的质量，按照式（1-2）计算。

$$\rho_a = \frac{m_s}{V_s + V_n} \tag{1-2}$$

式中：ρ_a——岩石的表观密度，g/cm^3；

　　　m_s——岩石矿质实体的质量，g；

　　　V_s——岩石矿质实体的体积，cm^3；

　　　V_n——岩石中闭口孔隙的体积，cm^3。

按《公路工程岩石试验规程》（JTG E41—2005）规定，岩石表观密度采用沸煮法或真空抽气法让岩石吸水饱和后称量饱和面干质量来测定。

③毛体积密度

毛体积密度是指在规定条件下，烘干岩石矿质实体单位毛体积（包括闭口孔隙、开口孔隙体积在内）的质量，按照式（1-3）计算。

$$\rho_b = \frac{m_s}{V_s + V_n + V_i} \tag{1-3}$$

式中：ρ_b——岩石的毛体积密度，g/cm^3；

　　　m_s——岩石矿质实体的质量，g；

　　　V_s——岩石矿质实体的体积，cm^3；

　　　V_n——岩石中闭口孔隙的体积，cm^3；

　　　V_i——岩石中开口孔隙的体积，cm^3。

按《公路工程岩石试验规程》（JTG E41—2005）规定，岩石毛体积密度的测定采用量积法、水中称量法和蜡封法。量积法用于能够制备成规则试样的各类岩石，方法简易；水中称量法适用于除遇水崩解、溶解或干缩湿胀外的其他各类岩石；蜡封法适用于不能用量积法和水中称量法测试的岩石。

（2）孔隙率

孔隙率是指岩石孔隙体积占岩石总体积（包括开口孔隙和闭口孔隙体积）的百分率，由式（1-4）计算。

$$n = \frac{V_0}{V} \times 100 \qquad (1\text{-}4)$$

式中：n——岩石的孔隙率，%；

V_0——岩石的孔隙（含开口孔隙和闭口孔隙）体积，cm^3；

V——岩石的总体积，cm^3。

将式（1-1）和式（1-3）代入式（1-4）可得式（1-5），即采用岩石的真密度和毛体积密度计算其孔隙率。

$$n = \left(1 - \frac{\rho_b}{\rho_t}\right) \times 100 \qquad (1\text{-}5)$$

式中：n——岩石的孔隙率，%；

ρ_t——岩石的真密度，g/cm^3；

ρ_b——岩石的毛体积密度，g/cm^3。

2）吸水性

岩石的吸水性是指岩石在规定条件下吸水的能力，采用吸水率和饱和吸水率两项指标来表征。

（1）吸水率

岩石吸水率是指在规定条件下，岩石试样最大的吸水质量与烘干岩石试件质量之比，以百分率表示。我国《公路工程岩石试验规程》（JTG E41—2005）规定采用自由吸水法测定吸水率，试验结果精确至0.01%。吸水率低于1.5%的岩石称为低吸水性岩石；吸水率高于3.0%的岩石称为高吸水性岩石；吸水率介于1.5%和3.0%之间的岩石称为中吸水性岩石。吸水率按下式计算。

$$w_a = \frac{m_1 - m}{m} \times 100 \qquad (1\text{-}6)$$

式中：w_a——岩石试样的吸水率，%；

m——烘至恒量时的试件质量，g；

m_1——吸水至恒量时的试件质量，g。

（2）饱和吸水率（w_{sa}）

岩石的饱和吸水率是指在强制条件下，岩石试样最大的吸水质量与烘干岩石试件质量之比，以百分率表示。我国《公路工程岩石试验规程》（JTG E41—2005）规定，采用煮沸法或真空抽气法测定饱和吸水率。饱和吸水率按式（1-7）计算。

$$w_{sa} = \frac{m_2 - m}{m} \times 100 \qquad (1\text{-}7)$$

式中：w_{sa}——岩石试样的饱和吸水率，%；

　　　m——烘至恒量时的试样质量，g；

　　　m_2——试件经强制饱和后的试样质量，g。

岩石的吸水性不仅取决于材料本身是亲水的还是憎水的，也与其孔隙的大小及孔隙结构特征有关。若是封闭的孔隙，水分难以渗入；如果岩石具有细微而连通的细孔，则吸水率大。粗大的孔隙，水分虽容易渗入，但仅能润湿孔壁表面，而不易在孔隙内存留，所以封闭或粗大孔隙的岩石的吸水率是较低的。

孔隙率大小和抗冻性的关系：材料开口孔隙率越大，则含水率也越大。当水冻结时，体积增大 10% 左右，由于体积膨胀，孔隙产生的压力也增大，导致材料易破裂。冻融循环次数越多，材料破坏越严重。

吸水率、饱和吸水率能有效地反映岩石微裂隙的发育程度，可用来判断岩石的抗冻性和抗风化性能。

（3）饱水系数

岩石的吸水率和饱和吸水率之比，定义为饱水系数。它是评价岩石抗冻性的一项指标。一般来说，岩石饱水系数为 0.5 ~ 0.8。饱水系数越大，说明常压下吸水后留余的空隙就越少，岩石越容易被冻胀破坏，因而岩石的抗冻性就差。

1.2.2　岩石的力学性质

岩石的力学性质是指岩石应用在工程中所表现出的抗压、抗剪、抗弯拉的能力，以及抵抗荷载冲击、剪切和摩擦作用的能力。实践中常用抗压强度和磨耗率两项指标来表示岩石的力学性质。

1）单轴抗压强度（抗压强度）

（1）抗压强度的计算

以单轴加荷的方法对规定形状的岩石试样，以标准方式进行抗压试验所得结果即为岩石的抗压强度。

按我国《公路工程岩石试验规程》（JTG E41—2005）规定，用切石机或钻石机将岩石制备成标准试件 6 个：其中建筑地基用岩石制备成直径为（50 ±2）mm，高径比为 2∶1 的圆柱体试件；桥梁工程用岩石制备成边长为（70 ±2）mm 的立方体试件；路面工程用岩石制备成边长为（50 ±2）mm 的立方体试件或直径和高均为（50 ±2）mm 的圆柱体试件。再将标准试件自由浸水 48h 使其吸水饱和后，擦干表面，使该件单轴受压，并在规定加载条件下使其达到破坏，此时单位承压面积的荷载即为岩石的单轴抗压强度，用式（1-8）来计算。

$$R = \frac{P}{A} \qquad (1\text{-}8)$$

式中：R——岩石的抗压强度，MPa；

　　　P——试验时岩石试件破坏时的极限荷载，N；

　　　A——岩石试件的受力截面积，mm^2。

每组试件共 6 个,对于单轴抗压强度的试验结果,应同时列出每个试件的试验值及同组岩石单轴抗压强度的平均值;有显著层理的岩石,分别报告垂直与平行层理方向的试件强度的平均值,计算值精确至 0.1 MPa。

(2)岩石的软化系数

含水状态对岩石强度的影响称为软化性,用软化系数 K_p 表示。一般 $K_p < 0.80$ 的岩石很少用于重要建筑。软化系数按式(1-9)计算。

$$K_p = \frac{R_w}{R_d} \tag{1-9}$$

式中: K_p——软化系数;

R_w——岩石饱水状态下的单轴抗压强度,MPa;

R_d——岩石烘干状态下的单轴抗压强度,MPa。

(3)影响岩石抗压强度的因素

岩石抗压强度受多种因素的影响,其中包括岩石的矿物组成、结构及其孔隙构造,以及岩石试件的尺寸和吸水率等。如岩石结构疏松且孔隙率较大,其质点间的联系较弱,有效面积较小,故强度值较低;试件尺寸较小时,由于高度小,承压板与试件端面之间的摩擦力较大,使得试件内应力分布极不均匀,试验结果的真实性受到影响;当岩石的孔隙裂隙较大、含较多亲水矿物或较多可溶矿物时,饱水时的抗压强度会有明显的降低。

岩石的抗压强度是岩石力学性质中最重要的一项指标,它是岩石强度分级和性质描述的主要依据。

2)磨耗性

岩石磨耗性是指其抵抗撞击、边缘剪力和摩擦等联合作用的能力,用磨耗率表示。岩石的磨耗率常采用洛杉矶磨耗试验(又称搁板式磨耗试验)进行测定。我国《公路工程岩石试验规程》(JTG E41—2005)规定,岩石磨耗试验方法与粗集料的磨耗试验方法相同,按《公路工程集料试验规程》(JTG E42—2005)采用洛杉矶磨耗试验。

经过规定的搁板式磨耗试验后,岩石的磨耗率按式(1-10)计算。

$$Q = \frac{m_1 - m_2}{m_1} \times 100 \tag{1-10}$$

式中: Q——岩石的磨耗率,%;

m_1——装入试验机圆筒中的岩石试样质量,g;

m_2——试验后洗净烘干的筛上试样质量,g。

1.2.3 岩石的化学性质

1)岩石的酸碱性

早年的研究认为岩石是一种惰性材料,它在混合料(由各种岩石与水泥或沥青组成)中起着物理作用。随着科学的发展,科学家们根据研究,认为岩石在混合料中与结合料起着物理-化学作用,岩石的化学性质将影响混合料的物理-力学性质。根据试验研究的结果,按 SiO_2 的含量将岩石划分为酸性、碱性及中性。按克罗斯的分类法,岩石化学组成中 SiO_2 含量大于65%的岩石称为酸性岩石,如花岗岩、石英岩等;含量为 52% ~65% 的岩石称为中性岩石,如闪长岩、辉绿岩等；SiO_2含量小于52%的岩石称为碱性岩石，如石灰岩、玄武岩等。岩石的酸碱性直接影响到沥青混合料的水稳定性，如果岩石选择不当，很难得到水稳定性能良好的沥青混合料。所以，应该根据工程实际正确选用岩石。常见的几种酸碱性岩石如图1-2所示。

a) 酸性火山岩

b) 碱性石灰岩

c) 酸性火山岩 (浮石)

d) 酸性花岗岩

图1-2　几种常见的岩石

2）岩石的黏附性

岩石的黏附性直接影响到沥青混合料的使用性能，其中由于岩石与沥青的黏结性能不良而造成的沥青混合料剥离是沥青路面常见的破坏形式之一。

岩石与沥青的黏附性不仅取决于岩石的性质，同时也取决于沥青的性质。从岩石本身看，影响它与沥青黏附性的主要因素是岩石的化学性质和岩石的表面特征。岩石的化学成分决定其表面电荷的性质与分布，从而影响岩石与沥青分子和水分子的吸附关系。岩石的表面特征是指岩石表面粗糙程度及比表面积对沥青吸附能力的影响。一般来说，表面粗糙、微孔隙多、孔径大的岩石的吸附能力较强，碱性岩石的吸附能力要优于酸性岩石。

1.2.4　岩石的耐久性

岩石长期在各种自然因素的综合作用下，力学强度会逐渐降低。研究认为，导致岩石强度降低的机理主要有两方面：一是自然条件下，由于温度升降产生的温度应力作用而引起岩石内部组织结构的破坏。二是由于冻融循环作用，即岩石经自然饱水后，它与外界连通的大部分开口孔隙被水充满；当温度降低时，水的体积缩小，水集聚于部分孔隙中，直至4℃时体积达到最小;当温度再继续下降时,水的体积又逐渐胀大,小部分水迁移至其他的孔隙中;当温度低于0℃时,由于固态水移动困难,随着温度的下降,冰的体积逐渐增大,而对岩石孔壁周围施加张应力;经如此多次冻融循环后,岩石逐渐产生裂缝、掉边、缺角或表面松散等破坏现象。对大多数地区而言,冻融循环作用占主导。

冻融循环作用主要通过岩石的抗冻性体现。

抗冻性是指岩石在饱水状态下,能够经受反复冻结和融化而不破坏,并不严重降低强度的能力。在不同的工程环境气候下,对岩石的抗冻性有不同的要求。

《公路工程岩石试验规程》(JTG E41—2005)规定:在严寒地区(最冷月的月平均气温低于-15℃)岩石的冻融循环次数为 25 次;在寒冷地区(最冷月的月平均气温低于 -15 ~ -5℃)为 15 次;在寒冷、严寒地区,必须采用直接冻融法进行岩石的抗冻性试验。现行测定抗冻性的方法有直接冻融法和坚固性试验法。

模块二 集料

集料是指在混合料中起骨架或填充作用的粒料,包括岩石天然风化而成的砾石(卵石)和砂,由岩石经人工轧制的各种尺寸的碎石、机制砂、石屑以及工业冶金矿渣等。不同粒径的集料在水泥混凝土和沥青混合料中起的作用不同,对它们的技术要求也不同。为此,工程上一般根据粒径大小的不同,将集料分为粗集料和细集料两类,如图1-3 所示。

a) 粗集料之碎石　　　　b) 细集料之河砂

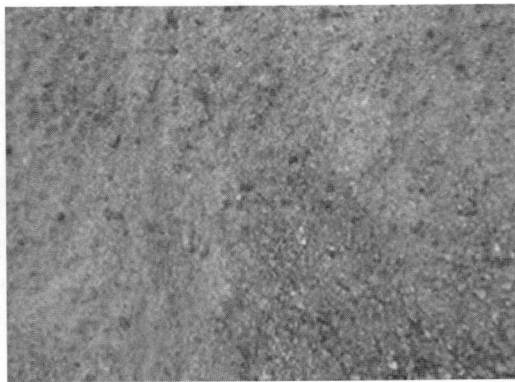

图 1-3　粗、细集料

在沥青混合料中,粗细集料的分界尺寸为 2.36mm,即粗集料是指粒径大于 2.36mm 的碎石、破碎砾石、筛选砾石和矿渣等,而细集料是指粒径小于 2.36mm 的天然砂、人工砂(包括机制砂)及石屑等。

在水泥混凝土中,粗细集料的分界尺寸为 4.75mm,即粗集料是指粒径大于 4.75mm 的碎石、卵石、砾石和破碎砾石等,而细集料是指粒径小于 4.75mm 的天然砂和人工砂等。

通常,集料有最大粒径和公称最大粒径两个概念。集料最大粒径是指集料100%都通过的最小标准筛筛孔尺寸;集料公称最大粒径是指集料可能全部通过或允许有少量不通过(一般容许筛余不超过10%)的最小标准筛筛孔尺寸。集料公称最大粒径通常比最大粒径要小一个粒级,工程中所指的最大粒径往往是公称最大粒径。

2.1 集料的技术性质

2.1.1 粗集料的技术性质

粗集料的技术性质主要从物理性质和力学性质两方面进行评价。

工程实际应用中,常见的粗集料主要有卵石和碎石,如图1-4所示。

a)粗集料之碎石

b)粗集料之卵石

图1-4 常用粗集料

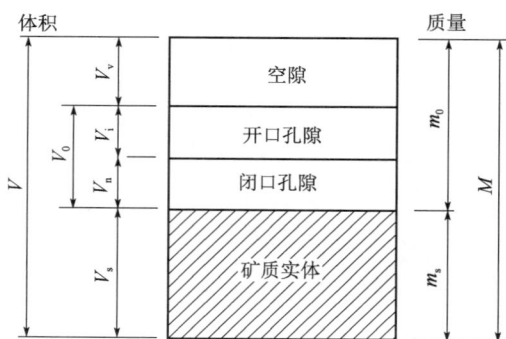

图1-5 粗集料体积和质量的关系

1)物理性质

(1)物理常数

在计算粗集料的物理常数时,不仅要考虑到粗集料颗粒中的孔隙(开口孔隙或闭口孔隙),还要考虑颗粒间的空隙,故集料的密度有几种不同形式。

粗集料体积和质量的关系如图1-5所示。

①表观密度

粗集料的表观密度(又称视密度)是在规定条件[(105±5)°C 烘干至恒重]下,单位表观体积(包括集料矿质实体和闭口孔隙的体积)的质量。

粗集料表观密度以 ρ_a 表示。

$$\rho_a = \frac{m_s}{V_s + V_n} \tag{1-11}$$

式中:ρ_a——粗集料表观密度,g/cm^3;

m_s——矿质实体质量,g;

V_s——矿质实体体积,cm^3;

V_n——闭口孔隙体积,cm^3。

按《公路工程集料试验规程》(JTG E42—2005)规定,粗集料的表观密度测定采用网篮法,具体内容见砂石材料的试验部分。

②毛体积密度

粗集料的毛体积密度是在规定条件下,单位毛体积(包括矿质实体、闭口孔隙和开口孔隙)的质量。粗集料毛体积密度可由下式求得:

$$\rho_b = \frac{m_s}{V_s + V_n + V_i} \tag{1-12}$$

式中:ρ_b——粗集料毛体积密度,g/cm^3;

m_s——矿质实体质量,g;

V_s、V_n、V_i——分别为粗集料矿质实体、闭口孔隙和开口孔隙体积,cm^3。

粗集料毛体积密度的测定方法是将已知质量的干燥粗集料经24h饱水后,用湿毛巾擦干而求得饱和面干质量。然后用排水法求得其在水中的体积,即求得粗集料毛体积密度。

粗集料的表观密度和毛体积密度与岩石的相应密度在概念上相同,仅在实际的密度测定方法上有所区别。

③堆积密度

粗集料的堆积密度是在规定条件下,单位毛体积(包括矿质实体、闭口孔隙和开口孔隙及颗粒间空隙体积)的质量,可按下式求得:

$$\rho = \frac{m_s}{V_s + V_n + V_i + V_v} \tag{1-13}$$

式中: ρ——粗集料的堆积密度,g/cm^3;

m_s——矿质实体质量,g;

V_s、V_n、V_i、V_v——分别为矿质实体、闭口孔隙、开口孔隙和颗粒间空隙的体积,cm^3。

粗集料的堆积密度根据装样方法的不同可分为自然堆积状态、振实状态和捣实状态下的堆积密度,计算同式(1-13)。

这三种堆积状态的堆积密度采用容量筒测定体积时,有以下三种装料方法:

a. 自然堆积密度:装料采用使石子自由落入容量筒的方法,装满容量筒并使集料与容器口平齐。用合适的集料填充表面的大空隙,用直尺刮平,称取容量筒与试样的总质量。

b. 振实堆积密度:装料是将试样分三层装入容量筒,装完第一层后,在筒下垫放一根直径25mm的圆钢筋,左右交替颠击地面25下;装第二层时,筒下所垫钢筋的方向应与第一次放置方向垂直,前后交替颠击地面25下;再装第三层,并将钢筋的方向再转动90°,与第二次方向相垂直,随后左右交替颠击地面25下,使集料与容器口平齐。用合适的集料填充表面的大空隙,用直尺刮平,称取容量筒与试样的总质量。

c. 捣实堆积密度:根据沥青混合料的类型和公称最大粒径,确定起骨架作用的关键性筛孔(通常是4.75mm或2.36mm)。将矿料混合料中此筛孔以上的颗粒选出,作为试样装入符合要求规格的容器中达1/3的高度,由边至中用直径为16mm的棒捣均匀捣实集料25次。再向容器中装入 1/3 高度的试样,用棒捣均匀捣实集料 25 次,捣实深度至下层表面。然后重复上一步骤,加最后 1/3 试样,捣实 25 次,使集料与容量筒口平齐。用合适的集料填充表面的大空隙,用直尺刮平,称取容量筒与试样的总质量。

④空隙率

空隙率是指粗集料颗粒之间空隙体积占粗集料总体积的百分率。粗集料空隙率可按下式计算:

$$n = \left(1 - \frac{\rho}{\rho_a}\right) \times 100 \qquad (1-14)$$

式中: n——粗集料空隙率,%;

ρ——粗集料的堆积密度,g/cm³;

ρ_a——粗集料的表观密度,g/cm³。

空隙率反映粗集料颗粒之间相互填充的致密程度。试验结果证明,松装和紧装状态下,粗集料的空隙率范围分别为 43% ~48% 和 37% ~42%。

⑤骨架间隙率

在沥青混合料中,粗集料骨架间隙率通常指 2.36mm(或 4.75mm)以上粗集料,在骨架捣实状态下的空隙占装填体积的百分率,间隙率按式(1-15)计算。

$$VCA_{DRC} = \left(1 - \frac{\rho}{\rho_b}\right) \times 100 \qquad (1-15)$$

式中: VCA_{DRC}——捣实状态下粗集料骨架间隙率,%;

ρ_b——按本单元 3.2 粗集料密度及吸水率试验确定粗集料的毛体积密度,g/cm³;

ρ——在沥青混合料中按捣实法测定的粗集料的自然堆积密度,g/cm³。

(2)级配

粗集料中组成颗粒的分级和搭配称为级配,级配是通过筛分试验确定的。对水泥混凝土用粗集料可采用干筛法和水洗法筛分试验,对沥青混合料及基层用粗集料必须采用水洗法筛分试验。

筛分试验就是将粗集料经过一系列筛孔尺寸的标准筛,如图 1-6 所示,具体试验步骤见本单元 3.1 粗集料筛分试验。测出各个筛上的筛余量,根据集料试样的质量与存留在各筛孔上的集料质量,就可求得一系列与集料级配有关的参数:分计筛余百分率、累计筛余百分率、通过百分率,粗集料的筛分试验中采用的标准套筛尺寸范围及试样质量与细集料筛分试验有所不同,但级配参数的计算方法与细集料相同,详见"细集料的技术性质"内容。

(3)坚固性

对已轧制成的碎石或天然卵石亦可采用规定级配的各粒级集料,按《公路工程集料试验规程》(JTG E42—2005)选取规定数量粒料,分别装在金属网篮后浸入饱和硫酸钠溶液中进行干湿循环试验。经 5 次循环后,观察其表面破坏情况,并用

图 1-6 标准方孔筛

质量损失百分率来计算其坚固性(也称安定性)。

根据《建设用卵石、碎石》(GB/T 14685—2011)和《公路桥涵施工技术规范》(JTG/T 3650—2020)的规定,碎石、卵石按技术要求分为Ⅰ、Ⅱ、Ⅲ三类。碎石、卵石浸入饱和硫酸钠溶液中经干湿循环试验后,其质量损失应符合表1-1的要求。

卵石、碎石坚固性指标   表1-1

类别	Ⅰ	Ⅱ	Ⅲ
质量损失(%),≤	5	8	12

当混凝土结构物处于不同环境条件下时,粗集料坚固性的试验结果除应符合表1-1的规定外,还应符合表1-2的相关要求。

粗集料的坚固性试验   表1-2

混凝土所处的环境条件	在硫酸钠溶液中循环5次后的质量损失(%)
寒冷地区,经常处于干湿交替状态,<	5
严寒地区,经常处于干湿交替状态,<	3
混凝土处于干燥条件,但粗集料风化或软弱颗粒过多,<	12
混凝土处于干燥条件,但抗疲劳、耐磨、抗冲击要求高或强度等级大于C40,<	5

注:有抗冻、抗渗要求的混凝土用硫酸钠法进行粗集料坚固性试验不合格时,可再进行直接冻融试验。

2)力学性质

在结构层或混合料中,粗集料起骨架作用,应具备一定的强度、耐磨、抗磨耗和抗冲击性能等,这些性能用压碎值、磨光值、磨耗值和冲击值等指标表示。

粗集料力学性质指标主要是压碎值和磨耗值,其次是抗滑表层用集料的三项试验,即磨光值、冲击值和道瑞磨耗值。洛杉矶磨耗试验已在岩石性质中讲过,现将压碎值、磨光值、冲击值和道瑞磨耗值分述于下。

(1)压碎值

压碎值是指按规定的方法测得岩石抵抗压碎的能力,也是集料强度的相对指标,用以鉴定集料品质,评价其在公路工程中的适用性。

压碎值是对岩石标准试样在标准条件下进行加荷,测试岩石被压碎后,标准筛上筛余质量的百分率。

按《公路工程集料试验规程》(JTG E42—2005)的规定,粗集料压碎值试验是将9.5~13.2mm的风干集料试样3组各3kg装入压碎值测定仪的金属筒内,放在压力机上,在10min左右时间内均匀地加荷至400kN,稳压5s后卸荷,对通过2.36mm筛孔的集料称重,按式(1-16)计算。

$$Q_a' = \frac{m_1}{m_0} \times 100 \qquad (1-16)$$

式中:Q_a'——岩石压碎值,%;

m_0——试验前试样质量,g;

m_1——试验后通过2.36mm筛孔的集料质量,g。

根据《建设用卵石、碎石》(GB/T 14685—2011)和《公路桥涵施工技术规范》(JTG/T

3650—2020)的规定,碎石、卵石的压碎指标应符合表 1-3 的相关技术要求。

卵石、碎石的压碎指标(GB/T 14685—2011 和 JTG/T 3650—2020)　　　　表 1-3

类别	I	II	III
碎石压碎指标(%),≤	10	20	30
卵石压碎指标(%),≤	12	14	16

(2)磨光值(PSV)

在现代高速行车的条件下,要求路面材料既不要产生较大的磨损,也不要被磨光,也就是对路面的粗糙度提出了更高的要求。

磨光值是反映岩石抵抗轮胎磨光作用能力的指标,它是采用加速磨光机磨光岩石,并用摆式摩擦系数测定仪测得的磨光后集料的摩擦系数。用高磨光值的岩石来铺筑道路路面表层,可以提高路表的抗滑能力,保障车辆的安全行驶。

试验测出的磨光值以 PSV 表示,该值越大,表明集料的抗磨光性能越好。

(3)冲击值(AIV)

冲击值反映岩石抵抗冲击荷载的能力。由于路表集料直接承受车轮荷载的冲击作用,这一指标对道路表层用集料非常重要。冲击值可采用冲击试验仪测定。试验测出的冲击值以 AIV 表示,该值越小,表明集料的抗冲击性能越好。

冲击试验方法是选取粒径为 9.5~13.2mm 的粗集料试样,用金属量筒将试样分三次捣实的方法确定试验用集料数量,将集料装于冲击值试验仪的盛样器中,用捣实杆捣实 25 次使其初步压实,然后用质量为(13.75±0.05)kg 的冲击锤,沿导杆自(380±5)mm 处自由落下锤击集料,并连续锤击 15 次,每次锤击间隔时间不少于 1s。将试验后的集料用 2.36mm 的筛子筛分并称量,按式(1-17)计算。

$$AIV = \frac{m_1}{m} \times 100 \tag{1-17}$$

式中:AIV——集料的冲击值,%;

　　　 m ——试样总质量,g;

　　　 m_1 ——冲击破碎后通过 2.36mm 的试样质量,g。

(4)磨耗值(AAV)

磨耗值用于确定岩石抵抗表面磨损的能力,适用于对路面抗滑表层所用集料抵抗车轮磨耗值的测量。试验测出的磨耗值以 AAV 表示,该值越小,表明集料的抗磨耗能力越好。

按我国《公路工程集料试验规程》(JTG E42—2005),采用道瑞磨耗试验机来测定集料磨耗值。其方法是选取粒径为 9.5~13.2mm 的洗净集料试样,单层紧排于两个试模内(不少于 24 粒),然后排砂并用环氧树脂砂浆填充密实。经养护 24h,拆模取出试件,准确称出试件质量,试件、托盘和配重总质量为(2000±10)g。将试件安装在道瑞磨耗机附的托盘上,道瑞磨耗机的磨盘以 28~30r/min 的转速旋转,磨 500 转后,取出试件,刷净残砂,准确称出试件质量。其磨耗值按式(1-18)计算。

$$AAV = \frac{3(m_1 - m_2)}{\rho_s} \times 100 \tag{1-18}$$

式中:AAV——集料的道瑞磨耗值,%;

m_1——磨耗前试件的质量,g

m_2——磨耗后试件的质量,g;

ρ_s——集料表干密度,g/cm^3。

2.1.2　细集料的技术性质

在工程中应用较多的细集料是砂,砂按来源分为天然砂和人工砂两类。

天然砂是由自然风化、水流冲刷堆积形成的颗粒小于 4.75mm 的岩石颗粒。砂按生成环境分为河砂、山砂和海砂。河砂颗粒表面圆滑,比较洁净,质地好,产源广;山砂颗粒表面粗糙有棱角,含泥量和含有机杂质多;海砂虽然具有河砂的特点,但因在海中,所以常混有贝壳、碎片和盐分等有害杂质。一般工程上多使用河砂,如图 1-7所示;在缺乏河砂的地区,可采用山砂或海砂,但在使用时必须按规定作技术检验。

人工砂是经人为加工处理得到的符合规格要求的细集料,通常指岩石加工过程中,采取真空抽吸等方法除去大部分土和细粉,或将石屑水洗得

图 1-7　工程中常用的砂

到的洁净细集料,机制砂、矿渣砂和煅烧砂都属于人工砂,其表面多棱角,较洁净,但造价较高,如无特殊情况,不采用这种砂。

根据我国《建设用砂》(GB/T 14684—2011)和《公路桥涵施工技术规范》(JTG/T 3650—2020)的规定,按技术要求,砂可分为Ⅰ、Ⅱ、Ⅲ类,Ⅰ类砂宜用于强度等级大于 C60 的混凝土,Ⅱ类砂宜用于强度等级为 C30 ~ C60 的混凝土,Ⅲ类砂宜用于强度等级小于 C30 的混凝土和建筑砂浆。

细集料技术性质主要包括物理常数、级配和粗度。

(1)物理常数

细集料的物理常数主要有表观密度、堆积密度和空隙率等,其含义与粗集料完全相同,具体数值可通过试验确定。细集料的物理常数计算方法与粗集料相同,详见"粗集料的技术性质"。

(2)级配

级配是集料各级粒径颗粒的分配情况,砂的级配可通过筛分试验确定。对水泥混凝土用细集料既可采用干筛法,也可采用水洗法筛分;对沥青混合料及基层用细集料必须用水洗法筛分。

筛分试验是将预先通过 9.5mm 筛(水泥混凝土用天然砂)或 4.75mm 筛(沥青路面及基层用天然砂、石屑、机制砂等)的试样,称取 500g 置于一套孔径为 4.75mm、2.36mm、1.18mm、0.6mm、0.3mm、0.15mm、0.075mm 的方孔筛上,分别求出试样存留在各筛上的质量,即筛余量,然后按下述方式计算其有关级配参数。

①分计筛余百分率

各号筛的分计筛余百分率为各号筛上的筛余量除以试样总量(m)的百分率,准确至

0.1%。按式(1-19)计算。

$$a_i = \frac{m_i}{m} \times 100 \tag{1-19}$$

式中:a_i——第i号筛的分计筛余百分率,%;

m_i——第i号筛上的筛余质量,g;

m——试样的总质量,g。

②累计筛余百分率

各号筛的累计筛余百分率为该号筛及大于该号筛的各号筛的分计筛余百分率之和,准确至0.1%。按式(1-20)计算。

$$A_i = a_1 + a_2 + \cdots + a_n \tag{1-20}$$

式中: A_i——各号筛的累计筛余百分率,%;

a_1、$a_2 \cdots a_n$——4.75、2.36mm……至计算的某号筛的分计筛余百分率,%。

③通过百分率

各号筛的通过百分率等于100减去该号筛的累计筛余百分率,准确至0.1%。按式(1-21)计算。

$$P_i = 100 - A_i \tag{1-21}$$

式中:P_i——各号筛的通过百分率,%;

A_i——各号筛的累计筛余百分率,%。

(3)粗度

粗度是评价砂粗细程度的一种指标,通常用细度模数表示。细度模数亦称细度模量,可按式(1-22)计算,准确至0.01。

$$M_x = \frac{(A_{0.15} + A_{0.3} + A_{0.6} + A_{1.18} + A_{2.36}) - 5A_{4.75}}{100 - A_{4.75}} \tag{1-22}$$

式中: M_x——砂的细度模数;

$A_{0.15}$、$A_{0.3} \cdots A_{4.75}$——分别为0.15mm、0.3mm、…、4.75mm各筛上的累计筛余百分率,%。

细度模数取两次试验结果的算术平均值,精确至0.1。若两次的细度模数之差超过0.20时,应重新试验。

细度模数越大,表示细集料越粗。根据我国标准《建设用卵石、碎石》(GB/T 14685—2011)和《公路桥涵施工技术规范》(JTG/T 3650—2020)的规定,砂的粗度按细度模数可分为下列三种:

$$M_x = 3.7 \sim 3.1 \text{ 为粗砂}$$

$$M_x = 3.0 \sim 2.3 \text{ 为中砂}$$

$$M_x = 2.2 \sim 1.6 \text{ 为细砂}$$

根据我国《建设用砂》(GB/T 14684—2011)和《公路桥涵施工技术规范》(JTG/T 3650—2020)的规定,砂的细度模数如果在1.6~3.7之间,则根据0.6mm筛孔累计筛余百分率可将细集料分为Ⅰ、Ⅱ、Ⅲ三个分区。

例 1-1

一工地现有砂 500g。筛分试验后的筛分结果见表 1-4。计算该砂的细度模数，并评价其粗细程度。

砂的筛分试验结果　　　　　　　　　　　　　　　　表 1-4

筛孔尺寸(mm)	9.5	4.75	2.36	1.18	0.6	0.3	0.15	筛底
筛余量(g)	0	10	20	45	100	135	155	35

解：按题所给筛分结果计算见表 1-5。

筛分试验参数计算结果　　　　　　　　　　　　　　表 1-5

筛孔尺寸(mm)	9.5	4.75	2.36	1.18	0.6	0.3	0.15	筛底
筛余量(g)	0	10	20	45	100	135	155	35
分计筛余百分率(%)	0	2	4	9	20	27	31	7
累计筛余百分率(%)	0	2	6	15	35	62	93	100
通过百分率(%)	100	98	94	85	65	38	7	0

根据式(1-22)计算砂的细度模数：

$$M_x = \frac{(A_{0.15} + A_{0.3} + A_{0.6} + A_{1.18} + A_{2.36}) - 5A_{4.75}}{100 - A_{4.75}}$$
$$= [(93 + 62 + 35 + 15 + 6) - 5 \times 2]/(100 - 2)$$
$$= 2.05$$

由于细度模数为 2.05，在 2.2～1.6 之间，所以，此砂为细砂。

细度模数虽能表示砂的粗细程度，但不能完全反映出砂的颗粒级配情况，因为相同细度模数的砂可能有不同的颗粒级配。因此，要全面表征砂的颗粒性质，必须同时使用细度模数和级配两个指标。

2.1.3　冶金矿渣的技术性质

冶金矿渣是在冶金生产过程中由矿石、燃料及助熔剂中易熔硅酸盐化合而成的副产品。

冶金矿渣分为黑色金属冶金矿渣与有色金属冶金矿渣两大类。黑色金属冶金矿渣又分为高炉重矿渣和钢渣两类。这些冶金矿渣从熔炉排出后，在空气中自然冷却，形成坚硬材料，既可作为基层材料，又可作为修筑水泥混凝土或沥青混凝土路面用的集料，是一种很好的路用材料。

1）矿渣的化学成分和矿物组成

矿渣的化学成分随着矿物、燃料、助熔剂及熔化金属的化学成分的不同而变化。其主要化学成分为 SiO_2、Al_2O_3、CaO 及少量 MgO、FeO、MnO 等，根据化学成分采用碱度（或酸度）作为矿渣分类基础。

碱性氧化物：CaO、MgO、FeO、MnO；

酸性氧化物：SiO_2、P_2O_5、TiO_2；

中性成分：FeS、MnS；

两面性氧化物：Al_2O_3，此氧化物遇碱时呈弱酸作用，而遇酸则起弱碱作用。

矿渣的酸性和碱性可用下列模数表示：

碱性矿渣：

$$M_{bc} = \frac{W(CaO) + W(MgO)}{W(SiO_2) + W(Al_2O_3)} > 1$$

酸性矿渣：

$$M_{ac} = \frac{W(CaO) + W(MgO) + W(Al_2O_3)}{W(SiO_2)} < 1$$

中性矿渣：

$$M_{bc} < 1 \text{ 且 } M_{ac} > 1$$

注：其中 $W(CaO)$、$W(Al_2O_3)$、$W(MgO)$ 和 $W(SiO_2)$ 分别为矿渣中 CaO、Al_2O_3、MgO 和 SiO_2 的含量。

矿渣中常见矿物成分有黄长石、辉石、橄榄石及少量的硫化物，路用矿渣中一般 CaO、Al_2O_3 含量较高，而 SiO_2 含量较低者活性较大、质量较高。

2）矿渣的物理性质

矿渣的密度与矿物成分有关，大约为 $2.97 \sim 3.32g/cm^3$。矿渣的堆积密度约在 $1900kg/m^3$ 以上，空隙率大多在 35% 以下，抗冻性（或坚固性）一般均能符合路用要求。

3）矿渣的力学性质

矿渣的力学强度一般均较高，其强度与空隙率有关。通常极限抗压强度在 50MPa 以上，高者可达 150MPa，相当于石灰岩至花岗岩的强度。其他性能如压碎值、冲击值、磨光值等均能符合路用岩石的要求。水稳定性合格的冶金矿渣集料目前广泛用于水泥混凝土、沥青混凝土路面基层。

2.2　集料的技术要求

只有采用满足一定技术要求的集料才能确保相关混合料的各项性能，粗细两种类型的集料分别有各自的技术要求。

2.2.1　粗集料的技术要求

1）粗集料技术要求

粗集料的技术要求参见表 1-6。

粗集料的技术要求　　　　　　　　　　　　　　表 1-6

技术指标	技术要求		
	Ⅰ类	Ⅱ类	Ⅲ类
碎石压碎指标(%)，≤	10	20	30
卵石压碎指标(%)，≤	12	14	16
吸水率(%)，≤	1.0	2.0	2.0
针片状颗粒总含量(%)，≤	5	10	15
含泥量(%)，≤	0.5	1.0	1.5
泥块含量(%)，≤	0	0.2	0.5

续上表

技术指标		技术要求		
		Ⅰ类	Ⅱ类	Ⅲ类
有害物质限量	有机物含量（比色法）	合格	合格	合格
	硫化物及硫酸盐含量（按 SO₃ 质量计）（%），≤	0.5	1.0	1.0
坚固性（硫酸钠溶液试验法质量损失值）（%），≤		5	8	12
岩石抗压强度（水饱和状态）（MPa）		火成岩≥80；变质岩≥60；水成岩≥30		
表观密度（kg/m³），≥		2600		
连续级配松散堆积空隙率（%），≤		43	45	47
碱集料反应		经碱集料反应试验后，试件无裂缝、酥裂、胶体外溢等现象，在规定试验龄期的膨胀率应小于 0.10%		

注：1. 混凝土强度等级为 C60 及以上时应进行岩石抗压强度检验，其他情况下，如有必要也可进行岩石的抗压强度检验。岩石的抗压强度除应满足表中要求外，其抗压强度与混凝土强度等级之比，对于 C60 及以上的混凝土，应不小于 2，其余应不小于 1.5。岩石强度首先应由生产单位提供，工程中可采用压碎值指标进行质量控制。
　　2. 粗集料中不应混有草根、树叶、树枝、塑料、煤块、炉渣等杂物。
　　3. 当粗集料中含有颗粒状硫酸盐或硫化物杂质时，应进行专门检验，确认能满足混凝土耐久性要求后，方可采用。
　　4. 采用卵石破碎成碎石时，应具有两个及以上的破碎面，且其破碎面应不小于 70%。
　　5. 卵石和碎石混合使用时，压碎值应分别按卵石和碎石控制。

【工程实例 1-1】

　　某工程在下雨天后所购入的碎石含泥量超过 1.5%，在施工过程中，造成混凝土需水量增大，混凝土强度下降。

【原因分析】

　　下雨导致碎石破碎过程含大量砂土，振动筛分时无法分离干净。

【防治措施】

　　在料场上料码头增加冲水设备，将含泥量控制在标准范围内，并加强现场检测和监控，严禁不合格碎石进仓。

　　2）粗集料的级配技术要求

　　根据《建设用卵石、碎石》（GB/T 14685—2011）的规定，建设用卵石和碎石的颗粒级配见表 1-7。

卵石、碎石的颗粒级配　　　　　　　　　　表 1-7

公称粒级（mm）		累计筛余（%）										
		方孔筛尺寸（mm）										
		2.36	4.75	9.5	16.0	19.0	26.5	31.5	37.5	53.0	63.0	75.0	90.0
连续级配粒级	5～16	95～100	85～100	30～60	0～10	0	—	—	—	—	—	—	—
	5～20	95～100	90～100	40～80	—	0～10	0	—	—	—	—	—	—
	5～25	95～100	90～100	—	30～70	—	0～5	0	—	—	—	—	—
	5～31.5	95～100	90～100	70～90	—	15～45	—	0～5	0	—	—	—	—
	5～40	—	95～100	70～90	—	30～65	—	—	0～5	0	—	—	—

续上表

公称粒级 （mm）	累计筛余（%）											
	方孔筛尺寸（mm）											
	2.36	4.75	9.5	16.0	19.0	26.5	31.5	37.5	53.0	63.0	75.0	90.0
单粒级 5~10	95~100	80~100	0~15	0	—	—	—	—	—	—	—	—
10~16	—	95~100	80~100	0~15	—	—	—	—	—	—	—	—
10~20	—	95~100	85~100	—	0~15	0	—	—	—	—	—	—
16~25	—	—	95~100	55~70	25~40	0~10	0	—	—	—	—	—
16~31.5	—	95~100	—	85~100	—	—	0~10	0	—	—	—	—
20~40	—	—	95~100	—	80~100	—	—	0~10	0	—	—	—
40~80	—	—	—	95~100	—	—	—	70~100	—	30~60	0~10	0

2.2.2　细集料的技术要求

细集料的技术要求参见表1-8。

细集料的技术要求　　　　　　　　　　　　表1-8

项　　目		技 术 要 求		
		Ⅰ类	Ⅱ类	Ⅲ类
有害物质含量	云母含量（按质量计，%），≤	1.0	2.0	2.0
	轻物质含量（按质量计，%），≤	1.0	1.0	1.0
	有机物含量（比色法）	合格	合格	合格
	硫化物及硫酸盐含量（按SO_3质量计，%），≤	0.5	0.5	0.5
	氯化物含量（按氯离子质量计，%），≤	0.01	0.02	0.06
天然砂含泥量（按质量计，%），≤		1.0	3.0	5.0
泥块含量（按质量计，%），≤		0	1.0	2.0
机制砂的石粉含量 （亚甲蓝试验） （按质量计，%）	MB值≤1.4 或快速试验法合格	MB值，≤	0.5	1.0	1.4或合格
		石粉含量（按质量计，%），≤	10.0	10.0	10.0
		泥块含量（按质量计，%），≤	0	1.0	2.0
	MB值＞1.4 或快速试验法不合格	石粉含量（按质量计，%），≤	1.0	3.0	5.0
		泥块含量（按质量计，%），≤	0	1.0	2.0
坚固性	硫酸钠溶液法试验，天然砂（质量损失，%），≤	8	8	10
	机制砂单级最大压碎值指标（%），≤	20	25	30
表观密度（kg/m³），≥		2500		
松散堆积密度（kg/m³），≥		1450		
空隙率（kg/m³），≤		44		
碱集料反应		经碱集料反应试验后，由砂配制的试件无裂缝、酥裂、胶体外溢等现象，在规定试验龄期的膨胀率应小于0.10%		

注：1. 砂按产源分为天然砂和机制砂。砂按技术要求分为Ⅰ类、Ⅱ类、Ⅲ类。
　　2. 石粉含量系指粒径小于0.075mm或75μm的颗粒含量。
　　3. 当工程有要求时，含水率和饱和面干含水率应为实测值。
　　4. 砂中不应含有草根、树叶、树枝、塑料、煤块、炉渣等杂物。
　　5. 当对砂的坚固性有怀疑时，应做坚固性试验。
　　6. 碱集料反应不符合表中要求时，应采取抑制碱集料反应的技术措施。

根据我国《建设用砂》（GB/T 14684—2011）和《公路桥涵施工技术规范》（JTG/T 3650—2020）的规定，砂的颗粒级配应符合表1-9的相关规定，砂的级配类别应符合表1-10的要求。

砂 的 颗 粒 级 配 表 1-9

砂的类别	天然砂			机制砂		
级配区	Ⅰ区	Ⅱ区	Ⅲ区	Ⅰ区	Ⅱ区	Ⅲ区
筛孔尺寸(mm)	累计筛余(%)					
4.75	10～0	10～0	10～0	10～0	10～0	10～0
2.36	35～5	25～0	15～0	35～5	25～0	15～0
1.18	65～35	50～10	25～0	65～35	50～10	25～0
0.6	85～71	70～41	40～16	85～71	70～41	40～16
0.3	95～80	92～70	85～55	95～80	92～70	85～55
0.15	100～90	100～90	100～90	97～85	94～80	94～75

注：1. JTG/T 3650—2020 规定，表中除4.75mm和0.6mm筛档外，其余可略有超出，但各级累计筛余的超出值总和应不大于5%。GB/T 14684—2011 规定表中除4.75mm筛孔外，其余各筛孔累计筛余允许超出范围，但其总量不得大于5%。

2. 对于砂浆用砂，4.75mm 筛的累计筛余量应为0。

砂 的 级 配 类 别 表 1-10

类别	Ⅰ类	Ⅱ类	Ⅲ类
级配区	Ⅱ区	Ⅰ、Ⅱ、Ⅲ区	

除上述要求外，集料的形状和表面特征都将影响集料颗粒间的内摩阻力、集料颗粒与结合料的黏结性及吸附性等方面。

理想的集料颗粒形状是球体或立方体，而扁平、薄片、细长状颗粒（针片状颗粒）不仅增加集料的空隙率，还对施工的和易性和混凝土强度造成不利影响；集料表面特征指集料的粗细程度和孔隙特征，表面粗糙的集料颗粒有较显著的摩阻力，同时也会影响集料的施工和易性。

模块三　砂石材料性能检测

3.1 粗集料筛分试验（JTG E42 T0302—2005）

1）目的与适用范围

（1）测定粗集料（碎石、砾石，矿渣等）的颗粒组成。对水泥混凝土用粗集料可用干筛法筛分，对沥青混合料及基层用粗集料必须采用水洗法试验。

（2）本方法也适用于同时含有粗集料、细集料、矿粉的矿质混合料，如未筛碎石、级配碎石、天然砂砾、级配砂砾、无机结合料稳定基层材料、沥青拌和楼的冷料混合料、热料仓材料、沥青混合料经抽提后的矿料等筛分试验。

2）仪器设备

（1）试验筛：根据需要选用规定的标准筛，如试图 1-1 所示。

（2）摇筛机，如试图 1-1 所示。

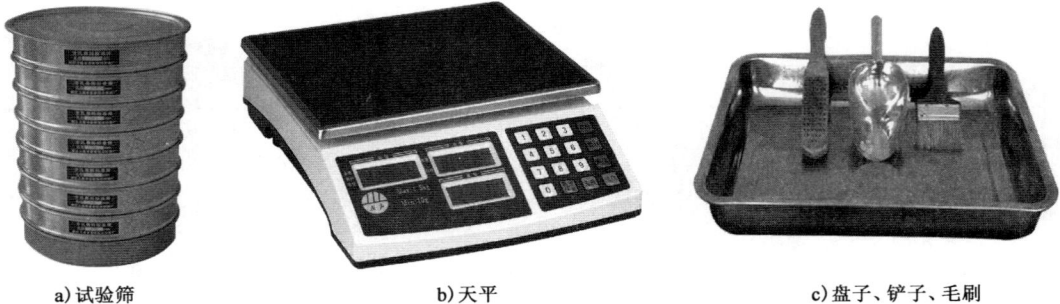

a）试验筛　　　　　　　**b）天平**　　　　　　　**c）盘子、铲子、毛刷**

试图 1-1　粗集料筛分试验的主要仪器设备

（3）天平和台秤：感量不大于试样质量的 0.1%，如试图 1-1 所示。

（4）其他：盘子，铲子，毛刷等。

3）试验方法与步骤

（1）试验准备

按规定将来料用分料器或四分法缩分至试表 1-1 要求所需量，风干后备用。根据需要可按要求的集料最大粒径的筛孔尺寸过筛，除去超粒径部分颗粒后，再进行筛分。

筛分用的试样质量　　　　　　　　　　　　　　　　　　试表 1-1

公称最大粒径（mm）	63	37.5	31.5	26.5	19	16	9.5	4.75
试样质量（kg），≥	8	5	4	2.5	2	1	1	0.5

（2）试验步骤

①水泥混凝土用粗集料干筛法试验步骤。

a. 取试样一份置于 105℃ ±5℃烘箱中烘干至恒重，称取干燥集料试样的总质量（m_0），精确至 0.1%。

b. 用搪瓷盘作为筛分容器，按筛孔大小排列顺序逐个将集料过筛，人工筛分时，需使集料在筛面上同时有水平方向及上下方向的不停顿运动，使小于筛孔的集料通过筛孔，直到 1min 通过筛孔的质量小于筛上残余量的 0.1% 为止。当采用摇筛机筛分时，应在摇筛机筛分后再逐个由人工补筛。将筛出通过的颗粒并入下一号筛，和下一号筛中的试样一起过筛，顺序进行，直至各号筛全部筛完为止，以确定 1min 内通过筛孔的质量确实小于筛上残余量的 0.1%。

注：由于 0.075mm 筛干筛几乎不能把沾在粗集料表面的小于 0.075mm 部分的岩石筛过去，而且对水泥混凝土用粗集料而言，0.075mm 通过率的意义不大，所以也可以不筛，且把通过 0.15mm 筛的筛下部分作为 0.075mm 的分计筛余，将粗集料的 0.075mm 通过率假设为 0。

c. 如果某个筛上的集料过多，影响筛分作业时，可以分两次筛分。当筛余颗粒的粒径大于 19mm 时，筛分过程中允许用手指轻轻拨动颗粒，但不得逐颗塞过筛孔。

d. 称取每个筛上的筛余量，准确至总质量的 0.1%。各筛分计筛余量及筛底存量的总和与筛分前试样的干燥总质量 m_0 相比，相差不得超过 m_0 的 0.5%。

②沥青混合料及基层用粗集料水洗法试验步骤。

a. 取一份试样，将试样置 105℃ ±5℃ 烘箱中烘干至恒重，称取干燥集料试样的总质量（m_3），准确至 0.1%。

注：恒重指相邻两次称量间隔时间大于 3h（通常不少于 6h）的情况下，前后两次称量值之差小于该项试验所要求的称量精密度。（下同）

b. 将试样置一洁净容器中，加入足够数量的洁净水，将集料全部盖没，但不得使用任何洗涤剂、分散剂或表面活性剂。

c. 用搅棒充分搅动集料，使集料表面洗涤干净，使细粉悬浮在水中，但不得破碎集料或使集料从水中溅出。

d. 根据集料粒径大小选择一组套筛，其底部为 0.075mm 标准筛，上部为 2.36mm 或 4.75mm 筛。仔细将容器中混有细粉的悬浮液倒出，经过套筛流入另一容器中，尽量不将粗集料倒出，以免损坏标准筛筛面。

注：无需将容器中的全部集料都倒出，只倒出悬浮液即可，且不可将集料直接倒至 0.075mm 筛上，以免掉出的大颗粒集料损坏筛面。

e. 重复步骤 b～d，直至倒出的水洁净为止。必要时可采用水流缓慢冲洗。

f. 将套筛的每个筛子上的集料及容器中的集料全部回收在一个搪瓷盘中，容器上不得有沾附的集料颗粒。

注：沾在 0.075mm 筛面上的细粉很难回收扣入搪瓷盘中。此时需将筛子倒扣在搪瓷盘上，用少量的水并助以毛刷将细粉刷落入搪瓷盘中，并注意不要散失。

g. 在确保细粉不散失的前提下小心泌去搪瓷盘中的积水，将搪瓷盘连同集料一起置于 105℃ ±5℃ 烘箱中烘干至恒重，称取干燥集料试样的总质量（m_4），准确至 0.1%。用 m_3 与 m_4 的差值作为 0.075mm 的筛下部分。

h. 将回收的干燥集料按干筛方法筛分出 0.075mm 筛以上各筛的筛余量，此时 0.075mm 筛下部分应为 0，如果尚能筛出，则应将其并入水洗得到的 0.075mm 的筛下部分，且表示水洗得不干净。

4）结果整理

（1）干筛法筛分结果的计算

①计算损耗率。

计算各筛分计筛余量及筛底存量的总和与筛分前试样的干燥总质量之差，作为筛分时的损耗，并计算损耗率，若损耗率大于 0.3%，应重新进行试验。

$$m_5 = m_0 - (\sum m_i + m_底) \qquad (试 1\text{-}1)$$

式中：m_5——由于筛分造成的损耗，g；

m_0——用于干筛的干燥集料总质量，g；

m_i——各号筛上的筛余量，g；

i——依次为 0.075mm、0.15mm……至集料最大粒径的排序；

$m_底$——筛底（0.075mm 以下部分）集料总质量。

②分计筛余百分率。

干筛后各号筛上的分计筛余百分率按式（试 1-2）计算，精确至 0.1%。

$$a_i = \frac{m_i}{m_0 - m_5} \times 100 \qquad\qquad （试1-2）$$

式中：a_i——各号筛上的分计筛余百分率，% ；

$\quad\quad m_5$——由于筛分造成的损耗，g；

$\quad\quad m_0$——用于干筛的干燥集料总质量，g；

$\quad\quad m_i$——各号筛上的分计筛余量，g；

$\quad\quad i$——依次为 0.075mm、0.15mm……至集料最大粒径的排序。

③累计筛余百分率。

各号筛的累计筛余百分率 A_i 为该号筛以上各号筛的分计筛余百分率之和，精确至0.1%。

④通过百分率。各号筛的质量通过百分率 P_i 等于100减去该号筛的累计筛余百分率，精确至0.1%。

⑤用筛底存量除以扣除损耗后的干燥集料总质量计算 0.075mm 筛的通过百分率。

⑥试验结果用两次试验的平均值表示，准确至0.1%。当两次试验结果 $P_{0.075}$ 的差值超过1%时，试验应重新进行。

⑦粗集料干筛法筛分试验记录示例如试表1-2所示。

粗集料干筛法筛分试验记录示例　　　　　　　　　　　　　　　　　试表1-2

干燥试样总量 m_0（g）	第一组				第二组				平均
	3000				3000				
筛孔尺寸（mm）	筛上重 m_i（g）	分计筛余（%）	累计筛余（%）	通过百分率（%）	筛上重 m_i（g）	分计筛余（%）	累计筛余（%）	通过百分率（%）	通过百分率（%）
	(1)	(2)	(3)	(4)	(1)	(2)	(3)	(4)	(5)
19	0.0	0.0	0.0	100.0	0.0	0.0	0.0	100.0	100.0
16	696.3	23.2	23.2	76.8	699.4	23.3	23.3	76.7	76.7
13.2	431.9	14.4	37.6	62.4	434.6	14.5	37.8	62.2	62.3
9.5	801.0	26.7	64.4	35.6	802.3	26.8	64.6	35.4	35.5
4.75	989.8	33.0	97.4	2.6	985.3	32.9	97.4	2.6	2.6
2.36	70.1	2.3	99.7	0.3	68.5	2.3	99.7	0.3	0.3
1.18	8.2	0.3	100.0	0.0	7.9	0.3	100.0	0.0	0.0
0.6	0.5	0.0	100.0	0.0	0.2	0.0	100.0	0.0	0.0
0.3	0.0	0.0	100.0	0.0	0.0	0.0	100.0	0.0	0.0
0.15	0.0	0.0	100.0	0.0	0.0	0.0	100.0	0.0	0.0
0.075	0.0	0.0	100.0	0.0	0.0	0.0	100.0	0.0	0.0
筛底，$m_底$	0.0	0.0	100.0	0.0	0.0	0.0	100.0	0.0	0.0
筛分后总量 $\sum m_i$（g）	2997.8	100.0	—	—	2998.2	100.0	—	—	—
损耗 m_5（g）	2.2	—	—	—	1.8	—	—	—	—
损耗率（%）	0.07	—	—	—	0.06	—	—	—	—

（2）水筛法筛分结果的计算

①按下式计算粗集料中 0.075mm 筛筛下部分质量和含量，准确至 0.1%。当两次试验结果的差值超过 1% 时，试验应重新进行。

$$m_{0.075} = m_3 - m_4 \tag{试 1-3}$$

$$P_{0.075} = \frac{m_{0.075}}{m_3} = \frac{m_3 - m_4}{m_3} \times 100 \tag{试 1-4}$$

$$m_5 = m_3 - \left(\sum m_i + m_{0.075} \right) \tag{试 1-5}$$

式中：m_5——由于筛分造成的损耗，g；

$\quad m_3$——用于水筛筛分的干燥集料总质量，g；

$\quad m_4$——各号筛上的分计筛余，g；

$\quad i$——依次为 0.075mm、0.15mm……至集料最大粒径的排序；

$m_{0.075}$——水洗后得到的 0.075mm 筛下部分质量，g，即 $m_3 - m_4$。

②计算其他各筛的分计筛余百分率、累计筛余百分率、通过百分率，计算方法与干筛法相同，当干筛筛分有损耗时，应按干筛法从总质量中扣除损耗部分。

③试验结果以两次试验的平均值表示。

④粗集料水筛法筛分试验记录示例如试表 1-3 所示。

粗集料水筛法筛分试验记录示例　　　　　　试表 1-3

干燥试样总量 m_0(g)	第一组				第二组				平均
	3000				3000				
水洗后筛上总量（g）	2879				2868				平均
水洗后 0.075mm 筛下量 $m_{0.075}$(g)	121				132				
0.075mm 通过率（%）	4.0				4.4				4.2
筛孔尺寸（mm）	筛上重 m_i（g）	分计筛余（%）	累计筛余（%）	通过百分率（%）	筛上重 m_i（g）	分计筛余（%）	累计筛余（%）	通过百分率（%）	通过百分率（%）
	(1)	(2)	(3)	(4)	(1)	(2)	(3)	(4)	(5)
19	5.0	0.2	0.2	99.8	0.0	0.0	0.0	100.0	99.9
16	696.3	23.2	23.4	76.6	680.3	22.7	22.7	77.3	76.9
13.2	882.3	29.4	52.8	47.2	839.2	28.0	50.7	49.3	48.2
9.5	713.2	23.8	76.6	23.4	778.5	26.0	76.7	23.3	23.4
4.75	343.4	11.5	88.1	11.9	348.7	11.6	88.3	11.7	11.8
2.36	70.1	2.3	90.4	9.6	68.3	2.3	90.6	9.4	9.5
1.18	87.5	2.9	93.3	6.7	79.1	2.6	93.2	6.8	6.7
0.6	67.8	2.3	95.6	4.4	59.3	2.0	95.2	4.8	4.6
0.3	4.6	0.2	95.7	4.3	4.3	0.1	95.3	4.7	4.5
0.15	5.6	0.2	95.9	4.1	3.8	0.1	95.4	4.6	4.3
0.075	2.3	0.1	96.0	4.0	4.0	0.1	95.5	4.5	4.2
筛底，$m_底$	0.0	—	—	—	0.0	0.0	—	—	—
筛分后总量 $\sum m_i$(g)	2878.1	96.0	—	—	2865.5	95.6	—	—	—

（水洗后干筛法筛分）

续上表

筛孔尺寸 (mm)	筛上重 m_i (g)	分计筛余 (%)	累计筛余 (%)	通过百分率 (%)	筛上重 m_i (g)	分计筛余 (%)	累计筛余 (%)	通过百分率 (%)	通过百分率 (%)
	(1)	(2)	(3)	(4)	(1)	(2)	(3)	(4)	(5)
损耗 m_5 (g)	0.9	—	—	—	2.5	—	—	—	—
损耗率(%)	0.03	—	—	—	0.09	—	—	—	—
扣除损耗后总量(g)	2999.1	—	—	—	2997.5	—	—	—	—

注:如筛底 $m_底$ 的值不是0,应将其并入 $m_{0.075}$ 中重新计算 $P_{0.075}$。

（3）报告

①筛分结果以各筛孔的质量通过百分率表示。

②对于沥青混合料,基层材料配合比设计用的集料筛分曲线,其横坐标为筛孔尺寸的0.45次方(见试表1-4),纵坐标为普通坐标,如试图1-2所示。

级配曲线的横坐标（按 $X = d_i^{0.45}$ 计算） 试表1-4

筛孔 d_i (mm)	0.075	0.15	0.3	0.6	1.18	2.36	4.75
横坐标 X	0.312	0.426	0.582	0.795	1.077	1.472	2.016
筛孔 d_i (mm)	9.5	13.2	16	19	26.5	31.5	37.5
横坐标 X	2.745	3.193	3.482	3.762	4.370	4.723	5.109

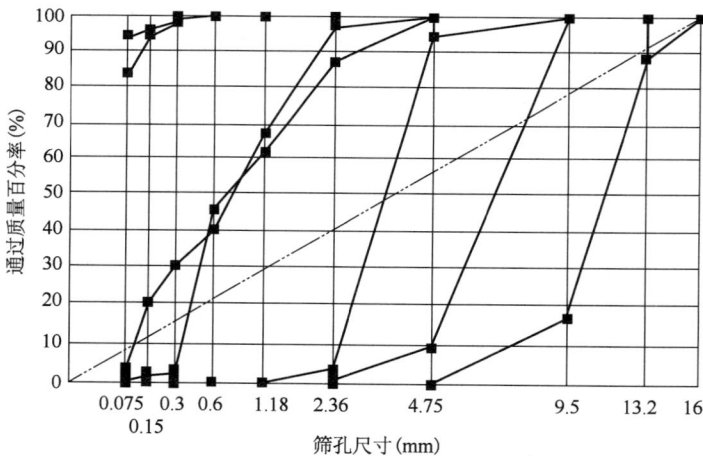

试图1-2　集料筛分曲线与矿料级配设计曲线

3.2　粗集料密度及吸水率试验（网篮法）（JTG E42 T0304—2005）

1）目的与适用范围

本方法适用于测定各种粗集料的表观相对密度、表干相对密度、毛体积相对密度、表观密度、表干密度、毛体积密度以及粗集料的吸水率。

2）仪器设备

（1）天平或浸水天平:可悬挂吊篮测定集料的水中质量,称量应满足试样数量称量要求,感量不大于最大称量的0.05%。

（2）吊篮：由耐锈蚀材料制成，直径和高度为150mm左右，四周及底部用1~2mm的筛网编制或具有密集的孔眼。

（3）溢流水槽：在称量水中质量时能保持水面高度一定。

（4）烘箱：能控温在105℃±5℃。

（5）温度计。

（6）标准筛。

（7）其他：盛水容器（如搪瓷盘）、刷子、毛巾（纯棉制，洁净，也可用纯棉汗衫布代替）等。

试验主要仪器如试图1-3所示。

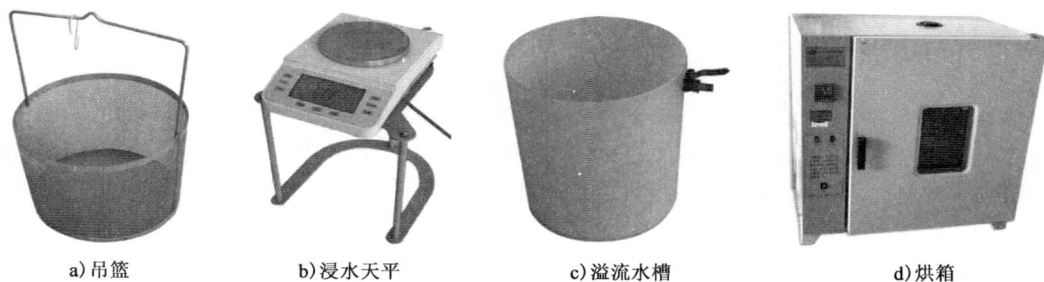

a）吊篮　　　　　　b）浸水天平　　　　　　c）溢流水槽　　　　　　d）烘箱

试图1-3　粗集料的表观密度和吸水率试验主要仪器

3）试验方法与步骤

（1）试验准备

①将试样用标准筛过筛，除去其中的粗集料，对较粗的粗集料可用4.75mm筛过筛，对2.36~4.75mm集料或者混在4.75mm以下石屑中的粗集料，则用2.36mm标准筛过筛，用四分法或分料器法缩分至要求的质量，分两份备用。对沥青路面用粗集料，应对不同规格的集料分别测定，不得混杂，所取的每一份集料试样应基本上保持原有的级配。在测定2.36~4.75mm的粗集料时，试验过程中务必特别小心，避免丢失集料。

②经缩分后供测定密度和吸水率的粗集料质量应符合试表1-5的规定。

测定密度所需要的试样最少质量　　　　　　　　　　　　　试表1-5

公称最大粒径（mm）	4.75	9.5	16	19	26.5	31.5	37.5	63	75
每一份试样的最少质量（kg）	0.8	1	1	1	1.5	1.5	2	3	3

③将每一份集料试样浸泡在水中，并适当搅动，仔细洗去附在集料表面的尘土和石粉，经多次漂洗至水完全清澈为止。清洗过程中不得散失集料颗粒。

（2）试验步骤

①试样一份装入干净的搪瓷盘中，注入洁净的水，水面至少应高出试样20mm，轻轻搅动装入石料，使附着在装入石料上的气泡完全逸出，在室温下保持浸水24h。

②将吊篮挂在天平的吊钩上，浸入溢流水槽中，向溢流水槽中注水，水面高度至水槽的溢流孔为止，将天平调零。吊篮的筛网应保证集料不会通过筛孔流失，对2.36~4.75mm粗集料应更换小孔筛网或在网篮中加放一个浅盘。

③调节水温在15~25℃范围内，将试样移入吊篮中。溢流水槽中的水面高度由水槽的溢

流孔控制,维持不变,称取集料的水中质量(m_w)。

④提起吊篮,稍稍滴水后,较粗的粗集料可以直接倒在拧干的湿毛巾上。将较细的粗集料 $2.36 \sim 4.75mm$ 试样连同浅盘一起取出,仔细倒出余水,将粗集料倒在拧干的湿毛巾上,用毛巾吸走从集料中漏出的自由水,此步骤需特别注意不得有颗粒丢失,或有小颗粒附在吊篮上。再用拧干的湿毛巾轻轻擦干集料颗粒的表面水,至表面看不到发亮的水迹,即达到饱和面干状态。当粗集料尺寸较大时,宜逐颗擦干。注意对较粗的粗集料,拧湿毛巾时不要太用劲儿,防止拧得太干;对较细的含水较多的粗集料,毛巾可拧得稍干些。擦颗粒的表面水时,既要将表面水擦掉,又不能将颗粒内部的水吸出。整个过程中不得有集料丢失,且已擦干的集料不得继续在空气中放置,以防集料干燥。

注:对 $2.36 \sim 4.75mm$ 集料,用毛巾擦拭时容易沾附细颗粒集料从而造成集料损失,此时宜改用洁净的纯棉汗衫布擦拭至表干状态。

⑤立即在保持表干状态下,称取集料的表干质量(m_f)。

⑥将集料置于浅盘中,放入 $105℃ \pm 5℃$ 的烘箱中烘干至恒重。取出浅盘,放在带盖的容器中冷却至室温,称取集料的烘干质量(m_a)。

注:恒重指相邻两次称量间隔时间大于 $3h$ 的情况下,前后两次称量值之差小于该项试验所要求的称量精密度,即 0.1% 。一般在烘箱中烘烤的时间不得少于 $4 \sim 6h$ 。

⑦对同一规格的集料应平行试验两次,取平均值作为试验结果。

4)结果整理

(1)表观相对密度 γ_a 、表干相对密度 γ_s 、毛体积相对密度 γ_b 分别按以下公式计算至小数点后 3 位。

$$\gamma_a = \frac{m_a}{m_a - m_w} \qquad (\text{试}1\text{-}6)$$

$$\gamma_s = \frac{m_f}{m_f - m_w} \qquad (\text{试}1\text{-}7)$$

$$\gamma_b = \frac{m_a}{m_f - m_w} \qquad (\text{试}1\text{-}8)$$

式中:γ_a——集料的表观相对密度,无量纲;

$\quad \gamma_s$——集料的表干相对密度,无量纲;

$\quad \gamma_b$——集料的毛体积相对密度,无量纲;

$\quad m_a$——集料的烘干质量,g;

$\quad m_f$——集料的表干质量,g;

$\quad m_w$——集料的水中质量,g。

(2)集料的吸水率以烘干试样为基准,按下式计算,准确至 0.01% 。

$$w_x = \frac{m_f - m_a}{m_a} \times 100 \qquad (\text{试}1\text{-}9)$$

式中:w_x——粗集料的吸水率,% 。

(3)粗集料的表观密度(视密度)ρ_a 、表干密度 ρ_s 、毛体积密度 ρ_b ,分别按下公式计算,准确至小数点后 3 位。

$$\rho_a = \gamma_a \times \rho_T \ \text{或} \ \rho_a = (\gamma_a - \alpha_T) \times \rho_w \qquad (\text{试}1\text{-}10)$$

$$\rho_s = \gamma_s \times \rho_T \ 或 \ \rho_s = (\gamma_s - \alpha_T) \times \rho_w \qquad (试1\text{-}11)$$

$$\rho_b = \gamma_b \times \rho_T \ 或 \ \rho_b = (\gamma_b - \alpha_T) \times \rho_w \qquad (试1\text{-}12)$$

式中：ρ_a——集料的表观密度，g/cm；

$\qquad \rho_s$——集料的表干密度，g/cm^3；

$\qquad \rho_b$——集料的毛体积密度，g/cm^3；

$\qquad \rho_T$——试验温度 T 时水的密度，g/cm^3；

$\qquad \alpha_T$——试验温度 T 时的水温修正系数；

$\qquad \rho_w$——取用水在 $4℃$ 时的密度，$1.000g/cm^3$。

不同水温条件下测量的粗集料表观密度需进行水温修正，不同试验温度下水的密度 ρ_T 及水的温度修正系数 α_T 按试表 1-6 选用。

不同试验温度下水的密度 ρ_T 及水的温度修正系数 α_T　　试表 1-6

水温（℃）	4	15	16	17	18	19
水的密度 ρ_T（g/cm^3）	1.000	0.99913	0.99897	0.99880	0.99862	0.99843
水温修正系数 α_T	0.000	0.002	0.003	0.003	0.004	0.004
水温 ρ_T（℃）	20	21	22	23	24	25
水的密度（g/cm^3）	0.99822	0.99802	0.99779	0.99756	0.99733	0.99702
水温修正系数 α_T	0.005	0.005	0.006	0.006	0.007	0.007

重复试验的精密度，对表观相对密度、表干相对密度和毛体积相对密度，两次结果相差不得超过 0.02，对吸水率不得超过 0.2%。

3.3　粗集料堆积密度及空隙率试验（JTG E42 T0309—2005）

1）目的与适用范围

测定粗集料的堆积密度，包括自然堆积状态、振实状态、捣实状态下的堆积密度以及堆积状态下的空隙率和骨架间隙率。

2）仪器设备

（1）天平或台秤：感量不大于称量的 0.1%。

（2）容量筒：适用于粗集料堆积密度测定的容量筒，应符合试表 1-7 的要求。

粗集料堆积密度测定的容量筒　　试表 1-7

粗集料公称最大粒径（mm）	容量筒容积（L）	容量筒规格（mm）			筒壁厚度（mm）
		内径	净高	底厚	
≤4.75	3	155 ± 2	160 ± 2	5.0	2.5
9.5 ~ 26.5	10	205 ± 2	305 ± 2	5.0	2.5
31.5 ~ 37.5	15	255 ± 5	295 ± 5	5.0	3.0
≥53	20	355 ± 5	305 ± 5	5.0	3.0

（3）平头铁锹。

（4）烘箱：能控温 105℃ ±5℃。

（5）振动台：频次为 3000 次/min ±200 次/min，负荷下的振幅为 0.35mm，空载时的振幅为

0.5mm。

（6）捣棒：直径 16mm，长 600mm，一端为圆头的钢棒。

试验主要仪器如试图 1-4 所示。

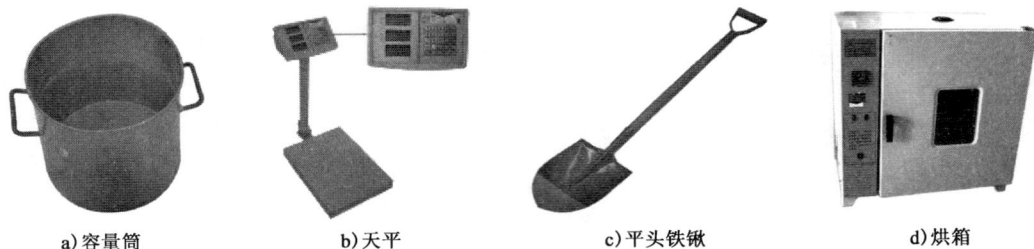

| a）容量筒 | b）天平 | c）平头铁锹 | d）烘箱 |

试图 1-4　粗集料堆积密度及空隙率试验主要仪器

3）试验方法与步骤

（1）试验准备

按规定方法取样、缩分，质量应满足试验要求，在 105℃ ±5℃的烘箱中烘干，也可以摊在清洁的地面上风干，均匀后分成两份备用。

（2）试验步骤

①自然堆积密度

取试样 1 份，置于平整干净的水泥地（或铁板）上，用平头铁秋铲起试样，使石子自由落入容量筒内。此时，铁锹的齐口至容量筒上口的距离应保持为 50mm 左在，装满容量筒并除去凸出筒口表面的颗粒，并以合适的颗粒填入凹陷空隙，使表面积稍凸起部分和凹陷部分的体积大致相等，称取试样和容量筒总质量（m_2）。

②振实密度

按堆积密度试验步骤，将装满试样的容量筒放在振实台上，振动 3 分钟，或者将试样分三层装入容量筒：装完一层后，在筒底放一根直径为 25mm 的圆钢筋，将筒按住，左右交替颠击地面各 25 下；然后装入第二层，用同样的方法颠实（但筒底所垫钢筋的方向与第一层放置方向垂直）；然后再装入第三层，用同样的方法颠实（此时筒底所垫钢筋的方向与第二层放置方向垂直）。待三层试样装填完毕后，加料填到试样超出容量筒口，用钢筋沿筒口边缘滚转，刮下高出筒口的颗粒，用合适的颗粒填平凹处，使表面稍凸起部分和凹陷部分的体积大致相等，称取试样和容量筒总质量（m_2）。

③捣实密度

根据沥青混合料的类型和公称最大粒径，确定起骨架作用的关键性筛孔（通常为 4.75mm 或 2.36mm 等）。将矿料混合料中此筛孔以上颗粒筛出，作为试样装入符合要求规格的容器中达 1/3 的高度，由边至中用捣棒均匀捣实 25 次。再向容器中装入 1/3 高度的试样，用 16mm 捣棒均匀地捣实 25 次，捣实深度约至下层的表面。然后重复上一步骤，加最后一层，捣实 25 次，使集料与容器口齐平。用合适的集料填充表面的大空隙，用直尺大体刮平，目测估计表面凸起的部分与凹陷的部分的体积大致相等，称取容量筒与试样的总质量（m_2）。

④容量筒容积的标定

用水装满容量筒，测量水温，擦干外壁的水分，称取容量筒与水的总质量（m_w），并按水的密度对容量筒的容积作校正。

4)结果整理

(1)容量筒的容积按下式计算:

$$V = \frac{m_w - m_1}{\rho_w} \times 100 \qquad (\text{试} 1\text{-}13)$$

式中:V——容量筒的容积,L;

m_1——容量筒的质量,kg;

m_w——容量筒与水的总质量,kg;

ρ_w——试验温度为 T 时水的密度,按试表 1-6 选用,g/cm^3。

(2)堆积密度(包括自然堆积状态、振实状态、捣实状态下的堆积密度)按下式计算至小数点后 2 位。

$$\rho = \frac{m_2 - m_1}{V} \times 100 \qquad (\text{试} 1\text{-}14)$$

式中:ρ——与各种状态相对应的堆积密度,t/m^3;

m_1——容量筒的质量,kg;

m_2——容量筒与试样的总质量,kg;

V——容量筒的容积,L。

(3)水泥混凝土用粗集料振实状态下的空隙率按下式计算:

$$V_C = \left(1 - \frac{\rho}{\rho_a}\right) \times 100 \qquad (\text{试} 1\text{-}15)$$

式中:V_C——水泥混凝土用粗集料的空隙率,%;

ρ_a——粗集料的表观密度,t/m^3;

ρ——按振实法测定的粗集料的堆积密度,t/m^3。

(4)沥青混合料用粗集料骨架捣实状态的间隙率按下式计算:

$$VCA_{DRC} = \left(1 - \frac{\rho}{\rho_b}\right) \times 100 \qquad (\text{试} 1\text{-}16)$$

式中:VCA_{DRC}——捣实状态下粗集料骨架间隙率,%;

ρ_b——按网篮法测定的粗集料的毛体积密度,t/m^3;

ρ——按捣实法测定的粗集料的自然堆积密度,t/m^3。

以两次平行试验结果的平均值为测定值。

3.4 水泥混凝土用粗集料针片状颗粒含量试验(规准仪法)
(JTG E42 T0311—2005)

1)目的与适用范围

(1)本方法适用于测定水泥混凝土使用的 4.75mm 以上粗集料的针状及片状颗粒含量,以百分率计。

(2)本方法测定的针片状颗粒,是指利用专用规准仪测定的粗集料颗粒的最小厚度(或直径)方向与最大长度(或宽度)方向的尺寸比小于一定比例的颗粒。

（3）本方法测定的粗集料中针片状颗粒的含量,可用于评价集料的形状及其在工程中的适用性。

2）仪器设备

（1）水泥混凝土集料针状规准仪和片状规准仪见试图1-5,尺寸应符合试表1-8的要求。

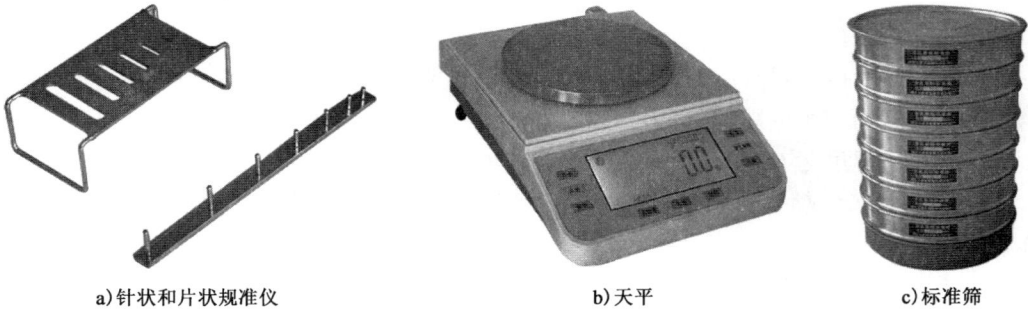

a)针状和片状规准仪　　　　　b)天平　　　　　c)标准筛

试图1-5　规准仪测定的粗集料针片状颗粒含量试验主要仪器

水泥混凝土集料针、片装颗粒试验的粒级划分及其相应的规准仪孔宽或间距　试表1-8

粒级（方孔筛）(mm)	4.75~9.5	9.5~16	16~19	19~26.5	26.5~31.5	31.5~37.5
针状规准仪上相对应的立柱之间的间距宽(mm)	$17.1(B_1)$	$30.6(B_2)$	$42.0(B_3)$	$54.6(B_4)$	$69.6(B_5)$	$82.8(B_6)$
片状规准仪上相对应的孔宽(mm)	$2.8(A_1)$	$5.1(A_2)$	$7.0(A_3)$	$9.1(A_4)$	$11.6(A_5)$	$13.8(A_6)$

（2）天平或台秤:感量不大于称量值的0.1%。

（3）标准筛:孔径分别为4.75mm、9.5mm、16mm、19mm、26.5mm、31.5mm、37.5mm的方孔筛,根据需要选用。

3）试验方法与步骤

（1）试验准备

将试样在室内风干至表面干燥,并用四分法缩分至满足试表1-5规定的质量,称量(m_0),然后筛分成试表1-9所规定的粒级备用。

针、片装试验所需的试样最少质量　　　试表1-9

公称最大粒径(mm)	9.5	16	19	26.5	31.5	37.5
试样最小质量(kg)	0.3	1	2	3	5	10

（2）试验步骤

①目测挑出接近立方体形状的规则颗粒,将目测有可能属于针片状颗粒的集料按试表1-8所规定的粒级用规准仪逐粒对试样进行针状颗粒鉴定,挑出颗粒长度大于针状规准仪上相应间距而不能通过者,为针状颗粒。

②将通过针状规准仪上相应间距的非针状颗粒逐粒对试样进行片状颗粒鉴定,挑出厚度小于片状规准仪上相应孔宽能通过者,为片状颗粒。

③称量由各粒级挑出的针状颗粒和片状颗粒的总质量(m_1)。

4）结果整理

碎石或砾石中针片状颗粒含量用下式计算,精确至0.1%。

$$Q_e = \frac{m_1}{m_0} \times 100 \qquad\qquad (\text{试 }1\text{-}17)$$

式中：Q_e——试样的针、片状颗粒含量，%；

　　　m_1——试样中所含针、片状颗粒的总质量，g；

　　　m_0——试样总质量，g。

注：如有需要，可以分别计算针状颗粒和片状颗粒的含量百分数。

3.5　粗集料针片状颗粒含量试验（游标卡尺法）（JTG E42 T0312—2005）

1）目的与适用范围

（1）本方法适用于测定粗集料的针状及片状颗粒含量，以百分率计。

（2）本方法测定的针片状颗粒，是指游标卡尺测定的粗集料颗粒的最大长度（或宽度）方向与最小厚度（或直径）方向的尺寸之比大于3的颗粒。有特殊要求采用其他比例的，应在试验报告中注明。

（3）本方法测定的粗集料中针状颗粒的含量，可用于评价集料的形状和抗压碎的能力，以评定石料生产厂的生产水平及该材料在工程中的适用性。

2）仪器设备

（1）标准筛：方孔筛4.75mm。

（2）游标卡尺：精密度为0.1mm。

（3）天平：感量不大于1g。

试验主要仪器如试图1-6所示。

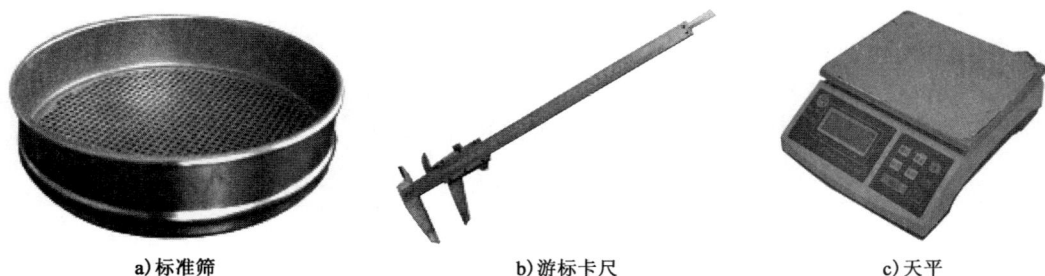

a）标准筛　　　　　　　　b）游标卡尺　　　　　　　　c）天平

试图1-6　游标卡尺测定的粗集料针片状颗粒含量试验主要仪器

3）试验方法与步骤

（1）按现行集料随机取样的方法，采集粗集料试样。按分料器法或四分法原理选取1kg左右的试样。对每一种规格的粗集料，应按照不同的公称粒径，分别取样检验。

（2）用4.75mm标准筛将试样过筛，取筛上部分供试验用，称取试样的总质量m_0，准确至1g，试样质量应不少于800g，并不少于100颗。

注：对2.36~4.75mm级粗集料，由于卡尺量取有困难，故一般不做测定。

（3）将试样平摊于桌面上，首先目测挑出接近立方体的符合要求的颗粒，剩下可能属于针状（细长）和片状（扁平）的颗粒。

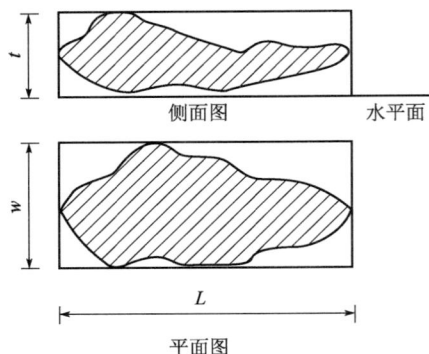

侧面图　　　　　水平面

平面图

试图 1-7　针片状颗粒的稳定状态

（4）按规定的方法将欲测量的颗粒放在桌面上呈一稳定的状态，试图 1-7 中颗粒平面方向的最大长度为 L，侧面厚度的最大尺寸为 t，颗粒最大宽度为 w（$t < w < L$），用卡尺逐颗测量装入石料的长度 L 及 t，将 $L/t \geqslant 3$ 的颗粒（即长度方向与厚度方向的尺寸之比大于 3 的颗粒）分别挑出作为针片状颗粒。称取针片状颗粒的质量 m_1 准确至 1g。

4）结果整理

按式（试 1-18）计算针片状颗粒含量。

$$Q_e = \frac{m_1}{m_0} \times 100 \qquad （试 1-18）$$

式中：Q_e——针片状颗粒含量，%；

　　　m_1——针片状颗粒的质量，g；

　　　m_0——试验用的集料的总质量，g。

试验要平行测定两次，计算两次结果的平均值。如两次结果之差小于平均值的 20%，取平均值为试验值；如大于或等于 20%，应追加测定一次，取三次结果的平均值为测定值。

试验报告应报告集料的种类、产地、岩石名称及用途。

3.6　粗集料压碎值试验（JTG E42 T0316—2005）

1）目的与适用范围

集料压碎值用于衡量装入石料在逐渐增加的荷载下抵抗压碎的能力，是衡量石料力学性质的指标，用以评定其在公路工程中的适用性。

2）仪器设备

（1）石料压碎值试验仪：由内径 150mm、两端开口的钢制圆形试筒、压柱和底板组成，其形状和尺寸见试图 1-8、试图 1-9 和试表 1-10。试筒内壁、压柱的底面及底板的上表面等与石料接触的表面都应进行热处理，使表面硬化，达到维氏硬度 65 并保持光滑状态。

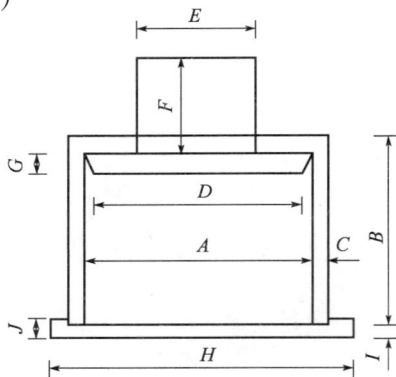

试图 1-8　压碎指标测定仪

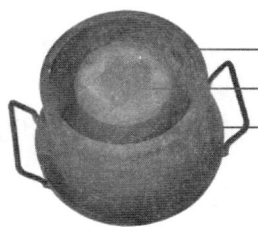

a)石料压碎值试验仪

b)金属棒

c)天平

d)方孔筛

试图 1-9　粗集料压碎值试验中主要的仪器设备

试筒、压柱和底板尺寸   试表 1-10

部 位	符 号	名 称	尺寸(mm)
试筒	A	内径	150 ± 0.3
	B	高度	125 ~ 128
	C	壁厚	≥12
压柱	D	压头直径	149 ± 0.2
	E	压杆直径	100 ~ 149
	F	压柱总长	100 ~ 110
	G	压头厚度	≥25
底板	H	直径	200 ~ 220
	I	厚度(中间部分)	6.4 ± 0.2
	J	边缘厚度	10 ± 0.2

(2)天平:称量 2 ~ 3kg,感量不大于 1g,见试图 1-10。

(3)金属棒:直径 10mm,长 450 ~ 600mm,一端加工成半球形,见试图 1-10。

(4)方孔筛:筛孔尺寸 13.2mm、9.5mm、2.36mm 筛各一个,见试图 1-10。

a)洛杉矶磨耗试验机　　　　b)钢球　　　　c)天平　　　　d)标准筛

试图 1-10　粗集料磨耗试验(洛杉矶法)主要仪器设备

(5)压力机:500kN,应能在 10min 内达到 400kN。

(6)金属筒:圆柱形,内径 112mm,高 179.4mm,容积 $1767cm^3$。

3)试验方法与步骤

(1)试验准备

①采用风干石料,用 13.2mm 和 9.5mm 标准筛过筛,取粒径 9.5 ~ 13.2mm 的试样 3 组各 3000g,供试验用。如过于潮湿需加热烘干时,烘箱温度不得超过 100℃,烘干时间不超过 4h,试验前石料应冷却至室温。

②每次试验的石料数量应满足按下述方法夯击后石料在试筒内的深度为 100mm。

在金属筒中确定装入石料数量的方法如下:

将试样分 3 次(每次数量大体相同)均匀装入金属筒中,每次均将试样表面整平,用金属棒的半球面端从装入石料表面上均匀捣实 25 次。最后用金属棒作为直刮刀将表面仔细整平。称取金属筒中试样质量(m_0),以相同质量的试样进行压碎值的平行试验。

(2)试验步骤

①将试筒安放在底板上。

②将要求质量的试样分 3 次(每次数量大体相同)均匀放入试模中,每次均将试样表面整

平,用金属棒的半球面端从石料表面上均匀捣实 25 次。最后用金属棒作为直刮刀将表面仔细整平。

③将装有试样的试模放到压力机上,同时将压头放入试筒内装入石料面上,注意使压头摆平,勿楔挤试模侧壁。

④开动压力机,均匀地施加荷载,在 10min 左右的时间内总荷载达到 400kN,稳压 5s,然后卸荷。

⑤将试模从压力机上取下,取出试样。

⑥用 2.36m 标准筛筛分压碎的全部试样,可分几次筛分,均需筛到在 1min 内无明显的筛出物为止。

⑦称取通过 2.36mm 筛孔的全部细料质量(m_1),准确至 1g。

4)结果整理

装入石料压碎值按式(试 1-19)计算,准确至 0.1%。

$$Q'_a = \frac{m_1}{m_0} \times 100 \qquad\qquad (试 1\text{-}19)$$

式中:Q'_a——装入石料压碎值,%;

　　　m_0——试验前试样质量,g;

　　　m_1——试验后通过 2.36mm 筛孔的细料质量,g。

以 3 个试样平行试验结果的算术平均值作为压碎值的测值。

3.7　粗集料磨耗试验(洛杉矶法)(JTG E42 T0317—2005)

1)目的与适用范围

(1)测定标准条件下粗集料抵抗摩擦、撞击的综合能力,以磨耗损失(%)表示。

(2)本方法适用于各种等级规格装入石料的磨耗试验。

2)仪器设备

(1)洛杉矶磨耗(钢板式)试验机:圆筒内径 710mm ± 5mm,内侧长 510mm ± 5mm,两端封闭,投料口的钢盖通过紧固螺栓和橡胶垫与钢筒紧闭密封。钢筒的回转速度为 30 ~ 33r/min。

(2)钢球:直径约 46.8mm,质量为 390 ~ 445g,大小稍有不同,以便按要求组合成符合要求的总质量。

(3)台秤:感量 5g。

(4)标准筛:符合要求的标准筛系列,以及筛孔为 1.7mm 的方孔筛一个。

(5)烘箱:能使温度控制在 105℃ ±5℃ 范围内。

(6)容器:搪瓷盘等。

3)试验方法与步骤

(1)试验准备

①将不同规格的集料用水冲洗干净,置于烘箱中烘干至恒重。

②对所使用的集料,根据实际情况按试表 1-11 选择最接近的粒级类别,确定相应的试验条件,按规定的粒级组成备料,筛分。其中水泥混凝土用集料宜采用 A 级粒度;对于沥青路面及各种基层、底基层的粗集料,表中的 16mm 筛孔也可用 13.2mm 筛孔代替。对非规格材料,

应根据材料的实际粒度,从试表 1-11 中选择最接近的粒级类别及试验条件。

粗集料洛杉矶试验条件 试表 1-11

粒度类别	粒级组成（mm）	试样质量（g）	试样总质量（g）	钢球数量（个）	钢球总质量（g）	转动次数（转）	适用于粗集料	
							规程	公称粒径（mm）
A	26.5 ~ 37.5 19.0 ~ 26.5 16.0 ~ 19.0 9.5 ~ 16.0	1250 ± 25 1250 ± 25 1250 ± 10 1250 ± 10	5000 ± 10	12	5000 ± 25	500	—	—
B	19.0 ~ 26.5 16.0 ~ 19.0	2500 ± 10 2500 ± 10	5000 ± 10	11	4850 ± 25	500	S6 S7 S8	15 ~ 30 10 ~ 30 15 ~ 25
C	9.5 ~ 16.0 4.75 ~ 9.5	2500 ± 10 2500 ± 10	5000 ± 10	8	3330 ± 20	500	S9 S10 S11 S12	10 ~ 20 10 ~ 15 5 ~ 15 5 ~ 10
D	2.36 ~ 4.75	5000 ± 10	5000 ± 10	6	2500 ± 15	500	S13 S14	3 ~ 10 3 ~ 5
E	63 ~ 75 53 ~ 63 37.5 ~ 53	2500 ± 50 2500 ± 50 5000 ± 50	10000 ± 100	12	5000 ± 25	1000	S1 S2	40 ~ 75 40 ~ 60
F	37.5 ~ 53 26.5 ~ 37.5	5000 ± 50 5000 ± 25	10000 ± 75	12	5000 ± 25	1000	S3 S4	30 ~ 60 25 ~ 50
G	26.5 ~ 37.5 19 ~ 26.5	5000 ± 25 5000 ± 25	10000 ± 50	12	5000 ± 25	1000	S5	20 ~ 40

（2）试验步骤

①分级称量（准确至 5g），称取总质量（m_1），装入磨耗机圆筒中。

②选择钢球,使钢球的数量及总质量符合试表 1-11 规定。将钢球加入钢筒中,盖好筒盖,紧固密封。

③将计数器调整到零位,设定要求的回转次数,对水泥混凝土集料,回转次数为 500 转;对沥青混合料集料,回转次数应符合试表 1-11 的要求。开动磨耗机,以 30 ~ 33r/min 的转速转动至要求的回转次数为止。

④取出钢球,将经过磨耗后的试样从投料口倒入接受容器（搪瓷盘）中。

⑤将试样用 1.7mm 的方孔筛过筛,筛去试样中被撞击磨碎的细屑。

⑥用水冲净留在筛上的碎石,置于 105℃ ±5℃ 烘箱中烘干至恒重（通常不少于 4h）,准确称量（m_2）。

4）结果整理

（1）按下式计算粗集料洛杉矶磨耗损失（%），准确至 0.1%。

$$Q = \frac{m_1 - m_2}{m_1} \times 100$$ （试 1-20）

式中:m_1——装入圆筒中试样质量,g;

　　　m_2——试验后在 1.7mm 筛上的洗净烘干的试样质量,g。

(2)试验报告记录所使用的粒级类别和试验条件。粗集料的磨耗损失取两次平行试验结果的算术平均值为测定值,两次试验的差值应不大于 2%,否则需重做试验。

3.8　细集料筛分试验(JTG E42 T0327—2005)

1)目的与适用范围

测定细集料(天然砂、人工砂、石屑)的颗粒级配及粗细程度。对水泥混凝土用细集料可采用干筛法,如果需要也可采用水洗法筛分。对沥青混合料及基层用细集料必须用水洗法筛分。

注:当细集料中含有粗集料时,可参照此方法用水洗法筛分,但需特别注意保护标准筛筛面不遭损坏。

2)仪器设备

(1)标准筛。

(2)天平:称量 1000g,感量不大于 0.5g。

(3)摇筛机。

(4)烘箱:能控温在 105℃±5℃。

(5)其他:浅盘和硬、软毛刷等。

试验主要仪器设备如试图 1-11 所示。

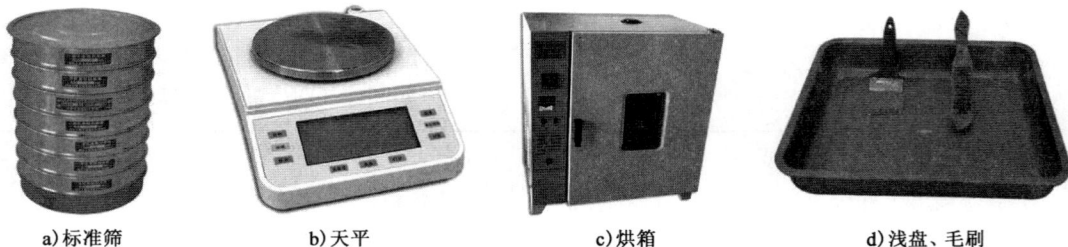

　a)标准筛　　　　　b)天平　　　　　c)烘箱　　　　　d)浅盘、毛刷

试图 1-11　细集料筛分试验主要仪器设备

3)试验方法与步骤

(1)试验准备

根据样品中最大粒径的大小,选用适宜的标准筛,通常用 9.5mm 筛(水泥混凝土用天然砂)或 4.75mm 筛(沥青路面及基层用的天然砂、石屑、机制砂等)筛除超粒径材料。然后在潮湿状态下充分拌匀,用分料器法或四分法缩分至每份不少于 550g 的试样两份,在 105℃±5℃的烘箱中烘干至恒重,冷却至室温后备用。

注:恒重系指相邻两次称量间隔时间大于 3h(通常不少于 6h)的情况下,前后两次称量之差小于该项试验所要求的称量精密度。

(2)试验步骤

①干筛法

a.准确称取烘干试样约 500g(m_1),准确至 0.5g,置于套筛的最上面一只筛,即 4.75mm 筛上。将套筛装入摇筛机，摇筛约10min，然后取出套筛，再按筛孔大小顺序，从最大的筛号开始，在洁净的浅盘上逐个进行手筛，直到每分钟的筛出量不超过筛上剩余量的0.1%时为止，将筛出的颗粒并入下一号筛，和下一号筛中的试样一起过筛，按此顺序进行至各号筛全部筛完为止。

注：试样如为特细砂时，试样质量可减少到100g；如试样含泥量超过5%，不宜采用干筛法；无摇筛机时，可直接用手筛。

b. 称量各筛筛余试样的质量，精确至0.5g。所有各筛的分计筛余量和底盘中剩余量的总量与筛分前的试样总量相比，相差不得超过后者的1%。

②水洗法

a. 准确称取烘干试样约500g(m_1)，准确至0.5g。

b. 将试样置于一洁净容器中，加入足够数量的洁净水，将集料全部淹没。

c. 用搅棒充分搅动集料，使集料表面洗涤干净，使细粉悬浮在水中，但不得有集料从水中溅出。

d. 用1.18mm筛及0.075mm筛组成套筛。仔细将容器中混有细粉的悬浮液徐徐倒出，经过套筛流入另一容器，但不得将集料倒出。

注：不可直接倒至0.075mm筛上，以免集料掉出损坏筛面。

e. 重复步骤b~d，直至倒出的水洁净且小于0.075mm的颗粒全部倒出。

f. 将容器中的集料倒入搪瓷盘中，用少量水冲洗，使容器上沾附的集料颗粒全部进入搪瓷盘中。将筛子反扣过来，用少量的水将筛上的集料冲洗入搪瓷盘中。操作过程中不得有集料散失。

g. 将搪瓷盘连同集料一起置于105℃±5℃的烘箱中烘干至恒重，称取干燥集料试样的总质量(m_2)，准确至0.1%。m_1与m_2之差即为通过0.075mm筛的部分。

h. 将全部要求筛孔组成套筛（但不需0.075mm筛），将已经洗去小于0.075mm筛底部分的干燥集料置于套筛上（通常为4.75mm筛），将套筛装入摇筛机，摇筛约10min，然后取出套筛，再按筛孔大小顺序，从最大的筛号开始，在清洁的浅盘上逐个进行手筛，直至每分钟的筛出量不超过筛上剩余量的0.1%时为止，将筛出通过的颗粒并入下一号筛，和下一号筛中的试样一起过筛，顺序进行，直至各号筛全部筛完为止。

注：如为含有粗集料的集料混合料，套筛筛孔根据需要选择。

i. 称量各筛筛余试样的质量，精确至0.5g。所有各筛的分计筛余量和底盘中剩余量的总质量与筛分前后试样总量m_2的差值不得超过后者的1%。

4）结果整理

（1）计算分计筛余百分率。

各号筛的分计筛余百分率为各号筛上的筛余量除以试样总量(m_1)的百分率，准确至0.1%。对沥青路面细集料而言，0.15mm筛下部分即为0.075nm的分计筛余，由步骤g. 测得的m_1与m_2之差即为小于0.075mm的筛底部分。

（2）计算累计筛余百分率。

各号筛的累计筛余百分率为该号筛及大于该号筛的各号筛的分计筛余百分率之和，准确至0.1%。

（3）计算质量通过百分率。

各号筛的通过百分率等于100减去该号筛的累计筛余百分率，准确至0.1%。

（4）根据各筛的累计筛余百分率或通过百分率，绘制级配曲线。

（5）天然砂的细度模数按下式计算，精确至 0.01。

$$M_x = \frac{(A_{0.15} + A_{0.3} + A_{0.6} + A_{1.18} + A_{2.36}) - 5A_{4.75}}{100 - A_{4.75}}$$ （试 1-21）

式中： M_x——砂的细度模数；

$A_{0.15}$、$A_{0.3}$…$A_{4.75}$——分别为 0.15mm、0.3mm、…、4.75mm 各筛上的累计筛余百分率，% 。

（6）应进行两次平行试验，以试验结果的算术平均值作为测定值。如两次试验所得的细度模数之差大于 0.2，应重新进行试验。

3.9 细集料表观密度试验（容量瓶法）（JTG E42 T0328—2005）

1）目的与适用范围

用容量瓶法测定粗集料（天然砂、石屑、机制砂）在 23℃时对水的表观相对密度和表观密度。本方法适用于含有少量大于 2.36mm 的细集料。

2）仪器设备

（1）天平：称量 1kg，感量不大于 1g。

（2）容量瓶：500mL。

（3）烘箱：能控温在 105℃ ±5℃。

（4）烧杯：500mL。

（5）其他：干燥器、浅盘、铝制料勺、温度计、洁净水等。

试验主要仪器设备如试图 1-12 所示。

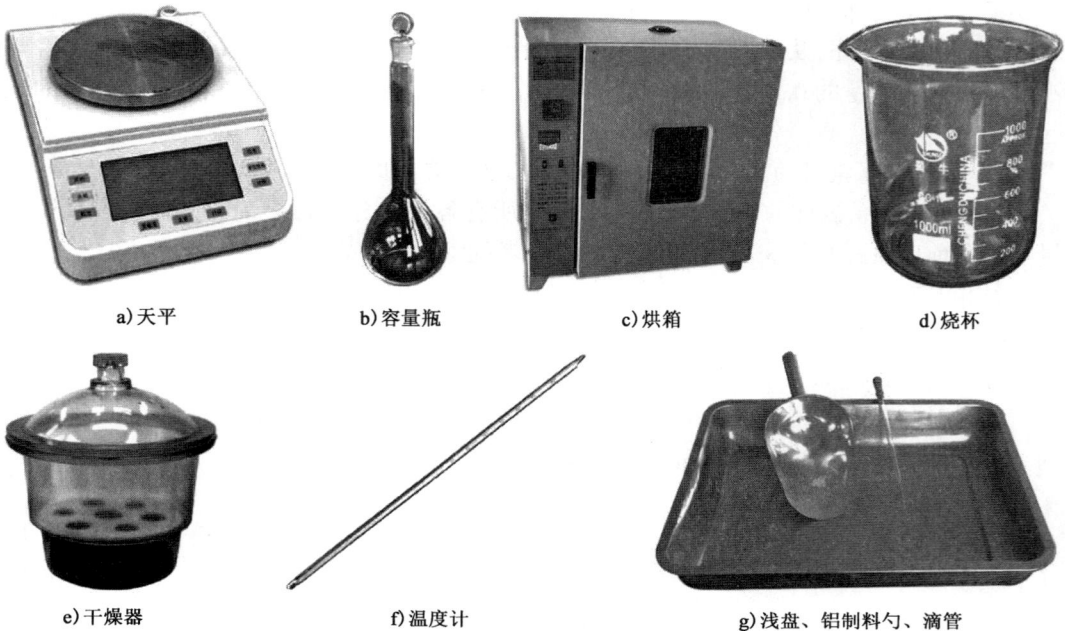

a)天平　　b)容量瓶　　c)烘箱　　d)烧杯

e)干燥器　　f)温度计　　g)浅盘、铝制料勺、滴管

试图 1-12　细集料表观密度试验（容量瓶法）主要仪器设备

3）试验方法与步骤

（1）试验准备

将缩分至 650g 左右的试样在温度为 105℃±5℃ 的烘箱中烘干至恒重，并在干燥器内冷却至室温，分成两份备用。

（2）试验步骤

①称取烘干的试样约 300g（m_0），装入盛有半瓶洁净水的容量瓶中。

②摇转容量瓶，使试样在已保温至 23℃±1.7℃ 的水中充分搅动以排除气泡，塞紧瓶塞，在恒温条件下静置 24h 左右，然后用滴管添水，使水面与瓶颈刻度线平齐，再塞紧瓶塞，擦干瓶外水分，称其总质量（m_2）。

③倒出瓶中的水和试样，将瓶的内外表面洗净，再向瓶内注入同样温度的洁净水（温差不超过 2℃）至瓶颈刻度线，塞紧瓶塞，擦干瓶外水分，称其总质量（m_1）。

注：在砂的表观密度试验过程中应测量并控制水的温度，试验期间的温差不得超过 1℃。

4）结果整理

（1）细集料的表观相对密度按下式计算，准确至小数点后 3 位。

$$\gamma_a = \frac{m_0}{m_0 + m_1 - m_2} \qquad （试1-22）$$

式中：γ_a——细集料的表观密度，无量纲；

m_0——试样的烘干质量，g；

m_1——水及容量瓶总质量，g；

m_2——试样、水及容量瓶总质量，g。

（2）表观密度 ρ_a 按下式计算，准确至小数点后 3 位。

$$\rho_a = \gamma_a \times \rho_T \qquad （试1-23）$$
$$\rho_a = (\gamma_a - \alpha_T) \times \rho_w \qquad （试1-24）$$

式中：ρ_a——细集料的表观密度，g/cm³；

ρ_w——水在 4℃ 时的密度，1000kg/m³；

α_T——试验时的水温对水的密度影响修正系数，按试表 1-6 取用；

ρ_T——试验温度为 T 时水的密度，按试表 1-6 取用，g/cm³。

以两次平行试验结果的算术平均值作为测定值，如两次结果之差值大于 0.01g/cm³ 时，应重新取样进行试验。

3.10　细集料堆积密度及紧装密度试验（JTG E42 T0331—1994）

1）目的与适用范围

测定砂自然状态下的堆积密度、紧装密度及空隙率。

2）仪器设备（试图 1-13）

（1）台秤：称量 5kg，感量 5g。

（2）容量筒：金属制，圆筒形，内径 108mm，净高 109mm，筒壁厚 5mm，容积约为 1L。

（3）标准漏斗（见试图 1-14）。

（4）烘箱:能使温度控制在105℃±5℃。

（5）其他:小勺、直尺、浅盘等。

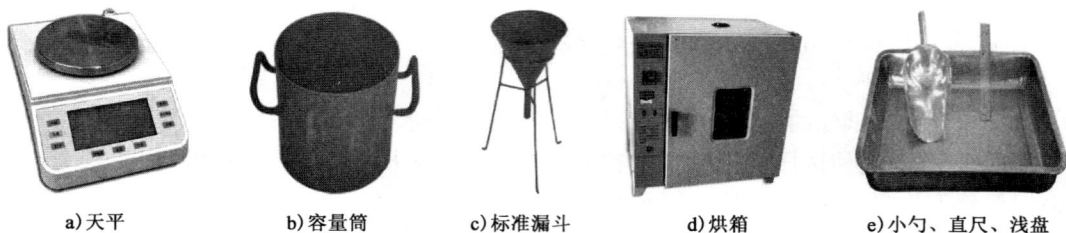

a)天平　　　b)容量筒　　　c)标准漏斗　　　d)烘箱　　　e)小勺、直尺、浅盘

试图1-13　细集料堆积密度及紧装密度试验主要仪器设备

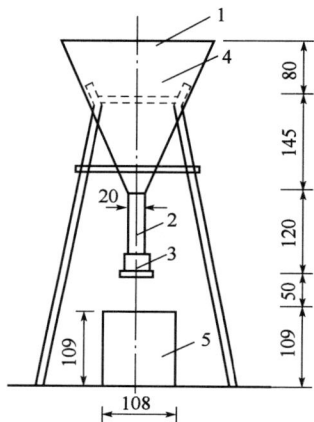

试图1-14　标准漏斗(尺寸单位:mm)
1-漏斗;2-φ20 管子;3-活动门;4-筛;
5-金属量筒

3）试验方法与步骤

（1）试验准备

①用浅盘装试样约5kg,在温度为105℃±5℃的烘箱中烘干至恒量,取出并冷却至室温,分成大致相等的两份备用。

注:试样烘干后如有结块,应在试验前予以捏碎。

②容量筒容积的校正方法:以温度为20℃±5℃的洁净水装满容量筒,用玻璃板沿筒口滑移,使其紧贴水面,玻璃板与水面之间不得有空隙。擦干筒外壁水分,然后称量,用下式计算筒的容积 V:

$$V = m_2' - m_1' \qquad （试1-25）$$

式中: V——容量筒的容积,mL;

　　　m_1'——容量筒和玻璃板总质量,g;

　　　m_2'——容量筒、玻璃板和水总质量,g。

（2）试验步骤

①堆积密度:取试样 2 份,用铝制料勺将试样徐徐装入漏斗中,打开底部的活动门,将砂流入容量筒中(漏斗出料口或料勺距容量筒筒口均应为 50mm 左右),直至试样装满并超出容量筒筒口,然后用直尺将多余的试样沿筒口中心线向两个相反方向刮平,称取质量(m_1)。

②紧装密度:取试样 1 份,分两层装入容量筒。装完一层后,在筒底垫放一根直径为 10mm 的钢筋,将筒按住,左右交替颠击地面各 25 下,然后再装入第二层,第二层装满后用同样方法颠实(但筒底垫钢筋的方向应与第一层放置方向垂直),两层装完并颠实后,加料直至试样超出容量筒筒口,然后用直尺将多余的试样沿筒口中心线向两个相反方向刮平,称其质量(m_2)。

4）结果整理

（1）堆积密度 ρ 及紧装密度 ρ' 分别按下式计算,精确至 0.001g/cm³。

$$\rho = \frac{m_1 - m_0}{V} \qquad （试1-26）$$

$$\rho' = \frac{m_2 - m_0}{V} \qquad （试1-27）$$

式中：ρ——砂的堆积密度，g/cm^3；

　　ρ'——砂的紧装密度，g/cm^3；

　　m_0——容量筒的质量，g；

　　m_1——容量筒和堆积砂总质量，g；

　　m_2——容量筒和紧装砂总质量，g；

　　V——容量筒容积，mL。

以两次试验结果的算术平均值作为测定值。

（2）空隙率按下式计算，精确至 0.1%。

$$n = \left(1 - \frac{\rho}{\rho_a}\right) \times 100 \qquad (\text{试 1-28})$$

式中：n——砂的空隙率，%；

　　ρ——砂的堆积或紧装密度，g/cm^3；

　　ρ_a——砂的表观密度，g/cm^3。

以两次试验结果的算术平均值作为测定值。

复习与思考题

1-1　岩石的主要物理常数与集料的主要物理常数各有哪几项？它们之间有何异同？

1-2　岩石应具备哪些力学性质？采用什么指标来反映这些性质？

1-3　简述道路工程用岩石的分类和分级方法。

1-4　岩石的吸水率和饱水率有何不同？

1-5　什么是集料的堆积密度？

1-6　压碎值、磨耗值、磨光值及冲击值分别表征粗集料的什么性质？对路面工程有何实用意义？

1-7　什么是集料的级配？如何确定集料的级配？用哪几项参数表示集料的级配？

1-8　试述级配与粗度的联系和区别。

1-9　某道路工程沥青混合料月细集料的筛分试验结果见表1-11。请计算该细集料的"分计筛余百分率""累计筛余百分率""通过百分率"及其细度模数，判断该细集料的粗细程度并分析其级配是否符合设计级配范围的要求。

某细集料的筛分结果　　　　　　　　　　　表 1-11

筛孔尺寸(mm)	9.5	4.75	2.36	1.18	0.6	0.3	0.15	0.075	底盘
筛余量(g)	0	13	160	100	75	50	39	25	38
设计级配范围(%)	100	95～100	55～75	35～55	20～40	12～28	7～18	5～10	—

1-10　取500g干砂做筛分试验，结果见表1-12，试计算并画图确定该砂的规格和类别。该砂是否可用于高强度混凝土？

表 1-12

筛孔尺寸（mm）	4.75	2.36	1.18	0.6	0.3	0.15	筛底
筛余量（g）	5	4	115	132	93	76	34

1-11 一份残缺的砂子筛分记录见表 1-13，根据现有的材料补全。

表 1-13

筛孔（mm）	4.75	2.36	1.18	0.6	0.3	0.15
分计筛余（%）				20		20
累计筛余（%）	5	19				
通过率（%）				45	22	2

1-12 从工地取回的两种砂样，烘干至恒重，其筛分结果见表 1-14、表 1-15，试判断该砂属于何区？（砂的分区及级配范围见表 1-16）

某细集料的筛分结果 1　　表 1-14

筛孔（mm）	9.5	4.75	2.36	1.18	0.6	0.3	0.15	筛底
筛余量（g）	0	10	20	45	100	135	155	35
分计筛余（%）								
累计筛余（%）								
通过率（%）								

某细集料的筛分结果 2　　表 1-15

筛孔（mm）	9.5	4.75	2.36	1.18	0.6	0.3	0.15	筛底
筛余量（g）	0	40	110	80	155	10	100	5
分计筛余（%）								
累计筛余（%）								
通过率（%）								

砂的分区及级配范围　　表 1-16

砂的类别	天然砂		
级配区	Ⅰ区	Ⅱ区	Ⅲ区
筛孔尺寸（mm）	累计筛余（%）		
9.5	0	0	0
4.75	10 ~ 0	10 ~ 0	10 ~ 0
2.36	35 ~ 5	25 ~ 0	15 ~ 0
1.18	65 ~ 35	50 ~ 10	25 ~ 0
0.6	85 ~ 71	70 ~ 41	40 ~ 16
0.3	95 ~ 80	92 ~ 70	85 ~ 55
0.15	100 ~ 90	100 ~ 90	100 ~ 90

考证训练题

一、单项选择题

1. 进行粗集料坚固性试验时,所称取的不同粒级的试样分别装入三脚网并浸入盛有硫酸钠溶液的容器中,溶液体积应不小于试验总体积的(　　)倍。

    A. 1 　　　　　　B. 2 　　　　　　C. 5 　　　　　　D. 10

答案:C

2. 当筛分试验各级过筛不彻底时,计算出的砂的细度模数将会(　　)。

    A. 偏小

    B. 偏大

    C. 因各级过筛均不彻底,最终不影响细度模数的大小

    D. 变化无法确定

答案:B

3. 细集料泥块含量试验,两次试验结果的差值应不超过(　　)。

    A. 0.1% 　　　　B. 0.2% 　　　　C. 0.3% 　　　　D. 0.4%

答案:D

4. 粗集料压碎值试验的试样数量应满足夯击后试筒内试样的深度达到(　　)mm。

    A. 50 　　　　　B. 75 　　　　　C. 100 　　　　D. 125

答案:C

5. 10~20mm 单档粗集料的公称粒径、最大粒径分别为(　　)。

    A. 10mm,20mm 　　　　　　　　B. 19mm,26.5mm

    C. 9.5mm,19mm 　　　　　　　　D. 16mm,19mm

答案:B

6. 关于砂当量试验下列说法正确的是(　　)。

    A. 砂当量可以测定天然砂、人工砂所含黏性土及杂质的含量,但不适用于石屑

    B. 砂当量冲洗由氯化钙、甘油按一定的比例配置

    C. 砂当量越大,产有黏性土或杂质的含量越低,细集料洁净度越高

    D. 筛洗法、砂当量和亚甲蓝试验都能对砂的洁净度评价,但砂当量能更加准确地评价

答案:C

7. 取每组总质量为3000g的粗集料采用干筛法进行筛分试验,进行两次平行试验,第一组筛分后的总量为2991.5g,第二组筛分后的总量为2996.7g,则试验人员可以得到(　　)的结论。

    A. 第一组需要重新试验 　　　　　B. 两组都需要重新试验

    C. 两组都不需要重新试验 　　　　D. 无法判断是否需要重新试验

答案:C

8.级配碎石目标配合比曲线确定后,还需要进行( )的确定

  A.级配的离散度   B.级配合理变化范围

  C.级配的关键筛选   D.级配的均匀性

答案:B

9.对天然砂进行筛分试验,计算得到平行试验的细度模数分别为3.2和3.6,最终的试验结果为( )。

  A.3.2   B.3.4   C.3.6   D.重新进行试验

答案:D

解析:两次试验结果之差大于0.2,应重新进行试验。

10.同一种集料,一般堆积密度、表观密度和毛体积度之间的大小关系是( )。

  A.表观密度 > 毛体积密度 > 堆积密度   B.堆积密度 > 表观密度 > 毛体积密度

  C.表观密度 > 堆积密度 > 毛体积密度   D.堆积密度 > 毛体积密度 > 表观密度

答案:A

解析:在质量相同的情况下,表观密度体积 = 实体体积 + 闭口孔隙,毛体积密度体积 = 实体体积 + 闭口孔隙 + 开孔孔隙,堆积密度体积 = 实体体积 + 闭口孔隙 + 开孔孔隙 + 空隙体积。体积越大,密度越小。

二、判断题

1.随着砂率的提高,水泥混凝土的坍落度将会降低。( )

答案:错误

解析:砂率提高,坍落度开始提高,后面降低,所以存在一个合理的砂率。

2.集料中针片状颗粒对沥青黏附性会造成不利影响。( )

答案:错误

解析:针片状颗粒主要影响施工的和易性,以及在碾压过程中容易断裂,影响强度。

3.密度计法和移液管法都适用于分析粒径小于0.075mm的细粒土。( )

答案:正确

4.细集料水筛试验中,筛分前试验总量减去筛分后所有各筛的分计筛余量和底盘中剩余量的总质量得到的差值不得超过前者的1%。( )

答案:错误

5.粗集料洛杉矶磨耗值的大小与集料的耐磨性好坏没有直接关系。( )

答案:错误

6.当粗集料颗粒长度尺寸大于其高度尺寸的2.4倍或0.4倍时,该颗粒判定为针状或片状颗粒。( )

答案:错误

7.级配碎石可以用作各级公路的基层或底基层,也可作为沥青面层与半刚性基层的过渡层。( )

答案:正确

8.砂率越大、混凝土拌合物坍落度越大。( )

答案:错误

9.集料试验取样数量与试验项目和最大公称粒径有关。(　　)

答案:正确

10.集料分为酸性、中性和碱性,并以 CaO 含量来进行划分。(　　)

答案:错误

解析:根据二氧化硅的含量划分。

　　三、多项选择题(下列各题的备选项中,至少有两个是符合题意的,选项全部正确得满分,选项部分正确按比例得分,出现错误选项该题不得分)

1.砂的相对密度测定过程中,首先通过测定下面主要参数(　　),然后通过计算得到砂的相对密度。

　　A.最大孔隙比　　　　B.含水率　　　　　　C.天然孔隙比　　　　D.最小孔隙比

答案:ACD

2.集料密度测定时,如集料试验浸水时间未达到 24h 试验结果可能(　　)。

　　A.基本不受影响　　B.偏低　　　　　　　C.偏高　　　　　　　D.没有规律

答案:AC

解析:浸水时间不够,表干质量偏小,毛体积密度偏大。

3.粗集料软弱颗粒试验需要的标准筛孔有(　　)。

　　A.2.36mm　　　　　B.4.75mm　　　　　C.9.5mm　　　　　　D.16mm

答案:ABC

4.关于粗集料洛杉矶磨耗试验说法正确的是(　　)。

　　A.洛杉矶磨耗用以评定粗集料抵抗摩擦、撞击的能力

　　B.同一采石场的同一集料,为减小试验误差,可以在一起筛分进行洛杉矶试验

　　C.水泥混凝土用的粗集料回转次数设定为 500 次,沥青混合料用粗集料则可能是 500 或 1000 次

　　D.水泥混凝土用粗集料磨耗试验放置的钢球数量与粗集料的公称粒径有关

答案:BD

5.以下关于粗集料针片状颗粒含量试验正确的说法有(　　)。

　　A.规准仪法适用于水泥混凝土用的粗集料的针状及片状颗粒含量

　　B.规准仪测定较游标卡尺测定要严格

　　C.用游标卡尺测定某一粗颗粒最大长度方向尺寸为 13.86mm,而最小厚度方向尺寸为 4.78mm,则可以判断此颗粒为针片状

　　D.游标卡尺测定粗集料最小厚度是在最薄的一个面上测量,并非颗粒中最薄部位的厚度

答案:AD

解析:规准仪用于测量水泥混凝土用粗集料,方法快且简单;游标卡尺用于测量沥青混凝土用粗集料,方法慢但要求更严格。所以 B 是错的;$13.86 \div 4.78 = 2.9 < 3$,所以没有达到针片状标准。所以 C 是错的。

四、综合题(下列各题的备选项中,有 1 个或 1 个以上是符合题意的,出现漏选或错误选项均不得分,完全正确得满分)

1. 某工程需要在料仓取粗、细集料进行原材料试验,该原材料用于 AC-20 混合料。请对下列各题进行判别:

(1)以下集料取样过程中操作方法正确的有(　　)。

    A. 先铲除堆角处无代表性的部分集料

    B. 在料堆的顶部、中部和底部几个部位,分别取大致相同的若干份试样,组成一组试样

    C. 将集料在平板上拌和均匀摊平,采用四分法将试样以对角方式大致分成两份,重复以上过程,直至缩分成所需的质量,且不得有富余

    D. 也可以采用分料器进行试样缩分

答案:BD

(2)0 ~ 2.36mm 机制砂无须检测的试验参数有(　　)。

    A. 集料密度　　　　　B. 亚甲蓝　　　　　C. 含泥量　　　　　D. 细度模数

答案:D

(3)当采用网篮法测定 10 ~ 20mm 档粗集料毛体积相对密度时,缩分后试样应满足(　　)。

    A. 两份,每份不少于 1kg　　　　　　　　B. 两份,每份不少于 1.5kg

    C. 一份,每份不少于 2kg　　　　　　　　D. 一份,每份不少于 3kg

答案:A

(4)集料强度的试验方法表述正确的有(　　)。

    A. 集料压碎值试验所用代表样品的尺寸应为 9.5 ~ 13.2mm

    B. 压碎值为加载试验结束后通过 2.36mm 筛孔的细料质量除以加载试验前试样质量,以百分比表示

    C. 洛杉矶磨耗值试验所用代表样品的尺寸应为 9.5 ~ 13.2mm

    D. 洛杉矶磨耗值为试验后 1.7mm 筛下洗净干燥试样质量除以试验前试样质量,以百分比表示

答案:AB

2. 10 ~ 20mm 档粗集料针片状试验记录:试样 1 号试验用的集料总质量为 1005g,针片状颗粒的质量为 121g;试样 2 号试验用的集料总质量为 1002g,针片状颗粒的质量为 159g。

(1)根据此试验实测数据,以下正确的结论是(　　)。

    A. 该集料针片状颗粒含量可评定为合格

    B. 该集料针片状颗粒含量可评定为不合格

    C. 应追加测定一次,取三次结果的平均值为测定值

    D. 应废弃试验数据,重新进行试验

答案:C

(2)关于针片状试验,说法正确的是(　　)。

A. 试验人员操作错误,不需进行 3～5mm 粒径针片状含量测试

B. 针片状按粒径大于 9.5mm 和小于 9.5mm 两档都要合格,试验结论才为合格

C. 从试验数据可以看出该粗集料不得用于表面层

D. 针片状含量须按照配合比的比例计算合成针片状含量进行评价

答案:AD

(3)该集料的坚固性说法正确的是(　　　)。

　　A. 粗集料的坚固性试验质量损失百分率为 6%

　　B. 粗集料的坚固性试验质量损失百分率为 5%

　　C. 粗集料坚固性需要按每档检验均要合格

　　D. 该集料坚固性不合格

答案:C

(4)该集料的软弱颗粒含量试验说法正确的是(　　　)。

　　A. 取风干试样 2kg

　　B. 不需要对小于 4.75mm 颗粒进行试验

　　C. 该粗集料软弱颗粒试验按不同粒径分为两档,每档施加荷载不同

　　D. 软石含量最终结果为 2.5%

答案:ABC

(5)沥青与粗集料的黏附性能试验说法正确的是(　　　)。

　　A. 应采用水浸法

　　B. 不能定量描述试验结果

　　C. 沥青与粗集料的黏附性试验合格,说明沥青混合料的水稳定较好

　　D. 该试验结果可能存在问题

答案:AB

(6)上述试验可以根据实际需求进行选择的试验是(　　　)。

　　A. 针片状试验　　　　　　　　　　　B. 软石含量

　　C. 坚固性试验　　　　　　　　　　　D. 沥青与粗集料的黏附性

答案:C

单元二
UNIT TWO
气硬性胶凝材料

本单元思维导图

知识目标

　　了解胶凝材料的定义和分类；熟悉石灰的消化和硬化过程、技术性质和质量检验方法；掌握石灰的质量检验方法、评定标准和选用方法。

能力目标

　　(1)能够根据《公路工程无机结合料稳定材料试验规程》(JTG E51—2009)对石灰的相关技术指标进行检测,并能依照《公路路面基层施工技术细则》(JTG／T F20—2015)对所测定的技术指标进行正确评定和合理选择;

　　(2)能够规范填写试验原始记录,并独立出具试验报告。

价值引领

　　于谦在《石灰吟》中写到：千锤万凿出深山,烈火焚烧若等闲。粉骨碎身浑不怕,要留清白在人间。作者以石灰自喻,抒发自己坚强不屈、洁身自好的品质。同学们也要像石灰一样"清清白白"做人,"堂堂正正"做事。

　　胶凝材料是指能以自身的物理化学作用从具有流动性的浆状体转变成坚硬的固体,并能将砂、石子等散粒材料或砖、板等块片状材料黏结为具有一定强度的整体结构的材料。

　　胶凝材料按化学成分分为两大类:有机胶凝材料(如各种沥青和树脂)和无机(矿物)胶凝材料。

　　无机胶凝材料按照硬化条件又分为气硬性胶凝材料和水硬性胶凝材料。

　　气硬性胶凝材料只能在空气中硬化,也只能在空气中保持或继续发展其强度(如石灰、石膏、水玻璃);水硬性胶凝材料不仅能在空气中,而且可以更好地在水中硬化,保持并发展其强度(如水泥)。胶凝材料分类可归纳为图2-1。本单元将重点学习气硬性胶凝材料——石灰。

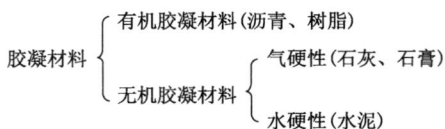

```
          ┌ 有机胶凝材料(沥青、树脂)
胶凝材料 ┤          ┌ 气硬性(石灰、石膏)
          └ 无机胶凝材料 ┤
                     └ 水硬性(水泥)
```

图 2-1　胶凝材料分类

模块一　石灰

1.1　石灰的生产与分类

1）石灰的生产

生产石灰的原料主要是石灰石，如图 2-2a）所示，石灰石的主要成分是碳酸钙（$CaCO_3$），其次是碳酸镁（$MgCO_3$）和少量黏土杂质。

将石灰石置于窑内高温下煅烧，碳酸钙和碳酸镁受热分解，分解出二氧化碳（CO_2）气体后，得到白色或灰白色的块状材料即为块状生石灰，又称块灰，以氧化钙（CaO）为主要成分，石灰的煅烧如图 2-2b）所示。

$$CaCO_3 \xrightarrow{900℃} CaO + CO_2 \uparrow \tag{2-1}$$

$$MgCO_3 \xrightarrow{700℃} MgO + CO_2 \uparrow \tag{2-2}$$

a）石灰石　　　　　　　　　　　　　　　　b）石灰的煅烧

图 2-2　石灰的生产

优质的石灰，色质洁白或略带灰色，质量较轻，其堆积密度为 $800 \sim 1000kg/m^3$。石灰在煅烧过程中，往往由于石灰石原料尺寸过大或窑中温度不均匀等原因，使得石灰中含有未烧透的内核，这种石灰即称为"欠火石灰"。欠火石灰的颜色发青且未消化残渣含量高，有效氧化钙和氧化镁含量低，使用时缺乏黏聚力。因此，其产浆量低，质量较差，降低了石灰的利用率。

另一种情况是由于煅烧温度过高，时间过长而使石灰表面出现裂缝或玻璃状的外壳，体积收缩明显，颜色呈灰黑色，块体密度大，消化缓慢，这种石灰称"过火石灰"。"过火石灰"颗粒结构紧密，且表面有一层深褐色的玻璃状外壳，故熟化很慢，当被用于建筑后，能继续熟化产生体积膨胀，从而引起裂缝和局部脱落现象，直接影响工程质量。

2）石灰的分类

石灰俗称白灰，根据成品加工方法的不同，可分为以下几类。

（1）块状生石灰：由原料煅烧而成的产品，主要成分为 CaO，如图 2-3a）所示；

（2）生石灰粉：由块状生石灰磨细而得到的细粉，其主要成分亦为 CaO，如图 2-3b）所示；

（3）消石灰：将生石灰用适量的水消化而得到的粉末，亦称熟石灰，其主要成分为 Ca(OH)$_2$，如图 2-3c）所示。

（4）石灰灰浆：将生石灰与大量的水（约为生石灰体积的 3~4 倍）消化而得到的可塑性浆体，称为石灰膏，主要成分为 Ca(OH)$_2$ 和水。如果水分加得更多，则呈白色悬浮液，称为石灰乳。

| a）块状生石灰 | b）生石灰粉 | c）消石灰（熟化后） |

图 2-3　常见的几种石灰

【工程实例 2-1】

兰州市某工地急需配制抹面石灰砂浆。而当时可供选用的石灰原材料只有消石灰粉和生石灰粉。通过询价调查，发现生石灰粉价格相对较便宜，于是选择了生石灰粉作为配制原料，随即向生石灰粉中加水配制成石灰浆，再加入细集料配制了石灰砂浆。但所配制的石灰砂浆在使用了一周后发现其硬化后的墙体表面出现了许多凸出的放射性裂纹。

【原因分析】

该生石灰粉的陈伏时间不够。所配制的石灰砂浆在水化硬化过程中，部分过火石灰继续水化熟化而产生体积膨胀，从而导致周围石灰砂浆由于缺水而出现许多凸出的放射性裂纹。

【防治措施】

若施工现场无现成合格的石灰浆，最好选用消石灰粉。因为消石灰粉是由生石灰经过消化后得到的消石灰再经过磨细而得到的产物，一部分过火石灰已被消化，并且过火石灰经磨细后变成了细粉，它与水的接触面积增大，接触更充分，因而可以基本消除过火石灰带来的危害。

1.2　石灰的消化（熟化或消解）与陈伏

生石灰在使用前一般都需加水消解，这一过程称为"消解""消化"或"熟化"，如图 2-4a）所示。消化反应生成"消石灰"或"熟石灰"（氢氧化钙），如图 2-4b）所示。其化学反应式如下：

$$CaO + H_2O \longrightarrow Ca(OH)_2 + 64.9 \text{kJ/mol} \qquad (2-3)$$

此反应为放热反应，消化过程中反应物的体积增大 1~2.5 倍。消解石灰的理论加水量为石灰质量的 32%，但由于消化过程中水分的蒸发损失，实际加水量需达 70% 以上。在石灰的消解期间应严格控制加水量和加水速度，对消解速度快、活性大的石灰，消解时加水要快，水量要足，并加速搅拌，避免已消解的石灰颗粒包围未消化颗粒周围，使内部石灰不易消解。对消解速度慢的石灰，则应采用相反措施，使生石灰充分消解，尽量减少未消化的颗粒含量。为了消除熟石灰中过火石灰颗粒的危害，石灰浆应在储灰坑中静置 2 周以上再使用，此过程称为"陈伏"。石灰浆在"陈伏"期间,其表面应保持一定厚度的水,使石灰与空气隔绝,以防止碳化。

a) 块状生石灰加水熟化　　　　　　　　　b) 消石灰

图2-4　石灰的消化(熟化或消解)和消石灰

1.3　石灰的硬化

石灰浆体的硬化包括两个同时进行的过程:干燥结晶和碳化作用。

1)石灰的干燥硬化(干燥结晶作用)

石灰浆在干燥过程中游离水逐渐蒸发,或被周围砌体吸收,氢氧化钙从饱和溶液中结晶析出,固体颗粒互相靠拢黏紧,强度也随之提高。其反应如下:

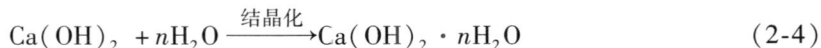

$$Ca(OH)_2 + nH_2O \xrightarrow{结晶化} Ca(OH)_2 \cdot nH_2O \qquad (2\text{-}4)$$

2)碳化作用

碳化作用是指氢氧化钙与空气中的二氧化碳在有水的条件下生成碳酸钙晶体的过程,石灰碳化作用只在有水条件下才能进行,其反应如下:

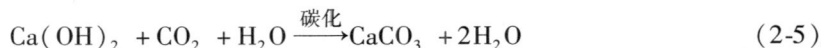

$$Ca(OH)_2 + CO_2 + H_2O \xrightarrow{碳化} CaCO_3 + 2H_2O \qquad (2\text{-}5)$$

石灰浆体的硬化包括上面两个同时进行的化学反应过程,即表层以碳化为主,内部则以干燥硬化为主。纯石灰浆硬化时易发生收缩开裂,所以工程上常配制成石灰砂浆或添加纤维后使用。

1.4　石灰的技术要求

用于道路或桥梁工程的石灰,应符合下列技术要求。

1)有效氧化钙和氧化镁含量

石灰中产生黏结性的有效成分是活性氧化钙和氧化镁。它们的含量是评价石灰质量的主要指标,其含量越多、活性越高,质量也越好。有效氧化钙和氧化镁含量的测定方法,按《公路工程无机结合料稳定材料试验规程》(JTG E51—2009)规定,有效氧化钙含量用中和滴定法测定,氧化镁含量用络合滴定法测定。具体内容参见本单元模块三试验3.1和3.2。

2)生石灰产浆量和未消化残渣含量

生石灰产浆量是生石灰与足够量的水作用,在规定时间内产生的石灰浆的体积,以升每

10 千克（L/10kg）表示。石灰产浆量越高，表示其质量越好。

未消化残渣含量是生石灰消化后，未能消化而存留在 5mm 圆孔筛上的残渣占试样的百分率。其含量越多，石灰质量越差，须加以限制。

按《建筑石灰物理试验方法》（JC/T 478.1—2013）规定，在消化器中加入（320±1）mL 温度为（20±2）℃的水，然后加入（200±1）g 生石灰（块状则碾碎成小于 5mm 的粒子）（M）。慢慢搅拌混合物，然后根据生石灰的消化需要立刻加入适量的水。继续搅拌片刻后，盖上生石灰消化器的盖子。静置 24h 后，取下盖子，若此时消化器内，石灰膏顶面之上有不超过 40mL 的水，说明消化过程中加入的水量是合适的，否则调整加水量。测定石灰膏的高度，结果取 4 次测定的平均值（H），计算产浆量（X）。

提起消化器内筒，用清水冲洗筒内残渣至水流不浑浊（冲洗用清水仍倒入筛筒内，水总体积控制在 3000mL 以内），将残渣移入搪瓷盘内，在 100~105℃ 烘箱中烘干至恒重，冷却至室温后用 5mm 圆孔筛筛分，称量筛余物（M_3），计算未消化残渣含量（X_3）。

以每 2mm 的浆体高度标识产浆量，按式（2-6）计算产浆量。

$$X = \frac{H}{2} \tag{2-6}$$

式中：X——产浆量，L/10kg；

　　H——四次测定的浆体高度平均值，mm。

按式（2-7）计算未消化残渣百分含量。

$$X_3 = \frac{M_3}{M} \times 100 \tag{2-7}$$

式中：X_3——未消化残渣百分含量，%；

　　M_3——未消化残渣质量，g；

　　M——样品质量，g。

3）二氧化碳（CO_2）含量

控制石灰或生石灰粉中 CO_2 的含量是为了检测石灰石在煅烧时"欠火"造成产品中未分解完成的碳酸盐的含量。CO_2 含量越高，即表示未完全分解的碳酸盐含量越高，则（CaO + MgO）含量相对降低，导致石灰的胶结性能下降。

4）消石灰游离水含量

游离水含量指化学结合水以外的含水率。生石灰在消化过程中加入的水是理论需水量的 2~3 倍，除部分水被石灰消化过程中放出的热蒸发掉外，多加的水留于氢氧化钙（原结合水外）中，残余水分会导致消石灰粉的碳化作用在其使用之前发生，影响石灰的质量，因此对消石灰粉的游离水含量需加以限制。

5）细度

细度与石灰的质量有密切联系，过量的筛余物会影响石灰的黏结性。《建筑生石灰》（JC/T 479—2013）、《建筑消石灰粉》（JC/T 481—2013）和《建筑石灰物理试验方法》（JC/T 478.1—2013）规定以 90μm 和 0.2mm 筛余百分率控制。

试验方法是，称取试样 100g，倒入 90μm 和 0.2mm 的套筛中进行筛分，分别称量每层筛的筛余物，按占原试样重量的比值计算筛余百分率。

1.5　石灰的技术标准

1）生石灰技术标准

建筑石灰按《建筑生石灰》(JC/T 479—2013)的规定,按加工情况分为建筑生石灰和建筑生石灰粉;按(CaO + MgO)含量划分为钙质生石灰和镁质生石灰两类,根据化学成分的含量每类分成各个等级,见表2-1。

建筑生石灰的分类(JC/T 479—2013)　　　　　表2-1

类　　别	名　　称	代　　号
钙质石灰	钙质石灰 90	CL90
	钙质石灰 85	CL85
	钙质石灰 75	CL75
镁质石灰	镁质石灰 85	ML85
	镁质石灰 80	ML80

生石灰的识别标志由产品名称、加工情况和产品依据标准编号组成。生石灰块在代号后加 Q,生石灰粉在代号后加 QP。

示例:符合 JC/T 479—2013 的钙质生石灰粉 90 标记为 CL 90-QP JC/T 479—2013。

说明:　　　CL——钙质生石灰;

　　　　　90——(CaO + MgO)百分含量;

　　　　　QP——粉状;

JC/T 479—2013——产品依据标准。

按《建筑生石灰》(JC/T 479—2013)的相关要求,钙质生石灰和镁质生石灰的技术指标见表2-2。

建筑生石灰的技术指标(JC/T 479—2013)　　　　　表2-2

类　别	名　称	(CaO + MgO)(%)	MgO(%)	CO_2(%)	SO_3(%)	产浆量(dm³/10kg)	细度 0.2mm 筛余量(%)	细度 90μm 筛余量(%)
钙质生石灰	CL 90-Q	≥90	≤5	≤4	≤2	≥26	—	—
	CL 90-QP					—	≤2	≤7
	CL 85-Q	≥85	≤5	≤7	≤2	≥26	—	—
	CL 85-QP					—	≤2	≤7
	CL 75-Q	≥75	≤5	≤12	≤2	≥26	—	—
	CL 75-QP					—	≤2	≤7
镁质生石灰	ML 85-Q	≥85	>5	≤7	≤2	—	—	—
	ML 85-QP					—	≤2	≤7
	ML 80-Q	≥80	>5	≤7	≤2	—	—	—
	ML 80-QP					—	≤7	≤2

注:1. 其他化学特性,根据用户要求,可按 JC/T 478.2—2013 进行测试;

　　2. 其他物理特性,根据用户要求,可按 JC/T 478.1—2013 进行测试。

2）消石灰粉技术标准

建筑消石灰粉按《建筑消石灰粉》（JC/T 481—2013）的规定，按消石灰中（CaO + MgO）的含量将其划分为钙质消石灰和镁质消石灰两类，其分类见表2-3。

建筑消石灰的分类（JC/T 481—2013）　　　　表2-3

类　别	名　称	代　号
钙质消石灰	钙质消石灰 90	HCL90
	钙质消石灰 85	HCL85
	钙质消石灰 75	HCL75
镁质消石灰	镁质消石灰 85	HML85
	镁质消石灰 80	HML80

消石灰的识别标志由产品名称和产品依据标准编号组成。

示例：符合 JC/T 481—2013 的钙质消石灰粉 90 标记为 HCL 90 JC/T 481—2013。

说明：　　　HCL——钙质消石灰；

　　　　　90——（CaO + MgO）百分含量；

　　　　　QP——粉状；

JC/T 481—2013——产品依据标准。

按《建筑生石灰》（JC/T 481—2013）的相关要求，建筑消石灰的技术指标见表2-4。

建筑消石灰的技术指标（JC/T 481—2013）　　　　表2-4

类　别	名　称	（CaO + MgO）[①] （%）	MgO[①] （%）	SO_3[①] （%）	游离水 （%）	细　　度		安定性
						0.2mm 筛余量 （%）	90μm 筛余量 （%）	
钙质消石灰	HCL 90	≥90	≤5	≤2	≤2	≤2	≤7	合格
	HCL 85	≥85						
	HCL 75	≥75						
镁质消石灰	HML 85	≥85	>5	≤2	≤2			
	HML 80	≥80						

注：①表中数值以试样扣除游离水和化学结合水后的干基为基准。

1.6　石灰的主要性质特点

1）良好的保水性、可塑性

熟化生成的 $Ca(OH)_2$ 颗粒极其细小，比表面积很大，使得呈胶体分散状态的 $Ca(OH)_2$ 表面吸附一层较厚的水膜，即石灰的保水性。

2）凝结硬化慢、强度低

由于碳化作用主要发生在与空气接触的表面，且生成的 $CaCO_3$ 膜层较致密，阻碍了空气中 CO_2 的渗入，也阻碍了内部水分向外蒸发，因此凝结缓慢。凝结时会形成 $CaCO_3$ 和 $Ca(OH)_2$ 结晶体。因为石灰消化时的实际水量比理论水量大得多，多余的水在硬化后蒸发，留下空隙，所以石灰硬化后强度变低。

3) 耐水性差

石灰遇水后形成 $Ca(OH)_2$ 结晶体，而 $Ca(OH)_2$ 结晶体易溶于水，故其耐水性较差。石灰水化时放热多，体积增大。

4) 体积收缩大

石灰浆硬化时大量水蒸发，导致毛细管失水收缩，浆体出现干缩裂纹。因此，除调成石灰乳作薄层粉刷外，纯的石灰浆不能使用。

5) 吸湿性强

由于石灰具有很强的吸湿性，因此被用来做传统的干燥剂。

1.7　石灰的应用

石灰是一种价格低廉的胶凝材料，又有较好的技术性质，故在工程中应用广泛。

1) 石灰乳涂料

将熟化好的消石灰加水稀释后，直接用作室内墙壁和顶棚的涂料。加入各种耐碱颜料，可使色彩丰富。

2) 石灰砂浆

石灰砂浆主要用于地面以上部分的砌筑工程，并可用于抹面等装饰工程，如图 2-5 所示。在桥梁工程中，石灰砂浆、石灰水泥砂浆、石灰粉煤灰砂浆被广泛用于圬工砌体中。

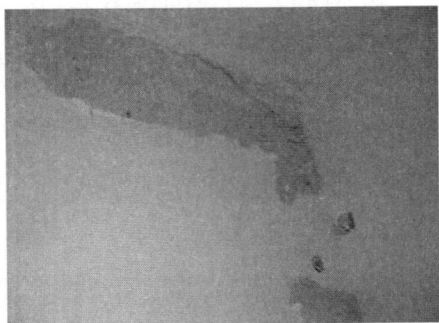

图 2-5　石灰抹面

3) 加固软土地基

在软土地基中打入生石灰桩，可利用生石灰吸水产生膨胀对桩周土壤起挤密作用，利用生石灰和黏土矿物间产生的胶凝反应使周围的土固结，从而达到提高地基承载力的目的，如图 2-6 所示。

图 2-6　梅花型灰土挤密桩

4) 三合土和灰土

石灰和黏土按一定比例拌和制成灰土，或者石灰与黏土、砂砾制成三合土，用于道路工程功能层。在道路工程中，随着半刚性基层在高等级路面中的应用，石灰稳定土、石灰粉煤灰稳定土及其稳定碎石等广泛用于路面基层，如图 2-7 所示。

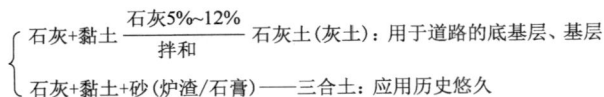

$$\begin{cases} \text{石灰+黏土} \xrightarrow[\text{拌和}]{\text{石灰5\%~12\%}} \text{石灰土（灰土）：用于道路的底基层、基层} \\ \text{石灰+黏土+砂（炉渣/石膏）——三合土：应用历史悠久} \end{cases}$$

图 2-7　灰土和三合土的生产流程

5) 硅酸盐制品

磨细的生石灰或消石灰与砂、粉煤灰、炉渣等硅质材料加水拌和，经成型蒸养或蒸压处理等工序制成的建筑材料,统称为硅酸盐制品,如灰砂砖、灰砂构件、粉煤灰砌块等。

6)制作碳化石灰制品

将生石灰粉与纤维材料(如玻璃纤维)或轻质集料(如炉渣)加水搅拌成型,然后用二氧化碳进行人工碳化可制成轻质的碳化石灰制品(如石灰空心板等),它的导热系数较小,保温绝缘性能好,宜做非承重内隔墙墙板、顶棚等。

7)磨细生石灰

若将块状生石灰直接磨成细粉,即制得磨细生石灰。制成硅酸盐或碳化制品时,可不预先熟化、陈伏而直接使用。细度很高的生石灰粉,水化速度可提高 30～50 倍,且体积膨胀均匀,避免了局部膨胀造成的破坏。同时由于其成型后的颗粒膨胀作用,可提高制品强度,加快硬化速度,提高工效,但会增加成本。

8)无熟料水泥

将活性混合材料(如粒化高炉矿渣、粉煤灰、火山灰、钢渣等)和碱性激发剂(如石灰等)或硫酸盐激发剂(如石膏等),按比例配合后磨细,即制得无熟料水泥。

无熟料水泥适用于地下、水中和潮湿环境中的建筑工程,也可用于制作地坪、路面以及一般建筑;不适用于冻融交替频繁、早期强度要求较高、长期处于干燥地区的建筑工程。

1.8　石灰的储运和质量证明书

1)运输和储存

生石灰在储运过程中会吸收空气中的水分消解且碳化。所以生石灰块及生石灰粉在运输时要采取防水措施,不能与易燃、易爆及液体物品同时装运。运到现场的石灰产品,应储存在干燥环境中,且不宜长期储存。若需较长时间储存生石灰,最好在运到后将其消解成石灰浆,并使表面隔绝空气,将储存期变为陈伏期。生石灰受潮时会放出大量的热而使体积膨胀,熟化好的石灰膏,也不宜长期暴露在空气中,表面应加以覆盖,以防碳化硬结。石灰能侵蚀呼吸器官及皮肤,在进行施工及装卸石灰时,应佩戴必要的防护用品。

2)质量证明书

每批产品出厂时应向用户提供质量证明书,其中注明厂名、商标、产品名称、等级、试验结果、批量编号、出厂日期、本标准编号及使用说用书。

模块二　石膏

石膏是以硫酸钙为主要成分的传统气硬性胶凝材料。

2.1　石膏的原料、生产及品种

生产石膏的原料是天然二水石膏,又称软石膏或生石膏。

石膏的生产工序主要是原料破碎、加热与磨细过筛。

石膏常见品种主要有：

1）建筑石膏

将天然二水石膏置于107～170℃炉窑煅烧，得到β型结晶的半水石膏，再经磨细得到的白色粉状物，称为建筑石膏。

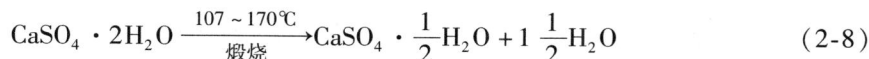

$$CaSO_4 \cdot 2H_2O \xrightarrow[\text{煅烧}]{107 \sim 170℃} CaSO_4 \cdot \frac{1}{2}H_2O + 1\frac{1}{2}H_2O \tag{2-8}$$

纯净的建筑石膏为白色，多用于建筑抹灰、粉刷、砌筑砂浆及各种石膏制品。

2）模型石膏

模型石膏的组分亦为β型半水石膏，但生产所用原料杂质少，磨细后颜色白。主要用于陶瓷的制坯工艺，少量用于装饰浮雕。

3）高强石膏

将天然二水石膏置于相当于0.13MPa（125℃）压力的蒸压釜内蒸炼，生成比β型半水石膏晶粒粗大的α型半水石膏，经磨细后即为高强石膏。高强石膏晶粒粗大，比表面积小，调制浆体需水量少，生产成本较高，主要用于要求较高的抹灰工程、装饰制品和石膏板。

4）硬石膏

硬石膏是天然石膏在较高温度下煅烧后经磨细而得到的产品。硬化后有较高的强度和耐磨性，抗水性也较好。

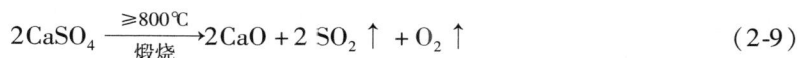

$$2CaSO_4 \xrightarrow[\text{煅烧}]{\geq 800℃} 2CaO + 2SO_2 \uparrow + O_2 \uparrow \tag{2-9}$$

硬石膏可调制抹灰、砌筑及制造人造大理石的砂浆，也可用于铺设地面。

2.2　建筑石膏的凝结硬化

建筑石膏与适当的水拌和，开始形成可塑性浆体，但很快就失去塑性并产生强度，发展为坚硬的石状体，这种现象称为凝结硬化。

建筑石膏加水后，半水石膏溶解于水，与水进行水化反应，生成二水石膏。

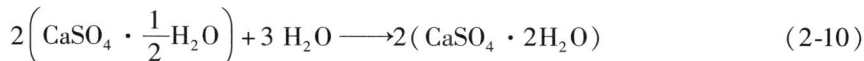

$$2\left(CaSO_4 \cdot \frac{1}{2}H_2O\right) + 3H_2O \longrightarrow 2(CaSO_4 \cdot 2H_2O) \tag{2-10}$$

2.3　建筑石膏及其制品性质

建筑石膏与其他胶凝材料相比具有以下性质：

（1）凝结硬化快、孔隙率大、密度小、保温性和吸声性好，硬化后的建筑石膏内部存在大量微孔，故其孔隙率大、密度小、保温性和吸声性好。

（2）建筑石膏在凝结硬化时产生微膨胀，其制品的表面较为光滑饱满，棱角清晰完整，形状尺寸准确细致，装饰性好。

（3）硬化后的石膏主要成分是二水石膏，当受到高温作用时或遇火时会脱出21%左右的结晶水，并能在表面蒸发形成水蒸气气幕，可有效阻止火势的蔓延，而具有一定的防火性。

（4）建筑石膏制品具有较高的热容量和一定的吸湿性，故可调节室内的温度和湿度，改变室内的"小气候"。

（5）强度较低，耐水性、抗渗性、抗冻性差，故其不适于在室外使用。

2.4　建筑石膏的储运

建筑石膏一般采用袋装，包装袋上应清楚标明产品标记、制造厂名、生产批号和出厂日期、质量等级、商标和防潮标志。建筑石膏在运输与存储时不得受潮和混入杂物，建筑石膏自生产之日算起，储存期为 3 个月。

模块三　气硬性胶凝材料性能检测

3.1　石灰有效氧化钙的测定（JTG E51 T0811—1994）

1）试验目的和适用范围

石灰的质量主要取决于有效氧化钙和氧化镁的含量，它们的含量越高，则石灰黏聚力越好。本方法适用于测定各种石灰的有效氧化钙含量，评价石灰的质量。

注：石灰中的有效氧化钙是指游离的氧化钙，它不同于总钙的含量，因为有效氧化钙不包括碳酸钙、硅酸钙以及其他钙盐中的钙。石灰中氧化钙的含量，以能溶解于蔗糖溶液，并能与盐酸作用生成蔗糖钙的钙含量占石灰原试样的质量百分率表示。

2）仪器设备

（1）筛子：筛孔 0.15mm，1 个；

（2）烘箱：50~250℃，1 台；

（3）干燥器：ϕ5cm，1 个；

（4）称量瓶：ϕ30mm×50mm，10 个；

（5）瓷研钵：ϕ12~13cm，1 个；

（6）分析天平：万分之一，1 台；

（7）架盘天平：感量 0.1g，1 台；

（8）电炉：1500W，1 个；

（9）石棉网：20cm×20cm，1 块；

（10）玻璃珠：ϕ3mm，1 袋（0.25kg）；

（11）具塞三角瓶：250mL，20 个；

（12）漏斗：短颈，3 个；

（13）玻璃洗瓶：1 个；

（14）塑料桶：20L，1 个；

（15）下口蒸馏水瓶：500mL，1 个；

（16）三角瓶：30mL，10 个；

（17）容量瓶：250mL、1000mL 各 1 个；

（18）量筒：200mL、100mL、50mL、5mL 各1个；

（19）试剂瓶：250mL、100mL 各5个；

（20）塑料试剂瓶：1L，1个；

（21）烧杯：50mL，5个；250mL，10个；

（22）棕色广口瓶：60mL，4个；250mL，5个；

（23）滴瓶：60mL，3个；

（24）酸滴定管：50mL，2支；

（25）滴定台及滴定管夹各一套；

（26）大肚移液管：25mL、50mL 各1只；

（27）表面皿：7cm，10个；

（28）玻璃棒：8mm×250mm 及 4mm×180mm，各10只；

（29）试剂勺：5个；

（30）吸水管：8mm×150mm，5只；

（31）洗耳球：大、小各1个。

试验主要仪器如试图2-1所示。

a）方孔筛　　　　　b）烘箱　　　　　c）干燥器　　　　d）称量瓶（30mm×50mm）

试图2-1　有效氧化钙试验主要仪器设备

3）试剂

（1）蔗糖（分析纯）。

（2）酚酞指示剂：称取0.5g酚酞溶于50mL 95%的乙醇中。

（3）0.1%甲基橙水溶液：称取0.05g甲基橙溶于50mL蒸馏水中。

（4）0.5mol/L盐酸标准溶液：将42mL浓盐酸（相对密度1.19）稀释至1L，按下述方法标定其摩尔浓度后备用。

称取0.800~1.000g（准确至0.0001g）已在180°C烘干2h的碳酸钠，置于250mL三角瓶中，加100mL水使其完全溶解，然后加入2~3滴0.1%甲基橙指示剂，用待标定的盐酸标准溶液滴定，至碳酸钠溶液由黄色变为橙红色，将溶液加热至沸腾，并保持微沸3min，然后放在冷水中冷却至室温，如此时橙红色变为黄色，则再用盐酸标准溶液滴定，直至溶液出现稳定的橙红色时为止。

盐酸标准溶液的摩尔浓度按下式计算：

$$C = \frac{Q}{V \times 0.053}$$

（试2-1）

式中：C——盐酸标准溶液的摩尔浓度，mol/L；

    Q——称取碳酸钠的质量，g；

    V——滴定时所消耗盐酸标准溶液的体积，mL；

0.053——与1.00mL盐酸标准溶液相当的以克表示的无水碳酸钠的质量。

4）准备试样

（1）生石灰试样。将生石灰样品打碎，使粒径不大于1.18mm，拌和均匀后用四分法缩减至200g左右，放入瓷研钵中研细，再经四分法缩减几次，剩下20g左右。研磨所得石灰样品，使通过0.15mm筛。从此细样中均匀挑取10余克置于称量瓶中，在105℃的烘箱中烘干至恒重，储于干燥器中，供试验用。

（2）消石灰试样。将消石灰样品用四分法缩减至10余克左右，如有大颗粒存在，须在瓷研钵中磨细至无不均匀质粒存在为止，置于称量瓶中，在105℃烘干至恒重，储于干燥器中，供试验用。

5）试验步骤

（1）用称量瓶按减量法称取试样约0.5g（准确至0.0001g），置于干燥的250mL具塞三角瓶中，取5g蔗糖覆盖在试样表面，投入干玻璃珠15粒。迅速加入新煮沸并已冷却的蒸馏水50mL，立即加塞振荡15min（如有试样结块或黏于瓶壁现象，则应重新取样）。

（2）打开瓶塞，用水冲瓶塞及瓶壁，加入2～3滴酚酞指示剂，溶液即呈现粉红色，然后置于滴定架上，用0.5mol/L盐酸标准溶液滴定。

（3）滴定时应先读出滴定管初读数，然后以2～3滴/s的速度滴定，至溶液的粉红色显著消失并在30s内不再呈现即为终点。

（4）读出中和后盐酸消耗的滴定管读数，减去初读数，即为实际消耗的盐酸数量（mL）。

6）计算方法

有效氧化钙的百分含量X_{CaO}。按下式计算：

$$X_{CaO} = \frac{V \times C \times 0.028}{G} \times 100 \tag{试 2-2}$$

式中：V——滴定时消耗盐酸标准溶液的体积，mL；

    C——盐酸标准溶液物质的摩尔浓度，mol/L；

    G——试样质量，g；

0.028——氧化钙毫克当量。

对同一石灰样品应取两个试样分别进行测定，并取两次结果的平均值代表最终结果。

3.2 石灰有效氧化镁的测定（JTG E51 T0812—1994）

1）目的及适用范围

本方法适用于测定各种石灰的总氧化镁含量，评价石灰的质量。

石灰中有效氧化钙和氧化镁含量越高，石灰的黏聚力越好，按氧化镁含量可将石灰划分为钙质石灰和镁质石灰。

2）仪器设备

（1）电炉：1500W，1个；

（2）石棉网：20cm×20cm；

（3）三角瓶：300mL、250mL，各2个；

（4）容量瓶：250mL、1000mL，各1个；

（5）量筒：200mL、100mL、5mL，各1个；

（6）试剂瓶：250mL、1000mL，若干个；

（7）烧杯：250mL，10个；

（8）棕色广口瓶：60mL，若干个；

（9）大肚移液管：25mL、50mL，各2支；

（10）表面皿：直径7cm，10块；

（11）洗耳球：大、小各1个；

（12）玻璃棒、吸水管数支，试剂勺若干个；

（13）其余同有效氧化钙的测定所用仪器。

3）试验准备

（1）1∶10盐酸：将1体积盐酸（相对密度1.19）以10体积蒸馏水稀释。

（2）氢氧化铵-氧化铵缓冲溶液（pH=10）：将67.5g氯化铵溶液溶于300mL无二氧化碳的蒸馏水中，加浓氨水（相对密度为0.90）570mL，然后用水稀释至1000mL。

（3）酸性铬蓝K-萘酚绿B（1∶2.5）混合剂：称取0.3g酸性铬蓝K和0.75g萘酚绿B与50g已在105℃烘干的硝酸钾混合研细，保存于棕色广口瓶中。

（4）EDTA二钠标准溶液：将10g EDTA二钠溶于40~50℃蒸馏水中，待全部溶解并冷却至室温后用水稀释至1000mL。

（5）氧化钙标准溶液：精确称取1.7848g在105℃烘干（2h）的碳酸钙（优级纯），置于250mL烧杯中，盖上表面皿，从杯嘴缓慢滴入1∶10盐酸100mL，加热溶解，待溶液冷却后，移入100mL的容量瓶中，用新煮沸冷却后的蒸馏水稀释至刻度摇匀，此溶液每毫升相当于1mg氧化钙。

（6）20%氢氧化钠液：将20g氢氧化钠溶于80mL蒸馏水中。

（7）钙指示剂：将0.2g钙试剂羧酸钠和20g已在105℃烘干的硫酸钾混合研细，保存于棕色广口瓶中。

（8）10%酒石酸钾钠溶液：将10g酒石酸钾钠溶于90mL蒸馏水稀释摇匀。

（9）三乙醇胺（1∶2）溶液：将1体积三乙醇胺以2体积蒸馏水稀释摇匀。

4）EDTA标准溶液与氧化钙和氧化镁关系的标定

（1）精确吸取50mL氢氧化钙标准溶液放入300mL三角瓶中，用水稀释至100mL左右，然后加入0.2g钙指示剂，以20%氢氧化钠溶液调整溶液碱度至出现酒红色后，再过量加3~4mL。

（2）以EDTA二钠标准液滴定，直至溶液由酒红色变为纯蓝色为止，记录EDTA二钠耗量。

EDTA二钠标准溶液对氧化钙的滴定度T_{CaO}，即1mL EDTA二钠标准溶液相当于氧化钙的毫克数按下式计算：

$$T_{CaO} = \frac{C \cdot V_1}{V_2}$$

（试2-3）

式中:C——氧化钙标准溶液含有氧化钙的毫克数,mL,等于 1;

V_1——吸取氧化钙标准溶液体积,mL;

V_2——消耗 EDTA 二钠标准溶液体积,mL。

EDTA 二钠标准溶液对氧化镁的滴定度 T_{MgO},即 1mL EDTA 二钠标准溶液相当于氧化镁的毫克数按下式计算:

$$T_{MgO} = \frac{T_{CaO} \times 40.31}{56.08} = 0.72 T_{CaO} \qquad (试2-4)$$

5)试验步骤

(1)采用与有效氧化钙测定相同的方法,用称量瓶称取约 0.5g(准确至 0.0001g)试样,放入 250mL 烧杯中,用蒸馏水湿润,加 30mL 1:10 的盐酸,用表面皿盖住烧杯,将其在电炉上加热近沸并保持微沸 8~10min,用吸管吸取蒸馏水洗净表面皿,洗液冲入烧杯中,冷却后把烧杯内的沉淀及溶液移入 250mL 容量瓶中,加水到刻度,仔细摇匀静置。

(2)待溶液沉淀后,用移液管吸取 25mL 溶液,放入 250mL 三角瓶中,加 50mL 蒸馏水稀释,然后按顺序加入酒石酸钾钠溶液 1mL、三乙醇胺溶液 5mL、氨水-氯化铵缓冲溶液 10mL、酸性铬蓝 K-萘酚绿 B 指示剂约 0.1g,此时溶液呈酒红色。

(3)用 EDTA 二钠标准溶液滴定至溶液由酒红变为纯蓝色即为滴定终点,记录 EDTA 二钠标准溶液耗用体积 V_1。

(4)再从前述同一容量瓶中,用移液管吸取 25mL 溶液,置于 300mL 三角瓶中,加 150mL 蒸馏水稀释。然后依次加入三乙醇胺溶液 5mL、20% 氢氧化钠溶液 5mL,放入约 0.2g 钙指示剂。此时溶液呈酒红色。

(5)用 EDTA 二钠标准溶液滴定,直至溶液由酒红色变成纯蓝色即为滴定终点,记录耗用 EDTA 二钠标准溶液体积 V_2。

6)计算方法

氧化镁的百分含量 X_{MgO} 按下式计算:

$$X_{MgO} = \frac{T_{MgO}(V_1 - V_2) \times 10}{G \times 1000} \times 100 \qquad (试2-5)$$

式中:T_{MgO}——EDTA 二钠标准溶液对氧化镁的滴定度;ml

V_1——滴定钙、镁含量消耗的 EDTA 二钠标准溶液体积,mL;

V_2——滴定钙消耗的 EDTA 二钠标准溶液体积,mL;

10——总溶液对分取溶液的体积倍数;

G——试样质量,g。

对同一石灰样品应取两个试样分别进行测定,并取两次结果的平均值代表最终结果。

2-1　简述气硬性胶凝材料和水硬性胶凝材料的区别。

2-2　什么是过火石灰和欠火石灰?它们对石灰质量有何影响?

2-3　石灰在熟化时为什么需要陈伏两周以上?为什么在陈伏时需在熟石灰表面保留一层水?

2-4　石灰的主要用途如何?在储存和保管时需要注意哪些方面?

考证训练题

一、单项选择题

1. 当采用酸碱滴定法测定石灰中有效成分含量时,在滴定终点附近,指示剂红色反复出现,这样的现象是因为(   )。

    A. 石灰中杂质含量偏高　　　　　　　　B. 标准溶液浓度不准确

    C. 石灰中氧化镁含量较高　　　　　　　D. 滴定操作方法不规范

答案:C

解析:氧化镁分解缓慢,指示剂红色反复出现,实际上就是氧化镁不断缓慢分解出来。

2. 气硬性胶凝材料只能在(   )中硬化,增长强度。

    A. 空气　　　　　　　B. 蒸汽　　　　　　　C. 水　　　　　　　D. 蒸压

答案:A

二、判断题

1. 石灰中有效氧化镁含量越高,石灰的品质越低。(   )

答案:错误

解析:有效氧化钙和有效氧化镁都是石灰的活性成分。(   )

2. 石灰消解之后需陈伏一段时间再使用,以防止石灰应用过程中发生不安定现象(   )。

答案:正确

3. 在进行石灰有效氧化钙和氧化镁的测定时,应将生石灰样品打碎,使颗粒不大于1.18mm,拌和均匀后用四分法 缩减至300g左右,放置瓷研钵中研细。(   )

答案:错误

单元三
UNIT THREE
水硬性胶凝材料

知识目标

了解硅酸盐水泥熟料的矿物组成特性和凝结硬化机理;掌握通用硅酸盐水泥的技术性质、技术标准及主要技术指标的测定方法;熟悉其他品种水泥的技术性质及应用。

能力目标

(1)能够根据《通用硅酸盐水泥》(GB 175—2007)对水泥的相关技术指标进行检测;能依照《公路桥涵施工技术规范》(JTG/T 3650—2020)对所测定的技术指标进行评定并根据工程实际合理选择水泥品种;

(2)能够规范填写试验原始记录,并独立出具试验报告。

价值引领

严格参照试验规程和技术规范检测评判材料的技术指标;保证实际操作过程中试验记录真实准确、不涂不改、不弄虚作假;不断养成良好的职业习惯,提高职业素养,努力成为 一个"有道德、有原则、有底线、有智慧"的全能型技术人才。

水硬性胶凝材料是既能在空气中凝结硬化,也能在水中凝结硬化的材料,例如水泥。水泥作为胶凝材料,被广泛用于工业与民用建筑、交通、水利、国防等工程,素有"建筑业的粮食"之称。

水泥的品种很多,按用途和性能分为通用水泥、专用水泥和特种水泥。通用水泥是建设工程中最常用的水泥,主要为通用硅酸盐水泥。按《通用硅酸盐水泥》(GB 175—2007)的规定通用硅酸盐水泥分为六类,即硅酸盐水泥、普通硅酸盐水泥、矿渣硅酸盐水泥、火山灰质硅酸盐水泥、粉煤灰硅酸盐水泥和复合硅酸盐水泥,也就是通常所说的六大通用水泥。专用水泥是指适应于专门用途的水泥,常用的有 G 级油井水泥、道路硅酸盐水泥等。特种水泥指某种性能比较突出的水泥,常用的有快硬硅酸盐水泥、低热矿渣硅酸盐水泥、膨胀硫铝酸盐水泥。水泥按其水化物分为硅酸盐类水泥(以硅酸盐为主要成分)、铝酸盐类水泥(以铝酸盐为主要成分)和硫铝酸盐类水泥(以硫铝酸盐为主要成分)等。

随着科学技术的发展,水泥的品种越来越多。但是到目前为止,在道路和桥梁工程中常用的仍是通用硅酸盐水泥。

模块一　通用硅酸盐水泥

通用硅酸盐水泥是以硅酸盐水泥熟料和适量石膏,以及规定的混合材料制成的水硬性胶凝材料,其品种、代号和组成见表 3-1。

通用硅酸盐水泥生产原料的化学组成　　　　　　　　　　　表 3-1

品　　种	代号	组分(质量百分数,%)				
		熟料 + 石膏	粒化高炉矿渣	火山灰质混合材料	粉煤灰	石灰石
硅酸盐水泥	P·Ⅰ	100	—	—	—	—
	P·Ⅱ	≥95	≤5	—	—	—
		≥95	—	—	—	≤5
普通硅酸盐水泥	P·O	≥80 且 <95	>5 且 ≤20			
矿渣硅酸盐水泥	P·S·A	≥50 且 <80	>20 且 ≤50	—	—	—
	P·S·B	≥30 且 <50	>50 且 ≤70	—	—	—
火山灰质硅酸盐水泥	P·P	≥60 且 <80	—	>20 且 ≤40	—	—
粉煤灰硅酸盐水泥	P·F	≥60 且 <80	—	—	>20 且 ≤40	—
复合硅酸盐水泥	P·C	≥50 且 <80	>20 且 ≤50			

目前最常用的通用硅酸盐水泥主要是硅酸盐水泥和普通硅酸盐水泥。下面重点介绍硅酸盐水泥。

1.1　硅酸盐水泥

凡由硅酸盐水泥熟料、(0~5)% 石灰石或粒化高炉矿渣、适量石膏磨细制成的水硬性胶凝材料,称为硅酸盐水泥(即国外统称的波特兰水泥)。

硅酸盐水泥分两种类型:不掺加混合材料的水泥称Ⅰ型硅酸盐水泥,代号 P·Ⅰ。在硅酸盐水泥粉磨时掺加石灰石或粒化高炉矿渣混合材料(不超过水泥质量的 5%)的水泥称Ⅱ型硅酸盐水泥,代号 P·Ⅱ。

目前,常见的水泥颜色如图 3-1 所示。

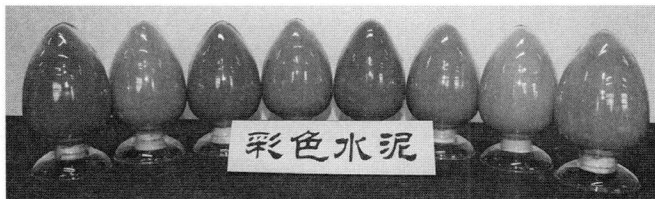

图 3-1　不同颜色的水泥

1.1.1 硅酸盐水泥生产工艺概述

1）硅酸盐水泥生产原料

生产硅酸盐水泥的原料主要分为石灰质原料和黏土质原料两类。石灰质原料（如石灰石、白垩、石灰质凝灰岩等）主要提供氧化钙（CaO），黏土质原料（如黏土、黏土质页岩、黄土等）主要提供二氧化硅（SiO_2）、三氧化二铝（Al_2O_3）以及三氧化二铁（Fe_2O_3）。有时仅两种原料的化学组成不能满足要求，还需加入少量校正原料（如黄铁矿渣等）进行调整。硅酸盐水泥生产原料的化学组成列于表3-2。

硅酸盐水泥生产原料的化学组成 表3-2

氧化物名称	化学成分	常用缩写	含量（%）
氧化钙	CaO	C	62~67
二氧化硅	SiO_2	S	19~24
三氧化二铝	Al_2O_3	A	4~7
三氧化二铁	Fe_2O_3	F	2~5

2）硅酸盐水泥生产工艺流程

（1）把几种原材料按适当比例配合在粉磨机中磨成生料。

（2）将制备好的生料入窑进行煅烧，至1450℃左右生成以硅酸钙为主要成分的硅酸盐水泥"熟料"，如图3-2所示。

图3-2 水泥熟料

（3）为调节水泥的凝结速度，在烧成的熟料中加入3%左右的石膏共同磨细，即为硅酸盐水泥。

因此，硅酸盐水泥生产工艺概括起来为"两磨一烧"。其生产工艺流程示意图如图3-3所示。

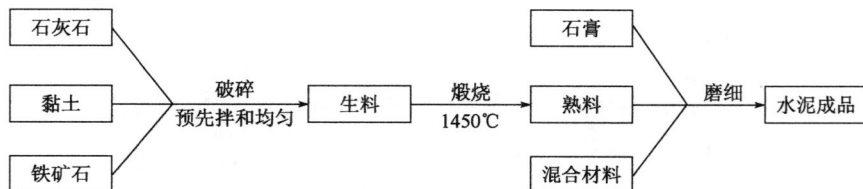

图3-3 硅酸盐水泥的生产工艺流程示意图

1.1.2　硅酸盐水泥的矿物组成

1）硅酸盐水泥的矿物组分

硅酸盐水泥的主要化学成分是 CaO、SiO₂、Al₂O₃ 和 Fe₂O₃。经过高温煅烧后，CaO、SiO₂、Al₂O₃、Fe₂O₃ 四种成分化合为熟料中的主要矿物组成，矿物组成和含量见表 3-3。

硅酸盐水泥熟料四种主要矿物组成和含量

表 3-3

矿物组成名称	化学成分	常用缩写	含量(%)
硅酸三钙	$3CaO \cdot SiO_2$	C_3S	37～60
硅酸二钙	$2CaO \cdot SiO_2$	C_2S	15～37
铝酸三钙	$3CaO \cdot Al_2O_3$	C_3A	7～15
铁铝酸四钙	$4CaO \cdot Al_2O_3 \cdot Fe_2O_3$	C_4AF	10～18

前两种矿物称为硅酸盐矿物，一般占总量的 75% 左右；后两种矿物称为熔剂矿物，一般占总量的 22% 左右。硅酸盐水泥熟料除上述主要矿物成分外，尚含有少量的游离氧化钙、游离氧化镁和含碱矿物，但不超过总量的 10%。

2）硅酸盐水泥熟料主要组成矿物的性质

（1）硅酸三钙。硅酸三钙是硅酸盐水泥中最主要的矿物组分，其含量通常在 37%～60%，对硅酸盐水泥的性质有重要的影响。硅酸三钙遇水反应速度（也称水化速度）较快，水化热高，且水化产物早期强度高，28d 强度可达一年强度的 70%～80%。

（2）硅酸二钙。硅酸二钙在硅酸盐水泥中的含量为 15%～37%，亦为主要矿物组分，遇水时水化反应较慢，水化热很低。硅酸二钙水化产物早期强度较低而后期强度高，耐化学侵蚀性好，干缩性小。

（3）铝酸三钙。铝酸三钙在硅酸盐水泥中的含量通常在 15% 以下，它在四种组分中遇水反应速度最快、水化热最高。铝酸三钙的含量决定水泥的凝结速度和释热量，对提高水泥早期强度起到一定作用，但它耐化学侵蚀性差，干缩性大。通常为调节水泥凝结速度，需掺加石膏或硅酸三钙与石膏形成的水化产物。

（4）铁铝酸四钙。铁铝酸四钙在硅酸盐水泥中的含量通常为 10%～18%，遇水反应速度较快，水化热较高。铁铝酸四钙水化产物强度较低，但对水泥抗折强度起着重要的作用。它的耐化学侵蚀性好，干缩性小。

【工程实例 3-1】

某桥梁工程的承台基础在夏季施工，设计等级为 C30，混凝土浇筑时为夏季高温天气，浇筑后的养护过程并未采取适当的降温措施，两周后拆模发现：承台基础中有几道贯穿型的纵向裂缝。经调查发现：该工程所使用的某水泥厂生产的 42.5 级Ⅱ型为硅酸盐水泥，其熟料矿物组成为：C_3S 为 62%，C_2S 为 13%，C_3A 为 15%，C_4AF 为 10%。

【原因分析】

由于该工程所使用的水泥 C_3A 和 C_3S 含量高，并且水泥品种为硅酸盐水泥，因此该水泥的水化速度快、水化热高，再加上该工程为夏季高温天气施工，热量散失很慢，并且浇筑后还未经适当养护，因此导致混凝土产生了贯穿型的纵向裂缝。

【防治措施】

(1)根据工程条件合理选择水泥品种,对大体积的混凝土工程宜选用低水化热,即 C_3A 和 C_3S 含量较低的水泥;

(2)水泥用量及水灰比也需适当控制;

(3)混凝土浇筑完成后应采取适当的养护措施。

1.1.3 硅酸盐水泥的凝结和硬化

水泥加水拌和后成为可塑的水泥浆,随着水泥水化作用的进行,水泥浆逐渐失去流动性和可塑性但尚不具有强度的过程,称为水泥的"凝结";随后水泥浆开始产生强度,并逐渐发展成为坚硬的人造石的过程,称为水泥的"硬化"。凝结和硬化是人为划分的两个阶段,实际上它们是一个连续而复杂的物理化学变化过程。

1)水泥水化反应

水泥遇水后,发生下列水化反应:

(1)硅酸三钙水化

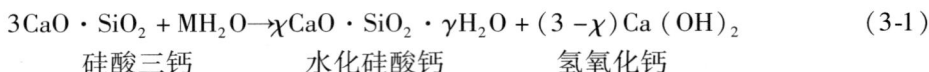

$$3CaO \cdot SiO_2 + MH_2O \longrightarrow \chi CaO \cdot SiO_2 \cdot \gamma H_2O + (3-\chi)Ca(OH)_2 \qquad (3-1)$$

硅酸三钙　　　　水化硅酸钙　　　氢氧化钙

(2)硅酸二钙水化

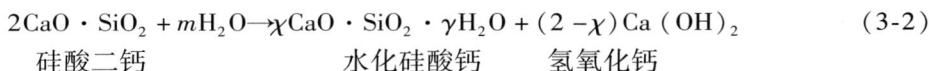

$$2CaO \cdot SiO_2 + mH_2O \longrightarrow \chi CaO \cdot SiO_2 \cdot \gamma H_2O + (2-\chi)Ca(OH)_2 \qquad (3-2)$$

硅酸二钙　　　　水化硅酸钙　　　氢氧化钙

(3)铝酸三钙水化

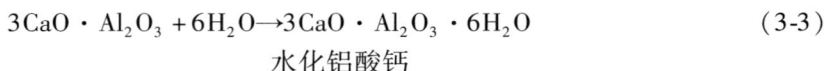

$$3CaO \cdot Al_2O_3 + 6H_2O \longrightarrow 3CaO \cdot Al_2O_3 \cdot 6H_2O \qquad (3-3)$$

水化铝酸钙

C_3A 在纯水中反应可生成水化铝酸钙,但这些水化物都是不稳定的,不是最后的生成物,在有石膏存在的情况下,其水化反应为:

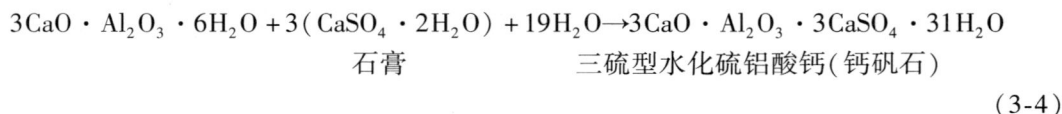

$$3CaO \cdot Al_2O_3 \cdot 6H_2O + 3(CaSO_4 \cdot 2H_2O) + 19H_2O \longrightarrow 3CaO \cdot Al_2O_3 \cdot 3CaSO_4 \cdot 31H_2O$$

石膏　　　　　三硫型水化硫铝酸钙(钙矾石)

$$(3-4)$$

当石膏消耗完毕后,水泥中尚未水化的 C_3A 与式(3-4)中钙矾石(AFt)生成单硫型水化硫铝酸钙(AFm)。

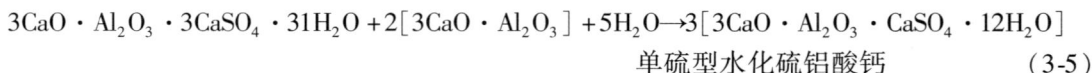

$$3CaO \cdot Al_2O_3 \cdot 3CaSO_4 \cdot 31H_2O + 2[3CaO \cdot Al_2O_3] + 5H_2O \longrightarrow 3[3CaO \cdot Al_2O_3 \cdot CaSO_4 \cdot 12H_2O]$$

单硫型水化硫铝酸钙　　　(3-5)

单硫型水化硫铝酸钙是难溶于水的针状晶体,它生成后即沉淀在熟料颗粒的周围,阻碍水化的进行,起到缓凝作用。

(4)铁铝酸四钙水化

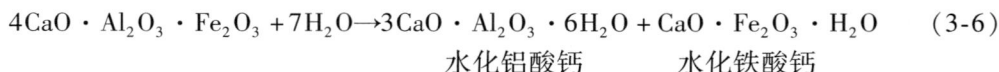

$$4CaO \cdot Al_2O_3 \cdot Fe_2O_3 + 7H_2O \longrightarrow 3CaO \cdot Al_2O_3 \cdot 6H_2O + CaO \cdot Fe_2O_3 \cdot H_2O \qquad (3-6)$$

水化铝酸钙　　　　水化铁酸钙

从以上各化学反应方程式可以看出,硅酸盐水泥水化后主要有表 3-4 所列的几种水化产物。

硅酸盐水泥的水化产物   表 3-4

水化产物名称	化学成分	常用缩写
水化硅酸钙	$\chi CaO \cdot SiO_2 \cdot \gamma H_2O$	C-S-H
氢氧化钙	$Ca(OH)_2$	CH
三硫型水化硫铝酸钙(钙矾石)	$3CaO \cdot Al_2O_3 \cdot 3CaSO_4 \cdot 31H_2O$	$C_3A \cdot 3CS \cdot H_{31}$(或 AFt)
单硫型水化硫铝酸钙(单硫盐)	$3CaO \cdot Al_2O_3 \cdot CaSO_4 \cdot 12H_2O$	$C_3A \cdot CS \cdot H_{12}$(或 AFm)
三硫型水化铁铝酸钙	$3CaO(Al_2O_3 \cdot Fe_2O_3) \cdot 3CaSO_4 \cdot 32H_2O$	$C_3(A \cdot F) \cdot 3CS \cdot H_{32}$
单硫型水化铁铝酸钙	$3CaO(Al_2O_3 \cdot Fe_2O_3) \cdot CaSO_4 \cdot 12H_2O$	$C_3(A \cdot F) \cdot CS \cdot H_{12}$

充分水化的水泥浆体中,主要水化产物为水化硅酸钙(C-S-H)凝胶约占70%,氢氧化钙(C-H)结晶约占20%,钙矾石(AFt)和单硫盐(AFm)约占7%,其余是未水化的水泥和次要组分。

2)硅酸盐水泥的凝结和硬化过程

水泥浆体由可塑态逐渐失去塑性,进而硬化产生强度,这样一个物理化学过程,可以分为四个阶段,如图3-4所示。

(1)初始反应期。水泥与水接触后立即发生水化反应。初期C_3S水化,释放出$Ca(OH)_2$,立即溶解于溶液中,浓度达到过饱和后,$Ca(OH)_2$结晶析出。暴露在水泥颗粒表面的铝酸三钙也溶解于水,并与已溶解的石膏反应,生成钙矾石结晶析出。在此阶段,1%左右的水泥产生水化。

(2)诱导期。在初始反应期后,水泥微粒表面覆盖一层以C-S-H凝胶为主的渗透膜,使水化反应缓慢进行。这期间生成的水化产物数量不多,水泥颗粒仍然分散,水泥浆体基本保持塑性。

(3)凝结期。由于渗透压的作用,包裹在水泥微粒表面的渗透膜破裂,水泥微粒进一步水化,除继续生成$Ca(OH)_2$及钙矾石外,还生成了大量的C-S-H凝胶。水泥水化产物不断填充了水泥颗粒之间的空隙,随着接触点的增多,结构趋向密实,使水泥浆体逐渐失去塑性。

(4)硬化期。水泥继续水化,除已生成的水化产物的数量继续增加外,C_4AF的水化物也开始形成,硅酸钙继续进行水化。水化生成物以凝胶与结晶状态进一步填充空隙,水泥浆体逐渐产生强度,进入硬化阶段。只要温度、湿度合适,而且无外界腐蚀,水泥强度在几年甚至几十年后还能继续增长。

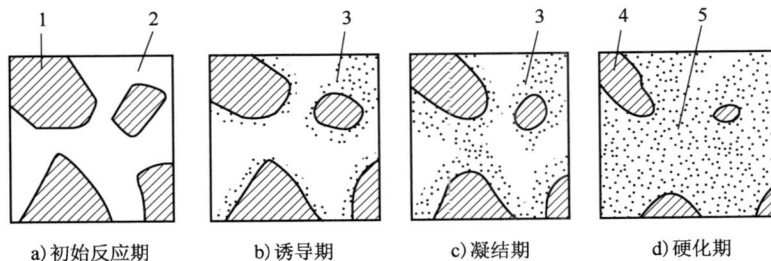

a)初始反应期   b)诱导期   c)凝结期   d)硬化期

图3-4　水泥凝结硬化四阶段

1-水泥颗粒;2-水分;3-凝胶;4-水泥颗粒的未水化内核;5-毛细孔

【工程应用3-1】

水泥凝结硬化速度快,好吗?

【应用分析】

水泥水化加快,放热速率加快,升温并膨胀,凝结硬化形成的微结构体积较疏松,且在随后的降温期间,受干燥环境影响收缩变形时产生大量微裂缝,致使结构混凝土强度与渗透性(耐久性)受到严重影响。

1.1.4 通用硅酸盐水泥的技术性质和技术标准

1)技术性质

(1)化学性质

水泥的化学指标主要是控制水泥中有害的化学成分含量,若超过最大允许限值,即意味着对水泥性能和质量可能产生有害或潜在有害的影响。

①氧化镁含量。在水泥熟料中,常含有少量未与其他矿物结合的游离氧化镁,这种多余的氧化镁来源于高温时形成的方镁石,它水化为氢氧化镁的速度很慢,常在水泥硬化以后才开始水化,产生体积膨胀,可导致水泥石结构产生裂缝甚至破坏,因此,它是引起水泥安定性不良的原因之一。《通用硅酸盐水泥》(GB 175—2007)规定,水泥中氧化镁的含量不宜超过5.0% ~ 6.0%。如果水泥经压蒸安定性试验合格,则水泥中氧化镁的含量(质量分数)允许放宽到6.0%。

②三氧化硫含量。水泥中的三氧化硫主要是在生产时为调节凝结时间加入石膏而产生的。当石膏超过一定限量后,水泥性能会变差,甚至引起硬化后水泥石体积膨胀,导致结构物破坏。《通用硅酸盐水泥》(GB 175—2007)规定,水泥中三氧化硫的含量(质量分数)不得超过3.5%。

③烧失量。水泥煅烧不佳或受潮后,均会导致烧失量增加。将水泥试样在 $950 \sim 1000^\circ C$ 下灼烧15 ~ 20min 冷却至室温称量,如此反复灼烧直至恒重,此时灼烧前后的质量损失百分率即为烧失量。《通用硅酸盐水泥》(GB 175—2007)规定,Ⅰ型硅酸盐水泥的烧失量不得大于3.0%,Ⅱ型硅酸盐水泥的烧失量不得大于3.5%。

④不溶物。水泥中的不溶物是用盐酸溶解滤去不溶残渣,经碳酸钠处理再用盐酸中和,高温灼烧至恒重后称量,灼烧后不溶物质量占试样总质量的比例为不溶物含量。《通用硅酸盐水泥》(GB 175—2007)规定,Ⅰ型硅酸盐水泥中不溶物含量不得超过0.75%,Ⅱ型硅酸盐水泥中不溶物含量不得超过1.50%。

⑤碱含量(选择性指标)。水泥中碱含量按照 $Na_2O + 0.658K_2O$ 计算值表示。若用户要求提供低碱水泥时,水泥中碱含量由买卖双方协商确定。

⑥氯离子含量。当水泥中氯离子含量较高时,会引起混凝土中钢筋锈蚀,导致混凝土开裂破坏。当使用盐类早强剂时,容易造成水泥混凝土中氯离子含量较高,对混凝土质量存在潜在影响。《通用硅酸盐水泥》(GB 175—2007)规定,水泥中氯离子含量不超过0.06%,当有更低要求时,该指标由买卖双方协商确定。

(2)物理性质

①细度。细度是指水泥颗粒粗细的程度。细度越细,水泥与水起反应的面积越大、水化越

充分、水化速度越快。所以相同矿物组成的水泥,细度越大,早期强度越高、凝结速度越快、析水量越少。

实践表明,细度提高,可使水泥混凝土的强度提高,工作性能得到改善。但是,水泥细度提高,在空气中的硬化收缩也较大,使水泥发生裂缝的可能性增加;水泥细度越高,越易受潮,难于储存;水泥颗粒越细,生产成本也越大。因此,对水泥细度必须予以合理控制。

水泥细度有两种表示方法:

a. 筛析法。以 45μm 方孔筛上的筛余量百分率表示。《公路工程水泥及水泥混凝土试验规程》(JTG 3420 T0502—2020)规定,筛析法有负压筛析法和水筛法两种,有争议时,以负压筛析法为准。

b. 比表面积法。以每千克水泥总表面积(m²/kg)表示,其测定采用勃氏法。《通用硅酸盐水泥》(GB175—2007)规定:硅酸盐水泥细度以比表面积表示,应不小于 300m²/kg,当有特殊要求时,由买卖双方协定。

【工程应用 3-2】

为什么需要规定水泥的细度?

【应用分析】

(1)水泥颗粒细度影响水化活性和凝结硬化速度,水泥颗粒越粗,水化活性越低,不利于凝结硬化;

(2)虽然水泥越细,凝结硬化越快,早期强度会越高,但是水化放热速度也越快,水泥收缩也越大,对水泥石性能不利;

(3)水泥越细,生产能耗越高,成本增加;

(4)水泥越细,对水泥的储存也不利,容易受潮结块,反而降低强度。

②水泥净浆标准稠度。为使水泥凝结时间和安定性的测定结果具有可比性,在此两项测定时必须采用标准稠度的水泥净浆。《公路工程水泥及水泥混凝土试验规程》(JTG 3420—2020)以及《水泥标准稠度用水量、凝结时间、安定性检验方法》(GB/T 1346—2011)规定,水泥净浆标准稠度的标准测定方法为试杆法,以标准试杆沉入净浆并距离底板(6±1)mm 的水泥净浆稠度为"标准稠度",其拌和用水量为该水泥标准稠度用水量,按水泥质量的百分比计。

以试锥法(调整水量法和不变水量法)为代用法,采用调整水量法测定标准稠度用水量时,拌和水量应按经验确定加水量;采用不变水量法测定时,拌和水量为 142.5mL,水量精确至 0.5mL。发生争议时,以调整水量法为准。

③凝结时间。水泥的凝结时间是从加水开始到水泥浆失去可塑性所需的时间,分为初凝时间和终凝时间。《水泥标准稠度用水量、凝结时间、安定性检验方法》(GB/T 1346—2011)规定,水泥凝结时间用标准维卡仪测定。

初凝时间是指水泥全部加入水中至初凝状态所经历的时间,用 min 计。初凝状态是指试针自由沉入标准稠度的水泥净浆至距底板(4±1)mm 时的稠度状态。终凝时间是指由水泥全部加入水中至终凝状态所经历的时间,用 min 计。终凝状态是指试针沉入试体 0.5mm,即环形附件开始不能在试体上留下痕迹时的稠度状态。达到终凝状态的水泥净浆此时已完全失去可塑性并开始产生强度。

水泥的凝结时间对水泥混凝土的施工有重要意义。初凝时间太短,将影响混凝土拌和料的搅拌、运输和浇灌等施工操作;终凝时间过长,则影响混凝土工程的施工进度。《通用硅酸盐水泥》(GB175—2007)规定:硅酸盐水泥初凝不得早于45min,终凝不得迟于390min。

【工程应用3-3】

为什么要规定凝结时间?

【应用分析】

(1)水泥凝结时间的规定是为了有足够的时间进行施工操作和保证硬化后混凝土的质量;

(2)初凝时间太短,来不及施工,水泥石结构疏松、性能差,水泥无使用价值,即为废品;

(3)终凝时间太长,强度增长缓慢,影响施工周期,即为不合格品。

④体积安定性。水泥体积安定性是反映水泥浆在凝结、硬化过程中,体积发生膨胀变形的均匀程度。各种水泥在凝结硬化过程中,如果产生不均匀变形或变形太大,使构件产生膨胀裂缝,就说明水泥体积安定性不良。

影响体积安定性的因素主要有:熟料中游离氧化镁和游离氧化钙含量;水泥中三氧化硫含量;水泥在粉磨过程中掺加石膏的量。因为熟料中游离氧化镁和游离氧化钙都是在高温条件下产生的,属于过烧氧化物,它们在水泥凝结硬化后才慢慢开始水化,水化时产生体积膨胀,从而引起体积发生不均匀变化,破坏已硬化的水泥石结构,导致龟裂、弯曲、翘曲和崩溃等现象产生。而当水泥中三氧化硫和石膏含量过多时,硫酸根离子还会继续跟水泥水化产物(水化铝酸钙)反应生成高硫型水化硫铝酸钙乃至单硫型水化硫铝酸钙,造成体积发生膨胀,引起水泥石开裂甚至破坏。

按《水泥标准稠度用水量、凝结时间、安定性检验方法》(GB/T 1346—2011)和《公路工程水泥及水泥混凝土试验规程》(JTG 3420—2020)规定,水泥体积安定性按沸煮法检测,标准法为雷氏法,试饼法为代用法,有矛盾时以标准法为准。

a. 雷氏法是将标准稠度的水泥净浆装于雷氏夹的环形试模中,经湿养24h±2h后,脱去玻璃板取下试件,先测试雷氏夹指针尖端距离A,精确到0.5mm,接着将试件放入沸煮箱,在沸煮箱中加热30min±5min至沸腾,继续恒沸3h±5min。测定试件两指针尖端距离C,两个试件在煮后,针尖端增加的距离平均值($C-A$)不大于5.0mm时,即认为该水泥安定性合格。

b. 试饼法是将水泥拌制成标准稠度的水泥净浆,制成直径70~80mm、中心厚约10mm的试饼,在湿气养护箱中养护24h±2h,然后在沸煮箱中加热30min±5min至沸,然后恒沸3h±5min,最后根据试饼有无翘曲、弯曲、裂缝等外观变化,来判断其安定性。同时观察或测定,未发现透光弯曲变形的试饼为体积安定性合格。当两个试饼判断的结果有矛盾时,该水泥体积安定性为不合格。

沸煮法只能通过CaO检验水泥的安定性,因为游离氧化镁只有在压蒸条件下才加速熟化,而石膏的危害需长期在常温水中才能发现。《通用硅酸盐水泥》(GB175—2007)规定,硅酸盐水泥中游离氧化镁(MgO)含量不得超过5.0%~6.0%,三氧化硫(SO_3)的含量一般不得超过3.5%。

【工程实例3-2】

对某新出厂的普通水泥进行抽样检测,发现凝结时间较短,体积安定性也不合格,本应作废品处理。但存放一个多月后再次进行检测,体积安定性变得合格,此时可以使用,请分析原因?

【原因分析】

(1)当普通硅酸盐水泥游离氧化钙含量较高时,可能是因为部分氧化钙的煅烧温度较低。加水拌和后,水与氧化钙迅速反应生成氢氧化钙,并放出水化热,加速了其他熟料矿物的水化速度,从而产生了较多的水化产物,短时间凝结。此外,还有可能是起调节凝结时间的石膏掺量太低,也会导致水泥的凝结时间变短。

(2)有些体积安定性不合格的水泥是由于游离氧化钙含量高造成的,这些水泥在空气中存放一段时间后,大部分游离氧化钙会吸收空气中的水分而进一步与空气中的二氧化碳反应而熟化,使游离氧化钙含量减少,故此时加入拌和水后,体积安定性变得合格,此时可以使用。

【预防措施】

(1)控制水泥制品中的游离氧化钙含量和石膏掺量,水泥进场前必须进行检测,质量不合格者不得入场;

(2)新出厂的水泥不宜立即使用。

⑤强度。强度是水泥技术要求中最基本的指标,也是水泥的重要技术性质之一。

水泥强度除了与水泥本身的性质(熟料矿物成分、细度等)有关外,还与水灰比、试件制作方法、养护条件和时间有关。

按《公路工程水泥及水泥混凝土试验规程》(JTG 3420—2020)规定,用《水泥胶砂强度检验方法(ISO法)》(GB/T 17671—1999)作为水泥强度的标准检验方法。此方法是以1:3的水泥和ISO标准砂,用0.5的水灰比(其用水量在0.50水灰比的基础上以胶砂流动度不小于180mm来确定。当水灰比为0.50且胶砂流动度小于180mm时,须以0.01的整数倍递增的方法将水灰比调整至胶砂流动度不小于180mm。其中水泥胶砂流动度按《水泥胶砂流动度测定方法》(GB/T 2419—2005)进行测定)按标准规定的制作方法,制成40mm×40mm×160mm的标准试件,在标准养护条件下(温度20℃±1℃,湿度≥90%)养护达到规定龄期(3d,28d)时,测其相应龄期的抗折强度和抗压强度。按《通用硅酸盐水泥》(GB175—2007)规定的最低强度值来评定其所属强度等级。

水泥胶砂强度试验中所用到的ISO基准砂是由SiO_2含量不低于98%的天然圆形硅质砂组成,其粒径为0.08~2.0mm,由粗、中、细三级按比例组成,各占三分之一。其中粗砂为1.0~2.0mm,中砂为0.5~1.0mm,细砂为0.08~0.5mm。ISO基准砂颗粒分布见表3-5。而我们通常所采用的是中国ISO标准砂,其颗粒分布应完全符合ISO基准砂颗粒分布和湿含量的规定。

ISO基准砂颗粒分布 表3-5

方孔边长(mm)	累计筛余(%)	方孔边长(mm)	累计筛余(%)
2.0	0	0.5	67±5
1.6	7±5	0.16	87±5
1.0	33±5	0.08	99±1

注:颗粒分布通过对总质量不少于1345g的、具有代表性的样品进行筛析测定。每个筛子的筛析试验应进行至每分钟通过量小于0.5g为止。

湿含量通过代表性样品在105～110℃下烘干至恒重后的质量损失来测定,以干基的质量百分数表示。

生产期间这种测定应每天至少进行一次。这些要求不足以保证标准砂与基准砂等同。这种等效性是通过标准砂和基准砂比对检验程序来保持的。

中国ISO标准砂经预配并以1350g±5g容量的塑料袋包装。但所用塑料袋不得影响强度试验结果,且每袋标准砂应符合表3-5规定的颗粒分布。

使用前,中国1SO标准砂应小心存放,避免破损、或污染、特别是受潮。

a. 水泥强度计算。根据《水泥胶砂强度检验方法(ISO法)》(GB/T 17671—1999)规定,水泥强度的计算应按以下方法进行。

(a)抗折强度测定。将试件的一个侧面放在试验机支撑圆柱上,试件长轴垂直于支撑圆柱,通过加荷圆柱以(50±10)N/s的速率均匀地将荷载垂直地加在棱柱体相对侧面上,直至折断。

保持两个半截棱柱体处于潮湿状态直至进行抗压试验。

抗折强度R_f按式(3-7)计算。

$$R_f = \frac{1.5F_fL}{b^3} \tag{3-7}$$

式中:R_f——抗折强度,MPa;

F_f——折断时施加于棱柱体中部的荷载,N;

L——支撑圆柱之间的距离,mm;

b——棱柱体正方形截面的边长,mm。

各试体的抗折强度记录至0.1MPa,按规定计算算术平均值,计算结果精确到0.1MPa。

以一组三个棱柱体抗折结果的平均值作为试验结果。当三个强度值中有一个棱柱体抗折结果超出平均值±10%时,应剔除后再取平均值作为抗折强度试验结果;当剩余两个强度值中再有超过它们平均值±10%的,则此组试验结果作废。

(b)抗压强度测定。抗压强度测定在半截棱柱体的侧面上进行,半截棱柱中心与压力机压板中心的差应在±0.5mm内,棱柱体露在压板外的部分约有10mm。在整个加荷过程中以(2400±200)N/s的速率均匀地加荷直至破坏,抗压强度R_c按式(3-8)计算。

$$R_c = \frac{F_c}{A} \tag{3-8}$$

式中:R_c——试件的抗压强度,MPa;

F_c——试件破坏时的最大荷载,N;

A——试件受压部分面积,40mm×40mm=1600mm²。

每个半截棱柱体得到的单个抗压强度结果精确至0.1MPa,按规定计算算术平均值,计算结果精确至0.1MPa。

以一组三个棱柱体上得到的六个抗压强度测定值的算术平均值为试验结果。如六个测定值中有一个超出六个平均值的±10%,应剔除这个结果,而以余下五个的平均数为结果,如果剩余五个测定值中再有超过它们平均数±10%的值,则此组结果作废。

b. 水泥强度等级。水泥的强度等级应按规定龄期的抗压强度和抗折强度来划分。若不同龄期的抗压强度和抗折强度均符合某一强度等级的最低强度值要求时,则以其28d抗压强度值(MPa)作为强度等级。

硅酸盐水泥分为42.5、42.5R、52.5、52.5R、62.5、62.5R六个等级。

【工程实例3-3】

某水泥混凝土道路使用不到半年,就发生了严重的工程质量问题。

【原因分析】

该工程经核查存在以下问题:

(1)水泥强度不足。经复检水泥强度,42.5号水泥的实际标号仅为22.5号;

(2)袋装水泥重量不足。袋装水泥最重的为46kg,最轻的为42kg左右;

(3)错用水泥或混用水泥。施工中同时使用大厂和小厂的水泥,各种水泥堆放时没有清楚地分开,导致了错用水泥和混用水泥;

(4)水泥受潮或存放过期。该施工企业在使用受潮、结块或过期水泥时,事先未测定水泥的实际强度。

【预防措施】

(1)严把供应商选择关;

(2)严把货源渠道关;

(3)严把现场验收关;

(4)严把科学储备关。

c.水泥型号。水泥28d以前强度称为早期强度、28d及其以后强度称为后期强度。为提高水泥早期强度,我国现行标准将水泥分为普通型和早强型(或称R型)两个型号。早强型水泥的3d抗压强度较同强度等级的普通型提高了10%~24%;早强型水泥的3d抗压强度可达到28d抗压强度的50%,水泥混凝土路面用水泥,在供应条件允许时,应尽量优先选用早强型水泥,以缩短养护时间,提早通车。

为了保证水泥在工程使用中的质量,生产厂家在控制出厂水泥的28d抗压强度时,均留有一定的富余强度,在设计混凝土强度时,可采用水泥实际强度,根据《普通混凝土配合比设计规程》(JGJ 55—2011)的有关规定,通常富余强度系数为1.10~1.13。

根据规定龄期抗压强度和抗折强度划分,硅酸盐水泥在不同龄期的强度值应不低于表3-6所列数值,否则该水泥应视为不合格品。

通用硅酸盐水泥不同龄期的强度要求 表3-6

强度等级	抗压强度(MPa)		抗折强度(MPa)	
	3d	28d	3d	28d
42.5	≥17.0	≥42.5	≥3.5	≥6.5
42.5R	≥22.0		≥4.0	
52.5	≥23.0	≥52.5	≥4.0	≥7.0
52.5R	≥27.0		≥5.0	
62.5	≥28.0	≥62.5	≥5.0	≥8.0
62.5R	≥32.0		≥5.5	

2）技术标准

通用硅酸盐水泥的技术标准,按《通用硅酸盐水泥》(GB 175—2007)的规定:凡氧化镁、三氧化硫、初凝时间、安定性中的任一项不符合标准规定(参见表3-7),均为废品。

通用硅酸盐水泥的技术标准　　　　　　　　　　　　　　表3-7

技术指标	细度(m²/kg)	凝结时间(min)		安定性(沸煮法)	抗压强度(MPa)	不溶物(%)		MgO(%)	SO₃(%)	烧失量(%)		碱含量(%)	氯离子含量
		初凝	终凝			Ⅰ型	Ⅱ型			Ⅰ型	Ⅱ型		
指标	≥300	≥45	≤390	必须合格	见表3-6	≤0.75	≤1.5	5.0①	≤3.5	≤3.0	≤3.5	0≤0.60②	≤0.60③
试验方法	GB/T 8074—2008	GB/T 1346—2011		GB/T 750—1992	GB/T 17671—2019	GB/T 176—2017							

注:①如果水泥压蒸试验合格,则水泥中氧化镁的含量(质量分数)允许放宽到6.0%;
　　②水泥中碱含量为选择性指标,用 $Na_2O + 0.658K_2O$ 计算值来表示。如果采用活性集料,用户要求低碱水泥时,水泥中碱含量不得大于0.60%或由供需双方确定;
　　③当有更低要求时,该指标由买卖双方确定。

凡细度、终凝时间、不溶物和烧失量中的任一项不符合标准规定,或混合材料掺加量超过最大限量,或强度低于规定指标时,称为不合格品。

《通用硅酸盐水泥》(GB 175—2007)规定废品水泥在工程中严禁使用,而不合格品可在非重要工程结构或部件中酌情使用或者降等级使用。

【工程实例3-4】

测得的硅酸盐标准试件的抗折和抗压破坏荷载数据见表3-8,试评定其强度等级。

水泥标准试件的抗折和抗压破坏荷载试验数据表　　　　　　表3-8

抗折破坏荷载(kN)		抗压破坏荷载(kN)	
3d	28d	3d	28d
1.79	2.90	42.1	84.8
		41.0	85.2
1.81	2.83	41.2	83.6
		40.3	83.9
1.92	3.52	43.5	87.1
		44.8	87.5

【数据分析】

1.抗折强度计算

先将水泥抗折试件尺寸代入抗折强度计算公式(3-7),可求出计算系数。

$$R_f = \frac{1.5F_f L}{b^3} = \frac{1.5F_f \times 100}{40^3} = 0.00234F_f$$

(1)3d抗折强度计算

$$R_{f1} = 0.00234 \times 1.79 \times 10^3 = 4.2(MPa)$$
$$R_{f2} = 0.00234 \times 1.81 \times 10^3 = 4.2(MPa)$$

$R_{f3} = 0.00234 \times 1.92 \times 10^3 = 4.5(\text{MPa})$

计算取三个试件抗折强度的平均值：

$$\bar{R}_f = \frac{4.2 + 4.2 + 4.5}{3} = 4.3(\text{MPa})$$

三个测值与平均值比较评定：

因为 $\left| \dfrac{4.5 - 4.3}{4.3} \right| \times 100\% = 4.7\% < 10\%$，同理其他两个测值与平均值的比较值也均小于10%。

所以3d抗折强度为4.3MPa。

（2）28d抗折强度计算

$R_{f1} = 0.00234 \times 2.90 \times 10^3 = 6.8(\text{MPa})$

$R_{f2} = 0.00234 \times 2.83 \times 10^3 = 6.6(\text{MPa})$

$R_{f3} = 0.00234 \times 3.52 \times 10^3 = 8.2(\text{MPa})$

计算取三个试件抗折强度的平均值：

$$\bar{R}_f = \frac{6.8 + 6.6 + 8.2}{3} = 7.2(\text{MPa})$$

三个测值与平均值比较评定：

因为 $\left| \dfrac{8.2 - 7.2}{7.2} \right| \times 100\% = 13.9\% > 10\%$

所以应删除8.2，再求平均值。

$$\bar{R}_f = \frac{6.8 + 6.6}{2} = 6.7(\text{MPa})$$

又因为 $\left| \dfrac{6.8 - 6.7}{6.7} \right| \times 100\% = \left| \dfrac{6.6 - 6.7}{6.7} \right| \times 100\% = 1.49\% < 10\%$

所以28d抗折强度为6.7MPa。

2. 抗压强度计算

根据抗压夹具尺寸，已知抗压试件受压面积为 $A = 40\text{mm} \times 40\text{mm} = 1600\text{mm}^2$

$$R_c = \frac{F_c}{A} = \frac{F_c}{1600} = 0.000625F_c$$

（1）3d抗压强度计算

$R_{c1} = 0.000625 \times 42.1 \times 10^3 = 26.3(\text{MPa})$

$R_{c2} = 0.000625 \times 41.0 \times 10^3 = 25.6(\text{MPa})$

$R_{c3} = 0.000625 \times 41.2 \times 10^3 = 25.8(\text{MPa})$

$R_{c4} = 0.000625 \times 40.3 \times 10^3 = 25.2(\text{MPa})$

$R_{c5} = 0.000625 \times 43.5 \times 10^3 = 27.2(\text{MPa})$

$R_{c6} = 0.000625 \times 44.8 \times 10^3 = 28.0(\text{MPa})$

计算取六个试件抗压强度的平均值：

$$\bar{R}_c = \frac{26.3 + 25.6 + 25.8 + 25.2 + 27.2 + 28.0}{6} = 26.3(MPa)$$

六个测值与平均值比较评定：

因为 $\left|\frac{28.0 - 26.3}{26.3}\right| \times 100\% = 6.5\% < 10\%$，同理其他五个测值与平均值的比较值也均小于 10%。

所以 3d 抗压强度为 26.3MPa。

（2）28d 抗压强度计算

$$R_{c1} = 0.000625 \times 84.8 \times 10^3 = 53.0(MPa)$$

$$R_{c2} = 0.000625 \times 85.2 \times 10^3 = 53.2(MPa)$$

$$R_{c3} = 0.000625 \times 83.6 \times 10^3 = 52.2(MPa)$$

$$R_{c4} = 0.000625 \times 83.9 \times 10^3 = 52.4(MPa)$$

$$R_{c5} = 0.000625 \times 87.1 \times 10^3 = 54.4(MPa)$$

$$R_{c6} = 0.000625 \times 87.5 \times 10^3 = 54.7(MPa)$$

计算取六个试件抗压强度的平均值：

$$\bar{R}_c = \frac{53.0 + 53.2 + 52.2 + 52.4 + 54.4 + 54.7}{6} = 53.3(MPa)$$

六个测值与平均值比较评定：

因为 $\left|\frac{54.7 - 53.3}{53.3}\right| \times 100\% = 2.6\% < 10\%$，同理其他五个测值与平均值的比较值也均小于 10%。

所以 28d 抗压强度为 53.3MPa。

根据上述计算结果，对照表 3-8，得该硅酸盐水泥强度等级为 C52.5 级。

1.1.5　硅酸盐水泥的性能特点及应用

1）强度等级高，发展快

硅酸盐水泥因其 C_3S 含量高，凝结时间短，快硬早强高强，所以适用于地上、地下和水中重要结构的高强度混凝土和预应力混凝土工程，以及早期强度要求较高和冬季施工的混凝土工程。

2）水化热高

硅酸盐水泥中含有大量的 C_3S 和较多的 C_3A，因此，其水化放热速度快、放热量高。对于大型水坝、桥墩等大体积混凝土工程，由于水化热聚集在内部不易散发出来，易导致温度应力并引发混凝土结构产生裂纹。因此，硅酸盐水泥不得应用于大体积混凝土工程。

3）耐腐蚀性差

硅酸盐水泥石中含有较多的易受腐蚀的 $Ca(OH)_2$ 和水化铝酸钙，不宜用于受流动的和有压力的软水作用的混凝土工程,也不宜用于受海水及其他腐蚀性介质作用的混凝土工程。

4)抗冻性好

硅酸盐水泥石的抗冻性主要取决于孔隙率和孔隙特征。硅酸盐水泥如果采用较小的水灰比,并经充分养护,可获得密实性较好的水泥石。因此,硅酸盐水泥适用于严寒地区遭受冻融循环作用的混凝土工程。

5)抗碳化性好

硅酸盐水泥石中的 $Ca(OH)_2$ 与空气中的 CO_2 发生作用称为"碳化"。"碳化"使水泥石的碱度(即 pH 值)降低,引起水泥石收缩和钢筋锈蚀。硅酸盐水泥石中含有较多的 $Ca(OH)_2$,因此,其碱度不易降低。用硅酸盐水泥制成的混凝土抗碳化性好,适用于空气中 CO_2 浓度较高的环境,如翻砂、铸造车间。

6)耐热性差

硅酸盐水泥石受热到 300℃ 时,水泥的水化产物开始脱水、分解,水泥石体积收缩、强度下降。温度达到 700~1000℃ 时,水泥石强度降低很多,甚至发生破坏。其中 $Ca(OH)_2$ 在高温条件下分解成 CaO,若再吸湿或长期放置,CaO 又会重新熟化,体积膨胀使水泥石再次受到破坏。因此,硅酸盐水泥适用于在低温下施工的工程和一般受热(<250℃)的工程。

7)干缩小

硅酸盐水泥硬化时干缩小,不易产生干缩裂纹,可用于干燥环境下的混凝土工程。

8)耐磨性好

硅酸盐水泥的耐磨性好,表面不易起粉,可用于地面和道路工程。

1.1.6　硅酸盐水泥石的腐蚀和防治

1)硅酸盐水泥石的腐蚀

硅酸盐类水泥硬化后形成的水泥石,在正常环境条件下,其强度将持续增长;但在某些环境中(如遇某些侵蚀性液体或气体)水泥石的强度反而降低,甚至引起混凝土结构物的破坏,这种现象称为水泥石的腐蚀。在道路与桥隧构筑物中,可能遇到的腐蚀情况一般有以下几种类型。

(1)水化物氢氧化钙 $Ca(OH)_2$ 的溶失

①淡水溶析性腐蚀

混凝土在凝结过程中,水泥水化产物被淡水溶解而带走的一种侵蚀现象,称为淡水溶析性腐蚀。

在硅酸盐水泥的各种水化产物中,$Ca(OH)_2$ 在水中的溶解度最大,在淡水中会首先被溶出。在水量小、静水或无压情况下,$Ca(OH)_2$ 会迅速溶出,周围水中的 $Ca(OH)_2$ 浓度很快达到饱和,溶出作用也就随之终止。但在大量或流动的水中,$Ca(OH)_2$ 会不断被溶出并带走,这样不仅会使混凝土的密度和强度降低,而且还会导致水化硅酸钙和水化铝酸钙的分解,最终可能引起结构物的破坏。

②镁盐侵蚀

海水、地下水或矿泉水中常含有较多的镁盐,如氯化镁、硫酸镁。镁盐与水泥石中的氢氧化钙起置换作用,生成松软且无胶结能力的氢氧化镁和极易溶于水的氯化钙,或生成二水石膏

（$CaSO_4 \cdot 2H_2O$）导致水泥石结构破坏。

③碳酸侵蚀

在工业污水或地下水中常溶解有较多的二氧化碳（CO_2），CO_2与水泥石中的$Ca(OH)_2$作用，生成不溶于水的碳酸钙（$CaCO_3$），碳酸钙再与水中的碳酸作用生成易溶于水的碳酸氢钙 [$Ca(HCO_3)_2$]，从而导致水泥石的强度降低。

（2）硫酸盐侵蚀

穿越海湾、沼泽或污染河流的道路结构和沿线桥涵墩台，有时会受到海水、沼泽水、工业污水的侵蚀，这些水中常常含有易溶的碱性硫酸盐（如 Na_2SO_4、K_2SO_4）等。这些硫酸盐先与水泥石中的氢氧化钙作用生成硫酸钙，即二水石膏（$CaSO_4 \cdot 2H_2O$），二水石膏在水泥石孔隙中结晶时体积膨胀，并与水泥石中的水化铝酸钙反应生成水化硫铝酸钙（即钙矾石），其体积约为原先体积的 2.5 倍，从而产生相当大的内压力，造成水泥石开裂甚至毁坏。

（3）碱的腐蚀

碱类溶液的浓度不大时一般是无害的。但铝酸盐含量较高的硅酸盐水泥遇到强碱（如氢氧化钠）作用后也会产生破坏。氢氧化钠与水泥熟料中未水化的铝酸盐作用会生成易溶的铝酸钠，当水泥石被氢氧化钠浸透后又在空气中干燥，与空气中的二氧化碳作用而生成碳酸钠，碳酸钠在水泥石毛细孔中结晶沉积，从而使水泥石胀裂。

2）硅酸盐水泥石腐蚀的防治

（1）根据腐蚀环境特点，合理选用水泥品种

选用水化产物 $Ca(OH)_2$ 含量低的水泥，以降低氢氧化钙溶失对水泥石的危害，从而提高抗淡水侵蚀的能力；选用铝酸三钙（C_3A）含量低的水泥，则可降低硫酸盐的腐蚀作用。

（2）提高水泥石的密实度

水泥石内部存在空隙是水泥石产生腐蚀的内因之一。通过采取诸如合理设计混凝土配合比、降低水灰比、合理选择集料、掺外加剂及改善施工方法等措施，可以提高水泥石的密实度，增加其抗腐蚀能力。另外，也可以对水泥石表面进行处理（如碳化等），增加其表面密实度，从而达到防腐的目的。

（3）敷设耐蚀保护层

当腐蚀作用较强时，可在混凝土表面敷设一层耐腐蚀性强且不透水的保护层（通常可采用耐酸石料、耐酸陶瓷、玻璃、塑料或沥青等），以杜绝或减少腐蚀介质渗入水泥石内部。

1.2　普通硅酸盐水泥

1.2.1　普通硅酸盐水泥概述

普通硅酸盐水泥由硅酸盐水泥熟料，符合《通用硅酸盐水泥》（GB 175—2007）规定的粒化高炉矿渣、粉煤灰、火山灰质混合材料组成（可以是一种主要混合材，也可以是两种或三种主要混合材），以及适量石膏磨细制成的水硬性胶凝材料，称为普通硅酸盐水泥（简称普通水泥），代号 P·O。其中容许用8%的非活性混合材料或不超过水泥质量5%的符合《通用硅酸盐水泥》（GB 175—2007）规定的石灰石、砂岩、窑灰中的一种材料为替代组分。

1.2.2 普通硅酸盐水泥的性能特点

普通硅酸盐水泥由于掺加混合材料的数量少,性质与硅酸盐水泥性能相近,也具有凝结时间短、快硬早强高强、抗冻、耐磨、耐热、水化放热集中、水化热较大、抗硫酸盐侵蚀能力较差的性能特点;相比硅酸盐水泥,早期强度增进率稍有降低,抗冻性和耐磨性稍有下降,抗硫酸盐侵蚀能力有所增强。

普通硅酸盐水泥的强度等级分为42.5、42.5R、52.5和52.5R四个强度等级。各强度等级在规定龄期的抗压和抗折强度不得低于表3-9所列数值,其他技术性质的要求见表3-10。

普通硅酸盐水泥不同龄期的强度要求　　　　　　　　表3-9

强度等级	抗压强度(MPa)		抗折强度(MPa)	
	3d	28d	3d	28d
42.5	≥17.0	≥42.5	≥3.5	≥6.5
42.5R	≥22.0		≥4.0	
52.5	≥23.0	≥52.5	≥4.0	≥7.0
52.5R	≥27.0		≥5.0	

普通硅酸盐水泥的技术标准　　　　　　　　表3-10

技术指标	细度(m²/kg)	凝结时间(min)		安定性(沸煮法)	抗压强度(MPa)	不溶物(%)		MgO(%)	SO₃(%)	烧失量(%)		碱含量(%)	氯离子含量(%)
		初凝	终凝			I型	II型			I型	II型		
指标	≥300	≥45	≤390	必须合格	见表3-9	≤0.75	≤1.50	≤0.50①	≤3.5	≤3.0	≤3.5	≤0.60②	≤0.06③
试验方法	GB/T 8074—2008	GB/T 1346—2011	GB/T 1346—2011	GB/T 1346—2011	GB/T 17671—1999	GB/T 176—2017							

注:①如果水泥压蒸试验合格,则水泥中氧化镁的含量(质量分数)允许放宽到6.0%;
　　②水泥中碱含量为选择性指标,用$Na_2O + 0.658K_2O$计算值来表示。如果采用活性集料,用户要求低碱水泥时,水泥中碱含量不得大于0.60%或由供需双方确定;
　　③当有更低要求时,该指标由买卖双方确定。

1.2.3 普通硅酸盐水泥的工程应用

普通硅酸盐水泥可用于任何无特殊要求的工程。一般不适用于受热工程、道路、低温下施工工程、大体积混凝土工程和地下工程,特别是有化学侵蚀的工程。

1.3 掺混合材料的硅酸盐水泥

为了改善硅酸盐水泥的某些性能,同时达到增加产量和降低成本的目的,在硅酸盐水泥熟料中掺加适量的各种混合材料与石膏共同磨细的水硬性胶凝材料,称为掺混合材料的硅酸盐水泥。常见的掺混合材料的硅酸盐水泥有矿渣硅酸盐水泥、粉煤灰硅酸盐水泥、火山灰质硅酸盐水泥和复合硅酸盐水泥。

1.3.1 矿渣硅酸盐水泥

1) 矿渣硅酸盐水泥概述

凡由硅酸盐水泥熟料和粒化高炉矿渣,适量石膏磨细制成的水硬性胶凝材料称为矿渣硅酸盐水泥(简称矿渣水泥),代号 P·S。《通用硅酸盐水泥》(GB 175—2007)规定,矿渣硅酸盐水泥分两种类型,一种熟料和石膏≥50%且<80%,掺加>20%且≤50%的粒化高炉矿渣,其中允许用不超过水泥质量8%的其他活性混合材料或窑灰中的任一种材料代替,代号为 P·S·A;另一种熟料和石膏≥30%且<50%,掺加>50%且≤70%的粒化高炉矿渣,其中允许用不超过水泥质量8%的其他活性混合材料、非活性混合材料或窑灰中的任一种材料代替,代号为 P·S·B。

2) 矿渣硅酸盐水泥的性能特点及应用

由于矿渣硅酸盐水泥中水泥熟料含量比硅酸盐水泥少,并掺有大量的粒化高炉矿渣,因此与硅酸盐水泥相比,矿渣硅酸盐水泥的性能及应用具有以下特点:

(1)抗软水及硫酸盐腐蚀的能力较强

矿渣硅酸盐水泥中熟料相对减少,C_3S 和 C_2S 的含量也随之减少,其水化所析出的 $Ca(OH)_2$ 比硅酸盐水泥少,而且矿渣中活性 SiO_2、Al_2O_3 与 $Ca(OH)_2$ 作用又消耗了大量的 $Ca(OH)_2$,这样水泥石中 $Ca(OH)_2$ 就更少了,因此提高了抗软水及硫酸盐腐蚀的能力。但因起缓冲作用的 $Ca(OH)_2$ 较少,抵抗酸性水和镁盐腐蚀的能力不如普通硅酸盐水泥。

矿渣硅酸盐水泥适用于要求耐淡水腐蚀和硫酸盐侵蚀的水工或海港工程。

(2)水化热低

矿渣硅酸盐水泥中,熟料减少,相对降低了 C_3S 和 C_3A 的含量,水化和硬化过程较慢,因此水化热比普通硅酸盐水泥低,宜用于大体积工程。

(3)早期强度低,后期强度高

矿渣硅酸盐水泥的水化过程首先是熟料的水化,矿渣活性组分的水化要在熟料水化产物 $Ca(OH)_2$ 的激发下进行。矿渣水泥中熟料含量少,而且常温下化合反应缓慢,因此强度增长速度较缓慢。到后期随着水化硅酸钙凝胶数量的增多,28d 以后的强度将超过强度等级相同的硅酸盐水泥。矿渣掺入量越多,早期强度越低,后期强度增长率越大。此外,矿硅酸盐水泥的水化反应对温度敏感,提高养护温度、湿度,有利于强度发展。若采用蒸汽养护,强度增长较普通硅酸盐水泥快,且后期强度仍能很好地增长。

矿渣硅酸盐水泥不宜用在温度太低、受冻融循环作用和养生条件差的工程。

(4)耐热性较强

矿渣硅酸盐水泥中的 $Ca(OH)_2$ 含量较低,且矿渣本身又是水泥的耐热掺料,故具有较好的耐热性,适用于受热(200℃以下)的混凝土工程。还可掺入耐火砖粉等配制成耐热混凝土。

(5)干缩性较大

矿渣硅酸盐水泥中混合材料量较大,且用磨细粒化高炉矿渣有尖锐棱角,故标准稠度需水量较大,保持水分能力较差,泌水性较大,因而干缩性较大,如养护不当,则易产生裂缝。因此矿渣水泥的抗冻性、抗渗性和抵抗干湿的性能均不及普通硅酸盐水泥,且碱度低、抗碳化能力差。

1.3.2 火山灰质硅酸盐水泥的性能特点及应用

1) 火山灰质硅酸盐水泥概述

凡由硅酸盐水泥熟料和火山灰质混合材料,适量石膏磨细制成的水硬性胶凝材料称为火山灰质酸盐水泥(简称火山灰水泥),代号 P·P。火山灰水泥中火山灰质混合掺料量按质量百分比计为(20~40)%。

2) 火山灰质硅酸盐水泥性能特点及应用

火山灰质硅酸盐水泥的性能及应用具有以下特点:

(1) 凝结硬化缓慢,早期强度低,后期强度高

火山灰水泥的凝结硬化过程对环境温度、湿度变化较为敏感,故火山灰水泥宜用蒸汽或压蒸养护,不宜用于有早强要求的工程及低温工程中。

(2) 具有良好的抗渗性、耐水性及一定的抗腐蚀能力

火山灰水泥在硬化过程中形成了大量的水化硅酸钙凝胶,提高了水泥石的致密程度,从而提高了抗渗性、耐水性及抗硫酸盐侵蚀性,且由于氢氧化钙含量低,因而有良好的抗淡水侵蚀性。故火山灰水泥宜用于抗渗性要求较高的工程。但是当混合材料中活性氧化铝含量较多时,则抗硫酸盐腐蚀能力较差。

(3) 保水性差

在干燥环境中将由于失水而使水化反应停止,强度不再增长,且由于水化硅酸钙胶的干燥将产生收缩和内应力,使水泥石产生很多细小的裂缝。在表面则由于水化硅酸钙抗碳化能力差,使水泥石表面产生"起粉"现象。因此,火山灰水泥不宜用于干燥环境中的地上工程。

(4) 具有较低的水化热,适用于大体积工程

此外,这种水泥需水量大、收缩大、抗冻性差,使用时需引起注意。

1.3.3 粉煤灰硅酸盐水泥的性能特点及应用

1) 粉煤灰硅酸盐水泥概述

凡由硅酸盐水泥熟料和粉煤灰,适量石膏磨细制成的水硬性胶凝材料称为粉煤灰硅酸盐水泥(简称粉煤灰水泥),代号 P·F。水泥中粉煤灰掺量按质量百分比计为20%~40%。

2) 粉煤灰硅酸盐水泥性能特点及应用

粉煤灰硅酸盐水泥的性能及应用具有以下特点:

(1) 凝结硬化慢、早期强度低、后期强度高,甚至可以赶上或明显超过硅酸盐水泥。粉煤灰活性越高,细度越细,则强度增长速度越快。因此,这种水泥宜用于承受荷载较迟的工程。

(2) 粉煤灰颗粒比表面积较小,吸附水的能力较小,因而这种水泥干缩小,抗裂性较强。

(3) 泌水较快,易引起失水裂缝。故应在硬化早期加强养护,共采取一定的工艺措施。

(4) 还有一些与火山灰水泥类似的特性,如水化热小,抗硫酸盐腐蚀能力强及抗冻性差的特点。因此,粉煤灰水泥除同样能用于工业与民用建筑外,还非常适用于大体积水工混凝土以及水中结构、海港工程等。

（5）粉煤灰水泥水化产物的碱度低，不宜用于有抗碳化要求的工程。

1.3.4　复合硅酸盐水泥

1）复合硅酸盐水泥概述

凡由硅酸盐水泥熟料、两种或两种以上规定的混合材料，以及适量石膏磨细制成的水硬性胶凝材料，称为复合硅酸盐水泥（简称复合水泥），代号 P·C。复合硅酸盐水泥由符合《通用硅酸盐水泥》（GB 175—2007）规定的粒化高炉矿渣、粉煤灰、火山灰质混合材料、石灰石、砂岩中的三种（含）以上材料组成。其中容许用小于水泥质量 20% ~ 50% 的石灰石和砂岩以及不超过 8% 的规定的窑灰作为替代组分。

2）复合硅酸盐水泥性能特点及应用

复合硅酸盐水泥的特性主要取决于其所掺的两种或两种以上混合材料的种类、掺量及相对比例。其特性与矿渣水泥、火山灰水泥和粉煤灰水泥有不同程度的相似之处，其适用范围可根据其掺入的混合材料的种类，参照上述三种水泥的适用范围进行选用。

我国现行标准《通用硅酸盐水泥》（GB 175—2007）规定：矿渣硅酸盐水泥、火山灰质硅酸盐水泥、粉煤灰硅酸盐水泥和复合硅酸盐水泥的技术要求均相同。其强度等级分为 32.5、32.5R、42.5、42.5R、52.5、52.5R 六个等级，各强度等级在规定龄期的抗压和抗折强度不得低于表 3-11 所列数值，其他技术性质的要求如表 3-12 所示。

矿渣水泥、火山灰水泥、粉煤灰水泥和复合水泥不同龄期的强度要求　　　表 3-11

强 度 等 级	抗压强度（MPa）		抗折强度（MPa）	
	3d	28d	3d	28d
32.5	≥10.0	≥32.5	≥2.5	≥5.5
32.5R	≥15.0		≥3.5	
42.5	≥15.0	≥42.5	≥3.5	≥6.5
42.5R	≥19.0		≥4.0	
52.5	≥21.0	≥52.5	≥4.0	≥7.0
52.5R	≥23.0		≥4.5	

矿渣水泥、火山灰水泥、粉煤灰水泥和复合水泥的技术标准　　　表 3-12

技术指标	细度筛余量（%）		凝结时间（min）		安定性（沸煮法）	抗压强度（MPa）	MgO（%）		SO₃（%）		碱含量（%）	氯离子含量（%）
	45μm方孔筛	80μm方孔筛	初凝	终凝			P·S·B	P·S·A P·P P·F P·C	P·S·A P·S·B	P·P P·F P·C	按 $Na_2O + 0.658K_2O$ 计	
指标	≤30	≤10	≥45	≤600	必须合格	见表 3-11	—	≤6.0①	≤4.0	≤3.5	供需双方协定②	≤0.06③
试验方法	GB/T 1345—2005		GB/T 1346—2011		GB/T 1346—2011	GB/T 17671—1999			GB/T 176—2017			

注：①如果水泥中氧化镁的含量超过 6.0%，则必须经压蒸安定性试验合格；
　　②水泥中碱含量为选择性指标，用 $Na_2O + 0.658K_2O$ 计算值来表示，如果采用活性集料，用户要求低碱水泥时，水泥中碱含量不得大于 0.60% 或由供需双方确定；
　　③当有更低要求时，该指标由买卖双方确定。

硅酸盐水泥、普通硅酸盐水泥、矿渣硅酸盐水泥、火山灰质硅酸盐水泥、粉煤灰硅酸盐水泥等水泥是在土木建筑工程应用最广泛的品种。工程中应根据环境条件和工程特点,合理选择水泥品种。通用水泥的特性及适用范围见表3-13。

通用水泥的主要特性及适用范围 表3-13

名称	硅酸盐水泥		普通硅酸盐水泥	矿渣硅酸盐水泥	火山灰质硅酸盐水泥	粉煤灰硅酸盐水泥	复合硅酸盐水泥
简称	硅酸盐水泥		普通水泥	矿渣水泥	火山灰水泥	粉煤灰水泥	复合水泥
	Ⅰ型	Ⅱ型					
代号	P·Ⅰ	P·Ⅱ	P·O	P·S	P·P	P·F	P·C
密度(g/m³)	3.00~3.15		3.00~3.15	2.80~3.10	2.80~3.10	2.80~3.10	2.80~3.10
堆积密度（kg/m³）	1000~1600		1000~1600	1000~1200	900~1000	900~1000	1000~1200
特性 硬化速度	快		较快	慢	慢	慢	慢
早期强度	高		较高	低	低	低	低
水化热	高		高	低	低	低	低
抗冻性	好		好	差	差	差	差
耐热性	差		较差	好	较差	较差	好
干缩性	较小		较小	较大	较大	较小	较小
抗渗性	较好		较好	差	较好	较好	较好
耐蚀性	较差		较差	较强	除混合材 Al_2O_3 较多者抗硫酸盐腐蚀性较弱外,一般均较强		较强
泌水性	较小		较小	明显	小	小	小
适用条件	1. 一般地上工程,无腐蚀、无压力水作用的工程; 2. 要求遭其强度较高和低温施工无蒸汽养护的工程; 3. 有抗冻性要求的工程			1. 一般地上、地下和水中工程; 2. 有硫酸盐侵蚀的工程; 3. 大体积混凝土工程; 4. 又耐热性要求的工程; 5. 有蒸汽养护工程	除不适于有耐热性要求的工程外,其他与矿渣水泥相同	同火山灰水泥	1. 厚大体积混凝土结构; 2. 普通气候用混凝土; 3. 高湿或水下混凝土; 4. 有抗渗要求的混凝土
不适用条件	1. 大体积混凝土工程; 2. 有腐蚀作用和压力水作用的工程			1. 要求早期强度高的工程; 2. 要求抗冻的工程	1. 与矿渣水泥各项相同; 2. 干热区和耐磨性要求较高工程	1. 与矿渣水泥各项相同; 2. 有抗碳化要求的工程	1. 要求快硬混凝土; 2. 要求抗冻混凝土

模块二　其他品种水泥

2.1　道路硅酸盐水泥

以适当成分的生料烧至部分熔融,所得以硅酸钙为主要成分和较多量的铁铝酸钙的硅酸盐水泥熟料称为道路硅酸盐水泥熟料,由道路硅酸盐水泥熟料,0~10%混合材料和适量石膏磨细制成的水硬性胶凝材料,称为道路硅酸盐水泥(简称道路水泥)。

1)技术要求

各交通等级路面所使用水泥的化学成分和物理性能等要求应符合《公路水泥混凝土路面施工技术规范》(JTG F30—2014)的相关规定,见表3-14。

各交通等级路面用水泥的化学成分和物理性能 　　　　　　　　　　　　表3-14

水泥成分、性能	极重、特重、重交通路面	中、轻交通路面	试 验 方 法
铝酸三钙	不宜>7.0%	不宜>9.0%	GB/T 176—2017
铁铝酸四钙	不宜<15.0%	不宜<12.0%	
游离氧化钙	不得>1.0%	不得>1.5%	
氧化镁	不得>5.0%	不得>6.0%	
三氧化硫	不得>3.5%	不得>4.0%	
碱含量 Na$_2$O+0.658K$_2$O	≤0.6%	怀疑有碱活性集料时,≤0.6%; 无碱活性集料时,≤1.0%	
氯离子含量	不得>0.06%	不得>0.06%	
混合材料	不得掺窑灰、煤矸石、火山灰和黏土,有抗盐冻要求时不得掺石灰、石粉	不得掺窑灰、煤矸石、火山灰和黏土,有抗盐冻要求时不得掺石灰、石粉	水泥厂提供
出磨时安定性	雷氏夹或蒸煮法检验必须合格	蒸煮法检验必须合格	JTG3420 T 0505
标准稠度需水量	不宜>28.0%	不宜>30.0%	
烧失量	不得>3.0%	不得>5.0%	GB/T 176—2017
比表面积	宜在300~450m^2/kg	宜在300~450m^2/kg	GB/T 8074—2008
细度(80μm)	筛余量不得>10%	筛余量不得>10%	JTG3420 T 0502
初凝时间	不早于1.5h	不早于1.5h	GB/T 1346—2011
终凝时间	不迟于10h	不迟于10h	
28d 干缩率	不得>0.09%	不得>0.10%	GB/T 13693—2017
耐磨性	不得>3.6kg/m^2	不得>3.6kg/m^2	

2）工程应用

道路水泥是一种强度高（特别是抗折强度高）、耐磨性好、干缩性小、抗冲击性好、抗冻性和抗硫酸性比较好的专用水泥。它适用于道路路面、机场跑道道面、城市广场等工程。由于道路水泥具有干缩性小、耐磨、抗冲击等特性，可减少水泥混凝土路面的裂缝和磨耗等病害，减少维修、延长路面使用年限，因而可获得显著的社会效益和经济效益。

2.2　快硬硅酸盐水泥

凡以硅酸盐水泥熟料和适量石膏磨细制成，以 3d 抗压强度表示强度等级的水硬性胶凝材料称为快硬硅酸盐水泥（简称快硬水泥）。

快硬硅酸盐水泥中的主要矿物成分为硅酸三钙、铝酸三钙。通常 C_3S 为 $(50 \sim 60)\%$，C_3A 为 $8\% \sim 14.9\%$，C_3S 和 C_3A 的总量应不少于 $60\% \sim 65\%$。为加快硬化速度，可适量增加石膏的掺量和提高水泥的粉磨细度。

快硬水泥具有早期强度增长率高的特点，其 3d 抗压强度可达到强度等级，后期强度仍有一定增长，因此适用于紧急抢修工程、冬季施工工程。如将其用于制造预应力钢筋混凝土或混凝土预制构件，可提高早期强度，缩短养护期，加快周转，但不宜将其用于大体积工程。快硬水泥的缺点是干缩率较大，容易吸湿降低强度，若其储存期超过一个月，须重新检验。

2.3　膨胀水泥

膨胀水泥是硬化过程中不产生收缩反而具有一定膨胀性能的水泥。它通常由胶凝材料和膨胀剂混合而成。膨胀剂使水泥在水化过程中形成膨胀性物质（如水化硫铝酸钙），导致水泥体积稍有膨胀。由于这一过程是在未硬化浆体中进行的，所以不致引起破坏和有害的应力。

1）按胶结材料不同分类

（1）硅酸盐型膨胀水泥。用硅酸盐熟料、铝酸盐水泥和二水石膏按适当比例共同粉磨或分别研磨再混合均匀，可制得硅酸盐型膨胀水泥。由于熟料水化后生成钙矾石、水化氢氧化钙等水化产物，这些水化生成物的体积均大于原熟料固相的体积，因而造成硬化水泥浆体的体积膨胀。

（2）铝酸盐型膨胀水泥。用高铝水泥熟料和二水石膏按适当比例混合，再加助磨剂磨细，制成铝酸盐型膨胀水泥。

（3）硫铝酸盐型膨胀水泥。用中、低品位的矾土、石灰和石膏为原料，适当配合磨细后经灼烧得到的硫铝酸钙、硅酸二钙为主要矿物的熟料，再配以二水石膏磨细制得的具有膨胀性的水硬性胶凝材料，称为硫铝酸盐型膨胀水泥。

2）按膨胀值分类

（1）收缩补偿水泥。这种水泥膨胀性能较弱，膨胀时所产生的压应力大致能抵消干缩所引起的应力，表现为水泥在水化后膨胀的体积与干缩的体积大致相等，可防止混凝土产生干缩裂缝。

（2）自应力水泥。这种水泥具有较强的膨胀性能，当它用于钢筋混凝土中时，由于它的膨胀性能，使钢筋受到较大的拉应力，混凝土则受到相应的压应力。当外界因素使混凝土结构产生拉应力时，就可被预先具有的压应力抵消或降低。这种靠水泥自身水化产生膨胀来张拉钢筋的预应力称为自应力。

2.4 抗硫酸盐硅酸盐水泥

以适当成分的生料，烧至部分熔融，所得以硅酸钙为主的特定矿物组成的熟料，加入适量石膏磨细制成的具有一定抗硫酸盐侵蚀性能的水硬性胶凝材料，称为抗硫酸盐硅酸盐水泥（简称抗硫酸盐水泥）。

根据《抗硫酸盐硅酸盐水泥》（GB 748—2005）的相关规定：抗硫酸盐水泥要求熟料中硅酸三钙不超过 55%，铝酸三钙不超过 5%；高抗硫酸盐水泥要求熟料中硅酸三钙不超过 50%，铝酸三钙不超过 3.0%。抗硫酸盐水泥因具有抗硫酸盐侵蚀的特点，且水化热低，故适用于受硫酸盐侵蚀的海港、水利、地下、隧道、引水、道路和桥涵基础等工程。

2.5 新型水泥

1）高标号硅酸盐水泥

生产高标号硅酸盐水泥的主要工艺措施是烧制高强度的硅酸盐水泥熟料，提高水泥的粉磨细度以及适当增加石膏掺量。如当生产 800 号水泥时，要求熟料中 C_3S 含量达 50% ～ 55%，熟料中游离 CaO 含量不超过 0.3%，水泥的比表面积达 6500cm^2/g。

目前，我国选用优质硅酸盐水泥熟料，加入适量高活性材料，采用超细磨及加入适量超塑化剂等多项技术措施，使水泥标号超过了 1100 号。其标准稠度为 22.5%，初凝时间为 1h22min，终凝时间为 2h30min。

2）特种高强水泥

（1）热压高强水泥

根据 T. C. Powers（鲍尔斯）的胶孔理论，水泥石的强度主要决定于水泥的水化程度和水灰比。美国 D. M. Roy（罗伊）采用比表面积为 5340cm^2/g 的硅酸盐水泥，水灰比为 0.093，在 250℃和 343MPa 压力下热压成型，水泥石强度高达 652MPa，使水泥石强度指标突破了一个数量级。

（2）宏观无缺陷水泥（MDF 水泥）

MDF 水泥是将某些聚合物按一定比例加入到水泥与水的系统中进行混合，随后通过高效剪切搅拌而获得塑性较高的混合物，该混合物可通过挤压或其他成型技术制成制品。MDF 水泥具有优异的工程应用性能，除了力学性能大幅度改善外，在电学、磁学、声学、低温使用性能上都具有广阔的开发前景。

（3）高密超细匀质水泥（DSP 水泥）

DSP 水泥是含有超细颗粒且颗粒均匀分布的致密材料。该材料是在硅酸盐水泥中掺入（20～25）% 硅灰，同时采用高效减水剂使水灰比降至 0.12～0.15，超细颗粒均匀分布的硅灰可填充水泥粒子间的孔隙，并与 Ca(OH)$_2$ 反应生成 C-S-H，因而提高了水泥石的密实性，可使水泥石的抗压强度达到 200～270MPa。

模块三 水泥性能检测

3.1 水泥细度试验（45μm 筛筛析法）（JTG 3420 T0502—2005）

3.1.1 负压筛法

1）目的与适用范围

水泥的细度影响水泥的技术性质。相同矿物成分的熟料，水泥越细强度越高（特别是早期强度），凝结时间越快、安定性越好；但水泥过细，提高了生产成本，且储运过程易受潮。

本方法适用于普通水泥、矿渣水泥、火山灰水泥、粉煤灰水泥以及指定采用本方法的其他品种水泥。

2）仪器设备

该方法的主要仪器设备如试图 3-1 所示。

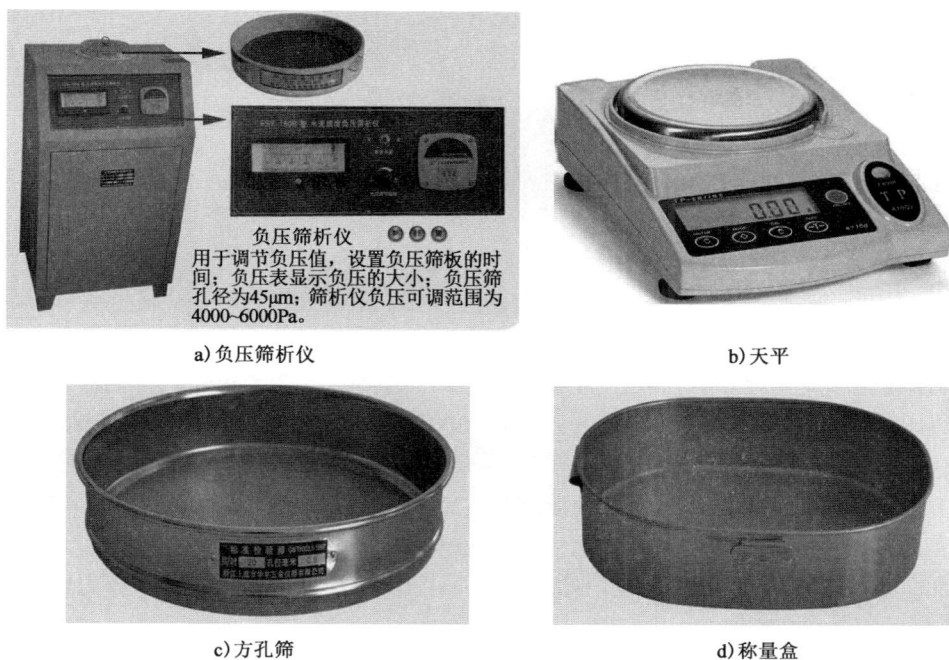

负压筛析仪
用于调节负压值，设置负压筛板的时间；负压表显示负压的大小；负压筛孔径为45μm；筛析仪负压可调范围为4000~6000Pa。

a）负压筛析仪

b）天平

c）方孔筛

d）称量盒

试图 3-1 负压筛试验的主要仪器设备

（1）负压筛

①负压筛由圆形框和筛网组成，筛网为金属丝编织方孔筒，方孔边长 45μm，负压筛应附有透明筛盖，筛盖与筛上口应有良好的密封性，如试图 3-2。

试图 3-2　标准负压筛

②筛网应紧绷在框上,筛网和框接触处,应用防水胶密封,防止水泥嵌入。

（2）负压筛析仪

①负压筛析仪由旋风筒、负压源、收尘系统、筛座、控制指示仪和负压筛盖组成,其中筛座由转速为 30r/min ± 2r/min 的喷气嘴、负压表、控制板、微电机及壳体等部分构成。

②筛析仪负压可调范围为 4000 ~ 6000Pa。

③喷气嘴上口平面与筛网之间距离为 2 ~ 8mm。

④负压源和收尘器,由功率不小于 600W 的工业吸尘器和小型旋风收尘筒或由其他具有相当功能的设备组成。

（3）天平最大称量为 100g,感量不大于 0.01g。

（4）0.9mm 标准方孔筛。

（5）称量盒等。

3）试验准备

水泥样品应充分拌匀,通过 0.9mm 标准方孔筛,记录筛余物情况,要防止过筛时混进其他粉体。

4）试验步骤

（1）筛析试验前,应把负压筛放在座上,盖上筛盖,接通电源,检查控制系统,调节负压至 4000 ~ 6000Pa。

（2）水泥样品应充分摇匀,通过 0.9mm 方孔筛。称取试样 10g,精确至 0.01g。将试样置于洁净的负压筛中,盖上筛盖,放在筛座上,开动筛析仪连续筛析 2min（或 120s）,在此期间如有试样附着在筛盖上,可轻轻地敲击,使试样落下。筛毕,用天平称取筛余物质量,精确至 0.01g。

（3）当工作负压小于 4000Pa 时,应清理吸尘器内水泥,使负压恢复正常。

5）数据整理

水泥试样筛余百分数 F 按下式计算。

$$F = \frac{m_s}{m} \times 100 \qquad (\text{试 3-1})$$

式中：F——水泥试样筛余百分数,%；

　　m_s——水泥筛余物的质量,g；

　　m——水泥试样的质量,g。

计算结果精确至 0.1%。

6）结果处理

（1）以两次平行试验结果（经修正系数修正）的算术平均值为测定值,结果精确至0.1%;当两次筛余结果相差大于0.3%时,试验数据无效,需重新试验。

（2）负压筛法与水筛法测定的结果发生争议时,以负压筛法为准。

3.1.2　水筛法

1）仪器设备

（1）标准筛:采用方孔边长45μm金属丝网筛布;筛框有效直径125mm;高80mm。筛布应紧绷在框上,接缝处应用防水胶密封。

（2）水筛架和喷头:应符合《水泥标准筛和筛析仪》(JC/T 728—2005)的规定,但其中水筛架上筛座内径为140_{-3}^{+0} mm。

（3）天平:最大称量100g,感量不大于0.01g。

2）试验步骤

（1）筛析试验前,应检查水中有无泥沙,调整好水压及水筛架的位置,使其能正常运转,喷头底面和筛网之间距离为35～75mm。

（2）水泥样品应充分拌匀,通过0.9mm方孔筛。称取试样50g,置于洁净的水筛中,立即用淡水冲洗至大部分细粉通过后,放在水筛架上,用水压为0.05MPa±0.02MPa的喷头连续冲洗3min（或180s）。筛毕,用少量水把筛余物冲至蒸发皿中,等水泥颗粒全部沉淀后,小心倒出清水,烘干并用天平称量筛余物质量,精确至0.01g。

结果计算和结果处理与负压筛法相同。

3.2　水泥标准稠度用水量与凝结时间试验（GB/T 1346—2011）

1）试验目的和适用范围

检验水泥的凝结时间与体积安定性时,水泥净浆的稠度影响试验结果,为便于比较,规定用标准稠度的水泥净浆试验。所以,测凝结时间与安定性之前,先要测定水泥标准稠度用水量。

本试验方法适用于硅酸盐水泥、普通硅酸盐水泥、矿渣硅酸盐水泥、火山灰硅酸盐水泥、粉煤灰硅酸盐水泥以及指定采用本方法的其他品种水泥。

2）仪器设备

（1）标准法维卡仪:如试图3-3所示,应符合《水泥净浆标准稠度与凝结时间测定仪》(JC/T 727—2005)的规定。标准稠度测定用的试杆有效长度为50mm±1mm,由直径为$\phi(10±0.05)$mm的圆柱形耐腐蚀金属制成。测定凝结时间用试针代替试杆。初凝针由钢制成,其有效长度为50±1mm,终凝针有效长度为30±1mm,圆柱体直径为(1.13±0.05)mm。滑动部分的总质量为300±1g,与试杆、试针连接的滑动杆表面应光滑,能靠重力自由下落,不得有紧涩和旷动现象。

盛装水泥净浆的试模［试图3-3a)］应由耐腐蚀的、有足够硬度的金属制成,试模为深(40±0.2)mm、顶内径(65±0.5)mm、底内径(75±0.5)mm的截顶圆锥体,每只试模应配备一个边长大于100mm、厚度为4～5mm的平板玻璃或金属底板。

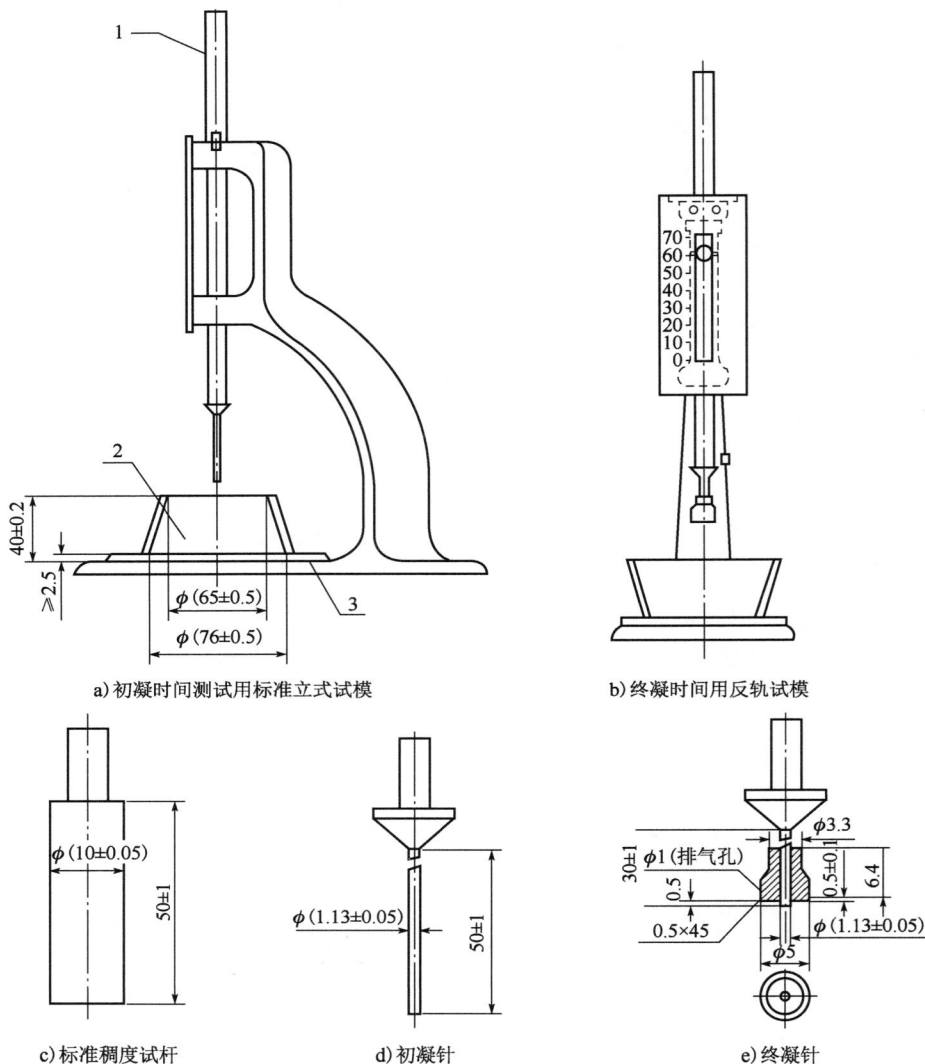

a) 初凝时间测试用标准立式试模

b) 终凝时间用反轨试模

c) 标准稠度试杆

d) 初凝针

e) 终凝针

试图 3-3　标准维卡仪及其附件(尺寸单位:mm)
1-滑动杆;2-试模;3-玻璃板

（2）代用法维卡仪应符合《水泥净浆标准稠度与凝结时间测定仪》(JC/T 727—2005)的规定。

（3）水泥净搅拌机:符合《水泥净浆搅拌机》(JC/T 729—2005)的要求,如试图 3-4b) 所示。

（4）湿气养护箱:应使温度控制在 (20 ± 1) ℃,相对湿度大于等于90% 。

（5）天平:最大量程不小于1000g,感量不大于1g。

（6）量水器:分度值为 0.5mL。

（7）秒表:分度值为 1s。

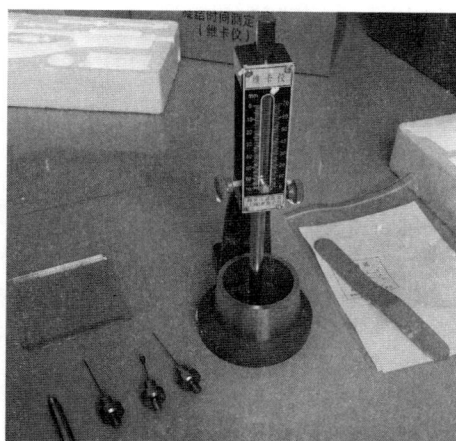

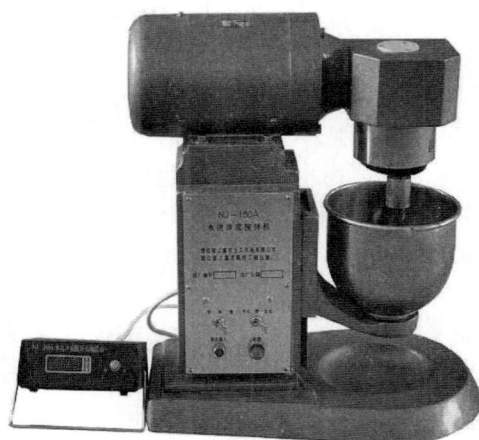

a)标准维卡仪　　　b)水泥净浆搅拌机

试图3-4　水泥净浆标准稠度与凝结时间测定的主要仪器设备

3）试验准备

（1）水泥样品应充分拌匀，通过 0.9mm 标准方孔筛，记录筛余物情况，要防止过筛时混进其他粉体。

（2）试验用水宜为洁净的饮用水，有争议时可用蒸馏水。

4）试验环境

（1）实验室环境温度为20℃ ±2℃，相对湿度大于50%。

（2）水泥试样、拌和水、仪器和用具的温度应与实验室内室温一致。

5）试验步骤

（1）标准稠度用水量的测定（标准法）

①测定前的准备工作。检查维卡仪的金属棒能否自由滑动，调整至试杆接触玻璃板时指针对准零度，试模和玻璃底板用湿布擦拭（但不允许有明水），将试模放在底板上，水泥搅拌机运行正常。

②水泥净浆的拌制。用水泥净浆搅拌机搅拌，搅拌锅和搅拌叶片先用湿布擦过，将拌和水倒入搅拌锅内，然后在 5 ~ 10s 内小心将称好的 500g 水泥加入水中，防止水和水泥溅出。拌和时，先将锅放在搅拌机的锅座上，升至搅拌位置，启动搅拌机，低速搅拌 120s，停拌 15s，同时将叶片和锅壁上的水泥浆刮入锅中间，接着高速搅拌 120s 后停机。

③标准稠度用水量的测定。拌和结束后，立即取适量水泥净浆一次性将其装入已置于玻璃底板上的试模中，浆体超过试模上端，用宽约25mm 的直刮刀轻轻拍打超出试模部分的浆体5 次以排除浆体中的孔隙，然后在试模上表面约1/3 处，略倾斜于试模分别向外轻轻锯掉多余净浆，再从试模边沿轻抹顶部一次，使净浆表面光滑。在锯掉多余的净浆和抹平的操作过程中，注意不要压实净浆。抹平后迅速将试模和底板移到维卡仪上，并将其中心定在试杆下，降低试杆直至与水泥净浆表面接触，拧紧螺丝 1 ~ 2s 后，突然放松，使试杆垂直自由沉入水泥净浆中，在试杆停止沉入或释放试杆30s 时记录试杆距底板之间的距离，拔起试杆后，立即擦净。整个操作应在搅拌后 1.5min（或 90s）内完成，以试杆沉入净浆并距底板（6 ±1）mm 的水泥净

浆为标准稠度净浆,其拌和水量为该水泥的标准稠度用水量(P),按水泥质量的百分比计,结果精确至1%。

当试杆距玻璃板小于5mm时,应适当减水,重复水泥浆的拌制和上述过程;若距离大于7mm,则应适当加水,并重复水泥浆的拌制和上述过程。

(2)标准稠度用水量的测定(代用法)

①采用代用法测定水泥标准稠度用水量时,可用调整水量和不变水量两种方法的任一种测定。采用调整水量方法时,拌和水量按经验确定加水量;采用不变水量方法时,拌和水量为142.5mL。

②试验前的准备工作。检查维卡仪的金属棒能否自由滑动,调整其至试锥杆接触玻璃板时指针对准零点。确保搅拌机运行正常。

③水泥净浆的拌制与标准法相同。

④标准稠度用水量的测定。

a. 拌和结束后,立即将拌制好的水泥净浆装入锥模中,用宽约25mm的直刮刀轻轻插捣5次,再轻轻振动5次,刮去多余净浆,抹平后迅速放到试锥下面固定位置上,将试锥降至净浆表面拧紧螺丝处,拧紧螺丝1~2s后突然放松,让试锥垂直自由沉入水泥净浆中。到试锥停止下沉时记录试锥下沉深度,整个操作应在搅拌后1.5min(或90s)内完成。

b. 用调整水量方法测定时,以试锥下沉深度(30 ± 1)mm时的净浆为标准稠度净浆,其拌和水量为该水泥的标准稠度用水量(P),按水泥质量的百分比计。如下沉深度超出范围,须另称试样,调整水量,重新试验,直至达到(30 ± 1)mm时为止。

c. 用不变水量方法测定时,标准稠度用水量 P 按下式计算:

$$P = 33.4 - 0.185 \times S \qquad (\text{试 3-2})$$

式中:P——水泥标准稠度用水量,%;

S——试锥下沉深度,mm。

结果计算精确至1%,将其代入下式,可计算出达到标准稠度所需要的拌和用水量:

$$P = \frac{m_w}{m_c} \times 100 \qquad (\text{试 3-3})$$

式中:m_w——达到标准稠度所需要的拌和用水量,g;

m_c——水泥用量,500g。

当试锥下沉深度小于13mm时,应改用调整水量法测定。

(3)凝结时间的测定

该试验的主要仪器设备如试图3-5所示。

①测定前准备工作。调整凝结时间测定仪的试针接触玻璃板时,指针对准零点。

②试件制备。以标准稠度用水量按步骤5)(1)-②制成标准稠度净浆(记录水泥全部加入水中的时间作为凝结时间的起始时间),一次装满试模,振动数次刮平,立即放入养护箱中。记录水泥全部加入水中的时间作为凝结时间的起始时间。

③初凝时间的测定:试件在湿气养护箱中养护至加水后30min时进行第一次测定。测定时,从湿气养护箱中取出试模放到试针下,降低试针使其与水泥净浆表面接触。拧紧螺丝1~

2s,突然放松,使试针垂直自由地沉入水泥净浆。观察试针停止下沉或释放试针30s时指计的读数。临近初凝时,每隔5min(或更短时间)测定一次,当试针沉至距底板(4±1)mm时,为水泥达到初凝状态,由水泥全部加入水中至初凝状态的时间为水泥的初凝时间,用"min"表示。当达到初凝时应立即重复测一次,当两次结论相同时才能定为达到初凝状态。

a)水泥养护箱   b)初凝凝结时间测定

试图3-5　水泥凝结时间测定的主要仪器设备

④终凝时间的测定。为了准确观测试针沉入的状况,在终凝针上安装了一个环形附件[试图3-3e)],在完成初凝时间测定后,立即将试模连同浆体以平移的方式从玻璃板取下,翻转180°,直径大端向上、小端向下放在玻璃板上,再放入湿气养护箱中连续养护。临近终凝时每隔15min(或更短时间)测定一次,当试针沉入试体0.5mm时,即环形附件开始不能在试体上留下痕迹时,为水泥达到终凝状态,由水泥全部加入水中至终凝状态的时间为水泥终凝时间,用"min"表示。达到终凝时需要在试体另外两个不同点测试,结论相同时才能确定达到终凝状态。

⑤测定时应注意,在最初测定的操作时应轻轻扶持金属柱,使其徐徐下降,以防试针撞弯,但结果以自由下落为准。在整个测试过程中试针沉入的位置至少要距试模内壁10mm。每次测定不能让试针落入原针孔,每次测试完毕必须将试针擦净并将试模放回湿气养护箱内,整个测试过程要防止试模受振。

3.3　水泥体积安定性的测定(GB/T 1346—2011)

1)试验目的和适用范围

由于水泥成分中含有游离氧化钙、氧化镁及三氧化硫等,这些成分在水泥硬化过程中熟化缓慢。当混凝土产生强度后,仍继续熟化,引起混凝土膨胀而使建筑物开裂。

安定性的测定方法有标准法(雷氏法)和代用法(试饼法),有争议时以标准法为准。雷氏法是测定水泥净浆在雷氏夹中沸煮后的膨胀值;试饼法是通过观察水泥净浆试饼沸煮后的外观变化来检验水泥的体积安定性。

本方法适用于硅酸盐水泥、普通水泥、矿渣水泥、粉煤灰水泥、火山灰水泥以及指定采用本方法的其他品种水泥。

2)仪器设备

(1)沸煮箱:如试图 3-6 所示,应符合现行《水泥安定性试验用沸煮箱》(JC/T 955—2005)的规定。

(2)雷氏夹:其尺寸如试图 3-7 所示,由铜质材料制成,当一根指针的根部先悬挂在一根金属丝或尼龙丝上,另一根针的根部挂上 300g 质量的砝码时,两根指针针尖距离的增加应在(17.5 ± 2.5)mm 范围之内,去掉砝码后两针尖的距离能恢复至挂砝码前的状态,如试图 3-8 所示。

试图 3-6　沸煮箱

试图 3-7　雷氏夹

试图 3-8　雷氏夹膨胀值测定仪

(3)雷氏夹膨胀值测定仪:最小刻度为 1mm,如试图 3-8 所示。

(4)玻璃板、镘刀、直尺。

(5)其他仪器设备与测定标准稠度用水量所用的仪器相同。

3)试验步骤

(1)用雷氏夹测定时,每个雷氏夹需配备两个边长或直径约 80mm、厚度为 4 ~ 5mm 的玻璃板;若采用试饼法测定,需配备两块约 100mm × 100mm 的玻璃板,每种方法的每个试样需成型两个试件,凡与水泥净浆接触的玻璃板和雷氏夹表面都要稍稍涂上一层油。

(2)按测定标准稠度用水量所用的方法加水,按水泥净浆拌制方法制备标准稠度净浆。

(3)试饼的成型方法。将制好的净浆取出一部分,分成两等份,使之呈球形,放在预先备好的玻璃上,轻轻振动玻璃板并用湿布擦净的小刀由边缘向中央抹动,做成直径 70 ~ 80mm、中心厚约 10mm、边缘渐薄且表圆光滑的试饼,接着将试饼放入湿气养护箱(24 ± 2)h。

（4）雷氏夹试件的制备方法，将预先准备好的雷氏夹放在已稍擦油的玻璃板上，并立刻将已制好的标准稠度净浆装满试模。装模时一只手轻轻扶持试模，另一只手用宽 25mm 的直刮刀在浆体表面轻轻插捣 3 次，然后磨平，盖上稍涂油的玻璃板，接着立刻将试模移至湿气养护箱内养护（24 ± 2）h。

（5）沸煮

①调整好沸煮箱内的水位，使之在整个沸煮过程中都能没过试件，不许中途添补试验用水，同时保证温度在（30 ± 5）min 内升至沸腾，并恒沸 3h ± 5min。

②脱去玻璃板取下试件，当用试饼法测定时，先检查试饼是否完整（如已开裂、翘曲，要检查原因，确定无外因时，该试饼已属不合格品，不必沸煮），在试饼无缺陷的情况下将试饼放在沸煮箱水中的算板上，然后在（30 ± 5）min 内加热至水沸腾，并恒沸 3h ± 5min（或 180min ± 5min）。

当用雷氏法测定时，先测量试件指针尖端间的距离 A，精确到 0.5mm，接着将试件放入沸煮箱中的试件架上，指针朝上，试件之间互不交叉，然后在（30 ± 5）min 内加热至水沸腾，并恒沸 3h ± 5min（或 180min ± 5min）。

（6）结果判别。沸煮结束后，立即放掉沸煮箱中的热水，打开箱盖，待箱体冷却至室温，取出试件进行判别。

①若为试饼法：目测试饼未发现裂缝，用直尺检查也没有弯曲（使钢直尺和试饼底部紧靠，以两者间不透光为不弯曲）的试饼为安定性合格；反之为不合格。当两个试饼判别结果有矛盾时，该水泥的安定性为不合格。

②若为雷氏法：测量试件指针尖端间的距离 C，精确至 0.5mm，当两个试件煮后增加的距离（$C-A$）的平均值不大于 5.0mm 时，即认为该水泥安定性合格；当两个试件的（$C-A$）值相差超过 5.0mm 时，应用同一样品重做一次试验，以复检结果为准。

3.4　水泥胶砂强度检验方法（ISO 法）（GB/T 17671—1999）

1）试验目的和适用范围

水泥胶砂强度检验（1SO 法）是为了确定水泥的强度等。

本方法适用于通用硅酸盐水泥、石灰石硅酸盐水泥、道路硅酸盐水泥，对于其他水泥和材料也可借用此方法。本方法可能对一些品种的水泥不适用，例如初凝时间很短的水泥。

2）仪器设备

（1）行星式水泥胶砂搅拌机

行星式水泥胶砂搅拌机（试图 3-9）制造质量应符合《行星式水泥胶砂搅拌机》（JC/T 681—2005）的规定，其搅拌叶片和搅拌锅做相反方向的转动。叶片和锅由耐磨的金属材料制成，叶片与锅底、锅壁之间的间隙为叶片与锅壁最近的距离。

（2）胶砂振实台

胶砂试体成型振实台（试图 3-10）应符合《水泥胶砂试体成型振实台》（JC/T 682—2005）的规定。由装有两个对称偏心轮的电动机产生振动，使用时固定于混凝土基座上。座高约 400mm，混凝土的体积约 0.25m³，质量约 600kg。为防止外部振动影响振实效果，可在整个混凝土基座下放一层厚约 5mm 的天然橡胶弹性衬垫。

试图 3-9　水泥胶砂搅拌机

试图 3-10　胶砂振实台

将仪器用地脚螺丝固定在基座上,安装后设备成水平状态,仪器底座与基座之间要铺一层砂浆以确保它们的完全接触。

(3)试模

试模为可装卸的三联模,由隔板、端板、底座等部分组成,其材质和制造尺寸应符合《水泥胶砂试模》(JC/T 726—2005)的规定。可同时成型三条截面为 40mm × 40mm × 160mm 的试件,三联一体试模如试图 3-11 所示。

当试模的任何一个公差超过规定的要求时,就应更换。在组装备用的干净模型时,应用黄干油等密封材料涂覆模型的外接缝。试模的内表面应涂上一层模型油或机油。

成型操作时,应在试模上面加有一个壁高 20mm 的金属模套,当从上往下看时,模套壁与模型内壁应该重叠,超出内壁不应大于 1mm。

(4)抗折试验机

抗折强度试验机应符合《水泥胶砂电动抗折试验机》(JC/T 724—2005)的要求。

通过三根圆柱轴的三个竖向平面应该平行,并在试验时继续保持平行和等距离垂直试体的方向,其中一根支撑圆柱和加荷圆柱能轻微地倾斜,使圆柱与试体完全接触,以便荷载沿试体宽度方向均匀分布,同时不产生任何扭转应力。

抗折试验机和抗折试验如试图 3-12 所示。

试图 3-11　三联一体试模

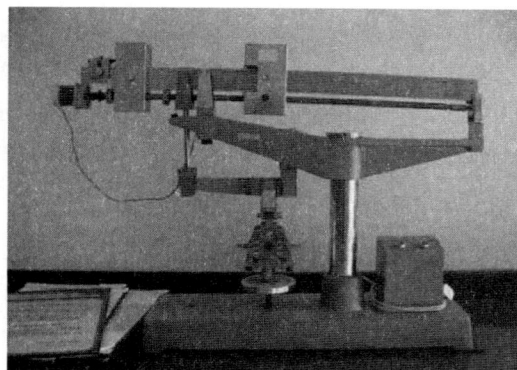

a)抗折试验机

b)抗折试验

试图 3-12　抗折试验机和抗折试验

（5）抗压试验机和抗压夹具

抗压试验机：以 200 ~ 300kN 为宜，在较大的五分之四量程范围内使用时，记录的荷载应有 ±1.0% 的精度，并具有按（2400 ±200）N/s 速率加荷的能力，应具有一个能指示试件破坏时荷载的指示器。

压力机的活塞竖向轴在加荷时与压力机的竖向轴重合，活塞作用的合力要通过试件中心，压力机的下压板表面应与压力机的轴线垂直，并在加荷过程中一直保持不变。

抗压夹具：应由硬质钢材制成，受压面积为 40mm × 40mm，并应符合《40mm × 40mm 水泥抗压夹具》（JC/T 683—2005）的规定。

当需要使用夹具时，应把它放在压力机的上下压板之间并与压力机处于同一轴线，以便将压力机的荷载传递至胶砂试件表面。夹具要保持清洁，球座应能转动，上压板从一开始就能适应试件的形状并在试验中保持不变。试件破坏后，能够自动回复到原来的位置。

（6）刮平直尺和播料器：控制料层厚度和锯割式刮平胶砂的专用工具。

（7）试验用砂：ISO 标准砂。

（8）试验用水：饮用水。仲裁试验时用蒸馏水。

(9)天平:量程不小于2000g,感量不大于1g。

(10)其他:试验筛、量筒(精度1mL)等。

3)试验步骤

(1)试件成型

①成型前将试模擦净,应用黄油等密封材料涂覆试模的外接缝,试模的内表面应涂上一层薄机油。

②胶砂组成。

a.标准砂。1SO标准砂是由SiO_2含量不低于98%的天然圆形硅质砂组成,其颗粒分布应在规定的范围内。

b.水泥。水泥从取样到试验要超过24h以上时,应把它储存在基本装满和密封的容器里,且这个容器不应与水泥起反应。

c.水。验收试验应用蒸馏水或去离子水,其他试验可用饮用水。有争议时,应用蒸馏水或去离子水。

③胶砂制备。

a.水泥与ISO标准砂的质量比为1:3,水灰比为0.5。火山灰质硅酸盐水泥、粉煤灰硅酸盐水泥、复合硅酸盐水泥和掺火山灰质混合材料的流动度小于180mm时,应以0.01整倍数递增的方法将水灰比调整至胶砂流动度不小于180mm为止。成型三个试件每锅胶砂所需材料数量见试表3-1。

每锅胶砂的材料数量　　　　　　　　　　　　试表3-1

水泥品种	水泥(g)	标准砂(g)	水(mL)
硅酸盐水泥	450 ± 2	1350 ± 5	225 ± 1
普通硅酸盐水泥			
矿渣硅酸盐水泥			
粉煤灰硅酸盐水泥			
复合硅酸盐水泥			
石灰石硅酸盐水泥			

b.水泥、砂、水和试验用具的温度与实验室相同,称量用的天平精度为±1g。

c.当用自动滴管或加水器加225ml水时,滴管和加水器精度应达到±1ml。

d.每锅胶砂用搅拌机进行机械搅拌,先使搅拌机处于工作状态。水泥胶砂拌和的操作程序如下:先把水倒入锅内,再加入水泥,然后把锅放在固定架上,上升至固定位置后立即开动机器,低速搅拌30s后,在第二个30s开始的同时均匀地将砂加入(当各级砂是分装时,从最粗粒级开始,依次将所需的砂倒入锅内),再高速拌和30s,停拌90s。在第1个15s内用一胶皮刮具将叶片和锅壁上的胶砂刮入锅中间,再在高速下继续搅拌60s。各个搅拌阶段,时间误差应在±1s以内。

④试件制备。

胶砂拌和后应立即成型,先把空试模和模套固定在振实台上,用一个小勺从搅拌锅内将胶砂分两层装入试模。装第一层时,每个模里约放 300g 胶砂,用大播料器垂直架在模套顶部,沿每个模槽来回一次将料层播平,接着振实 60 次。再装入第二层胶砂,用小播料器沿每个模槽来回一次将料层播平,再振实 60 次。移走模套,从振实台上取下试模,用一金属直尺以近似 90°的角度(但向刮平方向稍斜)架在试模顶的一端,然后沿试模长度方向以横向锯割动作慢慢向另一端移动,一次将超过试模部分的胶砂刮去。再用同一直尺在近乎水平的情况下将试体表体抹平,然后擦去试模周边的胶砂。在试模上做标记或加字条标明试件编号或相对于振实台的位置。

注:锯割动作的多少和直尺角度的大小取决于胶砂的稠度。较干的胶砂需要多次锯割,直尺尽量水平,但抹平的次数要尽量减少。

(2)试样脱模

①除去留在试模四周的胶砂,立即将做好标记的试模放入雾室或湿箱的水平架子上,湿空气应能与试模各边接触,养护时不应将试模放在其他试模上,一直养护到规定的脱模时间时取出脱模。脱模前,用防水墨汁或颜料笔对试件进行编号或做其他标记,对两个龄期以上的试件,在编号时应将同一试模中的三条试体分在两个以上的龄期内。

②脱模应非常小心,脱模时可以用橡皮锤或脱模器。对于 24h 龄期的,应在破型试验前 20min 内脱模,对于 24h 以上龄期的,应在成型后 20～24h 之间脱模。

如经 24h 养护,会因脱模对强度造成损害时,可以延迟至 24h 以后脱模,但在试验报告中应予以说明。

已确定作为 24h 龄期试验(或其他不下水直接做试验)的已脱模试体,应用湿布覆盖至做试验时为止。

对于胶砂搅拌或振实台操作或胶砂含气量试验的对比,建议称量每个模型中试体的总量。

(3)试样养护

将做好标记的试件立即水平或竖直地放在(20±1)℃水中养护,水平放置时刮平面应朝上,试件放在不易腐烂的篦子上,彼此间保持一定间距,以让水与试件的六个面接触,养护期间试件之间间隔或试件上表面的水深不得小于 5mm。

注:不宜用木篦子。

每个养护池只养护同类型的水泥试件。最初用自来水装满养护池(或容器),随后随时加水保持适当恒定的水位,在养护期间,可以更换不超过 50% 的水。应安装装置确保养护室的温度均匀。如果在养护室安装了循环系统,风速应尽可能地小,避免形成涡流。除 24h 龄期或延迟至 48h 脱模的试件外,任何达到龄期的试件在试验(破型)前 15min 从水中取出,揩去试件表面的沉积物,并用湿布覆盖到试验时为止。

(4)强度试验试体的龄期

试件龄期是从水泥加水搅拌开始试验时计算起,不同的龄期强度试验在下列时间里进行:24h±15min,48h±30min,72h±45min,7d±2h,>28d±8h。

(5)强度试验

①抗折强度测定。

将试件的一个侧面放在试验机支撑圆柱上,试件长轴垂直于支撑圆柱,通过加荷圆柱以(50±10)N/s 的速率均匀地将荷载垂直地加在棱柱体相对侧面上,直至折断。

保持两个半截棱柱体处于潮湿状态直至抗压试验。

抗折强度 R_f 按式(试3-4)计算。

$$R_f = \frac{1.5F_f L}{b^3}$$ (试3-4)

式中：R_f——抗折强度，MPa；

　　F_f——折断时施加于棱柱体中部的破坏荷载，N；

　　L——支撑圆柱之间的距离，mm；

　　b——棱柱体正方形截面的边长，mm。

②抗压强度测定。

抗压强度测定在半截棱柱体的侧面上进行，半截棱柱中心与压力机压板中心差应在 ±0.5mm 内，棱柱体露在压板外的部分约有 10mm。在整个加荷过程中以(2400±200)N/s 的速率均匀地加荷直至破坏，抗压强度(MPa)按下式计算：

$$R_c = \frac{F_c}{A}$$ (试3-5)

式中：R_c——试件的抗压强度，MPa；

　　F_c——试件破坏时的最大荷载，N；

　　A——试件受压部分面积，40mm×40mm = 1600mm²。

4)试验结果

(1)抗折强度：以一组三个棱柱体抗折结果的平均值作为试验结果。当三个强度值中有一个棱柱体抗折结果超出平均值 ±10% 时，应剔除后再取平均值作为抗折强度试验结果；当三个强度值中有两个超出平均值 ±10% 时，则以剩余一个作为抗折强度结果。

(2)抗压强度：以一组三个棱柱体上得到的六个抗压强度测定值的算术平均值为试验结果。如六个测定值中有一个超出六个平均值的 ±10%，就应剔除这个结果，而以余下五个的平均数为结果，如果五个测定值中再有超过它们平均数 ±10% 的值，则此组结果作废。

(3)各试体的抗折强度记录至 0.1MPa，按规定计算平均值，计算精确到 0.1MPa。各个半棱柱体得到的单个抗压强度结果计算至 0.1MPa，按规定计算平均值，计算精确至 0.1MPa。

(4)报告应包括所有各单个强度结果和计算出的平均值。

5)抗压强度方法的精确性评价

(1)短期重复性

短期重复性给出的是使用同一 ISO 标准砂样品和水泥样品，在同一实验室、使用同一设备、同一人员操作条件下，在较短的时间内所获得的试验结果的一致性程度。

对于 28d 龄期抗压强度，在上述条件下，"一般实验室"的短期重复性，以变异系数表示，应小于 2%。

注：实践表明，较熟练的实验室可以达到 1%。

当用于 ISO 标准砂和代用设备的验收试验时，短期重复性可用于测量试验方法的精确性。

(2)长期重复性

长期重复性给出的是使用经均化的同一水泥样品和同一 ISO 标准砂样品，在同一实验室、使用不同设备、不同人员操作条件下,在较长时间所获得的试验结果的一致性程度。

对于28d龄期抗压强度,在上述条件下,"一般实验室"的长期重复性,以变异系数表示,应小于3.5%。

注:实践表明,较熟练的实验室可以达到2.5%。

长期重复性可用于测量水泥自动控制试验、ISO标准砂月检以及实验室长期试验方法的精确性。

(3)再现性

抗压强度方法的再现性,给出的是同一个水泥样品在不同实验室的不同操作人员在不同的时间用不同来源的标准砂和不同设备所获得试验结果的一致性程度。

对于28d抗压强度的测定,在"一般实验室"之间的再现性,用变异系数表示,可要求不超过4%。

注:实践表明,较熟练的实验室可以达到3%。

再现性可用来评价水泥或ISO标准砂匀质性试验方法的精确度。

复习与思考题

3-1 硅酸盐水泥熟料是由哪些矿物成分组成的?它们在水泥中的含量对水泥的强度、反应速度和释放热量有何影响?

3-2 试述硅酸盐水泥的水化和硬化机理。

3-3 什么是水泥的初凝和终凝?凝结时间对道路与桥梁工程施工有何影响?

3-4 我国现行标准中水泥的强度等级是采用什么方法确定的?为什么相同强度等级的水泥要分为普通型和早强型(R型)两种型号?道路路面选用水泥时,在条件允许时,为什么要选用R型水泥?

3-5 如何按技术性质来判定水泥为合格品、不合格和废品?

3-6 试比较六大通用硅酸盐水泥的性质及适用范围。

3-7 道路水泥在矿物组成上有什么特点?在技术性质方面有什么特殊要求?

考证训练题

一、单项选择题

1.水泥胶砂抗压强度计算时,需要舍弃超出平均值(   )的测定值。

A. ±10%　　　　　B. ±5%　　　　　C. ±3%　　　　　D. ±2%

答案:A

2.水泥比表面积测定时的环境条件和操作直接影响秒表记录时间的长短,下列选项中针对试验条件和秒表读数值说法正确的是(   )。

A. 试验环境温度越高,秒表读数值越大

B. 透气筒中装填的水泥数量偏少,秒表读数偏小

C. 透气筒与压力计接触密封不好时,秒表读数偏大

D. 空气黏度越高,秒表读数值越小

答案:B

解析:试验环境温度越高,空气黏度越高,本题 A 答案值得商榷。

3. 判断水泥安定性状态合格与否的正确方法是(   )。

A. 采用代用法测定试饼膨胀量

B. 采用标准法测定雷氏夹沸煮后指针端部距离尺寸

C. 采用代用法观察钢尺与试饼之间的接触情况

D. 采用标准法测定雷氏夹指针在 300g 砝码重量下的打开程度

答案:B

4. 水泥密度试验时,两次试验结果的差值不应该大于(   ) kg/m^3。

A. 5   B.10   C.15   D.20

答案:D

5. 公路技术状况评定分为(   )个等级。

A. 3   B.4   C.5   D.6

答案:C

6. 当水泥细度检验采用负压筛法和水筛法得到的结果发生争议时,应以(   )为准。

A. 负压筛法   B. 水筛法

C. 两种方法的算术平均值   D. 结果较小的方法

答案:A

7. 水泥胶砂强度试验的试件成型温度为(   )℃,相对湿度大于(   )%。

A. 20±1,90   B.20±2,90   C.20±1,50   D.20±2,50

答案:D

8. 采用 EDTA 滴定法进行水泥剂量检测过程中,溶液从玫瑰红直接变为蓝色,其原因可能是(   )。

A. 说明滴定试验成功   B. EDTA 二钠溶液浓度过低

C. 滴定速度过快   D. 钙红指示剂滴定量不足

答案:C

二、判断题

1. 在同一个实验室和试验环境条件下,水泥比表面积试验与水泥成型试验可同时进行。
(   )

答案:错误

2. 水泥胶砂成型前组装三联模时要涂抹一些黄油,其作用是防止试模与水泥胶砂的粘连。
(   )

答案:错误

3.水泥安定性试验不能检测出游离氧化钙引起的水泥体积变化。（　　）

答案:错误

4.水泥和粉煤灰细度试验均采用负压筛法,但是粉煤灰所需的筛析时间更长。（　　）

答案:正确

5.水泥强度是指水泥胶砂标准试件的抗折强度。（　　）

答案:错误

三、多项选择题(下列各题的备选项中,至少有两个是符合题意的,选项全部正确得满分,选项部分正确按比例得分,出现错误选项该题不得分)

1.水泥中主要矿物成分包括(　　)。

    A.硅酸二钙 　　　　B.氧化钙 　　　　C.硅酸三钙 　　　　D.二氧化硅

答案：AC

2.划分水泥强度等级时,需要考虑的因素是(　　)。

    A.物理性质 　　　　　　　　　　B.有害物质

    C.3d 和 28d 抗折强度 　　　　　　D.3d 和 28d 抗压强度

答案：CD

3.水泥稳定类基层材料加水时间超过 1h 后成型,将对水泥基层材料造成的影响有(　　)。

    A.密实度变小 　　　　　　　　　B.含水率变大

    C.水泥水化反应变慢 　　　　　　D.成型后的强度降低

答案:AD

4.下列关于勃氏法测量水泥比表面积正确的说法有(　　)。

    A.试验方法也适用于多孔材料 　　　B.试样烘干前需要过 1.0mm 筛

    C.实验室相对湿度≤50% 　　　　　D.平行试验结果相差不大于 2%

答案:CD

5.某新建二级公路为确定基层无机结合料稳定材料的最大干密度,可采用(　　)方法。

    A.振动压实 　　　　　　　　　　B.重型击实

    C.轻型击实 　　　　　　　　　　D.试验路压力机压实

答案:AB

四、综合题(下列各题的备选项中,有 1 个或 1 个以上是符合题意的,出现漏选或错误选项均不得分,完全正确得满分)

1.对某一级公路水泥稳定碎石基层工程质量检测评定时,已知 7 天无侧限抗压强度设计值为 3.2MPa,某路段的无侧限抗压强度测试值(单位:MPa)为:3.86、4.06、3.52、3.92、6.52、3.92、3.84、3.56、3.72、3.53、3.68、4.00。已知 $Z_{0.99} = 2.327$, $Z_{0.95} = 1.645$, $Z_{0.90} = 1.282$, $t_{0.99}/\sqrt{12} = 0.785$, $t_{0.95}/\sqrt{12} = 0.518$, $t_{0.90}/\sqrt{12} = 0.393$。根据题意,回答下列问题。

（1）水泥稳定碎石基层的无侧限抗压强度试验的养生条件为(　　)。

　　A. 在规定温度下保湿养护 6d　　　　　B. 在规定温度下养护 6d

　　C. 浸水 24h　　　　　　　　　　　　　D. 浸水 12h

答案:AC

(2)下面关于强度检测试件数量的描述中正确的有(　　　　)。

　　A. 每组试件最小数量要求与公路等级有关

　　B. 每组试件最小数量要求与其偏差系数大小有关

　　C. 每组试件最小数量要求与土的粒径有关

　　D. 试件组数与施工面积或工作台班有关

答案:BCD

解析:每 2000m² 或每工作班制备 1 组试件。

(3)该路段强度的代表值为(　　　)MPa。

　　A. 3.76　　　　　　B. 3.46　　　　　　C. 3.66　　　　　　D. 3.84

答案:B

解析:计算 12 个数据的统计量:平均值为 4.01,标准差为 0.811,则 $6.52 - 4.01 = 2.51 > 3 \times 0.811 = 2.433$,所以 6.52 属于可疑数据,根据 3 倍原则舍弃。计算剩下 11 个数据的统计量:平均值为 3.78,标准差为 0.1928,代表值为:$3.78 - 1.645 \times 0.1928 = 3.46$。

(4)按百分制计算该检查项目评分值为(　　　)。

　　A. 100　　　　　　B. 80　　　　　　　C. 0　　　　　　　D. 不确定

答案:A

(5)下列关于水泥稳定碎石基层的描述正确的有(　　　　)。

　　A. 从加水拌和到碾压终了的时间不应超过 3~4h,并应短于水泥的终凝时间

　　B. 水泥稳定碎石的强度与碎石级配有关

　　C. 减少水泥用量,控制细料含量和加强养护,能有效减少水泥稳定碎石的非荷载型裂缝

　　D. 无机结合料粒料类基层材料强度评定时,无论是现场钻芯试件,还是室内成型试件,其强度评价均应合格。否则相应的分项工程为不合格

答案:ABC

解析:半刚性基层和底基层的材料强度,以规定温度下保湿养护 6d 再浸水 1d 后的 7d 无侧限抗压强度为准。评价混合料材料的强度不必现场取芯。现场施工的强度质量主要采用压实度和芯样厚度控制。

　　2. 水泥的凝结时间、安定性试验必须采用处于标准稠度状态的水泥浆,围绕达到标准稠度水泥浆的需水量试验,回答下列问题。

(1)制备具有标准稠度状态的水泥浆的目的是(　　　)。

　　A. 使凝结时间和安定性试验操作易于进行

　　B. 使凝结时间和安定性试验结果分别具有可比性

　　C. 使测得凝结时间的试验更加准确

　　D. 使安定性试验结果更易于判断

答案:C

（2）对水泥净浆制备过程描述正确的选项是（　　）。

 A.搅拌之前需要用湿布擦拭搅拌锅和叶片

 B.对原材料的添加顺序和时间有一定要求

 C.搅拌方式有明确的规定

 D.搅拌过程要全程自动操作无须人工帮助

答案：ABC

（3）判断水泥浆是否处于标准稠度状态,既可采用标准方法也可采用代用法,下列判断水泥浆达到标准稠度正确的说法是（　　）。

 A.采用标准法判断依据是试杆沉入水泥浆距底板距离在 5~7mm 之间

 B.采用代用法行标判断依据是试锥沉入水泥浆（30±1）mm

 C.采用标准法判断依据是试杆沉入水泥浆距底板距离在（4±1）mm 之间

 D.采用代用法国标判断依据是试锥沉入水泥浆（28±2）mm

答案：AB

（4）代用法操作又可分为调整用水量法和固定用水量法两种方式,下列描述正确的选项是（　　）。

 A.调整用水量法就是采用经验方法每次调整水泥和水的用量

 B.固定用水量法是试验操作之后通过计算得到水泥浆的标准稠度

 C.当采用调整用水量法测得试锥沉入水泥浆低于 13mm 时,不适合用调整用水量法

 D.当采用固定用水量法测得的试锥沉入水泥浆是 32mm 时,要减水后再次进行试验

答案：D

（5）下列确定标准稠度的描述正确的是（　　）。

 A.当加水 135mL 采用标准方法测得的试杆沉入深度是 5mm 时,则水泥浆的标准稠度是 27%

 B.当采用代用法测得的试杆沉入深度是 29mm 时,此时水泥浆的标准稠度是 28%

 C.当加水 140mL 采用标准方法测得的试杆沉入深度符合要求,此时水泥浆的标准稠度是 28%

 D.当采用代用法中固定水量 142.5mL 时,测得的试锥沉入深度离底板位于（6±1）mm 范围时,则水泥浆的标准稠度是 32.3%

答案：AC

单元四
UNIT FOUR
水泥混凝土和砂浆

本单元思维导图

📖 知识目标

了解路面水泥混凝土组成设计方法、新型混凝土和混凝土常用外加剂;熟悉普通水泥混凝土的主要技术性质及影响因素;掌握普通水泥混凝土和砂浆的组成设计方法。

📖 能力目标

(1)能够根据《公路桥涵施工技术规范》(JTG/T 3650—2020)和《公路水泥混凝土路面施工技术细则》(JTG/T F30—2014)进行普通水泥混凝土的组成设计;

(2)能够根据《公路工程水泥及水泥混凝土试验规程》(JTG 3420—2020)和《建筑砂浆基本性能试验方法》(JGJ/T 70—2009)分别对水泥混凝土和建筑砂浆的相关技术指标进行检测,并依照《公路桥涵施工技术规范》(JTG/T 3650—2020)对所测定的技术指标进行评定;

(3)能够规范填写试验原始记录,并独立出具试验报告。

📖 价值引领

只有水泥混凝土中各组分各尽其责、和谐共处,其性能方能满足要求。这就如同一个团队若想高质高效完成任务,就要求各成员技艺达标、各显其能、和衷共济、尽心尽力。

模块一　水泥混凝土概述

水泥混凝土(简称混凝土)是由水泥、水和粗、细集料按适当比例配合,必要时掺加适量的外加剂、掺合料或其他改性材料,经搅拌、成型、养护后硬化而得到的具有一定强度和耐久性的人造石材。其中水泥起胶凝和填充作用,集料起骨架和密实作用。

水泥混凝土是道路与桥梁工程建设中,应用最广泛、用量最大的建筑材料之一。它具有较高的抗压强度和较好的耐久性,可以浇筑成任意形状、不同强度、不同性能的建筑物,环境适应性较好。其原材料来源广泛,易于就地取材,价格低廉。但水泥混凝土也存在着抗拉强度低、受拉时变形能力小、抗冲击性能差、容易受温度湿度变化影响而开裂、自重大、拆除不易等缺点。

1.1　混凝土的分类

1)按表观密度分类

(1)普通混凝土。由天然砂、卵石或碎石为集料的混凝土,一般干表观密度约为2400kg/m³(通常波动在2000~2800kg/m³范围),是道路路面和桥梁结构中最常用的混凝土。

(2)轻混凝土。干表观密度小于1950kg/m³的混凝土,包括:轻集料混凝土、多孔混凝土和大孔径混凝土。现代大跨度钢筋混凝土桥梁为减轻结构自重,往往采用各种轻集料配制成轻集料混凝土,达到轻质高强的目的,以增大桥梁的跨度。这种混凝土通常干表观密度可以小至1900kg/m³。

(3)重混凝土。干表观密度大于2800kg/m³的水泥混凝土,常由重晶石和铁矿石配制而成。为了屏蔽各种射线的辐射,采用各种高密度集料配制的混凝土,这种混凝土的干表观密度可达3200kg/m³。

2)按强度分类

(1)低强度混凝土。抗压强度小于20MPa的混凝土。

(2)中强度混凝土。抗压强度20~60MPa的混凝土。中小桥涵工程一般都采用中强度混凝土。

(3)高强度混凝土。抗压强度不低于60MPa的混凝土。为了减轻自重、增大跨径,现代高架公路、立体交叉和大型桥梁等混凝土结构均采用高强度混凝土。

(4)超高强度混凝土。抗压强度不低于100MPa的混凝土。

3)按胶凝材料品种分类

根据主要胶凝材料品种,可将混凝土分为无机胶凝材料混凝土和有机胶凝材料混凝土。

无机胶凝材料混凝土包括石灰硅质胶凝材料混凝土、硅酸盐水泥系混凝土、钙铝水泥系混凝土、石膏混凝土、镁质水泥混凝土等。

有机胶凝材料混凝土则主要有沥青混凝土、聚合物水泥混凝土、树脂混凝土、聚合物浸渍混凝土等。

4)按所添加的特种改性材料类型分类

根据混凝土中所添加的特种改性材料类型可将其分为钢纤维混凝土、粉煤灰泵送混凝土、无砂大孔混凝土等。

5)按混凝土的性能分类

根据混凝土的性能可将混凝土分为流态混凝土、干硬性混凝土、贫混凝土、超塑早强混凝土和特快硬混凝土等。

6)按施工方法分类

按照施工方法可将混凝土分为水下浇筑混凝土、泵送混凝土、喷射混凝土、碾压混凝土和滑模混凝土等。

7)按使用部位、功能和特性分类

按混凝土所使用的部位、功能和特性可分为:结构混凝土、道路混凝土、水工混凝土、耐热混凝土、耐酸混凝土、防辐射混凝土、补偿收缩混凝土、防水混凝土、泵送混凝土、自密实混凝土、纤维混凝土、聚合物混凝土、高强混凝土和高性能混凝土等。

1.2　混凝土的发展方向

（1）高性能化：混凝土的高性能主要朝着高工作性、高强度和高耐久性方向发展。

（2）智能化：所谓智能化，就是在混凝土原有组分的基础上复合智能型组分，使混凝土材料成为具有自感知和记忆、自调节、自修复特性的多功能材料。自感知混凝土就是在混凝土基材中加入导电相以使混凝土具备本征自感应功能。

（3）绿色化：以工业废料代替水泥来实现节能减排、循环利用工业和建筑垃圾来提高混凝土的绿色度等。绿色化技术正被广泛地开发和利用起来。

模块二　普通混凝土

2.1　普通混凝土的组成材料

普通混凝土是指干表观密度为 $2000 \sim 2800 kg/m^3$ 的混凝土，它由水泥、水、砂、石配制而成，通常在不同的应用环境中还会掺加矿物掺合料和外加剂。其中水泥和水起胶结作用，集料起骨架填充作用，水泥与水发生反应后形成坚固的水泥石，将集料颗粒牢固地黏结成整体，使混凝土具有一定强度。此外，为了改善混凝土的性能，还应加入各种外加剂，一般情况下其用量不超过水泥质量的5%。

1）水泥

水泥是混凝土的胶结材料，混凝土的性能很大程度上取决于水泥的质量和用量。因此，应根据工程性质与特点、工程所处环境及施工条件，根据各种水泥的特性，合理选择水泥品种，并且需要在保证混凝土性能的前提下，尽量节约水泥用量，降低工程造价。水泥品种可根据表4-1进行选择。

常用水泥选用表　　　　　　　　　　　　　　　　　　　　　　表4-1

混凝土工程的特点及所处环境条件			优先使用	可以使用	不宜使用
普通混凝土	1	在一般气候环境中的混凝土	普通硅酸盐水泥	矿渣、火山灰、粉煤灰和复合水泥	—
	2	在干燥环境中的混凝土	普通硅酸盐水泥	矿渣硅酸盐水泥	火山灰硅酸盐水泥、粉煤灰硅酸盐水泥
	3	在高湿度环境中或长期处于水中的混凝土	矿渣、火山灰、粉煤灰和复合硅酸盐水泥	普通硅酸盐水泥	—
	4	厚大体积的混凝土	矿渣、火山灰、粉煤灰和复合硅酸盐水泥	—	硅酸盐水泥

续上表

混凝土工程的特点及所处环境条件		优 先 使 用	可 以 使 用	不 宜 使 用
有特殊要求的混凝土	1 要求快硬高强(>C60)的混凝土	硅酸盐水泥	普通硅酸盐水泥	矿渣、火山灰、粉煤灰和复合硅酸盐水泥
	2 严寒地区的露天混凝土、寒冷地区处于水位升降范围内的混凝土	普通硅酸盐水泥	矿渣硅酸盐水泥(强度等级>32.5)	火山灰硅酸盐水泥、粉煤灰硅酸盐水泥
	3 严寒地区处于水位升降范围内的混凝土	普通硅酸盐水泥(强度等级>42.5)	—	矿渣、火山灰、粉煤灰和复合硅酸盐水泥
	4 有抗渗要求的混凝土	普通硅酸盐水泥、火山灰硅酸盐水泥	矿渣硅酸盐水泥(强度等级>32.5)	矿渣硅酸盐水泥
	5 有耐磨性要求的混凝土	硅酸盐水泥、普通硅酸盐水泥	—	火山灰硅酸盐水泥、粉煤灰硅酸盐水泥
	6 受侵蚀性介质作用的混凝土	矿渣、火山灰、粉煤灰和复合硅酸盐水泥	—	硅酸盐水泥

（1）应根据工程特点、气候与环境条件，正确选择水泥品种和强度等级。配制普通水泥混凝土用水泥，一般可采用硅酸盐水泥、普通硅酸盐水泥、矿渣硅酸盐水泥、火山灰硅酸盐水泥或粉煤灰硅酸盐水泥，有特殊需要时可采用快硬水泥、抗硫酸盐水泥、大坝水泥或其他水泥。选用水泥时，应注意其特性对混凝土结构强度和使用条件是否有不利影响。当混凝土中采用碱活性集料时，宜选用含碱量不大于0.6%的低碱水泥。

（2）选用水泥强度等级应与要求配制的混凝土强度等级相适应。如水泥强度等级选用过高，则混凝土中水泥用量过低，影响混凝土的和易性和耐久性。反之，如水泥强度等级选用过低，则混凝土中水泥用量太多，非但不经济，而且会降低混凝土的某些技术品质（如收缩率增大等）。应以能使所配制的混凝土强度达到要求，同时收缩小、和易性好和节约水泥为原则。通常，一般混凝土中水泥强度为混凝土抗压强度的1.5~2.0倍；配制高强度混凝土时，为混凝土抗压强度的1.1~1.5倍。但是，随着混凝土强度等级的不断提高，现在并不受此比例的约束。

2）细集料

混凝土用细集料一般应采用粒径小于4.75mm的级配良好、质地坚硬、颗粒洁净的河砂。当河砂不易得到时，可采用符合规定的其他天然砂或人工机制砂。细集料不宜采用海砂，不得不采用时，应将其冲洗处理，使其氯离子的含量符合有关规定。配制混凝土时，对细集料的各项指标有以下几方面的要求。

（1）有害杂质含量

集料中含有妨碍水泥水化或能降低集料与水泥石黏附性，以及能与水泥水化产物产生不良化学反应的各种物质，称为有害杂质。砂中常含有的有害杂质主要有泥土和泥块、云母、轻物质、硫酸盐和硫化物以及有机质等。

①含泥量、石粉含量和泥块含量

含泥量是指天然砂中粒径小于0.075mm的颗粒含量；石粉含量是指人工砂中粒径小于0.075mm的颗粒含量；泥块含量是指原颗粒粒径大于1.18mm，经水洗、手捏后可破碎成小于

0.6mm 的颗粒含量。这些颗粒的存在会影响混凝土的强度和耐久性。

②云母含量

云母呈薄片状,表面光滑且极易沿节理裂开,因此它与水泥石的黏附性极差,对混凝土拌合物的和易性,以及硬化后混凝土的抗冻性和抗渗性都有不利的影响。

③轻物质含量

砂中的轻物质是指相对密度小于 2.0 的颗粒(如煤和褐煤等)。

④有机质含量

天然砂中有时混杂着有机物质(如动植物的腐殖质、腐殖土等),这类有机物质将延缓水泥的硬化过程,并降低混凝土的强度,特别是早期强度。

⑤硫化物和硫酸盐含量

在天然砂中,常掺杂有硫铁矿(FeS_2)或石膏($CaSO_4 \cdot 2H_2O$)的碎屑,如含量过多,将在已硬化的混凝土中与水化铝酸钙发生反应,生成水化硫铝酸钙晶体,导致混凝土体积膨胀,使其内部被破坏。

《建设用砂》(GB/T 14684—2011)对有害物质含量限值做了规定,见表 4-2。

细集料技术要求(GB/T 14684—2011)　　　　　　　　　　表 4-2

项　　目		技 术 要 求		
		I	II	III
有害物质含量	云母含量(按质量计,%),≤	1.0	2.0	2.0
	轻物质含量(按质量计,%),≤	1.0	1.0	1.0
	有机物含量(比色法)	合格	合格	合格
	硫化物及硫酸盐(按 SO_3 质量计,%),≤	0.5	0.5	0.5
	氯化物含量(按氯离子质量计,%),≤	0.01	0.02	0.06
	贝壳(wt%),≤	3.0	5.0	8.0
天然砂含泥量(按质量计,%),≤		1.0	3.0	5.0
天然砂、机制砂泥块含量(按质量计,%),≤		0	1.0	2.0
机制砂的石粉含量(按质量计,%)	MB 值≤1.4 或快速法试验合格,≤	10.0	10.0	10.0
	MB 值>1.4 或快速法试验不合格,≤	1.0	3.0	5.0
坚固性(质量损失,%),≤		8		10
机制砂单级最大压碎指标(%),≤		20	25	30
表观密度(kg/m³),≥		2500		
松散堆积密度(kg/m³),≥		1400		
空隙率(%),≤		44		
碱-集料反应		经碱集料反应试验后,由砂配制的试件无裂缝、酥裂、胶体外溢等现象,在规定试验龄期的膨胀率应小于0.10%		

注:1. I 类宜用于强度等级大于 C60 的混凝土。

　　2. II 类宜用于强度等级为 C30 ~ C60 及抗冻,抗渗或有其他要求的混凝土。

　　3. III 类宜用于强度等级小于 C30 的混凝土。

（2）压碎值和坚固性

混凝土中所用细集料也应具备一定的强度和坚固性。砂是由天然岩石经自然风化作用而成，即使是机制砂也会含有大量的风化岩体，在冻融和干湿循环作用下有可能继续风化，因此对某些重要工程或特殊环境下的混凝土用砂，应做坚固性检验。

细集料的技术要求应符合标准《建设用砂》（GB/T 14684—2011）的规定，具体见表4-2。细集料的技术要求也应符合《公路桥涵施工技术规范》（JTG/T 3650—2020）的规定，具体见表1-8。

（3）砂的粗细程度和颗粒级配

砂的粗细程度和颗粒级配应使所配制混凝土达到保证设计强度等级同时达到节约水泥的目的。

混凝土用砂的级配根据《建设用砂》（GB/T 14684—2011）和《公路桥涵施工技术规范》（JTG/T 3650—2020）的相关规定划分为Ⅰ、Ⅱ、Ⅲ三个级配区，且应符合表1-9或图4-1中任何一个级配区所规定的级配范围。

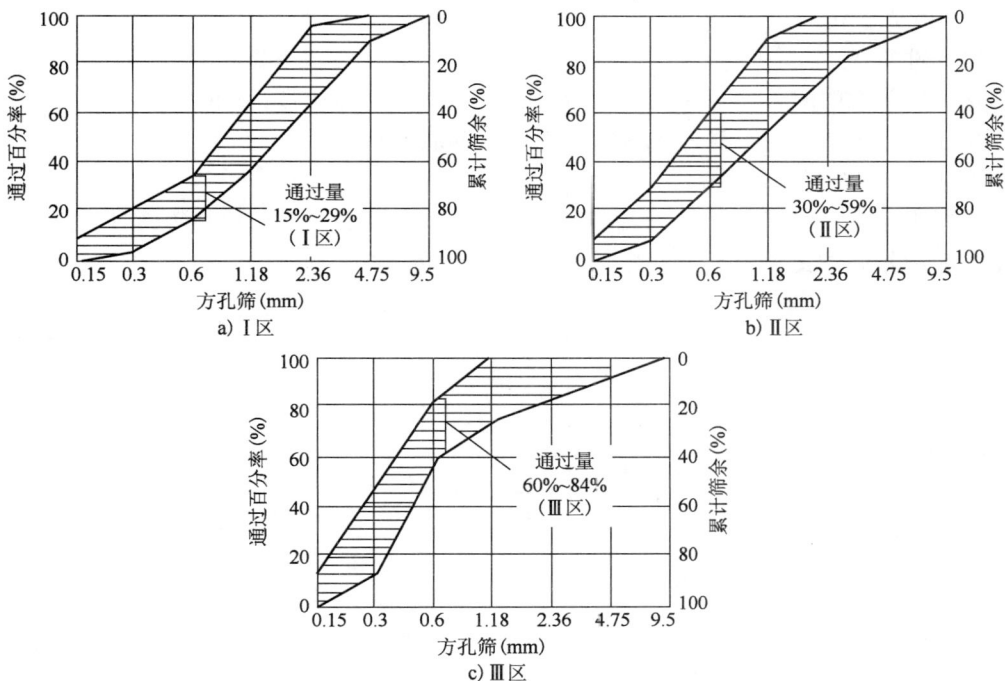

图4-1　水泥混凝土用砂级配范围曲线

Ⅰ区砂属于粗砂范畴，用Ⅰ区砂配制混凝土时，应采用较Ⅱ区砂更大的砂率配制低流动性的混凝土，否则新拌混凝土的内摩擦阻力较大、保水性差，不易捣实成型。Ⅱ区砂由中砂和一部分偏粗的细砂组成，宜优先选用配制不同强度等级的混凝土。Ⅲ区砂由细砂和一部分偏细的中砂组成。当使用Ⅲ区砂配制混凝土时，应采用较Ⅱ区砂更小的砂率以保证混凝土的强度，因用Ⅲ区砂配制成的新拌混凝土黏性略大，比较细软，易振捣成型，而且由于Ⅲ区砂的级配细、比表面积大，所以对新拌混凝土的工作性影响比较敏感。

为了保证混凝土结构物的质量，对于重要工程以及高强泵送混凝土用砂宜选用中砂，细度模数为 2.6 ~ 2.9, 2.36 mm 筛孔的累计筛余量不得大于 15%, 0.3mm 筛孔的累计筛余量宜在 85% ~ 92% 范围内。

3) 粗集料

普通混凝土常用的粗集料是指粒径大于 4.75mm 的卵石 (砾石) 和碎石。卵石是在自然条件的作用下形成的, 根据产源可分为河卵石和山卵石。碎石是将天然岩石或大卵石破碎、筛分而得的, 表面粗糙且带棱角, 与水泥石黏结比较牢固。

普通混凝土用粗集料的主要技术要求如下:

(1) 强度和坚固性

① 强度

为保证混凝土的强度要求, 粗集料必须具有足够的强度。对于碎石和卵石的强度, 采用岩石立方体强度和压碎指标两种方式表示。根据《建设用卵石、碎石》(GB/T 14685—2011) 和《公路桥涵施工技术规范》(JTG/T 3650—2020) 的规定, 将粗集料分为 Ⅰ、Ⅱ、Ⅲ 三级, 具体要求见表 4-3 和表 1-6。

② 坚固性

为保证混凝土的耐久性, 混凝土用粗集料应具有足够的坚固性, 以抵抗冻融和自然因素的风化作用。测定方法同细集料, 具体规定见表 4-3 和表 1-6。

(2) 有害杂质含量

粗集料中含有一些有害杂质, 如黏土、淤泥、硫酸盐及硫化物和有机物等, 它们的危害作用与在细集料中相同。其含量不应超过表 4-3 和表 1-6 的规定。

粗集料技术要求 (GB/T 14685—2011)　　　　　表 4-3

项　　目		技　术　要　求		
		Ⅰ	Ⅱ	Ⅲ
有害物质含量	有机物含量	合格		
	硫化物及硫酸盐 (按 SO_3 质量计, %), ≤	0.5	1.0	1.0
含泥量 (按质量计, %), ≤		0.5	1.0	1.5
泥块含量 (按质量计, %), ≤		0	0.2	0.5
针、片状颗粒总含量 (按质量计, %), ≤		5	10	15
坚固性 (质量损失, %), ≤		5	8	12
碎石压碎指标 (%), ≤		10	20	30
卵石压碎指标 (%), ≤		12	14	16
表观密度 (kg/m³), ≥		2600		
松散堆积密度 (kg/m³)		报告其实测值		
空隙率 (%), ≤		43	45	47
吸水率 (%), ≤		1.0	2.0	2.0
碱-集料反应		经碱集料反应试验后, 由砂配制的试件无裂缝、酥裂、胶体外溢等现象, 在规定试验龄期的膨胀率应小于 0.10%		

注: 1. Ⅰ 类宜用于强度等级大于 C60 的混凝土。

　　2. Ⅱ 类宜用于强度等级为 C30 ~ C60 及抗冻、抗渗或有其他要求的混凝土。

　　3. Ⅲ 类宜用于强度等级小于 C30 的混凝土。

（3）最大粒径选择及颗粒级配

①最大粒径选择

粗集料在条件许可的情况下，应选用粒径较大的粗集料值，使集料总表面积和空隙率减小，从而降低水泥用量，在一定的和易性和水泥用量条件下，减少混凝土的收缩，从而减少用水量并提高混凝土强度。但粗集料粒径过大，混凝土施工不便，并易产生离析现象，影响强度。因此，粗集料最大粒径的选择，应根据建筑物及构筑物的种类、尺寸、钢筋间距离及施工方式等因素决定。

《公路桥涵施工技术规范》（JTG/T 3650—2020）对粗集料最大粒径的选择做出了如下规定：粗集料最大粒径宜按混凝土结构情况及施工方法选取，但最大粒径不得超过结构最小边尺寸的1/4和钢筋最小净距的3/4；在两层或多层密布钢筋结构中，最大粒径不得超过钢筋最小净距的1/2，同时不得超过75.0mm；混凝土实心板的粗集料最大粒径不宜超过板厚的1/3且不得超过37.5mm；泵送混凝土时的粗集料最大粒径，除应符合上述规定外，对碎石不宜超过输送管径的1/3，对卵石不宜超过输送管径的1/2.5。

对于大体积混凝土（如混凝土坝或围堤）或疏筋混凝土，往往受到搅拌设备和运输、成型设备条件的限制。有时为了节省水泥，降低收缩，可在大体积混凝土中抛入大块石（或称毛石），常称之为抛石混凝土。

②颗粒级配

粗集料应具有良好的颗粒级配，以减小空隙率，增强密实性，从而可以节约水泥，保证混凝土拌合物的和易性及混凝土的强度。

粗集料宜根据混凝土最大粒径采用连续两级配或连续多级配，不宜采用单粒级或间断级配配制，必须使用时，应通过试验验证。粗集料的级配范围应符合《建设用卵石、碎石》（GB/T 14685—2011）和《公路桥涵施工技术规范》（JTG/T 3650—2020）的规定，具体要求见表1-7。

（4）颗粒形状及表面特征

粗集料的颗粒形状大致可以分为蛋圆形、棱角形、针状及片状。一般来说，比较理想的颗粒形状是接近正立方体，而针状、片状颗粒不宜较多。针状颗粒是指长度大于其平均粒径2.4倍的颗粒，片状颗粒是指其厚度小于其平均粒径0.4倍的颗粒。当针状、片状颗粒含量超过规定界限时，集料空隙增加，从而导致混凝土拌合物和易性变差，强度降低。所以应限制混凝土粗集料中针、片状颗粒含量。

集料表面特征主要指集料表面的粗糙程度及孔隙特征等。一般情况下，碎石表面粗糙并且具有吸收水泥浆的孔隙特征，所以它与水泥石的黏结能力较强；卵石表面圆润光滑，因此与水泥石的黏结能力较差，但混凝土拌合物的和易性较好。一般来说，在混凝土的水泥用量与用水量相同的情况下，碎石混凝土比卵石混凝土的强度高10%左右。

（5）碱活性检验

施工前应对所用的粗集料进行碱活性检验，在条件许可时宜避免采用有碱活性反应的粗集料，必须采用时应采取必要的抑制措施。

（6）生产与存储

粗集料在生产、运输与储存过程中，不得混入影响混凝土性能的有害物质。粗集料应按品种、规格分别堆放，不得混杂。在装卸及储存时，应采取措施，使集料颗粒级配均匀，并保持洁净。

4）混凝土用水

混凝土拌制和养护用水不得含有影响水泥正常凝结硬化的有害物质。符合国家标准的饮用水可直接作为混凝土的拌制和养护用水。当采用其他水源或对水质有疑问时，应对水质进行检验。被检验水样应与饮用水水样进行水泥凝结时间对比试验、水泥胶砂强度对比试验。对比试验的水泥初凝时间差及终凝时间差均不应大于 300min，初凝和终凝时间应符合国家标准《通用硅酸盐水泥》（GB 175—2007）的规定；被检验水样配制的水泥胶砂 3d 和 28d 强度不应低于饮用水配制的水泥胶砂 3d 和 28d 强度的 90%。

混凝土拌和用水不应漂浮明显的油脂和泡沫，且不应有明显的颜色和异味。首次使用的地表水或地下水，必须进行检验，合格后才能使用。严禁将未经处理的海水用于结构混凝土的拌制。混凝土用水的检验试验方法应符合《混凝土用水标准》（JGJ 63—2006）的相关规定。混凝土拌和用水水质要求应符合《混凝土用水标准》（JGJ 63—2006）和《公路桥涵施工技术规范》（JTG/T 3650—2020）的规定，见表4-4。

混凝土拌制用水水质要求 表4-4

项　　目	拌 制 用 水			养护用水
	预应力混凝土	钢筋混凝土	素混凝土	
PH 值，≥	5.0	4.5	4.5	4.5
不溶物（mg/L），≤	2000	2000	5000	—
可溶物（mg/L），≤	2000	5000	10000	—
氯化物含量（以 Cl^- 计，mg/L），≤	500	1000	3500	3500
硫酸盐含量（以 SO_4^{2-} 计，mg/L），≤	600	2000	2700	2700
碱含量（mg/L），≤	1500	1500	1500	1500

注：1. 碱含量按 $Na_2O + 0.658K_2O$ 计算值来表示。采用非碱活性集料时，可不检验碱含量。

　2. 对设计使用年限为 100 年的结构混凝土，氯离子含量不得超过 500mg/L；对使用钢丝或热处理钢筋的预应力混凝土，氯离子含量不得超过 350mg/L。

【工程实例 4-1】

某钢筋混凝土工程采用的是普通硅酸盐水泥，其基墩在使用 6 年后出现大量裂纹，经检查，混凝土环境水的 pH 值为 5.0，SO_4^{2-} 含量为 5500mg/L，Cl^- 含量为 350mg/L。

【原因分析】

该环境水 pH 值为 5.0，对于钢筋混凝土属弱腐蚀（pH 值 4.5~6 为弱腐蚀）；Cl^- 含量 < 500mg/L，环境水无氯离子腐蚀；而 SO_4^{2-} 含量 >4000mg/L，属强硫酸盐腐蚀，所以使用普通硅酸盐水泥是不当的。

【防治措施】

应选用高抗硫酸盐硅酸盐水泥。在混凝土表面敷设一层耐腐蚀性强且不透水的保护层。

5）矿物掺合料

矿物掺合料在混凝土中的作用是改善混凝土拌合物的施工和易性、减少混凝土水化物、调节凝结时间等。混凝土用掺合料有粉煤灰、粒化高炉矿渣粉、钢渣粉、磷渣粉、硅灰及复合掺合料等,其中硅灰是指从冶炼铁合金或硅钢等排放的硅蒸汽养护后搜集到的极细粉末颗粒。混凝土用粉煤灰的质量应满足《用于水泥和混凝土中的粉煤灰》(GB/T 1596—2017)的要求,见表4-5。

拌制混凝土和砂浆用粉煤灰技术要求 表4-5

项 目		技 术 要 求		
		Ⅰ	Ⅱ	Ⅲ
细度(45μm 方孔筛筛余)(%),≤	F 类粉煤灰	12.0	30.0	45.0
	C 类粉煤灰			
需水量比(%),≤	F 类粉煤灰	95	105	115
	C 类粉煤灰			
烧失量(%),≤	F 类粉煤灰	5.0	8.0	10.0
	C 类粉煤灰			
含水量(%),≤	F 类粉煤灰	1.0		
	C 类粉煤灰			
三氧化硫(%),≤	F 类粉煤灰	3.0		
	C 类粉煤灰			
游离氧化钙(%),≤	F 类粉煤灰	1.0		
	C 类粉煤灰	4.0		
安定性 雷氏夹煮沸后增加的距离(mm),≤	C 类粉煤灰	5.0		
SiO_2,Al_2O_3 和 Fe_2O_3 总质量分数(%),≥	F 类粉煤灰	70		
	C 类粉煤灰	50		
密度(g/cm³),≤	F 类粉煤灰	2.6		
	C 类粉煤灰			
强度活性指数(%),≥	F 类粉煤灰	70		
	C 类粉煤灰			

掺合料应保证其产品品质稳定,来料均匀;掺合料应由生产单位专门加工,进行产品检验并出具产品合格证书;混凝土中需要掺用粉煤灰、粒化高炉矿渣粉、硅灰等掺合料时,其掺入量应在使用前通过试验确定;掺合料在运输与储存中,应有明显标识,严禁与水泥等其他粉状材料混淆。掺合料的技术要求应符合《公路桥涵施工技术规范》(JTG/T 3650—2020)附录 D 的相关规定。

6)外加剂

在拌制混凝土过程中一般掺入量不大于水泥质量的5%,用以改善混凝土性能的材料,称为混凝土外加剂,其掺量应以其占胶凝材料总量的百分比表示。

混凝土外加剂的种类繁多,其主要种类和使用效果见表4-6。外加剂的功能和适用范围见表4-7。公路桥涵工程使用的外加剂,与水泥、矿物掺合料之间应具有良好的相容性。

混凝土外加剂种类及使用效果　　　　　　　　　　　表 4-6

类　　别		使 用 效 果
减水剂	普通减水剂	减水、提高强度或改善和易性
	高效减水剂 （流化剂或超塑剂）	配制流动混凝土或早强高强混凝土
	引气剂	增加含气量，改善和易性，提高抗冻性
调凝剂	缓凝剂	延缓凝结时间，降低水化热
	早强剂（促凝剂）	提高混凝土早期强度
	速凝剂	速凝，提高早期强度
防冻剂		使混凝土在负温下水化，达到预期强度
防水剂		提高混凝土抗渗性，防止潮气渗透
膨胀剂		减少干缩

外加剂的主要功能和适用范围　　　　　　　　　　　表 4-7

类　　别		主 要 功 能	适 用 范 围
减水剂	普通减水剂	1. 在保证混凝土工作性和强度不变的条件下，节约水泥用量； 2. 在保证混凝土工作性和水泥用量不变的条件下，提高混凝土的强度； 3. 在保证混凝土用水量和水泥用量不变的条件下，可增大混凝土拌合物的流动性	1. 用于日最低气温 +5℃ 以上的混凝土施工； 2. 各种预制及现浇混凝土、钢筋混凝土及预应力混凝土； 3. 大模板施工、滑模施工、大体积混凝土、泵送混凝土及流动性混凝土。
	高效减水剂 （流化剂或称超塑剂）	1. 在保证混凝土工作性和水泥用量不变的条件下，可大幅减少用水量，可制备早强、高强混凝土； 2. 在保证混凝土用水量和水泥用量不变的条件下，可增大混凝土拌合物的流动性，可制备大流动性混凝土	1. 用于日最低气温大于0℃的混凝土施工； 2. 用于钢筋密集、界面复杂、空间狭窄及混凝土不易振捣部位； 3. 各种预制及现浇混凝土、钢筋混凝土及预应力混凝土； 4. 所有普通减水剂适用的范围； 5. 制备早强、高强及流动性混凝土
	引气剂及引气减水剂	1. 改善混凝土拌合物工作性，减少混凝土泌水离析； 2. 增加含气量，提高混凝土抗冻性； 3. 提高混凝土抗渗性和抹光性	1. 有抗冻性要求的混凝土； 2. 轻集料及集料质量差的混凝土； 3. 防水混凝土； 4. 泵送混凝土

续上表

类　别		主　要　功　能	适　用　范　围
调凝剂	缓凝剂及缓凝减水剂	1.降低热峰值,降低水化热; 2.推迟热峰值出现时间,延缓混凝土凝结时间	1.用于日最低气温+5℃以上的混凝土施工; 2.大体积、预制新拌、滑模和泵送混凝土施工; 3.夏季和炎热地区的混凝土施工
	早强剂(促凝剂)	1.缩短混凝土的热蒸养时间; 2.提高混凝土早期强度,增强混凝土抗冻融性	1.用于日最低气温大于−3℃的混凝土施工; 2.正负气温交替的亚寒地区混凝土施工; 3.用于蒸养混凝土和早强混凝土施工
	速凝剂	速凝,提高混凝土早期强度	用于喷射混凝土
防冻剂		使混凝土在负温下仍能水化,达到预期强度	冬季负温(低于0℃)的混凝土施工
防水剂		提高混凝土抗渗性,防止潮气渗透	用于防水混凝土
膨胀剂		使混凝土水化硬化过程中产生一定的膨胀,减少混凝土干缩,提高抗裂性和抗渗性	1.补偿收缩混凝土,用于防水屋面、地下防水,以及基础后浇缝、防水堵漏等; 2.填充用膨胀混凝土,用于设备底座灌浆、地脚螺栓固定等; 3.自应力混凝土,用于自应力混凝土压力管

　　公路桥涵所采用的外加剂,应是经过具备相关资质的检测机构检验并附有检验合格证明的产品,且其质量应符合《混凝土外加剂》(GB 8076—2008)的规定,其相关技术性质应根据《混凝土外加剂匀质性试验方法》(GB/T 8077—2012)来进行检测。外加剂使用前应按《混凝土外加剂》(GB 8076—2008)的规定进行复验,复验结果满足要求后方可用于工程中。外加剂的品种和掺量应根据使用要求、施工条件、混凝土原材料的变化等通过试验确定。

　　(1)减水剂

　　减水剂是在混凝土坍落度基本相同的条件下,能减少拌和用水量的外加剂。目前,减水剂品种主要有木质素系、萘磺酸盐系、树脂系、糖蜜系和腐殖酸等几类。使用减水剂有下面3种效果:

　　①当混凝土配合比不变时,可不同程度地增大坍落度,且不影响混凝土的强度。

由于减水剂的作用,吸附在水泥颗粒表面的吸附水被释放出来形成自由水,增大了混凝土混合料的流动性。

②如果保持流动性和水泥用量不变时,则可减少拌和用水量 10% ~20% ,使水灰比降低,混凝土强度提高 15% ~20% ,同时也提高了耐久性。

在保持流动性不变的条件下,可以将加入减水剂后释放出来的那部分自由水节省下来,这样,就降低了混凝土的水灰比,提高了强度。同时,混凝土在硬化过程中由于水分蒸发形成的毛细孔减少,提高了耐久性。

③如果保证混凝土强度和流动性不变,则可节约水泥用量 10% ~15% 。

将加入减水剂后释放出来的那部分自由水节省下来后,要保持水灰比不变,必须按比例减小水泥用量。

(2)引气剂

掺入混凝土中经搅拌能引入大量分布均匀的微小气泡,以改善混凝土拌合物的和易性,并在硬化后仍能保留微小气泡以改善混凝土抗冻性的外加剂为引气剂。常用的引气剂有松香热聚物、松香皂等。

对于新拌混凝土,掺入引气剂可改善工作性,减少泌水和离析。对于硬化后的混凝土,由于气泡的存在使水分不易渗入,又可缓冲其水分结冰膨胀的作用,因而能够提高混凝土的抗冻性、抗渗性和抗蚀性,但是混凝土强度会有所降低。

引气剂的掺量极微,一般为 0.005% ~0.01% ,引气量约为 3% ~6% 。

(3)缓凝剂

缓凝剂的作用是可以在较长时间内保持混凝土工作性,延缓混凝土凝结和硬化的时间。缓凝剂的种类较多,可分为有机和无机两大类。缓凝剂主要有:糖类及碳水化合物,如淀粉、纤维素的衍生物等;羟基羧酸:如柠檬酸、酒石酸、葡萄糖酸以及其盐类;可溶硼酸盐和磷酸盐等。而常用的缓凝剂有酒石酸及其盐、柠檬酸、糖类、含氧有机酸、多元醇等,其掺量一般为水泥质量的 0.01% ~0.20% 。

(4)早强剂

能提高混凝土早期强度,并对后期强度无显著影响的外加剂,称为早强剂。常用的早强剂有氧化物系早强剂、硫酸盐系早强剂、三乙醇胺系早强剂。

在混凝土中掺入早强剂,可缩短混凝土的凝结时间,提高早期强度,常用于混凝土的快速低温施工。但若加了氯化钙早强剂,会加速钢筋的锈蚀,为此对氯化钙的掺量应加以限制,通常对于配筋混凝土掺量不得超过 1% ,无筋混凝土掺量也不宜超过 3% 。为了防止氯化钙对钢筋的锈蚀,氯化钙早强剂一般与阻锈剂复合使用。

(5)速凝剂

速凝剂是掺入混凝土中能使混凝土迅速凝结硬化的外加剂,主要种类有无机盐类和有机物类 。速凝剂为粉状固体,其掺用量仅占混凝土中水泥用量的 2% ~3% ,却能使混凝土在 5min 内初凝,12min 内终凝,以达到抢修或井巷中混凝土快速凝结的目的,是喷射混凝土施工法中不可缺少的添加剂。它们的作用是加速水泥的水化硬化,在很短的时间内形成足够的强度,以保证特殊施工的要求。速凝剂可用于路桥隧道的修补、抢修等工程。

（6）防水剂

混凝土防水剂是一种能减少孔隙和堵塞毛细通道，用以降低混凝土在静水压力下透水性的外加剂。防水剂分为无机防水剂和有机防水剂，常用的无机防水剂有无机三氯化铁、水玻璃等，而有机防水剂则主要是有机硅、沥青、橡胶液和树脂乳液等。

掺入防水剂后，混凝土的抗渗性大大增强。但有些防水剂含有氯离子，使用时应适当控制。对于水工结构、地下室、隧道等混凝土工程，由于抗渗和防水要求均较高，因此，可选用适宜的防水剂或防水复合外加剂。

（7）泵送剂

泵送剂是用于改善混凝土泵送性能的外加剂。它由减水剂、调凝剂、引气剂、润滑剂等多种组分复合而成。根据工程要求，其产品性能有所差异。

2.2 普通混凝土的技术性质

根据《混凝土物理力学性能试验方法标准》（GB/T 50081—2019）规定，普通混凝土的技术性质主要包括：新拌混凝土的工作性、硬化后水泥混凝土的力学性质和耐久性。

2.2.1 新拌混凝土的工作性（和易性）

尚未凝结硬化的水泥混凝土，称为新拌混凝土或混凝土拌合物。

1）新拌混凝土工作性的概念

新拌混凝土的工作性，也称和易性，是指混凝土拌合物易于施工操作（拌和、运输、浇筑、振捣）且成型后质量均匀、密实的性能。实际上，混凝土拌合物的和易性是一项综合技术性质，包括流动性、黏聚性和保水性。流动性是指混凝土拌合物在自重或机械振捣作用下，能产生流动，并均匀密实地充满模板的性能；黏聚性是指混凝土拌合物在施工过程中其组成材料之间有一定的黏聚力，不致产生分层和离析的现象；保水性是指混凝土拌合物在施工过程中，具有一定的保水能力，不致产生严重的泌水现象。

2）新拌混凝土工作性的测定方法

目前，国际上还没有一种能够全面表征新拌混凝土工作性的测定方法，通常是测定混凝土拌合物的流动性，辅以其他方法或根据直观经验综合评定混凝土拌合物的工作性。按我国行业标准《公路工程水泥及水泥混凝土试验规程》（JTG 3420—2020）规定，测定流动性的方法主要有坍落度试验和维勃稠度试验两种方法。

（1）坍落度试验

该试验适用于集料公称最大粒径不大于31.5mm，坍落度值大于10mm的新拌混凝土。其方法是将新拌混凝土按规定方法分三层装入标准坍落筒内，每层装料高度为筒高的1/3，每层用弹头棒均匀地插捣25次，装满刮平后，立即将筒垂直提起。新拌水泥混凝土拌合物在自重作用下的下沉量（mm）即为坍落度。以此作为流动性指标，坍落度测定仪如图4-2所示。坍落度越大，表示混凝土拌合物的流动性越大。

做坍落度试验时，还需测定棍度、含砂情况、黏聚性、保水性，以评定新拌混凝土的工作性。坍落度测定示意图如图4-3所示。

图 4-2　坍落度测定仪

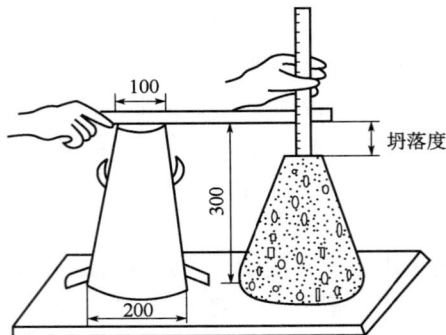

图 4-3　混凝土坍落度的测定示意图(尺寸单位:mm)

(2)维勃稠度试验

对于集料公称最大粒径不大于31.5mm的混凝土及维勃稠度时间在5~30s之间的干稠性水泥混凝土,可采用维勃稠度仪测定稠度。测定方法是将坍落筒放在直径240mm、高200mm的圆筒中,圆筒安装在专用的振动台上,按坍落度试验的方法将新拌混凝土装于坍落筒中,小心垂直提起坍落筒,在新拌混凝土顶上置一透明圆盘,开动振动台并记录时间,从开始振动至透明圆盘底面被水泥浆布满的瞬间为止,所经历的时间(以s计)即为新拌混凝土的维勃稠度值。

3)影响新拌混凝土工作性的主要因素

(1)水泥浆的数量。混凝土拌合物中的水泥浆,除了填充集料间的空隙外,包裹在集料表面并略有富余,使拌合物有一定的流动性。在水灰比一定的条件下,水泥浆越多,流动性越大,但如果水泥浆过多,则集料相对减少,将出现流浆现象,使拌合物的稳定性变差,不仅浪费水泥,而且会使拌合物的强度和耐久性降低;若水泥浆用量过少,则无法很好地包裹集料表面及填充其空隙,拌合物易产生崩坍现象,失去稳定性。因此,拌合物中水泥浆的数量应以满足流动性为宜。

(2)水胶比。在固定用水量的条件下,水胶比小(胶凝材料用量多)时,会使浆体变稠,拌合物流动性小;若加大水胶比(减少胶凝材料用量),可使胶凝材料浆体变稀,流动性增大,但会使拌合物流浆、离析,严重影响混凝土的强度,因此,应合理地选择水胶比。

(3)单位用水量。实践证明,对坍落度影响最大的因素还是单位用水量。增加用水量,流动性增大,但硬化后混凝土会产生较大的孔隙,从而降低了混凝土的强度和耐久性。另外,用水量过多,会使新拌混凝土产生分层、泌水现象,反而降低工作性。因此,在保证混凝土强度和耐久性的条件下,应根据流动性要求来确定单位用水量。

(4)砂率。砂率是指混凝土中砂(或细集料)用量占砂石(或粗细集料)总用量的百分率。砂率反映了粗细集料的相对比例,它影响混凝土集料的空隙和总表面积。当水泥浆用量一定时,砂率过大,则集料的总表面积增大,包裹砂子的水泥浆层变薄,砂粒间的摩阻力加大,拌合物的流动性减小;砂率过小,虽然表面积减小,但由于砂浆量不足,水泥砂浆除填充石子空隙外,包裹在石子表面的水泥砂浆层薄,拌合物的流动性变小,同时由于砂量不足,也易导致离析、泌水现象,影响工作性。混凝土拌合物坍落度与砂率的关系如图 4-4 所示,因此,砂率应有一个合理值。在水泥浆用量一定时,能使新拌混凝土获得最大流动性,又不离析、不泌水时的砂率,即为合理砂率。

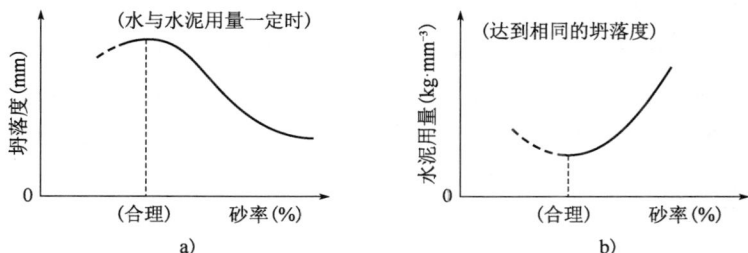

图 4-4　混凝土拌合物坍落度与砂率的关系

(5)水泥的品种和集料的性质。水泥品种不同,达到标准稠度的用水量就不同,在其他条件相同的情况下,标准稠度用水量小的水泥,其混凝土拌合物流动性较好。通常,普通硅酸盐水泥的混凝土拌合物比矿渣硅酸盐水泥和火山灰硅酸盐水泥的工作性好。矿渣硅酸盐水泥的混凝土拌合物的流动虽大,但黏聚性差,易泌水、离析;火山灰硅酸盐水泥的混凝土拌合物的流动性小,但黏聚性最好。

在单位用水量相同的条件下,用表面光滑、形状较圆、少棱角的卵石所拌制的混凝土拌合物的流动性大于碎石混凝土拌合物的流动性。

(6)外加剂、矿物掺合料。在混凝土拌合物中加入少量的外加剂如减水剂和引气剂,可在不增加用水量和水泥用量的情况下,有效地改善混凝土拌合物的工作性,同时可提高混凝土的强度和耐久性。

在混凝土拌合物中掺入矿物掺合料,能增加新拌混凝土的黏聚性,减少离析和泌水。当同时加入优质粉煤灰、硅灰等超细微粒掺合料时,还能增加新拌混凝土的流动性。

(7)温度和搅拌时间。混凝土拌合物的流动性随着温度的升高而减少,温度每升高 10℃,坍落度减少 20~40mm,夏季施工必须注意这一点。新拌混凝土的流动性随时间的延长而逐渐减少,称为坍落度损失。另外,搅拌时间的长短,也会影响混凝土拌合物的工作性,若搅拌时间不足,混凝土拌合物的工作性就差,质量也不均匀,如图 4-5 所示。规范规定,最小搅拌时间为 1~3min。

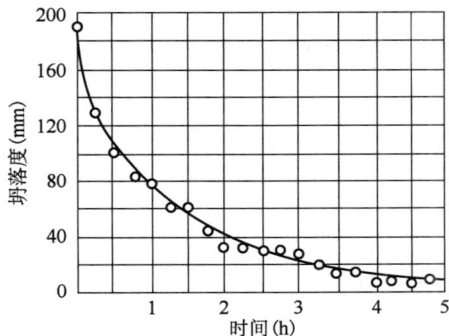

图 4-5　坍落度随时间的损失关系

4)改善新拌混凝土工作性的主要措施

(1)改善砂、石(特别是碎石、砾石)的级配;

(2)尽量采用较粗大的砂、石颗粒;

(3)尽可能降低砂率,通过试验,选用合理砂率值;

(4)混凝土拌合物坍落度太小而黏聚性良好时,保持砂率和水灰比不变,适当增加与原混凝土水灰比相同的水泥浆用量;当坍落度太大而黏聚性良好时,可保持砂率不变和水灰比不变,适当增加与原混凝土砂率相同的砂、石用量;当混凝土拌合物坍落度合格而黏聚性和保水性不良时,可保持水灰比和砂石总量不变,调节砂率。

(5)合理选用外加剂,提高混凝土拌合物的工作性、强度和耐久性。

(6)提高振捣机械的效能。由于振捣效能的提高,可降低施工条件对混凝土拌合物工作性的要求,从而捣实并改善混凝土拌合物的工作性。

【工程实例4-2】

某工程在7月份浇注C30混凝土梁板过程中,发现混凝土坍落度损失很快,造成滚筒内混凝土结料。

【原因分析】

经查,所进水泥温度达75℃,且水泥普遍偏细,造成需水量增大,当用水量不足时产生坍落度损失过快的现象。

【防治措施】

在夏秋季节(5~10月份),对直接从水泥厂或粉磨站短途运输进货的水泥,必须测量每车水泥的温度,要求温度小于65℃。

2.2.2 硬化后混凝土的强度

1)强度

硬化后的水泥混凝土在路面、桥梁以及建筑结构中,将受到复杂的应力作用,因此要求水泥混凝土材料必须具备各种力学强度,如立方体抗压强度、棱柱体抗压强度、劈裂抗拉强度、抗剪强度、抗弯拉强度等。

(1)抗压强度(f_{cu})

按照标准的制作方法制成150mm×150mm×150mm的立方体试件,在标准养护条件(温度为20℃±2℃,相对湿度在95%以上)下,养护至28d龄期,按照标准的测定方法测定其抗压强度值,即为混凝土立方体试件的抗压强度(简称立方体抗压强度),以f_{cu}表示,按式(4-1)计算,以MPa计。

$$f_{cu} = \frac{F}{A} \tag{4-1}$$

式中:F——试件破坏荷载,N;

A——试件承压面积,mm^2。

采用非标准尺寸试件时,应将其抗压强度乘以尺寸换算系数,换算为标准试件的立方体抗压强度。当混凝土强度等级低于C60时,换算系数见表4-8;当混凝土强度等级不小于C60时,宜用标准试件,使用非标准试件时,换算系数也由试验确定,其试件数量不应少于30个对组。

试件尺寸换算系数

表 4-8

试件尺寸(mm)	$100 \times 100 \times 100$	$150 \times 150 \times 150$	$200 \times 200 \times 200$
换算系数	0.95	1.00	1.05

①立方体抗压强度标准值($f_{cu,k}$)。混凝土立方体抗压强度标准值的定义是按照标准的方法制作和养护的边长为 150mm 的立方体试件,在 28d 龄期时,用标准试验方法测得的具有 95% 保证率的抗压强度(即强度低于该值的百分率不超过 5%),单位为 MPa。立方体抗压强度标准值以 $f_{cu,k}$ 表示。

②强度等级。混凝土强度等级是根据立方体抗压强度标准值来确定的。强度等级的表示方法是用符号 C 和立方体抗压强度标准值表示的。例如"C30"表示混凝土立方体抗压强度标准值 $f_{cu,k} \geqslant 30$MPa。按照我国规范《混凝土结构设计规范(2015 版)》(GB 50010—2010)的规定,普通混凝土强度等级按立方体抗压强度标准值划分为 C15、C20、C25、C30、C35、C40、C45、C50、C55、C60、C65、C70、C75、C80 共 14 个强度等级。

(2)抗弯拉强度(f_f)

道路路面或机场道面用水泥混凝土,以抗弯拉强度为主要强度指标,以抗压强度为参考强度指标。

水泥混凝土抗弯拉强度是以标准操作方法制备成 150mm × 150mm × 550mm 的棱柱体试件,在标准条件下,经养护 28d 后,按三分点加荷方式(图 4-6),测定其抗弯拉强度(f_f),按式(4-2)计算,以 MPa 计,计算结果精确至 0.01MPa。

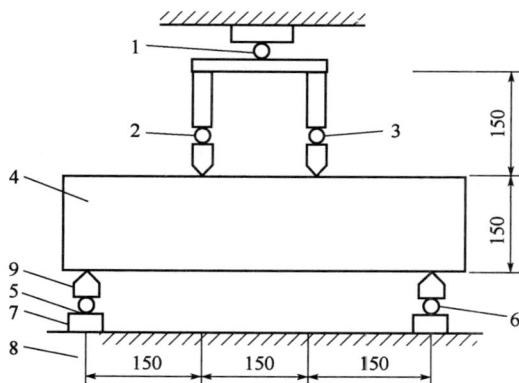

图 4-6 混凝土抗弯拉强度试验装置(尺寸单位:mm)
1,2-一个钢球;3,5-两个钢球;4-试件;6-固定支座;7-活动支座;8-机台;9-活动船型垫块

$$f_f = \frac{FL}{bh^2} \tag{4-2}$$

式中:F——试件破坏荷载,N;

$\quad L$——支座间距,mm;

$\quad b$——试件宽度,mm;

$\quad h$——试件高度,mm。

采用非标准试件(100mm × 100mm × 400mm)时,所得抗弯拉强度值应乘以尺寸换算系数 0.85。当混凝土强度等级不小于 C60 时,宜采用标准试件。

(3)轴心抗压强度(f_{cp})

确定混凝土强度等级采用的是立方体试件,但实际上钢筋混凝土结构形式极少是立方体的,大部分是棱柱体或圆柱体。为使测得的混凝土强度接近混凝土结构的实际情况,在钢筋混凝土结构计算中,计算轴心受压构件时,都是采用混凝土的轴心抗压强度(f_{cp})作为依据。

我国《公路工程水泥及水泥混凝土试验规程》(JTG 3420—2020)规定,采用 150mm × 150mm × 300mm 的棱柱体作为测定轴心抗压强度的标准试件,棱柱体轴心抗压强度(f_{cp})按式 (4-3)计算,以 MPa 计,计算结果精确至 0.1MPa。

$$f_{cp} = \frac{F}{A} \tag{4-3}$$

式中:F——试件破坏荷载,N;

　　A——试件承压面积,mm^2。

采用非标准尺寸试件测得的棱柱体轴心抗压强度,应乘以尺寸换算系数,对于 200mm × 200mm 截面试件的尺寸换算系数为 1.05;对于 100mm × 100mm 截面试件的尺寸换算系数为 0.95。当混凝土强度等级不小于 C60 时,宜采用 150mm × 150mm 截面的标准试件。

(4)立方体劈裂抗拉强度(f_{ts})

混凝土在直接受拉时,很小的变形就会开裂,这是一种脆性破坏。混凝土的抗拉强度值较低,通常为抗压强度的 1/10 ~ 1/20,且这个比值随着混凝土强度等级的增高而有所降低。在使用混凝土时,虽然不依靠其抗拉强度,但抗拉强度对于开裂现象有重要意义,是确定混凝土抗裂度的重要指标。

我国《公路工程水泥及水泥混凝土试验规程》(JTG 3420—2020)采用 150mm × 150mm × 150mm 的立方体作为标准试件,在立方体试件中心面内用圆弧为垫条施加两个方向相反、均匀分布的压应力。当压力增大至一定程度时,试件就沿此平面劈裂破坏,这样测得的强度称为立方体劈裂抗拉强度,简称劈拉强度(f_{ts}),按式(4-4)计算,以 MPa 计。

$$f_{ts} = \frac{2F}{\pi A} = \frac{0.637F}{A} \tag{4-4}$$

式中:F——试件破坏荷载,N;

　　A——试件劈裂面面积,mm^2。

2)影响混凝土强度的因素

影响混凝土强度的因素很多,包括原材料的特征和各材料之间的组成比例等内因,以及养护条件和试验检测条件等外因,内因是主要影响因素。

(1)材料组成对混凝土强度的影响

①胶凝材料的强度等级和水胶比。胶凝材料是混凝土中的活性组分,其强度的大小直接影响着混凝土强度的高低。在配合比相同的条件下,所用的水泥强度等级越高,胶凝材料的强度就越大,制成的混凝土强度也越高。

根据理论研究和工程实践经验,混凝土的强度主要取决于水胶比的大小。这是因为胶凝材料水化时所需的结合水量是固定的,但在拌制混凝土拌合物时,为了获得必要的流动性,常需要较多的水,远远超过了胶凝材料的水化需水量。当混凝土硬化后,多余的水分就残留在混凝土中,蒸发后形成气孔,使混凝土的密实度和强度降低。因此,当采用同种水泥(品种及强度等级相同)及矿物掺合料时,混凝土强度随着水胶比的增大而降低,如图4-7所示。

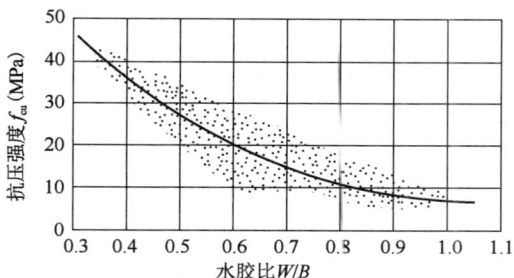

图4-7 混凝土的抗压强度与水胶比的关系

根据《普通混凝土配合比设计规程》(JGJ 55—2011)进行混凝土配合比设计,为了保证混凝土硬化后的强度和耐久性,严禁向新拌混凝土中直接加水,如工程实例4-3。

【工程实例4-3】

某工程施工现场出现如图4-8所示现象,请问有何影响?应如何处理?

工程施工现场,这位工人师傅拿着水管擅自向商品混凝土搅拌车中的新拌混凝土直接加水。

图4-8 工程现场工人师傅给新运来的混凝土直接加水

【产生的后果】

向新运来的商品混凝土中直接加水,会导致水胶比(水灰比)发生变化(变大),从而使得硬化后的混凝土强度降低,并有可能诱发开裂现象。

【防治措施】

(1)为了保证混凝土硬化后的强度和耐久性,应根据《普通混凝土配合比设计规程》(JGJ

55—2011）进行混凝土配合比设计，严格控制混凝土的配合比，特别是水胶比（水灰比），严禁向新拌混凝土中直接加水；

（2）在工程施工现场，应做好技术交底工作，并加强现场监控。

②集料特征。集料的特征对混凝土的强度有明显的影响，特别是粗集料的形状和表面性质与混凝土强度有直接的关系。碎石表面粗糙有棱角，黏结力较大；卵石表面光滑浑圆，黏结力较小。因此，在配合比相同的条件下，碎石混凝土比卵石混凝土的强度高。集料的公称最大粒径对混凝土的强度也有影响，集料的公称最大粒径过大，就会降低界面强度，同时还会因振捣不密实而降低混凝土的强度。这种影响在水胶比较小时更为明显。

（2）养护温度和湿度

混凝土拌合物浇捣完毕后，必须保持适当的温度和湿度，使水泥充分水化，以保证混凝土强度不断提高。

①温度。一般情况下，水泥的水化和混凝土强度发展的速度会随环境温度的高低而增减，如图4-9所示。当温度降至0℃时，混凝土中的水分大部分结冰，水泥几乎不再发生水化反应，混凝土强度不仅停止增长，严重时由于孔隙内水分结冰甚至会引起膨胀，特别在水化初期，混凝土强度较低时，遭遇严寒可能会引起混凝土的崩溃。

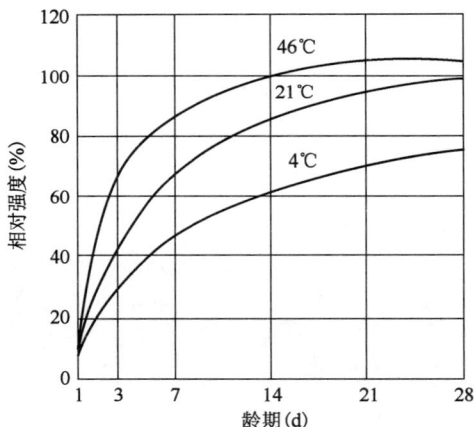

图4-9　养护温度对混凝土强度的影响

②湿度。混凝土浇筑后，必须有较长时间在潮湿环境中养护，如果湿度适当，水泥水化得以顺利进行，使混凝土强度得到充分发展；如果湿度不够，混凝土会失水干燥，影响水泥水化的正常进行，甚至停止水化。这不仅会严重降低混凝土的强度，而且因水泥水化作用未能完成，使混凝土结构疏松，渗水性增大，或形成干缩裂缝，从而影响混凝土的耐久性。

（3）龄期

混凝土在正常养护条件下（保证一定温度和湿度），强度随龄期的增长而提高，初期增长较快，后期增长较缓慢，但在空气中养护时，其强度在后期有所下降。在标准养护条件下，混凝土强度与其龄期的对数大致成正比，如图4-10所示。工程中常常利用这一关系，根据混凝土早期强度，推算其后期强度，用式（4-5）表达。当混凝土早期强度不足时，可及时采取措施来保证混凝土的施工质量并避免损失。

$$f_{cu,n} = \frac{\lg n}{\lg d} f_{cu,a} \qquad (4\text{-}5)$$

式中：$f_{cu,n}$——n 天龄期的混凝土抗压强度，MPa；

$\quad\quad\;\; f_{cu,a}$——a 天龄期的混凝土抗压强度，MPa。

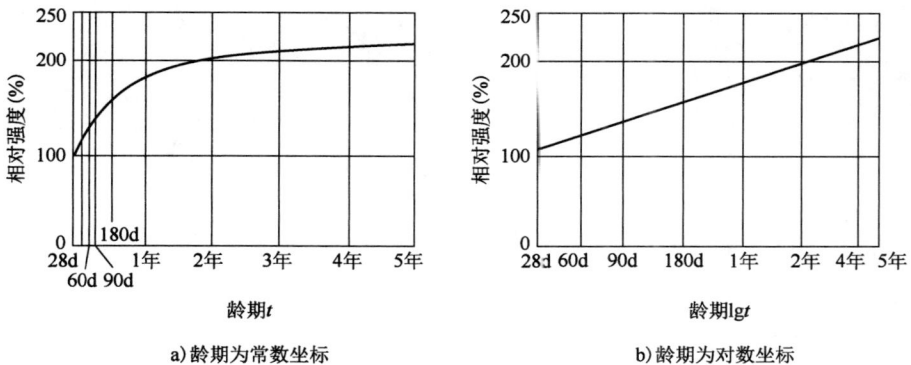

a) 龄期为常数坐标   b) 龄期为对数坐标

图 4-10　混凝土强度与其龄期的对数关系图

（4）试验条件

相同材料组成、制备条件和养护条件制成的混凝土试件，其力学强度取决于试验条件。影响混凝土力学强度的试验条件主要有试件形状与尺寸、试件表面状态与含水程度、试件温度、支承条件和加荷速度等。

（5）施工工艺

施工工艺是确保混凝土结构均匀密实、硬化正常、达到设计强度的基本条件。采用机械搅拌比人工搅拌的拌合物更均匀；采用机械捣固比人工捣固更密实，特别是在拌制低流动性混凝土时效果更明显；而用强制式搅拌机又比自由落体式搅拌机效果更好。施工方式对混凝土抗压强度的影响如图 4-11 所示。施工工艺不妥时，所产生的不良后果如图 4-12 所示。

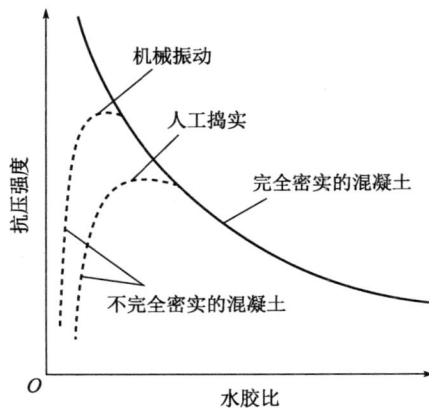

图 4-11　施工方式对混凝土抗压强度的影响

对钢筋混凝土成品保护不到位,混凝土未产生强度即拆模,将混凝土柱角破坏。

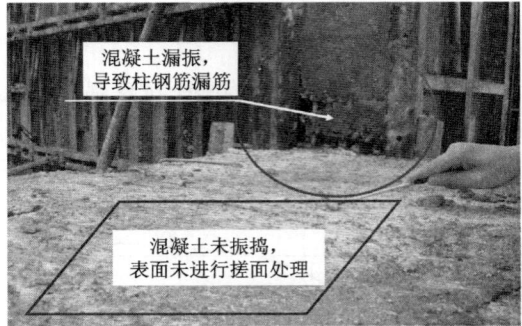

混凝土漏振,导致柱钢筋漏筋

混凝土未振捣,表面未进行搓面处理

图 4-12　钢筋混凝土工程常见的质量问题

2.2.3　硬化后混凝土的变形特性

硬化后水泥混凝土的变形,包括非荷载作用下的化学收缩、干湿变形和温度变形,以及荷载作用下的弹-塑性变形和徐变。

1)非荷载作用下的变形

(1)化学收缩

混凝土拌合物由于水泥水化产物的体积比反应前物质的总体积要小,因而产生收缩,称为化学收缩。这种收缩随龄期的增长而增加,40d 以后渐趋稳定。化学收缩是不能恢复的,一般对结构没有什么影响。

(2)干湿变形

干湿变形主要表现为湿胀干缩。混凝土在干燥空气中硬化时,随着水分的逐渐蒸发,体积也将逐渐发生收缩。如在水中或潮湿条件下养护时,则混凝土的干缩将随之减少或略产生膨胀。混凝土收缩值较膨胀值更大,混凝土的干缩往往是在表面较大,常在表面产生细微裂缝。当干缩变形受到约束时,常会引起构件的翘曲或开裂,影响混凝土构件的耐久性。因此,应通过调节集料级配、增大粗集料的粒径、减少水泥用量、选择适当水泥品种,以及采用振动捣实和早期养护等措施来减少混凝土的干缩。

(3)温度变形

混凝土具有热胀冷缩的性质,温度变化引起的热胀冷缩对大体积及大面积混凝土工程极为不利。因为混凝土是不良导体,水泥水化初期放出的大量热量难以散发,浇筑后大体积混凝土内部温度远远高于外部温度,温差有时可达到 50～70℃,这将使内部混凝土产生显著的体积膨胀,而外部混凝土却随气温降低而冷却收缩。内部膨胀和外部收缩互相制约,将产生很多应力,当外部混凝土所受拉应力一旦超过混凝土当时的极限抗拉强度时,将产生裂缝。因此,对大体积混凝土工程,应设法降低混凝土的发热量,如采用低热水泥、减少水泥用量、采用人工降温等措施。对于纵长的钢筋混凝土结构物,应每隔一段长度设置伸缩缝,并在结构物内配置温度钢筋。

2)荷载作用下的变形

(1)弹-塑性变形与弹性模量

混凝土受短期荷载作用时会呈现为一种弹-塑性体状态,在持续荷载作用下会产生可恢复的弹性变形和不可恢复的塑性变形,其应力与应变关系如图 4-13 所示。

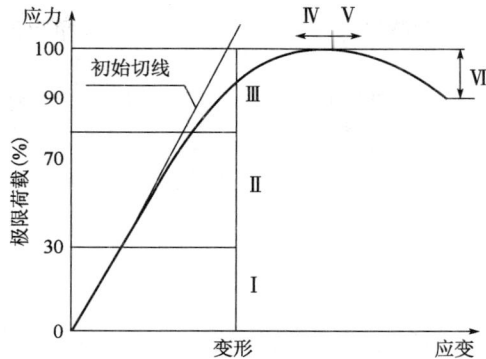

图 4-13　混凝土荷载作用下应力 – 应变关系

Ⅰ-界面裂缝无明显变化；Ⅱ-界面裂缝增长；Ⅲ-出现砂浆裂缝和连续裂缝；Ⅳ-连续裂缝迅速发展；Ⅴ-裂缝缓慢发展；Ⅵ-裂缝迅速发展

在桥梁工程中，以应力为棱柱体极限抗压强度的 40% 时所在割线的弹性模量，作为混凝土的弹性模量。

在道路路面及机场跑道工程中，对水泥混凝土应测定其抗弯拉时的平均弹性模量作为设计参数，取抗弯拉强度 50% 时的加荷割线作为平均弹性模量。

在道路路面工程中，要求混凝土有较高的抗弯拉强度，而且要有较低的抗折弹性模量，以适应混凝土路面承受荷载后出现的较大变形。

（2）徐变

混凝土在持续荷载作用下，随时间增加的变形称为徐变，也称蠕变。徐变是在恒定荷载作用下随着时间的增长而产生的变形，是不可恢复的。徐变初期增长较快，以后逐渐变慢，到一定时期后，一般为 2～3 年，可以稳定下来。

混凝土的徐变与许多因素有关。混凝土水胶比大，龄期短，混凝土内毛细孔数量多，徐变大；荷载作用时，大气湿度小，徐变大；荷载应力大，徐变大；混凝土水泥用量多时，徐变大；集料弹性模量小，徐变大；所受应力大，徐变大。混凝土的徐变可使钢筋的预加应力受到损失，但是，徐变也能使钢筋混凝土部分应力集中，使应力较均匀地分布，对于大体积混凝土，能消除一部分由于温度变形所形成的破坏应力。混凝土的变形与荷载作用时间的关系如图 4-14 所示。

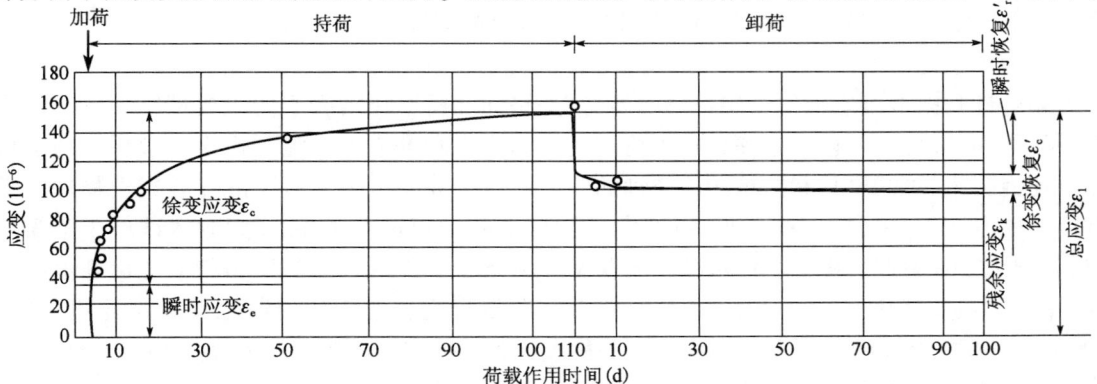

图 4-14　混凝土在荷载作用下变形与荷载作用时间的关系曲线（徐变变形与徐变恢复）

2.2.4　混凝土的耐久性

混凝土的耐久性是指混凝土在使用过程中,长期抵抗内、外部环境介质作用,仍能保持其质量和使用性能的能力,是一项综合技术指标,包括抗渗性、抗冻性、耐磨性、抗硫酸盐侵蚀性、抗碳化性和抗碱集料反应等。混凝土的耐久性直接影响结构物的安全性和使用性能。

1)耐久性的概念

(1)抗渗性

混凝土的抗渗性是指混凝土抵抗液体渗透的能力。它是决定混凝土耐久性的最主要因素,因为环境中各种侵蚀介质均要通过渗透才能进入混凝土内部。混凝土的抗渗性主要与混凝土的密实度和孔隙率及孔隙结构有关。

混凝土的抗渗性以抗渗等级来表示。采用标准养护28d的标准试件,按规定的方法进行试验,以其所能承受的最大水压力来计算。我国《混凝土质量控制标准》(GB 50164—2011)规定:混凝土的抗渗等级分为P4、P6、P8、P10、P12 和 >P12 六个等级,分别表示混凝土能抵抗最大水压为 0.4MPa、0.6MPa、0.8MPa、1.0MPa、1.2MPa 和 >1.2MPa 的水压力而不渗水。

(2)抗冻性

混凝土抗冻性是指混凝土在饱水作用状态下,能经受多次冻融循环作用而不破坏的性能,一般以抗冻等级表示。《普通混凝土长期性能和耐久性能试验方法》(GB/T 50082—2009)规定:混凝土的抗冻试验一般可采用慢冻法和快冻法,而抗冻等级是由快冻法测定的。快冻法是以 100mm × 100mm × 400mm 棱柱体混凝土试件,每组 3 块,经标准养护28d,在吸水饱和后于 (−18 ±2)℃ 和(5 ±2)℃ 条件下快速冻结和融化循环。每隔25 次冻融循环,对试件进行一次横向基频的测试并称重。当冻融至规定循环次数,或相对动弹性模量下降到60% 以下,或试件的质量损失率达5% 时,即可停止试验。

根据混凝土相对动弹性模量下降不超过60%,重量损失率不超过5% 时能够承受的最大的冻融循环次数来划分混凝土的抗冻等级,用符号 F 表示。我国规范《混凝土质量控制标准》(GB 50164—2011)规定:混凝土的抗冻等级分 F50、F100、F150、F200、F250、F300、F350、F400和 >F400 九个等级,分别表示混凝土能经受反复冻融循环次数为 50 次、100 次、150 次、200次、250 次、300 次、350 次、400 次和大于 400 次的冻融循环。

(3)耐磨性

耐磨性是指混凝土抵抗表层损伤的能力,是路面和桥梁用混凝土的重要性能之一。作为高等级路面的水泥混凝土,必须具有抵抗车辆轮胎磨耗和磨光的性能。作为大型桥梁的墩台用水泥混凝土,也需要具有抵抗湍流空蚀的能力。对于混凝土耐磨性评价,《混凝土物理力学性能试验方法》(GB/T 50081—2019)规定:以 150mm × 150mm × 150mm 立方体试件 3 个为一组,养护至27d 龄期后擦干表面水分在实验室环境条件下自然干燥12h,再将磨耗面朝上放入(60 ±5)℃ 的烘箱中烘干至 12h,室温冷却后放在带有花轮磨头的混凝土磨耗试验机上,在200N 的负荷下磨 30 转,取下后刷净浮尘并称重记为试件初始质量 m_1,然后在 200N 的负荷下磨 60 转,取下后刷净浮尘并称重记为 m_2,计算单位面积磨耗量。磨耗量越大,混凝土耐磨性越差。

（4）抗硫酸盐侵蚀性

硫酸盐侵蚀破坏是一个复杂的物理化学过程。其本质是硫酸根离子进入混凝土内部，与水泥石中一些固相组分发生化学反应，生成一些难溶的盐类物质。这些难溶的盐类矿物一方面可生成钙矾石、石膏等膨胀产物而引起混凝土开裂、剥落、解体；另一方面可使硬体水泥石中的某些组分溶出或分解，这种物理破坏是混凝土劣化的主要原因之一。混凝土的抗侵蚀性与所用水泥品种、混凝土密实程度和孔隙特征有关，结构密实或具有封闭孔隙的混凝土，侵蚀介质不易侵入，抗侵蚀性较强。配制混凝土应选用的水泥品种参见表4-1。《普通混凝土长期性能和耐久性能试验方法》（GB/T 50082—2009）规定，抗硫酸盐等级应以混凝土抗压强度耐蚀系数下降到不低于75%时的最大干湿循环次数来确定，并以符号 KS 表示。《混凝土质量控制标准》（GB 50164—2011）规定：混凝土的抗硫酸盐侵蚀等级分 KS30、KS60、KS90、KS120、KS150 和 > KS150 六个等级。

（5）抗碳化性

混凝土碳化是指空气中的 CO_2 与混凝土中的液相碱性物质发生反应，造成混凝土 pH 值下降和混凝土中化学成分改变。在正常的大气环境下，大气中混凝土的碳化从混凝土停止施工养护就可能开始。由于混凝土是一个多孔体，在其内部存在大小不同的毛细管、孔隙、气泡，甚至缺陷，空气中的二氧化碳会由表及里渗透到混凝土的孔隙中，与氢氧化钙反应使混凝土碱度降低，从而使钢筋钝化膜破坏，导致钢筋生锈。要提高混凝土的抗碳化性，应优先选用普通水泥或硅酸盐水泥，选用较小的水灰（胶）比，制成密实的混凝土，其钢筋的保护层厚度也应相应加大。

（6）碱集料反应

碱集料反应是指混凝土中含有 Na^+、K^+、OH^- 的碱溶液与集料中的碱活性矿物发生化学反应，导致混凝土膨胀、开裂和破坏。碱集料反应分为三类：碱-硅酸反应、碱-碳酸盐反应、碱-硅酸盐反应。当碱集料反应发展至膨胀开裂时，混凝土的力学性能明显降低，其中抗压强度降低40%，弹性模量降低尤为显著。碱集料反应在混凝土内部发生后，采用修补加固措施并不能根除碱集料反应的内因，病害仍会继续。碱集料反应发生的初期，混凝土在强度、弹性等性能降低不多的情况下仍能维持工作，当病害发展至无法维持加固时，只能拆除。

例如，当混凝土中所用水泥含有较多的碱，粗集料中又夹杂着活性氧化硅（如蛋白石、玉髓和鳞石英等）时，两者反应结果是在集料表面就生成了复杂的碱-硅酸凝胶，该凝胶是一种有无限膨胀性的（不断吸水则体积不断膨胀）物质，会把水泥石胀裂。

碱集料反应必须具备三个条件：①水泥中碱含量高；②混凝土中的集料含有活性二氧化硅成分；③环境潮湿，有水分存在。为防止碱集料反应的危害，按现行规范规定：①应使用含碱量小于0.6%的水泥或采用抑制碱-集料反应的掺合料；②当使用钾、钠离子的混凝土外加剂时，必须进行专门试验。

2）提高混凝土耐久性的措施

提高混凝土的耐久性应注意合理选择水泥品种，选用良好的砂石材料，改善集料的级配，采用减水剂或加气剂，改善混凝土的施工操作方法，提高混凝土的密实度、强度等。《混凝土结构设计规范（2015 版）》（GB50010—2010）、《公路工程混凝土结构耐久性设计规范》（JTG/T 3310—2019）、《混凝土结构耐久性设计标准》（JTG/T 50476—2019）和《公路钢筋混凝土及预应力混凝土桥涵设计规范》(JTG 3362—2018)规定,混凝土结构的耐久性设计应根据结构所处区域和环境特点,确定环境类别(表4-9),并采用最大水胶比和最小胶凝材料用量作为强度等级的限制,其"最大水胶比"和"最小胶凝材料用量"应符合表4-10和表4-11的规定。

混凝土结构的环境类别　　　　　　　　　　表4-9

环境类别		条件
一		室内干燥环境;无侵蚀性静水浸没环境
二	a	室内潮湿环境;非严寒和非寒冷地区的露天环境;非严寒和非寒冷地区与无侵蚀性的水或土壤直接接触的环境;严寒和寒冷地区的冰冻线以下与无侵蚀性的水或土壤直接接触的环境
	b	干湿交替环境;水位频繁变动环境;严寒和寒冷地区的露天环境;严寒和寒冷地区冰冻线以上与无侵蚀性的水或土壤直接接触的环境
三	a	严寒和寒冷地区冬季水位变动区环境;受除冰盐影响环境;海风环境
	b	盐渍水环境;受除冰盐作用环境;海岸环境
四		海水环境
五		受人为或自然的侵蚀性物质影响的环境

注:1. 室内潮湿环境是指构件表面经常处于结露或湿润状态(湿度大于75%)的环境;
　　2. 严寒和寒冷地区的划分应符合《民用建筑热工设计规范》(GB 50176—2016)的有关规定;
　　3. 海岸环境和海风环境宜根据当地情况,考虑主导风向及结构所处迎风、背风部位等因素的影响,由调查研究和工程经验确定;
　　4. 受除冰盐影响环境是指受到除冰盐盐雾影响的环境;受除冰盐作用环境是指被除冰盐溶液溅射的环境以及使用除冰盐地区的洗车房、停车楼等建筑;
　　5. 暴露的环境是指混凝土结构表面所处的环境。

结构混凝土耐久性的基本要求　　　　　　　　表4-10

环境等级		最大水灰(胶)比	最低强度等级	最大氯离子含量(%)	最大碱含量(kg/m³)
一		0.60	C20	0.30	不限制
二	a	0.55	C25	0.20	3.0
	b	0.50(0.55)	C30(C25)	0.15	
三	a	0.45(0.50)	C35(C30)	0.15	
	b	0.40	C40	0.10	

注:1. 预应力构件混凝土中的氯离子含量不得超过0.06%,最低强度等级应按表中规定提高两个等级。
　　2. 处于严寒和寒冷地区二b、三a类环境中的混凝土应使用引气剂,并可采用括号中的有关参数。

混凝土的最小胶凝材料用量　　　　　　　　　表4-11

最大水胶比	最小胶凝材料用量(kg/m³)		
	素混凝土	钢筋混凝土	预应力混凝土
0.60	250	280	300
0.55	280	300	300
0.50	320		
≤0.45	330		

一般基础设施工程的设计使用年限为 50 年,其材料耐久性应符合表 4-10 的要求;公路混凝土结构要考虑防腐耐久性,重要基础设施工程的设计使用年限为 100 年。

【工程实例 4-4】

20 世纪 80 年代,三北地区的某些机场水泥混凝土道面发生了不同程度的碱-集料反应。道面表面出现树枝状、网状裂缝(龟缝),在集料处膨胀、开裂。

【原因分析】

发生碱-集料反应与长江以北的三北地区水泥含碱量大、盐碱土多和地区气候特征有关,特别是这个时期生产的水泥含碱量大都在 1.2% 以上,有的高达 1.6%,加上高含碱量外加剂的使用,使单位混凝土中的含碱量增大,提供了产生碱集料反应的内在条件。

【防治措施】

(1)选择没有碱活性或碱活性较低的料源。

(2)应尽量使用含碱量小于 0.6% 的低碱水泥。

(3)在混凝土中掺入某些水硬性材料,如粉煤灰、矿渣、硅灰等矿物混合材料。

2.3 普通混凝土的组成设计

2.3.1 概述

混凝土中各组成材料用量之比即为混凝土的配合比。混凝土配合比设计就是根据原材料的性能和对混凝土的技术要求,通过计算和试配调整,确定出满足工程技术经济指标的混凝土各组成材料的用量。

1)配合比的表示方法

水泥混凝土配合比表示方法,有以下两种:

(1)单位用量表示法

以每立方混凝土中各种材料的用量表示。例如,水泥∶矿物掺合料∶细集料∶粗集料∶水 = 264kg∶66kg∶706kg∶1264kg∶150kg。

(2)相对用量表示法

以水泥的质量为 1,并按"水泥∶矿物掺合料∶细集料∶粗集料;水胶比"的顺序排列表示。例如,1∶0.25∶2.67∶4.79;W/B = 0.45。

2)配合比设计的基本要求

混凝土配合比设计,应满足下列 4 项基本要求:

(1)满足结构物设计强度的要求

不论混凝土路面或桥梁,在设计时都会对不同的结构部位提出不同的"设计强度"要求。为了保证结构物的可靠性,应采用一个比设计强度更高的"配制强度",才能满足设计强度的要求。

(2)满足施工工作性的要求

按照结构物断面尺寸和形状、配筋的疏密以及施工方法和设备来确定工作性(坍落度或维勃稠度)。

(3)满足环境耐久性的要求

根据结构物所处环境条件,如严寒地区的路面或桥梁、桥梁墩台处的水位升降范围等,为保证结构的耐久性,在设计混凝土配合比时应考虑允许的"最大水胶比"和"最小胶凝材料用量"。

（4）满足经济性的要求

在保证工程质量的前提下,尽量节约水泥,通过多采用当地材料以及一些替代物(如工业废渣)等措施合理地使用材料,以降低成本。

3）混凝土配合比设计步骤

混凝土配合比设计可按下列步骤进行:

（1）计算"初步配合比"

根据原始资料,按配合比设计方法,计算初步配合比,即水泥:矿物掺合料:细集料:粗集料:水 $= m_{c0}:m_{f0}:m_{s0}:m_{g0}:m_{w0}$。

（2）提出"基准配合比"

根据初步配合比,采用实际施工材料,进行试拌,测定混凝土拌合物的工作性(坍落度或维勃稠度),调整材料用量,提出一个满足工作性要求的"基准配合比",即 $m_{ca}:m_{fa}:m_{sa}:m_{ga}:m_{wa}$。

（3）确定"实验室配合比"

以基准配合比为基础,增加和减少水胶比,拟定几组(通常为3组)适合工作性要求的配合比,通过制备试块、测定强度,确定既符合强度和工作性要求,又较经济的实验室配合比,即 $m_{cb}:m_{fb}:m_{sb}:m_{gb}:m_{wb}$。

（4）换算"施工配合比"

根据工地现场材料的实际含水率,将实验室配合比换算为施工配合比,即 $m_c:m_f:m_s:m_g:m_w$。

2.3.2　普通混凝土配合比设计方法[以抗压强度为指标的计算方法《普通混凝土配合比设计规程》(JGJ 55—2011)]

1）计算初步配合比

（1）确定混凝土的配制强度($f_{cu,0}$)

①当混凝土的设计强度等级小于 C60 时,配制强度应按式(4-6)确定。

$$f_{cu,0} \geq f_{cu,k} + 1.645\sigma \tag{4-6}$$

式中:$f_{cu,0}$——混凝土配制强度,MPa;

　　　$f_{cu,k}$——混凝土立方体抗压强度标准值,取混凝土设计强度等级值,MPa;

　　　σ——混凝土强度标准差,MPa。

②当混凝土的设计强度等级不小于 C60 时,配制强度应按式(4-7)确定。

$$f_{cu,0} \geq 1.15 f_{cu,k} \tag{4-7}$$

③混凝土标准差应按照下列规定确定:

a. 当具有近 1~3 个月的同一品种、同一强度等级混凝土的强度资料,且试件组数不小于 30 时,其混凝土强度标准差 σ 应按式(4-8)计算。

$$\sigma = \sqrt{\frac{\sum_{i=1}^{n} f_{cu,i}^2 - n m_{f_{cu}}^2}{n-1}} \tag{4-8}$$

式中：$f_{cu,i}$——第 i 组的试件强度，MPa；

$m_{f_{cu}}$——n 组试件的强度平均值，MPa；

n——试件组数。

对于强度等级不大于 C30 的混凝土，当混凝土强度标准差计算值不小于 3.0MPa 时，应按式(4-8)的计算结果取值；当混凝土强度标准差计算值小于 3.0MPa 时，应取 3.0MPa。

对于强度等级大于 C30 且小于 C60 的混凝土，当混凝土强度标准差计算值不小于 4.0MPa 时，应按式(4-8)的计算结果取值；当混凝土强度标准差计算值小于 4.0MPa 时，应取 4.0MPa。

b. 当没有近期的同一品种、同一强度等级混凝土强度资料时，其强度标准 σ 可按表 4-12 取值。

混凝土强度标准差值 σ 表 4-12

混凝土强度等级	≤C20	C25 ~ C45	C50 ~ C55
强度标准差取值 σ(MPa)	4.0	5.0	6.0

（2）计算水胶比（W/B）

①当混凝土强度等级小于 C60 时，混凝土水胶比宜按式(4-9)计算。

$$W/B = \frac{\alpha_a f_b}{f_{cu,0} + \alpha_a \alpha_{\jmath} f_b} \qquad (4-9)$$

式中：W/B——混凝土水胶比；

α_a、α_b——回归系数；根据工程所使用的原材料，通过试验建立的水胶比与混凝土强度关系来确定；当不具备试验统计资料时，可按表 4-13 选用；

回归系数 α_a、α_b 的取值 表 4-13

集 料 特 征	α_a	α_b
碎石	0.53	0.20
卵石	0.49	0.13

f_b——胶凝材料 28d 胶砂抗压强度(MPa)，可实测，且试验方法应按标准《水泥胶砂强度检验方法(ISO 法)》(GB/T 17671—2020)执行；无实测值时，可按式(4-10)计算。

$$f_b = \gamma_f \gamma_s f_{ce} \qquad (4-10)$$

式中：γ_f、γ_s——粉煤灰影响系数和粒化高炉矿渣粉影响系数，可按表 4-14 选用；

f_{ce}——水泥 28d 胶砂抗压强度，MPa，可实测；无实测值时，也可按式(4-11)计算。

$$f_{ce} = \gamma_c f_{ce,k} \qquad (4-11)$$

式中：γ_c——水泥强度等级值的富余系数，可按实际统计资料确定；当缺乏实际统计资料时，可按表 4-15 选用；

$f_{ce,k}$——水泥强度等级值，MPa。

粉煤灰影响系数 γ_f 和粒化高炉矿渣影响系数 γ_s 表 4-14

掺量(%)	粉煤灰影响系数 γ_f	粒化高炉矿渣粉影响系数 γ_s
0	1.00	1.00
10	0.90 ~ 0.95	1.00
20	0.80 ~ 0.85	0.95 ~ 1.00
30	0.70 ~ 0.75	0.90 ~ 1.00
40	0.60 ~ 0.65	0.80 ~ 0.90
50	—	0.70 ~ 0.85

水泥强度等级的富余系数 表 4-15

水泥强度等级值	32.5	42.5	52.5
富余系数 γ_c	1.12	1.16	1.10

②按耐久性校核水胶比

按式(4-11)计算所得的水胶比,还应根据混凝土所处环境条件(参见表4-9)、耐久性要求的允许最大水胶比(参见表4-10)进行校核。如计算的水胶比大于耐久性允许的最大水胶比,应采用允许的最大水胶比。

(3)确定单位用水量(m_{w0})

①干硬性或塑性混凝土的用水量(m_{w0})

根据粗集料的品种、粒径及施工要求的混凝土拌合物稠度,每立方米干硬性或塑性混凝土的用水量(m_{w0})应符合下列规定:

a. 混凝土水胶比在0.40 ~ 0.80 范围时,可按表4-16和表4-17选取。

b. 混凝土水胶比小于0.40 时,可通过试验确定。

干硬性混凝土用水量选用表 表 4-16

项目	指标	卵石公称最大粒径(mm)			碎石公称最大粒径(mm)		
		10.0	20.0	40.0	16.0	20.0	40.0
维勃稠度 (S)	16 ~ 20	175	160	145	180	170	155
	11 ~ 15	180	165	150	185	175	160
	5 ~ 10	185	170	155	190	180	165

②掺外加剂时,流动性和大流动性混凝土用水量(m_{w0})

每立方米流动性和大流动性混凝土用水量(m_{w0})可按式(4-12)计算。

$$m_{w0} = m'_{w0}(1 - \beta) \tag{4-12}$$

式中:m_{w0}——计算配合比每立方米混凝土的用水量,kg/m³;

m'_{w0}——未掺外加剂时推定的满足实际坍落度要求的每立方米混凝土用水量(kg/m³),以表4-17中90mm坍落度的用水量为基础,按每增大20mm坍落度相应增加的用水量来计算;

β——外加剂的减水率(%),应经混凝土试验确定。

塑性混凝土用水量选用表　　　　　　　　　　　　　　　　　　表4-17

项目	指标	卵石公称最大粒径(mm)				碎石公称最大粒径(mm)			
		10	20	31.5	40	16	20	31.5	40
坍落度 (mm)	10～30	190	170	160	150	200	185	175	165
	35～50	200	180	170	160	210	195	185	175
	55～70	210	190	180	170	220	205	195	185
	75～90	215	195	185	175	230	215	205	195

注:1. 本表用水量系采用中砂时的取值。采用细砂时,每立方米混凝土用水量可增加5～10kg;采用粗砂时,可减少5～10kg。

　　2. 掺用矿物掺合料和外加剂时,用水量应相应调整。

(4)计算胶凝材料用量(m_{b0})、矿物掺合料用量(m_{f0})、水泥用量(m_{c0})和外加剂用量(m_{a0})

①每立方米混凝土的胶凝材料用量(m_{b0})

$$m_{b0} = \frac{m_{w0}}{W/B} \tag{4-13}$$

式中:m_{b0}——计算配合比每立方米混凝土中胶凝材料用量,kg/m³;

　　　m_{w0}——计算配合比每立方米混凝土中的用水量,kg/m³;

　　　W/B——混凝土水胶比。

按耐久性要求校核单位胶凝材料用量。根据耐久性要求,混凝土的最小胶凝材料用量要依混凝土结构的环境类别、混凝土材料耐久性的基本要求确定。按强度要求由式(4-14)计算得的单位胶凝材料用量,应不低于表4-11规定的最小胶凝材料用量。

②每立方米混凝土的矿物掺合料用量(m_{f0})

$$m_{f0} = m_{b0}\beta_f \tag{4-14}$$

式中:m_{f0}——计算配合比每立方米混凝土中矿物掺合料用量,kg/m³;

　　　β_f——矿物掺合料掺量,%,可结合矿物掺合料和水胶比的相关规定确定。

③每立方米混凝土的水泥用量(m_{c0})

$$m_{c0} = m_{b0} - m_{f0} \tag{4-15}$$

式中:m_{c0}——计算配合比每立方米混凝土中水泥用量,kg/m³。

④每立方米混凝土的外加剂用量(m_{a0})

$$m_{a0} = m_{b0}\beta_a \tag{4-16}$$

式中:m_{a0}——计算配合比每立方米混凝土中外加剂用量,kg/m³;

　　　m_{b0}——计算配合比每立方米混凝土中胶凝材料用量,kg/m³;

　　　β_a——外加剂掺量,%,应经混凝土试验确定。

(5)选定砂率(β_s)

当无历史资料可参考时,混凝土砂率的确定应符合下列规定:

①坍落度小于10mm的混凝土,其砂率应经试验确定。

②坍落度为10～60mm的混凝土,其砂率可根据粗集料品种、公称最大粒径及水胶比按表4-18选取。

③坍落度大于60mm的混凝土,其砂率可按经验确定,也可在表4-18的基础上,按坍落度

每增大 20mm、砂率增大 1% 的幅度予以调整。

混凝土的砂率值

表 4-18

水灰比 W/C	卵石公称最大粒径（mm）			碎石公称最大粒径（mm）		
	10	20	40	16	20	40
0.40	26～32	25～31	24～30	30～35	29～34	27～32
0.50	30～35	28～33	28～33	33～38	32～37	30～35
0.60	33～38	32～37	31～36	36～41	35～40	33～38
0.70	36～41	33～40	34～39	39～44	38～43	36～41

注：1. 表中数值系中砂选用的砂率。对细砂或者粗砂可相应地减少或增大砂率。

2. 采用人工砂配制混凝土时，砂率可适当增大。

3. 只用一个粒级粗集料配制混凝土时，砂率应适当增大。

4. 对薄壁构件，砂率取偏大值。

（6）计算粗、细集料用量（m_{g0}、m_{s0}）

①质量法。计算混凝土配合比时，粗、细集料用量可按式（4-17）计算。

$$\begin{cases} m_{f0} + m_{c0} + m_{g0} + m_{s0} + m_{w0} = m_{cp} \\ \beta_s = \dfrac{m_{s0}}{m_{g0} + m_{s0}} \times 100\% \end{cases} \tag{4-17}$$

式中：m_{g0}——计算配合比每立方米混凝土的粗集料用量，kg/m³；

m_{s0}——计算配合比每立方米混凝土的细集料用量，kg/m³；

β_s——砂率，%；

m_{cp}——每立方米混凝土拌合物的假定质量，kg，可取 2350～2450kg/m³。

②体积法。计算混凝土配合比时，粗、细集料用量可按式（4-18）计算。

$$\begin{cases} \dfrac{m_{c0}}{\rho_c} + \dfrac{m_{f0}}{\rho_f} + \dfrac{m_{g0}}{\rho_g} + \dfrac{m_{s0}}{\rho_s} + \dfrac{m_{w0}}{\rho_w} + 0.01\alpha = 1 \\ \beta_s = \dfrac{m_{s0}}{m_{g0} + m_{s0}} \times 100\% \end{cases} \tag{4-18}$$

式中：ρ_c——水泥密度，kg/m³，可取 2900～3100kg/m³；

ρ_f——矿物掺合料密度，kg/m³；

ρ_g——粗集料的表观密度，kg/m³；

ρ_s——细集料的表观密度，kg/m³；

ρ_w——水的密度，kg/m³，可取 1000kg/m³；

α——混凝土的含气量百分数，在不使用引气型外加剂时，α 可取 1。

在实际工作中，混凝土配合比设计通常采用质量法。混凝土配合比设计也允许采用体积法，可视具体技术需要选用。与质量法比较，体积法需要测定水泥和矿物掺合料的密度以及粗、细集料的表观密度等，对技术条件要求略高。

（7）写出初步配合比

水泥∶矿物掺合料∶细集料∶粗集料∶水 = m_{c0}∶m_{f0}∶m_{s0}∶m_{g0}∶m_{w0}。

2）试配、调整提出基准配合比

（1）试配

①试配材料要求。试配混凝土所用的各种原材料要与实际工程使用的材料相同。配合比设计采用的细集料含水率应小于0.5%，粗集料含水率应小于0.2%。

②搅拌方法和拌合物数量。混凝土的搅拌方法应尽量与生产时使用的方法相同。试配时，每盘混凝土的最小搅拌量应符合表4-19的规定。采用机械搅拌时，其搅拌量应不小于搅拌机公称容量的1/4且不应大于搅拌机的公称容量。

混凝土试配的最小搅拌量 表4-19

粗集料公称最大粒径（mm）	最小搅拌的拌合物数量（L）
≤31.5	20
40.0	25

（2）校核工作性，确定基准配合比

按计算出的初步配合比进行试配时，要校核混凝土拌合物的工作性。如试拌得出的拌合物的坍落度（或维勃稠度）不能满足要求，或黏聚性和保水性性能不好时，应在保证水胶比不变的条件下相应调整用水量或砂率，直到符合要求为止。然后提供混凝土强度校核用的"基准配合比"，即 $m_{ca}:m_{fa}:m_{sa}:m_{ga}:m_{wa}$。

3）检验强度，确定实验室配合比

（1）制作试件、检验强度

为校核混凝土的强度，应至少拟定3个不同的配合比。当采用三个不同的配合比时，其中一个为按上述试验得出的基准配合比，另外两个配合比的水胶比值，应较基准配合比分别增加及减少0.05，其用水量应与基准配合比相同，砂率可分别增加及减少1%。

制作检验混凝土强度试验的试件时，应检验混凝土拌合物的坍落度（或维勃稠度）、黏聚性、保水性及拌合物的表观密度，并以此结果表征该配合比的混凝土拌合物的性能。

为检验混凝土强度，每个配合比至少制作一组（三块）试件，在标准养护28d条件下进行抗压强度测试。有条件的单位可同时制作几组试件，供快速检验或较早龄期（3d、7d等）时的抗压强度测试，以便尽早提出混凝土配合比供施工使用，但必须以标准养护28d强度的检验结果为依据调整配合比。

（2）确定实验室配合比

根据"强度"检验结果和"湿表观密度"测定结果，进一步修正配合比，即可得到"实验室配合比设计值"。

①根据强度检验结果修正配合比

a. 确定用水量（m_{wb}）。取基准配合比中的用水量（m_{wa}），并根据强度检验中试件测得的坍落度（或维勃稠度）值加以适当调整确定。

b. 确定胶凝材料用量（m_{cb}），取用水量乘以由"强度-胶水比"关系定出的为达到配制强度（$f_{cu,0}$）所必需的胶水比值。

c. 确定粗、细集料用量（m_{gb}和m_{sb}）。应在用水量和胶凝材料用量的基础上，进行相应的调整。取基准配合比中的砂、石量，并按定出的水胶比做适当调整。

②根据实测混凝土拌合物表观密度校正配合比

a. 根据强度检验结果校正后定出的混凝土配合比,按式(4-19)计算出混凝土拌合物表观密度计算值($\rho_{c,c}$),即

$$\rho_{c,c} = m_{cb} + m_{fb} + m_{wb} + m_{sb} + m_{gb} \tag{4-19}$$

b. 将混凝土拌合物的表观密度实测值($\rho_{c,t}$)除以混凝土拌合物表观密度计算值($\rho_{c,c}$)得出"校正系数"δ,即

$$\delta = \frac{\rho_{c,t}}{\rho_{c,c}} \tag{4-20}$$

c. 当混凝土拌合物表观密度实测值与计算值之差的绝对值不超过计算值的 2% 时,则 $m_{cb} : m_{fb} : m_{sb} : m_{gb} : m_{wb}$ 的比值即为确定的实验室配合比;当两者之差超过 2% 时,应将配合比中每项材料用量均乘以校正系数 δ,即得最终确定的实验室配合比设计值。

$$\begin{cases} m'_{cb} = m_{cb} \cdot \delta \\ m'_{fb} = m_{fb} \cdot \delta \\ m'_{wb} = m_{wb} \cdot \delta \\ m'_{sb} = m_{sb} \cdot \delta \\ m'_{gb} = m_{gb} \cdot \delta \end{cases} \tag{4-21}$$

即:$m'_{cb} : m'_{fb} : m'_{sb} : m'_{gb} : m'_{wb}$ 为最终实验室配合比。

4)换算施工配合比

实验室最后确定的配合比,是按干燥状态的集料计算的。而施工现场的砂石材料为露天堆放,都有一定的含水率。因此,在施工现场应根据现场砂、石的实际含水率,将实验室配合比换算为施工配合比。

设施工现场实测砂、石含水率分别为 $a\%$、$b\%$,则施工配合比的各种材料单位用量为:

水泥 $\qquad\qquad\qquad m_c = m'_{cb}$

矿物掺合料 $\qquad\qquad m_f = m'_{fb}$

细集料 $\qquad\qquad\qquad m_s = m'_{sb}(1 + a\%)$

粗集料 $\qquad\qquad\qquad m_g = m'_{gb}(1 + b\%)$

水 $\qquad\qquad\qquad\quad m_w = m'_{wb} - (m'_{sb} \cdot a\% + m'_{gb} \cdot b\%)$

施工配合比为:水泥:矿物掺合料:细集料:粗集料:水 $= m_c : m_f : m_s : m_g : m_w$。

【工程实例 4-5】

设计水泥混凝土配合比,原始资料如下:

某 T 形梁钢筋混凝土结构,混凝土强度等级 C30,混凝土强度标准差 $\sigma = 4.0$ MPa,要求混凝土坍落度为 40~60mm,现场机械搅拌,机械振捣成型,根据施工单位管理水平和历史统计资料,所使用原材料如下:

水泥:普通硅酸盐水泥 32.5 级,密度 3.10g/cm³,水泥富余系数 1.12;

砂:河砂 $M_x = 2.4$,属 Ⅱ 区级配,表观密度 2.65g/cm³;

石子:碎石公称最大粒径 40.0mm,级配良好,表观密度 2.70g/cm³;

粉煤灰：粉煤灰为Ⅱ级，表现密度2.20g/cm³，掺量 $\beta_f = 20\%$；

外加剂：外加剂为减水剂，掺量 $\beta_a = 0.5\%$，减水率 $\beta = 8\%$；

水：自来水。

【设计要求】

（1）按本题所给的资料计算混凝土初步配合比。

（2）按初步配合比在实验室进行调整得出实验室配合比，

（3）按提供的现场砂石材料的含水率计算施工配合比。

【设计步骤】

1）计算初步配合比（$f_{cu,0}$）

（1）计算混凝土配制强度

由题意已知：设计要求强度标准值 $f_{cu,k} = 30$MPa，强度标准差计算值为4.0MPa。按式（4-6），混凝土配制强度为：

$$f_{cu,0} = f_{cu,k} + 1.645\sigma = 30 + 1.645 \times 4.0 = 36.58(\text{MPa})$$

（2）计算混凝土水胶比（W/B）

①按强度要求计算水胶比

计算胶凝材料强度。由题意已知采用Ⅱ级粉煤灰，掺量为20%，查表4-14得粉煤灰影响系数 $\gamma_f = 0.85$，粒化高炉矿渣粉影响系数 $\gamma_s = 1.00$，再根据式（4-11）计算水泥实际影响强度 f_{ce} 为：

$$f_{ce} = \gamma_c \times f_{ce,k} = 1.12 \times 32.5 = 36.4(\text{MPa})$$

代入式（4-10）计算胶凝材料的强度 f_b 为：

$$f_b = \gamma_f \times \gamma_s \times f_{ce} = 0.85 \times 1.00 \times 36.4 = 30.94(\text{MPa})$$

计算混凝土水胶比。已知混凝土配制强度 $f_{cu,0} = 36.58$MPa，胶凝材料强度 $f_b = 30.94$MPa。无混凝土强度回归系数统计资料，查表4-13，碎石 $\alpha_a = 0.53$，$\alpha_b = 0.20$。按式（4-9）计算水胶比：

$$W/B = \frac{\alpha_a \times f_b}{f_{cu,0} + \alpha_a \times \alpha_b \times f_b} = \frac{0.53 \times 30.94}{36.58 + 0.53 \times 0.20 \times 30.94} = 0.41$$

②按耐久性校核水胶比

根据混凝土所处环境条件，查表4-10可知计算水胶比0.41，符合耐久性要求，采用计算水胶比0.41。

（3）计算掺外加剂后的单位用水量（m_{w0}）

①由题意已知，要求混凝土拌合物坍落度为40~60mm，碎石公称最大粒径为40.0mm。查表4-17可知，混凝土水胶比在0.40~0.80范围时，根据碎石最大粒径40mm的塑性混凝土，坍落度为35~50mm时，用水量为175kg；坍落度为55~70mm时，用水量为185kg。用内插法计算并选用未掺外加剂时的混凝土用水量：$m'_{w0} = 178.8$kg。

②已知掺加0.5%的减水剂，减水率为8%，则掺减水剂后的混凝土用水量 m_{w0} 按式（4-12）计算为：

$$m_{w0} = m'_{w0} \times (1 - \beta) = 178.8 \times (1 - 8\%) = 164.5(\text{kg/m}^3)$$

（4）计算胶凝材料、矿物掺合料、水泥用量和减水剂用量

①计算每立方米混凝土的胶凝材料用量（m_{b0}）

已知混凝土单位用水量 $m_{w0}=164.5\text{kg/m}^3$，水胶比 $W/B=0.41$，按式（4-13）计算每立方米混凝土胶凝材料用量为：

$$m_{b0}=\frac{m_{w0}}{W/B}=\frac{164.5}{0.41}=401.2\ (\text{kg/m}^3)$$

[**校核**]：按耐久性要求校核单位胶凝材料用量。按题意，已知混凝土所处环境条件属室内干燥环境，根据耐久性要求，查表4-10，混凝土的最小胶凝材料用量为 280kg/m^3。按强度计算每立方米混凝土胶凝材料用量为 401.2kg/m^3，符合耐久性要求。

②计算每立方米混凝土粉煤灰用量（m_{f0}）

由题意已知，粉煤灰的掺量为 20%，代入式（4-14）计算得：

$$m_{f0}=m_{b0}\times\beta_f=401.2\times20\%=80.24(\text{kg/m}^3)$$

③每立方米混凝土的水泥用量（m_{c0}），按式（4-11）计算：

$$m_{c0}=m_{b0}-m_{f0}=401.2-80.24=320.96(\text{kg/m}^3)$$

[**校核**]：混凝土最小水泥用量的限值（表4-11），钢筋混凝土最小水泥用量为280kg，计算值满足要求。

④确定混凝土中减水剂用量（m_{a0}）

由题意已知，每立方米混凝土中减水剂的掺量为 0.5%，按式（4-16）计算：

$$m_{a0}=m_{b0}\times\beta_a=401.2\times0.5\%=2.0(\text{kg/m}^3)$$

（5）确定砂率值（β_s）

由前已知，集料采用碎石的公称最大粒径为 40.0mm，水胶比 $W/B=0.41$。查表4-18，选定混凝土砂率：$\beta_s=32\%$。

（6）计算粗、细集料用量（m_{g0}、m_{s0}）

①质量法

已知：每立方米混凝土的水泥用量 $m_{c0}=320.96\text{kg/m}^3$，粉煤灰用量 $m_{f0}=80.24\text{kg/m}^3$，用水量 $m_{w0}=164.5\text{kg/m}^3$，混凝土拌合物假定质量 $m_{cp}=2400\text{kg/m}^3$，砂率 $\beta_s=32\%$。

应按式（4-17）计算粗、细集料用量 m_{g0}、m_{s0}。

$$\begin{cases} m_{c0}+m_{f0}+m_{g0}+m_{s0}+m_{w0}=m_{cp} \\ \beta_s=\dfrac{m_{s0}}{m_{s0}+m_{g0}}\times100\% \end{cases}$$

解得：砂用量 $m_{s0}=587\text{kg/m}^3$，碎石用量 $m_{g0}=1247.4\text{kg/m}^3$。

按质量法计算得初步配合比：

$$m_{c0}:m_{f0}:m_{s0}:m_{g0}:m_{w0}=320.96:80.24:587:1247.4:164.5$$

②体积法

已知：水泥密度 $\rho_c=3100\text{kg/m}^3$，粉煤灰密度 $\rho_f=2200\text{kg/m}^3$，砂表观密度 $\rho_s=2650\text{kg/m}^3$，碎石表观密度 $\rho_g=2700\text{kg/m}^3$，由于采用非引气混凝土，因此 $\alpha=1$，由式（4-18）得：

$$\begin{cases} \dfrac{m_{c0}}{\rho_c} + \dfrac{m_{f0}}{\rho_f} + \dfrac{m_{s0}}{\rho_s} + \dfrac{m_{g0}}{\rho_g} + \dfrac{m_{w0}}{\rho_w} + 0.01\alpha = 1 \\[3mm] \beta_s = \dfrac{m_{s0}}{m_{s0} + m_{g0}} \times 100\% \end{cases}$$

解得:砂用量 $m_{s0} = 588.8 \text{kg/m}^3$,碎石用量 $m_{g0} = 1251.1 \text{kg/m}^3$

按体积法计算得初步配合比:

$m_{c0} : m_{f0} : m_{s0} : m_{g0} : m_{w0} = 320.96 : 80.24 : 588.8 : 1251.1 : 164.5$(水胶比 $= 0.41$)

2)调整工作性,提出基准配合比

(1)计算试拌材料用量

按计算初步配合比(以体积法计算结果为例),试拌 25L 混凝土拌合物,各种材料用量:

水泥:$320.96 \times 0.025 = 8.024 (\text{kg})$

粉煤灰:$80.24 \times 0.025 = 2.01 (\text{kg})$

砂:$588.8 \times 0.025 = 14.72 (\text{kg})$

碎石:$1251.1 \times 0.025 = 31.28 (\text{kg})$

水:$164.5 \times 0.025 = 4.11 (\text{kg})$

(2)调整工作性

按计算材料用量拌制混凝土拌合物,测定其坍落度为 20mm,未满足题给的施工和易性要求。为此,保持水胶比不变,增加 5% 的水和胶凝材料用量。再经拌和测得坍落度为 50mm,黏聚性和保水性亦良好,满足施工和易性要求。此时,混凝土拌合物各组成材料实际用量为:

水泥:$m_{ca} = 8.024 \times (1 + 5\%) = 8.43 (\text{kg})$

粉煤灰:$m_{fa} = 2.01 \times (1 + 5\%) = 2.11 (\text{kg})$

砂:$m_{sa} = 14.72 (\text{kg})$

碎石:$m_{ga} = 31.28 (\text{kg})$

水:$m_{wa} = 4.11 \times (1 + 5\%) = 4.32 (\text{kg})$

(3)提出基准配合比

调整工作性后,混凝土拌合物的基准配合比为:

$m_{ca} : m_{fa} : m_{sa} : m_{ga} : m_{wa} = 337.2 : 84.4 : 588.8 : 1251.1 : 172.8$(水胶比 $= 0.51$)

3)检验强度,测定实验室配合比

(1)检验强度

根据题意,以水胶比 0.41 为基准,采用相差 0.05 的水胶比制成三组试件,分别为 $(W/B)_A = 0.36$,$(W/B)_B = 0.41$,$(W/B)_C = 0.46$,分别拌制三组混凝土拌合物。砂、碎石用量不变,基准用水量亦保持不变。除基准配合比一组外,其他两组亦经测定坍落度并观察其黏聚性和保水性均满足要求。

三组配合比经拌制成型,在标准条件养护 28d 后,按规定方法测定其标准立方体抗压强度值,见表 4-20。根据上表试验结果,绘制混凝土 28d 立方体抗压强度($f_{cu,28}$)与胶水比(B/W)关系图 4-15。由图可知,混凝土配制强度 $f_{cu,0} = 36.58 \text{MPa}$ 的胶水比 $B/W = 2.33$,即水胶比为 0.43。

组　　号	水　胶　比	胶　水　比	强　度　值
A	0.36	2.78	45.5
B	0.41	2.44	38.0
C	0.46	2.17	30.2

不同水胶比的强度值　　　　　　　　　　表4-20

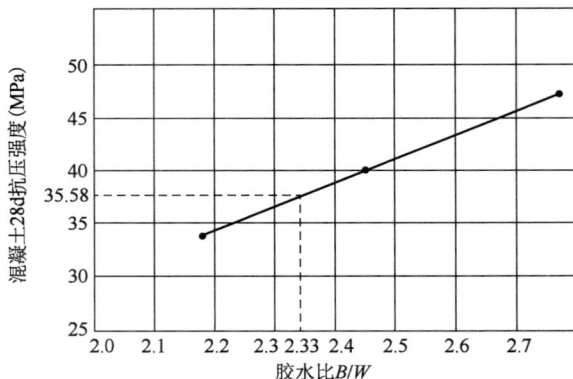

图4-15　混凝土28d抗压强度与水胶比关系曲

（2）确定实验室配合比

①按强度试验结果修正配合比，各材料用量为：

用水量：$m_{wb} = 164.5 (kg/m^3)$

胶凝材料用量：$m_{bb} = 164.5 \div 0.43 = 382.56 (kg/m^3)$

粉煤灰用量：$m_{fb} = 382.56 \times 0.20 = 76.51 (kg/m^3)$

水泥用量：$m_{cb} = 382.56 - 76.51 = 306.05 (kg/m^3)$

砂、石用量根据下式按体积法计算：

$$\begin{cases} \dfrac{m_{cb}}{\rho_c} + \dfrac{m_{fb}}{\rho_f} + \dfrac{m_{sb}}{\rho_s} + \dfrac{m_{gb}}{\rho_g} + \dfrac{m_{wb}}{\rho_w} + 0.01\alpha = 1 \\ \beta_s = \dfrac{m_{sb}}{m_{sb} + m_{gb}} \times 100\% \end{cases}$$

解得：砂用量 $m_{sb} = 594.27 kg/m^3$，碎石用量 $m_{gb} = 1262.83 kg/m^3$

按体积法计算得配合比：

$m_{cb} : m_{fb} : m_{sb} : m_{gb} : m_{wb} = 306.05 : 76.51 : 594.27 : 1262.83 : 164.5$

②混凝土表观密度计算值：

$\rho_{c,c} = 306.05 + 76.51 + 594.27 + 1262.83 + 164.5 = 2404.16 (kg/m^3)$

实测表观密度：$\rho_{c,t} = 2450 kg/m^3$

修正系数：$\delta = \dfrac{\rho_{c,t}}{\rho_{c,t}} = \dfrac{2455}{2404.16} = 1.02$

因为混凝土拌合物表观密度实测值与计算值之差的绝对值超过计算值的2%（为2.1%），则按实测表观密度校正各种材料的用量。

水泥用量：$m'_{cb} = 306.05 \times 1.02 = 312.2(\text{kg/m}^3)$

粉煤灰用量：$m'_{fb} = 76.51 \times 1.02 = 78.0(\text{kg/m}^3)$

用水量：$m'_{wb} = 164.5 \times 1.02 = 167.8(\text{kg/m}^3)$

砂用量：$m'_{sb} = 594.27 \times 1.02 = 606.2(\text{kg/m}^3)$

碎石用量：$m'_{gb} = 1262.83 \times 1.02 = 1288.1(\text{kg/m}^3)$

因此，实验室配合比为：$m'_{cb}:m'_{fb}:m'_{wb}:m'_{sb}:m'_{gb} = 313.2:78.0:167.8:606.2:1288.1$

换算施工配合比。根据工地现场实测，砂的含水率 $w_s = 2\%$，碎石的含水率 $w_g = 1\%$，各种材料的用量为：

水泥用量：$m_c = 313.2\text{kg/m}^3$

粉煤灰用量：$m_f = 78.0\text{kg/m}^3$

用水量：$m_w = 167.8 - (606.2 \times 2\% + 1288.1 \times 1\%) = 142.8(\text{kg/m}^3)$

砂用量：$m_s = 606.2 \times (1 + 2\%) = 618.3(\text{kg/m}^3)$

碎石用量：$m_g = 1288.1 \times (1 + 1\%) = 1301.0(\text{kg/m}^3)$

施工配合比为 $m_c:m_f:m_w:m_s:m_g = 313.2:78.0:142.:618.3:1301.0$

【思考拓展 4-1】

如果粗集料碎石的最大粒径为 31.5mm，应该如何计算呢？

2.4 普通混凝土的质量评定

1）混凝土质量的评价方法

混凝土的质量一般以立方体抗压强度来评定，为此，必须有足够数量的混凝土试验值来反映混凝土总体的质量。根据《混凝土强度检验评定标准》（GB/T 50107—2010）规定混凝土强度的评价方法如下：

（1）统计方法

①已知标准差方法

当连续生产的混凝土，生产条件在较长时间内能保持一致，且同一品种、同一强度等级混凝土的强度变异性能保持稳定时，应由连续的三组试件代表一个检验批。其强度应同时符合式（4-22）、式（4-23）和式（4-24）或式（4-25）的要求。

$$m_{f_{cu}} \geqslant f_{cu,k} + 0.7\sigma_0 \tag{4-22}$$

$$f_{cu,min} \geqslant f_{cu,k} - 0.7\sigma_0 \tag{4-23}$$

当混凝土强度等级不高于 C20 时，其强度最小值尚应满足式（4-24）的要求：

$$f_{cu,min} \geqslant 0.85f_{cu,k} \tag{4-24}$$

当混凝土强度等级高于 C20 时，其强度最小值尚应满足式（4-25）的要求：

$$f_{cu,min} \geqslant 0.90f_{cu,k} \tag{4-25}$$

式中:$m_{f_{cu}}$——同一检验批混凝土立方体抗压强度的平均值,MPa,精确到 0.1MPa;

$\quad\quad\ f_{cu,k}$——混凝土立方体抗压强度标准值,MPa,精确到 0.1MPa;

$\quad\quad f_{cu,min}$——同一检验批混凝土立方体抗压强度的最小值,MPa,精确到 0.1MPa;

$\quad\quad\ \sigma_0$——检验批混凝土立方体抗压强度的标准差,MPa,精确到 0.1MPa,按式(4-26)计算。当计算值小于 2.5MPa 时,取 2.5MPa。

$$\sigma_0 = \sqrt{\frac{\sum\limits_{i=1}^{n} f_{cu,i}^2 - nm_{f_{cu}}^2}{n-1}} \tag{4-26}$$

式中:$f_{cu,i}$——前一检验期内同一品种、同一强度等级的第 i 组混凝土试件的立方体抗压强度代表值(MPa),精确到 0.1MPa,该检验期不得少于 60d,也不得大于 90d;

$\quad\quad\ n$——前一检验期内的样本容量,在该期内样本容量不得少于 45。

②未知标准差方法

当混凝土生产条件不能满足前述规定,或在前一个检验期内的同一品种混凝土没有足够的数据用以确定检验批混凝土强度的标准差时,应由不少于 10 组的试件代表一个检验批,其强度应同时符合式(4-27)和式(4-28)的要求。

$$m_{f_{cu}} \geqslant f_{cu,k} + \lambda_1 \cdot S_{f_{cu}} \tag{4-27}$$

$$f_{cu,min} \geqslant \lambda_2 \cdot f_{cu,k} \tag{4-28}$$

式中:λ_1、λ_2——合格判定系数,按表 4-21 取用。

$\quad\quad\ S_{f_{cu}}$——同一检验批混凝土立方体抗压强度标准差,MPa,精确到 0.1MPa,可按式(4-29)计算,当计算值小于 2.5MPa 时,取 2.5MPa。

$$S_{f_{cu}} = \sqrt{\frac{\sum\limits_{i=1}^{n} f_{cu,i}^2 - nm_{f_{cu}}^2}{n-1}} \tag{4-29}$$

式中:n——本检验期内的样本容量。

合格判定系数 λ_1 和 λ_2 的取值 表 4-21

试件组类	10 ~ 14	15 ~ 19	≥20
λ_1	1.15	1.05	0.95
λ_2	0.90	0.85	

(2)非统计方法

对零星生产的预期构件的混凝土或现场搅拌批量不大(样本容量小于 10 组)的混凝土,按非统计方法评定混凝土强度。其强度应同时满足式(4-30)和式(4-31)的要求。

$$m_{f_{cu}} \geqslant \lambda_3 \cdot f_{cu,k} \tag{4-30}$$

$$m_{f_{cu},min} \geqslant \lambda_4 \cdot f_{cu,k} \tag{4-31}$$

式中:λ_3、λ_4——合格判定系数,按表 4-22 选用。

合格判定系数 λ_3 和 λ_4 的取值 表 4-22

混凝土强度等级	< C60	≥C60
λ_3	1.15	1.10
λ_4	0.95	

2)混凝土强度的合格性评定

当检验结果满足统计方法评定或非统计方法评定的各项规定时,则该批混凝土强度评定为合格;当不能满足上述规定时,则该批混凝土强度评定为不合格。

模块三 路面混凝土

路面水泥混凝土是指满足混凝土路面摊铺工作性(和易性)、弯拉强度、耐久性与经济性要求的水泥混凝土。

由于路面水泥混凝土直接承受车辆荷载的作用,其组成材料配合比设计的选择标准应根据路面的交通等级确定。《公路水泥混凝土路面设计规范》(JTG D40—2011)按设计基准期内设计车道所承受的设计轴载累计作用次数,将路面所承受的交通轴载作用分为五级,分级范围见表4-23。

交 通 荷 载 分 级   表4-23

交通荷载等级	极重	特重	重	中	轻
设计基准期内设计车道承受设计轴载 (100kN)累计作用次数 $N_e(10^4)$	$>1 \times 10^6$	$1 \times 10^6 \sim 2000$	2000~100	100~3	<3

3.1 路面水泥混凝土的组成材料

1)水泥

水泥是路面水泥混凝土的重要组成材料,其直接影响混凝土的强度、早期干缩、温度变形和抗磨性。对于极重、特重、重交通荷载等级公路面层水泥混凝土,应采用旋窑生产的道路硅酸盐水泥、硅酸盐水泥、普通硅酸盐水泥;中、轻交通荷载等级公路面层水泥混凝土,可采用矿渣硅酸盐水泥。高温期施工宜采用普通型水泥,低温期施工宜采用早强型水泥。

《公路水泥混凝土路面施工技术细则》(JTG/T F30—2014)规定:路面水泥混凝土所用水泥的技术要求除应满足《道路硅酸盐水泥》(GB/T 13693—2017)或《通用硅酸盐水泥》(GB 175—2007)的规定外,各龄期的实测抗折强度、抗压强度应满足表4-24的规定。

路面水泥混凝土用水泥各龄期的实测强度值   表4-24

混凝土设计弯拉强度标准值(MPa)	5.5①		5.0		4.5		4.0		试验方法
龄期(d)	3	28	3	28	3	28	3	28	—
水泥实测抗折强度(MPa),≥	5.0	8.0	4.5	7.5	4.0	7.0	3.0	6.5	GB/T 17671—1999
水泥实测抗压强度(MPa),≥	23.0	52.5	17.0	42.5	17.0	42.5	10.0	32.5	

注:①本栏也适用于设计弯拉强度为6.0MPa的纤维混凝土。

2)掺合料

使用道路硅酸盐水泥或硅酸盐水泥时,可在混凝土中掺入适量的粉煤灰;使用其他水泥时,不应掺入粉煤灰。

面层水泥混凝土可单独或复配掺用符合《公路水泥混凝土路面施工技术细则》(JTG/T F30—2014)规定的粉状低钙粉煤灰、矿渣粉或硅灰等掺合料,不得掺用结块或潮湿的粉煤灰、矿渣粉和硅灰。粉煤灰质量不应低于表4-5中的Ⅱ级粉煤灰的要求。不得掺用高钙粉煤灰或Ⅲ级及Ⅲ级以下低钙粉煤灰。粉煤灰进货应有等级检验报告。

掺加于面层水泥混凝土中的矿渣粉硅灰,其质量应符合《公路水泥混凝土路面施工技术细则》(JTG/T F30—2014)的规定。使用矿渣硅酸盐水泥时不得再掺加矿渣粉。高温期施工时,不宜掺用硅灰。

各种掺合料在使用前,应进行混凝土配合比试配检验与掺量优化试验,确认面层水泥混凝土弯拉强度、工作性、抗磨性、抗冰冻性、抗盐冻性等指标满足设计要求。

3)粗集料与再生粗集料

(1)质量要求

粗集料应使用质地坚硬、耐久、洁净的碎石、破碎卵石和卵石。极重、特重、重交通荷载等级公路面层水泥混凝土用粗集料质量不应低于表4-25中Ⅱ级的要求;中、轻交通荷载等级公路面层水泥混凝土用粗集料可使用Ⅲ级粗集料。

碎石、破碎卵石和卵石质量标准   表4-25

项　　目		技 术 要 求		
		Ⅰ级	Ⅱ级	Ⅲ级
压碎值(%),≤		18.0	25.0	30.0
卵石压碎值(%),≤		21.0	23.0	26.0
坚固性(按质量损失计,%),≤		5.0	8.0	12.0
针、片状颗粒含量(按质量计,%),≤		8.0	15.0	20.0
含泥量(按质量计,%),≤		0.5	1.0	2.0
泥块含量(按质量计,%),≤		0.2	0.5	0.7
吸水率[①](按质量计,%),≤		1.0	2.0	3.0
硫化物及硫酸盐含量[②](按SO_3质量计,%),≤		0.5	1.0	1.0
洛杉矶磨耗损失[③](%),≤		28.0	32.0	35.0
有机物含量(比色法)		合格		
表观密度(kg/m³),≥		2500.0		
松散堆积密度(kg/m³),≥		1350.0		
空隙率(%),≤		47.0		
磨光值[③](%),≥		35.0		
碱活性反应[②]		不得有碱活性反应或疑似碱活性反应		
岩石抗压强度[②](MPa)	岩浆岩,≥	100.0		
	变质岩,≥	80.0		
	沉积岩,≥	60.0		

注:①有抗冰冻、抗盐冻要求时,应检验粗集料吸水率。
　　②硫化物及硫酸盐含量、碱活性反应、岩石抗压强度在粗集料使用前应至少检验一次。
　　③洛杉矶磨耗损失、磨光值仅在要求制作露石水泥混凝土面层时检测。

中轻交通荷载等级公路面层水泥混凝土可使用再生粗集料,其质量标准应符合表4-26的相关规定。再生粗集料是指利用旧结构混凝土经机械破碎筛分制得的粗集料,可单独或掺配新集料后使用,但应通过配合比验证,确定符合性能要求并且满足以下条件:

①有抗冰冻、抗盐冻要求时,再生粗集料不应低于Ⅱ级;无抗冰冻、抗盐冻要求时,可使用Ⅲ级再生粗集料。

②再生粗集料不得用于裸露粗集料的水泥混凝土抗滑表层。

③不得使用以出现碱活性反应的混凝土为原料破碎生产的再生粗集料。

再生粗集料质量标准 表4-26

项　目	技术要求		
	Ⅰ级	Ⅱ级	Ⅲ级
压碎值(%),≤	21.0	30.0	43.0
坚固性(按质量损失计,%),≤	5.0	10.0	15.0
针、片状颗粒含量(按质量计,%),≤	10.0	10.0	10.0
微粉含量(按质量计,%),≤	1.0	2.0	3.0
泥块含量(按质量计,%),≤	0.5	0.7	1.0
吸水率(按质量计,%),≤	3.0	5.0	8.0
硫化物及硫酸盐含量(按SO_3质量计,%),≤	2.0	2.0	2.0
氯化物含量(按氯离子质量计,%),≤	0.06	0.06	0.06
洛杉矶磨耗损失(%),≤	35.0	40.0	45.0
杂物含量(按质量计,%),≤	1.0	1.0	1.0
表观密度(kg/m^3),≥	2450.0	2350.0	2250.0
空隙率(%),≤	47.0	50.0	53.0

注:1. 当再生粗集料中碎石的岩石品种变化时,应重新检测上述指标;

　　2. 硫化物及硫酸盐含量、氯化物含量、洛杉矶磨耗损失在再生粗集料使用前应至少检验一次。

(2)公称最大粒径和级配

粗集料与再生粗集料应根据混凝土配合比的公称最大粒径分为2～4个单粒级的集料,并掺配使用。粗集料与再生粗集料的合成级配及单粒级范围宜符合表4-27的要求,不得使用不分级的统料。

粗集料与再生粗集料的级配范围 表4-27

方孔筛尺寸(mm)		2.36	4.75	9.50	16.0	19.0	26.5	31.5	37.5
级配类型		累计筛余百分率(以质量计,%)							
合成级配	4.75～16.0	95～100	85～100	40～60	0～10	—	—	—	—
	4.75～19.0	95～100	85～95	60～75	30～45	0～5	0	—	—
	4.75～26.5	95～100	90～100	70～90	50～70	25～40	0～5	0	—
	4.75～31.5	95～100	90～100	75～90	60～75	40～60	20～35	0～5	0

方孔筛尺寸(mm)	2.36	4.75	9.50	16.0	19.0	26.5	31.5	37.5
级配类型	累计筛余百分率(以质量计,%)							
单粒级 4.75~9.50	95~100	80~100	0~15	0	—	—	—	—
9.5~16.0	—	95~100	80~100	0~15	0	—	—	—
9.5~19.0	—	95~100	85~100	40~60	0~15	0	—	—
16.0~26.5	—	—	95~100	55~70	25~40	0~10	0	—
16.0~31.5	—	—	95~100	85~100	55~70	25~40	0~100	0

各种面层水泥混凝土配合比的不同种类粗集料与再生粗集料公称最大粒径宜符合表4-28的规定。

各种面层水泥混凝土配合比不同种类粗集料与再生粗集料公称最大粒径(mm)　　表4-28

交通荷载等级		极重、特重、重		中、轻	
面层类型		水泥混凝土	纤维混凝土,配筋混凝土	水泥混凝土	碾压混凝土,砌块混凝土
公称最大粒径	碎石	26.5	16.0	31.5	19.0
	破碎卵石	19.0	16.0	26.5	19.0
	卵石	16.0	9.5	19.0	16.0
	再生粗集料	—	—	26.5	19.0

4)细集料

(1)质量要求

细集料应采用质地坚硬、耐久、洁净的天然砂或机制砂,不宜使用再生细集料。极重、特重、重交通荷载等级公路面层水泥混凝土用天然砂的质量应符合表4-29中Ⅱ级的相关规定;中、轻交通荷载等级公路路面面层水泥混凝土可以用Ⅲ级天然砂。

天然砂质量标准　　　　表4-29

项　目	技 术 要 求		
	Ⅰ级	Ⅱ级	Ⅲ级
坚固性(按质量损失计,%),≤	6.0	8.0	10.0
含泥量(按质量计,%),≤	1.0	2.0	3.0
泥块含量(按质量计,%),≤	0	0.5	1.0
氯离子含量[①](按质量计,%),≤	0.02	0.03	0.06
硫化物及硫酸盐含量[①](按SO_3质量计,%),≤	0.5	0.5	0.5
云母含量(按质量计,%),≤	1.0	1.0	2.0
海砂中的贝壳类物质含量(按质量计,%),≤	3.0	5.0	8.0
有机物含量(比色法)	合格		

续上表

项　　目	技 术 要 求		
	Ⅰ级	Ⅱ级	Ⅲ级
表观密度（kg/m³），≥	2500.0		
松散堆积密度（kg/m³），≥	1400.0		
空隙率（%），≤	45.0		
吸水率（按质量计，%），≤	2.0		
轻物质含量（%），≤	1.0		
结晶态二氧化硅含量②（%），≥	25.0		
碱活性反应①	不得有碱活性反应或疑似碱活性反应		

注：①碱活性反应、氯离子含量、硫化物及硫酸盐含量在天然砂使用前应至少检验一次。
　　②按现行《公路工程集料试验规程》（JTG E42—2005）T0324 岩相法，测定除隐晶质、玻璃质二氧化硅以外的结晶态二氧化硅的含量。

　　机制砂采用碎石作为原料，用专用设备生产。极重、特重、重交通荷载等级公路面层水泥混凝土用机制砂的质量不应低于表4-30规定的Ⅱ级；中、轻交通荷载等级公路面层水泥混凝土可用Ⅲ级机制砂。

机制砂质量标准　　　　　　　　　　　　　　　　　表4-30

项　　目		技 术 要 求		
		Ⅰ级	Ⅱ级	Ⅲ级
坚固性（按质量损失计，%），≤		6.0	8.0	10.0
机制砂母岩的抗压强度（MPa），≥		80.0	60.0	30.0
机制砂母岩的磨光值，≥		38.0	35.0	30.0
机制砂单粒级最大压碎值指标（%），≤		20.0	25.0	30.0
吸水率（按质量计，%），≤		2.0		
氯离子含量①（按质量计，%），≤		0.01	0.02	0.06
硫化物及硫酸盐含量①（按 SO₃ 质量计，%），≤		0.5	0.5	0.5
泥块含量（按质量计，%），≤		0	0.5	1.0
云母含量（按质量计，%），≤		1.0	2.0	2.0
石粉含量（按质量计，%）	MB 值<1.40 或合格，<	3.0	5.0	7.0
	MB 值≥1.40 或不合格，<	1.0	3.0	5.0
有机物含量（比色法）		合格		
表观密度（kg/m³），≥		2500.0		
松散堆积密度（kg/m³），≥		1400.0		
空隙率（%），≤		45.0		
吸水率（%），≤		2.0		
轻物质含量（%），≤		1.0		
碱活性反应①		不得有碱活性反应或疑似碱活性反应		

注：①碱活性反应、氯离子含量、硫化物及硫酸盐含量在机制砂使用前应至少检验一次。

（2）级配和细度

天然砂的级配范围应符合表4-31的相关规定，面层水泥混凝土用天然砂的细度模数宜在2.0～3.7之间；机制砂的级配范围应符合表4-32的相关规定，面层水泥混凝土用机制砂的细度模数宜在2.3～3.1之间。

天然砂的级配范围　　　　　　　　　　　　　　　表4-31

砂分级	细度模数	方孔筛尺寸（mm）							
		9.5	4.75	2.36	1.18	0.6	0.3	0.15	0.075
		通过各筛孔的质量百分率（%）							
粗砂	3.1～3.7	100	90～100	65～95	35～65	15～30	5～20	0～10	0～5
中砂	2.3～3.0	100	90～100	75～100	50～90	30～60	8～30	0～10	0～5
细砂	1.6～2.2	100	90～100	85～100	75～100	60～84	15～45	0～10	0～5

机制砂的级配范围　　　　　　　　　　　　　　　表4-32

机制砂分级	细度模数	方孔筛尺寸（mm）						
		9.5	4.75	2.36	1.18	0.6	0.3	0.15
		通过各筛孔的质量百分率（%）						
Ⅰ级砂	2.3～3.1	100	90～100	80～95	50～85	30～60	10～20	0～10
Ⅱ、Ⅲ级砂	2.8～3.9	100	90～100	50～95	30～65	15～29	5～20	0～10

5）水

符合《生活饮用水卫生标准》（GB 5749—2006）的饮用水可以直接作为混凝土拌和与养护用水，非饮用水应进行水质检验，并应符合表4-4的规定，还应与蒸馏水进行水泥凝结时间与水泥胶砂强度的对比试验。对比试验的水泥初凝与终凝时间差均不应大于30min，水泥胶砂3d和28d强度不应低于蒸馏水配制的水泥胶砂3d和28d强度的90%。

6）外加剂

面层水泥混凝土外加剂质量除应符合国家和行业现行相关标准外，尚应符合《公路水泥混凝土路面施工技术细则》（JTG/T F30—2014）的要求，各项性能的检验方法应符合《混凝土外加剂》（GB 8076—2008）的规定。外加剂产品应使用工程实际采用的水泥、集料和拌和用水进行试配，检验其性能，确定合理掺量。外加剂复配使用时，不得有絮凝现象，应使用工程实际采用的水泥、集料和拌和用水进行试配，确定其性能满足要求后方可使用。

有抗冰冻、抗盐冻要求时，各级公路水泥混凝土面层及暴露结构物混凝土应掺入引气剂；无抗冻要求地区的二级及二级以上公路水泥混凝土面层宜掺入引气剂。处在海水、海风，氯离子环境或冬季撒除冰盐的路面或桥面钢筋混凝土、钢纤维混凝土中可掺用或复配阻锈剂。阻锈剂产品的质量标准、检验方法及应用技术应符合《钢筋阻锈剂应用技术规程》（JGJ/T 192—2009）的规定。

3.2　路面水泥混凝土的技术性质

路面水泥混凝土既要受到车辆荷载的反复作用，又要受到大自然、气候的直接影响，因而需要具备优良的技术性质。

1) 力学性质-弯拉强度

根据《公路水泥混凝土路面设计规范》（JTG D40—2011）规定,各种交通荷载等级对水泥混凝土弯拉强度要求不应低于表4-33的标准,条件许可时尽量采用较高的设计强度。

路面水泥混凝土弯拉强度标准值 表4-33

交通荷载等级	极重、特重、重	中等	轻
水泥混凝土弯拉强度标准值（MPa）	≥5.0	4.5	4.0
钢纤维混凝土弯拉强度标准值（MPa）	≥6.0	5.5	5.0

2) 工作性（和易性）

混凝土拌合物在施工拌和、运输浇筑、捣实和抹平等过程中不分层、不离析、不泌水,能均匀密实地填充在结构物模板内,即具有良好的工作性,符合施工要求。《公路水泥混凝土路面施工技术细则》（JTG/T F30—2014）规定:碎石混凝土滑模摊铺时的坍落度宜为 10～30mm,卵石混凝土滑模摊铺时的坍落度宜为 5～20mm,振动黏度系数宜为 200～500N·s/m²。采用三辊轴机组摊铺时,拌合物的现场坍落度宜为 20～40mm;采用小型机具摊铺时,拌合物的现场坍落度宜为 5～20mm。拌和楼（机）出口拌合物的坍落度值,应根据不同工艺摊铺时的坍落度值加上运输过程中坍落度损失值来确定。

滑模摊铺机、三辊轴机组、小型机具摊铺的路面混凝土的最大单位用水量要求,见表4-34。

面层水泥混凝土最大单位用水量（kg/m³） 表4-34

施 工 工 艺	碎石混凝土	卵石混凝土
滑模摊铺机摊铺	160	155
三辊轴机组摊铺	153	148
小型机具摊铺	150	145

注:破碎卵石混凝土最大单位用水量可在碎石和卵石混凝土之间内插取值。

3) 耐久性

混凝土与大自然接触,受到干湿、冷热、水流冲刷、行车磨耗和冲击、腐蚀等作用,要求混凝土路面必须具有良好的耐久性。在进行混凝土配合比设计时,采用限制最大水灰（胶）比和最小单位水泥用量的方法,来满足路面耐久性的要求,具体见表4-35,最大单位水泥用量不宜大于420kg/m³;使用掺合料时,最大单位胶凝材料总量不宜大于450kg/m³。

各级公路面层水泥混凝土最大水灰（胶）比和最小单位水泥用量 表4-35

公路等级		高速、一级公路	二级公路	三、四级公路
最大水灰（胶）比		0.44	0.46	0.48
有抗冰冻、抗盐冻要求时最小单位水泥用量（kg/m³）		0.42	0.44	0.46
有抗盐冻要求时最大水灰（胶）比		0.40	0.42	0.44
最小单位水泥用量（kg/m³）	52.5级	300	300	290
	42.5级	310	310	300
	32.5级	—	—	315

续上表

公路等级		高速、一级公路	二级公路	三、四级公路
有抗冰冻、抗盐冻要求时 最小单位水泥用量（kg/m³）	52.5级	310	310	300
	42.5级	320	320	315
	32.5级	—	—	325
掺粉煤灰时最小单位水泥用量（kg/m³）	52.5级	250	250	245
	42.5级	260	260	255
	32.5级	—	—	265
有抗冰冻、抗盐冻要求时掺粉煤灰 混凝土最小单位水泥用量（kg/m³）	52.5级	265	260	255
	42.5级	280	270	265

注：1. 处在除冰盐、海风、酸雨或硫酸盐等腐蚀性环境中，或在大纵坡等加减速车道上的混凝土，最大水灰（胶）比可比表中数值降低0.01~0.02；

2. 掺粉煤灰，并有抗冰冻、抗盐冻要求时，面层不应使用32.5级水泥。

另外，严寒与寒冷地区面层水泥混凝土的抗冻等级不应低于表4-36的要求。各等级公路面层水泥混凝土磨损量宜符合表4-37的要求。

严寒与寒冷地区面层水泥混凝土的抗冻等级要求   表4-36

公路等级		高速、一级公路		二、三、四级公路	
试件		基准配合比	现场取芯	基准配合比	现场取芯
抗冻等级（F），≥	严寒地区	300	250	250	200
	寒冷地区	250	200	200	150

注：严寒指当地最冷月平均气温低于-8℃的地区，寒冷指当地最冷月平均气温在-8~-3℃的地区。

各等级公路面层水泥混凝土磨损量要求   表4-37

公路等级	高速、一级公路	二级公路	三、四级公路
磨损量（kg/m³），≤	3.0	3.5	4.0

3.3 路面水泥混凝土配合比设计

路面水泥混凝土的配合比设计应满足其弯拉强度、工作性、耐久性要求，兼顾经济性。

各级公路面层水泥混凝土配合比设计宜采用正交试验法，二级及二级以下公路可采用经验公式法。混凝土配合比设计包括目标配合比设计和施工配合比设计两个阶段，本节主要介绍目标配合比设计。

1) 配制弯拉强度 f_c

面层水泥混凝土配制28d弯拉强度均值 f_c 按式（4-32）计算。

$$f_c = \frac{f_r}{1 - 1.04 C_v} + t \cdot s \qquad (4-32)$$

式中：f_r——混凝土的设计弯拉强度标准值，MPa，按设计确定，且不低于表4-32的规定；

t——保证率系数，按表4-38取值；

保　证　率　系　数 t 　　　　　　　　　　表 4-38

公路等级	判别概率 p	样本数 n(组)			
		6 ~ 8	9 ~ 14	15 ~ 19	≥20
高速公路	0.05	0.79	0.61	0.45	0.39
一级公路	0.10	0.59	0.46	0.35	0.30
二级公路	0.15	0.46	0.37	0.28	0.24
三、四级公路	0.20	0.37	0.29	0.22	0.19

　　s——弯拉强度试验样本的标准差,MPa,有试验数据时应使用试验样本标准差;无试验
　　　　数据时可按公路等级及设计弯拉强度,参考表 4-39 规定的范围确定;

　　C_v——弯拉强度变异系数,应按照统计数据取值,小于 0.05 时取 0.05;无统计数据时,可
　　　　在表 4-40 的规定范围内取值,其中高速公路、一级公路变异水平应为"低",二级
　　　　公路变异水平应不低于"中"。

各级公路水泥混凝土面层弯拉强度试验样本的标准差 s 　　　　表 4-39

公路等级	高速公路	一级公路	二级公路	三级公路	四级公路
目标可靠度(%)	95	90	85	80	70
目标可靠指标	1.64	1.28	1.04	0.84	0.52
样本的标准差 s(MPa)	0.25≤s≤0.50		0.45≤s≤0.67	0.40≤s≤0.80	

变异系数 C_v 的范围 　　　　　　　　表 4-40

弯拉强度变异水平等级	低	中	高
弯拉强度变异系数允许范围	0.05≤C_v≤0.10	0.10<C_v≤0.15	0.15≤C_v≤0.20

　　2)二级及二级以下公路采用经验公式法时,可按下列规定进行

　　(1)计算水灰比 W/C

　　无掺合料时,根据粗集料的类型,水灰比可分别按下列经验公式(4-33)和式(4-34)计算。
碎石或破碎卵石混凝土:

$$\frac{W}{C} = \frac{1.5684}{f_c + 1.0097 - 0.3595f_s} \tag{4-33}$$

卵石混凝土:

$$\frac{W}{C} = \frac{1.2618}{f_c + 1.5492 - 0.4709f_s} \tag{4-34}$$

式中:f_c——面层水泥混凝土配制 28d 弯拉强度的均值,MPa;

　　　f_s——水泥实测 28d 抗折强度,MPa。

　　(2)计算水胶比 W/B

　　掺用粉煤灰、硅灰、矿渣粉等掺合料时,应计入超量取代法中代替水泥的那一部分掺合料
用量(代替砂的超量部分不计入)计算水胶比。

　　按照路面混凝土的使用环境、道路等级查表 4-35,得到满足耐久性要求的最大水灰比(或
水胶比)。计算的水灰比(或水胶比)大于表 4-35 的规定时,应按表 4-35 取值。

（3）选取砂率 β_s

根据砂的的细度模数和粗集料种类,查表 4-41 选取砂率 β_s。用于抗滑构造时,砂率可在表 4-41 的基础上增大 1% ~2%。

水泥混凝土的砂率　　　　　　表 4-41

砂的细度模数		2.2 ~2.5	2.5 ~2.8	2.8 ~3.1	3.1 ~3.4	3.4 ~3.7
砂率 β_s(%)	碎石混凝土	30 ~34	32 ~36	34 ~38	36 ~40	38 ~42
	卵石混凝土	28 ~32	30 ~34	32 ~36	34 ~38	36 ~40

注:1. 相同细度模数时,机制砂的砂率宜偏低限取用。

　2. 破碎卵石可在碎石和卵石混凝土之间内插取值。

（4）确定单位用水量 m_{w0}

根据粗集料种类和坍落度要求,按经验式(4-35)或式(4-36)计算单位用水量。计算单位用水量大于表 4-34 最大用水量的规定时,应通过采用减水率更高的外加剂降低单位用水量。

碎石:

$$m_{w0} = 104.97 + 0.309S_L + 11.27(C/W) + 0.61\beta_s \tag{4-35}$$

卵石:

$$m_{w0} = 86.89 + 0.370S_L + 11.24(C/W) + 1.00\beta_s \tag{4-36}$$

掺外加剂混凝土的单位用水量:

$$m_{w,ad} = m_{w0} \times (1 - \beta_{ad}) \tag{4-37}$$

式中: m_{w0} ——未掺外加剂和掺合料时混凝土的单位用水量,kg/m^3;

　　　 S_L ——坍落度,mm;

　　　 β_s ——砂率,%;

　 $m_{w,ad}$ ——掺外加剂混凝土的单位用水量,kg/m^3;

　　　 β_{ad} ——所用外加剂的实测减水率,%。

（5）确定单位水泥用量 m_{c0}

单位水泥用量 m_{c0} 按照式(4-35)计算,然后根据道路等级和环境条件,查表 4-35,得到满足耐久性要求的最小水泥用量。计算结果小于表 4-35 规定值时,应取表 4-35 的规定值。

$$m_{c0} = \frac{m_{w0}}{W/C} \tag{4-38}$$

式中: m_{c0} ——单位水泥用量,kg/m^3。

（6）计算粗、细集料用量 m_{g0} 和 m_{s0}

粗、细集料用量可按质量法或体积法计算。按质量法计算时,混凝土单位质量可取2400 ~ 2450 kg/m^3;按体积法计算时,应计入设计含气量。

（7）验算单位粗集料填充体积率

经计算得到的配合比应验算单位粗集料填充体积率,且不宜小于70%。

（8）确定单位掺合料粉煤灰用量

①确定单位掺合料用量:掺用矿渣粉或硅灰时,配合比设计应采用等量取代水泥法,掺量

应通过试验确定,并应扣除水泥中相同数量的矿渣粉或硅灰。

②确定单位粉煤灰用量:路面水泥混凝土中掺用粉煤灰时,配合比设计应按超量取代法进行,取代水泥的部分应扣除等量水泥量;超量部分应代替砂,并折减用砂量。Ⅰ、Ⅱ级粉煤灰的超量取代系数可按表4-42初选。粉煤灰代替水泥的最大掺量:Ⅰ型硅酸盐水泥不宜大于30%;Ⅱ型硅酸盐水泥不宜大于25%;道路硅酸盐水泥不宜大于20%。粉煤灰总掺量应通过试验最终确定。

各级粉煤灰的超量取代系数 表4-42

粉煤灰等级	Ⅰ	Ⅱ	Ⅲ
超量取代系数 k	1.1 ~ 1.4	1.3 ~ 1.7	1.5 ~ 2.0

(9)确定目标配合比

水泥:细集料:粗集料:水 $= m_{c0} : m_{s0} : m_{g0} : m_{w0}$

混凝土的目标配合比确定后,应对该配合比进行试配、调整,确定其施工配合比。

【工程实例4-6】

路面水泥混凝土配合比设计(以弯拉强度为设计指标的设计方法)

【原始资料】

(1)某重交通二级公路面层水泥混凝土(无抗冰冻性要求),要求混凝土设计弯拉强度标准值 f_r 为5.0MPa,施工单位混凝土弯拉强度样本的标准差 s 为0.5MPa($n=9$),混凝土由机械搅拌并振捣,采用滑模摊铺机摊铺,拌合机出口拌合物坍落度要求为30~50mm,施工管理水平良好。

(2)组成材料

普通硅酸盐水泥42.5级,实测水泥28d抗折强度为8.3MPa,水泥密度 $\rho_c = 3100 \text{kg/m}^3$;中砂:表观密度 $\rho_s = 2630 \text{kg/m}^3$,细度模数为2.6;碎石:4.75~31.5mm,表观密度 $\rho_g = 2700 \text{kg/m}^3$,振实密度 $\rho_{gh} = 1701 \text{kg/m}^3$;水:自来水。掺加0.6%的减水剂,减水率为12%。

【设计步骤】

1. 确定目标配合比

1)当某重交通二级公路面层水泥混凝土样本数为9时,保证率系数 t 为0.37。按照表4-40,二级公路变异水平应不低于"中",混凝土弯拉强度变异系数 $0.10 \leq C_v \leq 0.15$,取中值0.125。根据设计要求,$f_r = 5.0 \text{MPa}$,将以上参数带入式(4-32),混凝土配制弯拉强度为:

$$f_c = \frac{f_r}{1 - 1.04 C_v} + t \cdot s = \frac{5.0}{1 - 1.04 \times 0.125} + 0.37 \times 0.5 = 5.93 (\text{MPa})$$

2)确定水灰比(W/C)

按弯拉强度计算水灰比。由所给资料:水泥实测抗折强度 $f_s = 8.3 \text{MPa}$,计算得到的混凝土配制弯拉强度 $f_c = 5.93 \text{MPa}$,粗集料为碎石,代入式(4-33)计算混凝土的水灰比 W/C:

$$\frac{W}{C} = \frac{1.5684}{f_c + 1.0097 - 0.3595 f_s} = \frac{1.5684}{5.93 + 1.0097 - 0.3595 \times 8.3} = 0.40$$

经耐久性校核,混凝土为二级公路路面所用,无抗冰冻性要求,查表4-35,得最大水灰比为

0.46,故按照强度计算的水灰比结果符合耐久性要求,取水灰比 $W/C = 0.40$,灰水比 $C/W = 2.50$。

3）确定砂率(β_s)

由砂的细度模数 2.6 确定采用碎石,查表 4-41,取混凝土砂率 $\beta_s = 34\%$。

4）确定单位用水量(m_{w0})

（1）由坍落度要求 30～50mm 取 40mm,砂率 34%,代入式(4-35)计算单位用水量。

$$m_{w0} = 104.97 + 0.309S_L + 11.27(C/W) + 0.61\beta_s$$

$$= 104.97 + 0.309 \times 40 + 11.27 \times 2.50 + 0.61 \times 34\%$$

$$= 166(\text{kg/m}^3)$$

查表 4-34 得最大单位用水量为 160kg/m³,故计算单位用水量 166kg/m³ 大于最大单位用水量,应掺加水泥质量 0.6% 的减水剂降低单位用水量。减水剂的实测减水率为 12%。

（2）掺减水剂的混凝土单位用水量,按式(4-37)计算。

$$m_{w.ad} = m_{w0} \times (1 - \beta_{ad}) = 166 \times (1 - 12\%) = 146(\text{kg/m}^3)$$

5）确定单位水泥用量(m_{c0})

将单位用水量 146kg/m³ 代入式(4-38)计算单位水泥用量：

$$m_{c0} = \frac{m_{w0}}{W/C} = \frac{146}{0.40} = 365(\text{kg/m}^3)$$

查表 4-35 得满足耐久性要求的最小水泥用量为 310kg/m³,由此取计算水泥用量 365kg/m³。

6）计算减水剂掺量 m_{a0}

$$m_{a0} = m_{c0} \times \beta_a = 365 \times 0.6\% = 2.2(\text{kg/m}^3)$$

7）计算粗、细集料用量 m_{g0}、m_{s0}

将上面的计算结果带入方程组(4-18)：

$$\begin{cases} \dfrac{m_{c0}}{\rho_c} + \dfrac{m_{g0}}{\rho_g} + \dfrac{m_{s0}}{\rho_s} + \dfrac{m_{w0}}{\rho_w} + 0.01\alpha = 1 \\[2mm] \dfrac{m_{s0}}{m_{s0} + m_{g0}} \times 100\% = \beta_s \end{cases} \Rightarrow \begin{cases} \dfrac{365}{3100} + \dfrac{m_{g0}}{2700} + \dfrac{m_{s0}}{2630} + \dfrac{m_{w0}}{1000} + 0.01 \times 1 = 1 \\[2mm] \dfrac{m_{s0}}{m_{s0} + m_{g0}} \times 100\% = 34\% \end{cases}$$

解得:砂用量 $m_{s0} = 661\text{kg/m}^3$;碎石用量 $m_{g0} = 1283\text{kg/m}^3$

8）验算

碎石的体积填充率 $= \dfrac{m_{g0}}{\rho_{gh}} \times 100\% = \dfrac{1283}{1701} \times 100\% = 75.4\%$,大于 70%,符合要求。

由此确定路面混凝土的“目标配合比”为：

$m_{c0} : m_{s0} : m_{g0} : m_{w0} = 365 : 661 : 1283 : 146$。

路面混凝土的目标配合比确定后,应对该配合比进行试配、调整,确定其施工配合比。

模块四　新型混凝土

随着科技的发展和工程需求的增长，一些新型混凝土已经先后被生产和应用，主要包括聚合物改性水泥混凝土、纤维混凝土、透水性混凝土、露石混凝土、彩色混凝土、无熟料水泥混凝土、超高性能混凝土和再生混凝土等。

1）聚合物改性水泥混凝土

聚合物改性水泥混凝土是在普通水泥混凝土的拌合物中加入单体或聚合物，浇筑后经养护和聚合而成的一种水泥混凝土。

2）纤维混凝土

纤维增强混凝土简称纤维混凝土，指在素混凝土基体中掺入均匀分散的短纤维而组成的一种复合材料。目前，纤维混凝土材料主要分为钢纤维混凝土和合成纤维混凝土两大类。

3）透水性混凝土

透水性混凝土也称多孔混凝土，是一种生态环保型混凝土，是由特殊级配的集料、水泥、外加剂和水等经特定工艺配制而成，其内部含有很大比例的贯通性孔隙。其内部形成的蜂窝状结构有助于提高混凝土的透水性能，但同时也对混凝土的强度产生了不良影响。

4）露石混凝土

露石混凝土主要用于露石水泥混凝土路面的修筑。露石混凝土路面是在面层水泥混凝土混合料铺筑完成后，喷洒露石剂并覆盖塑料膜养护，期间通过露石剂作用对水泥混凝土表面层进行化学处理，延缓表面一定厚度水泥砂浆的凝结，但不影响主体混凝土的正常凝结硬化，当主体混凝土达到一定强度后，刷洗其表面，进行表面除浆，露出均匀分布的粗集料，这样形成的水泥路面叫露石混凝土路面。它具有很高的抗滑性、耐磨性、防眩性，解决了传统混凝土路面结构强度寿命和表面抗滑寿命悬殊甚大的问题，从而长期保持路面的安全性。同时，它还能降低噪声，减少表面功能维修工作量，提高路面使用的经济效益和社会效益。

5）彩色混凝土

彩色混凝土是以白色水泥、彩色水泥或白色水泥掺入彩色颜料，以及彩色集料和白色或浅色集料按一定比例配制而成的混凝土。彩色水泥混凝土路面通常使用彩色混凝土铺筑而成。

6）无熟料水泥混凝土

无熟料水泥混凝土利用了大量的工业废渣，既减少了环境污染，又彻底解决了困扰国内外专家多年的无熟料水泥混凝土泵送施工的技术难题，为新型无熟料水泥混凝土的推广应用奠定了坚实的技术基础，为今后整体结构采用高性能混凝土提供了理论基础和应用经验，具有显著的经济效益和社会效益。

7）超高性能混凝土

超高性能混凝土也称作活性粉末混凝土，是过去三十年中最具创新性的水泥工程材料之一,实现了工程材料性能的大跨越。其耐久性很好,具有优良的耐磨、抗爆性能,特别适合用于大跨径桥梁、抗爆结构(军事工程、银行金库等)和薄壁结构,以及用在高磨蚀、高腐蚀环境中。

8)再生混凝土

再生混凝土是指将废弃的混凝土块经过破碎、清洗、分级后,按一定比例与级配混合,部分或全部代替砂石等天然集料(主要是粗集料),再加入水泥、水等配制而成的新混凝土。再生混凝土按集料的组合形式可以有以下几种情况:集料全部为再生集料;粗集料为再生集料,细集料为天然砂;粗集料为天然碎石或卵石,细集料为再生集料;再生集料替代部分粗集料或细集料。

在配合比相同的条件下,再生混凝土的黏聚性、保水性均优于普通混凝土,而流动性和耐久性比普通混凝土差。再生混凝土的开发应用从根本上解决了天然集料日益缺乏及大量混凝土废弃物所造成的生态环境日益恶化等显著问题。

模块五　建筑砂浆

砂浆是由胶结料、细集料、掺合料和水等配制而成的建筑工程材料,在工程中起黏结、衬垫和传递应力的作用。常用的胶结材料为水泥、石灰等,细集料则多采用天然砂。

在道路和桥隧工程中,砂浆主要用于砌筑挡土墙、桥涵或隧道等圬工砌体及砌体表面的抹面或勾缝。因此,按其用途可分为砌筑砂浆和抹面砂浆。

5.1　砌筑砂浆

砌筑砂浆是将砖、石或砌块等黏结成为整体的砂浆,它分为现场配制砂浆和预拌砌筑砂浆,现场配制砂浆又分为水泥砂浆和水泥混合砂浆,水泥砂浆是由水泥、细集料和水配制而成的砂浆,水泥混合砂浆是由水泥、细集料、掺合料和水配制成的砂浆。预拌砌筑砂浆是由专业工厂生产的湿拌砌筑砂浆和干混砌筑砂浆,它的工作性、耐久性优良,生产时不区分水泥砂浆和水泥混合砂浆。

水泥砂浆包括单纯用水泥为胶凝材料拌制的砂浆和掺入活性掺合料与水泥共同拌制的砂浆。现就其组成材料的要求、技术性质以及配合组成简述如下。

1)材料要求

(1)水泥

砌筑砂浆用水泥应根据设计要求选择通用硅酸盐水泥或砌筑水泥,水泥强度等级应根据砂浆品种及强度等级要求确定。M15及以下强度等级的砌筑砂浆宜选用32.5级通用硅酸盐水泥或砌筑水泥,其强度等级不宜大于32.5级;M15以上强度等级的砌筑砂浆宜选用42.5级的通用硅酸盐水泥,其强度等级不宜大于42.5级。

(2)砂

砌筑砂浆用砂宜选用中砂,其中毛石砌体宜选用粗砂,其质量应符合《普通混凝土用砂、石质量及检验方法标准》(JGJ 52—2006),且应全部通过4.75mm的筛孔。砂的含泥量对强度等级不小于 M5 的水泥混合砂浆不应超过 5%,强度等级为 M2.5 的水泥混合砂浆,砂的含泥量不应超过 10%。

(3)掺合料

为提高砂浆的和易性,除水泥外还应掺加各种掺合料,如石灰膏、电石膏、粉煤灰、粒化高炉矿渣粉、硅灰、天然沸石粉等,其品质指标需符合国家有关标准的要求。粉煤灰和磨细生石灰的品质指标应分别符合《用于水泥和混凝土中的粉煤灰》(GB 1596—2017)及行业标准《建筑生石灰粉》(JC/T 479—2013)的要求。

当采用其他品种矿物掺合料时,应有充足的技术依据,并在使用前进行试验验证。粉煤灰不宜采用Ⅲ级粉煤灰。使用高钙粉煤灰时,必须检验安定性指标是否合格,合格后方可使用。

(4)水

配制砂浆用水应符合《混凝土用水标准》(JGJ 63—2006)的相关规定。

(5)外加剂

砌筑砂浆中加入的砂浆外加剂,应具有法定检测机构出具的该产品砌体强度的形式检验报告,并经砂浆性能试验合格后,方可使用。

2)技术条件

(1)砂浆强度

《砌筑砂浆配合比设计规程》(JGJ/T 98—2010)规定,水泥砂浆和预拌砌筑砂浆的强度等级宜采用 M30、M25、M20、M15、M10、M7.5 和 M5;水泥混合砂浆的强度等级宜采用 M15、M10、M7.5 和 M5。

(2)砂浆的密度

水泥砂浆拌合物的密度不宜小于 1900kg/m³。

水泥混合砂浆和预拌砌筑砂浆拌合物的密度不宜小于 1800kg/m³。

(3)新拌砂浆的和易性

砂浆的组成中没有粗集料,因此,和易性包括流动性及保水性两方面要求。

①流动性。流动性是指新拌砂浆在自重或外力作用下,易于产生流动的性质。砂浆的流动性是用稠度表示的。

稠度是采用稠度仪(图 4-16)测定。测定方法是将砂浆拌合物一次装入稠度仪的容器中,使砂浆表面低于容器口 10mm 左右,用捣棒插捣 25 次,然后轻轻将容器摇动或敲击 5~6 次,使砂表面平整,将容器置于稠度仪底座上,使试锥与砂浆表面接触,旋紧制动螺钉,使指针对准零。拧开制动螺钉,同时记录时间,待 10s 后立即固定螺钉,从刻度盘读出试锥下沉深度(精确至 1mm)即为砂浆的稠度。其稠度应按按表 4-43 的规定选用。

砌筑砂浆拌合物施工时的稠度选用表(沉入度 mm) 表 4-43

砌 体 种 类	施 工 稠 度
烧结普通砖砌体、粉煤灰砖砌体	70~90
混凝土砖砌体、普通混凝土小型空心砌块砌体、灰砂砖砌体	50~70
烧结多孔砖砌体、烧结空心砖砌体、轻集料混凝土小型空心砌块砌体、蒸压加气混凝土砌块砌体	60~80
石砌体	30~50

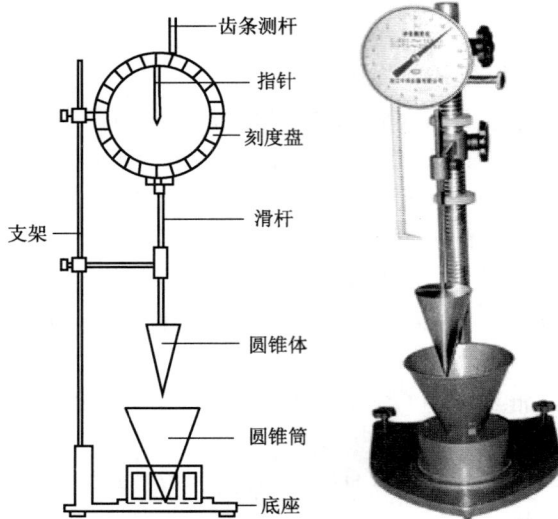

图 4-16　砂浆稠度测定仪

砂浆的流动性与用水量、胶结材料的品种和用量、细集料的级配和表面特征、掺合料及外加剂的特性和用量、拌和时间等因素有关。

②保水性。砂浆保水性是指砂浆在运输、静置或施工过程中，保持水分不从砂浆中流失和组分不离析，同时也能使水泥正常水化，保证砌体强度的性能。

保水性差的砂浆不仅易引起泌水、流浆现象，而且会影响砂浆和砌筑材料的黏结，导致砂浆硬化，降低砌体的强度。

衡量砂浆保水性的指标是保水率，它是吸水处理后砂浆中保留水的质量，用占原始水量的百分数表示，砌筑砂浆保水率的要求见表 4-44。砂浆的保水性与胶结材料的类型和用量、细集料的级配、用水量以及有无掺合料和外加剂等有关。掺加石灰膏、粉煤灰和微沫剂等的混合砂浆具有较好的保水性。

砌筑砂浆的保水率（%）　　　　　　　　　　　　　　　　表 4-44

砂 浆 种 类	保水率(%)
水泥砂浆	≥80
水泥混合砂浆	≥84
预拌砌筑砂浆	≥88

（4）硬化后砂浆的强度

砂浆硬化后应具有足够的强度。砂浆在圬工砌体中，主要是传递压力，所以要求砌筑砂浆应具有一定的抗压强度。砂浆抗压强度是确定其强度等级的重要依据。

砂浆抗压强度等级是以 $70.7\text{mm} \times 70.7\text{mm} \times 70.7\text{mm}$ 的立方体试件，在标准条件下（温度：$(20 \pm 2)°C$，相对湿度：水泥混合砂浆 60%～80%，水泥砂浆 90% 以上），养护 28d 龄期的单位承压面积上的破坏荷载计算。

$$f_{m,cu} = \frac{F_u}{A} \tag{4-39}$$

式中：$f_{m,cu}$——砂浆立方体抗压强度，MPa；

$\quad$ F_u——破坏荷载，N；

$\quad$ A——承压面积，mm^2。

（5）黏结力

砂浆应具有较强的黏结力，以便将砌体材料牢固黏结成为一个整体。砂浆的黏结力与其强度密切相关，通常砂浆强度越高则黏结力越大。此外，砖石表面状态、清洁程度、湿润情况及施工养护条件也对黏结力有一定的影响。

（6）耐久性

圬工砂浆经常受环境水的作用，故除强度外，还应考虑抗渗、抗冻、抗侵蚀等性能。提高砂浆的耐久性，主要是提高其密实度。具有冻融循环次数要求的砌筑砂浆，经冻融试验后质量损失率不得大于5%，抗压强度损失率不得大于25%。

【工程实例4-7】

砂浆不饱满，砂层水平灰缝饱满度低于85%；竖缝内无砂浆，有瞎缝。

【原因分析】

（1）采用 M2.5 及以下水泥砂浆砌筑，搅和不匀，和易性差，挤浆费劲，用大铲或瓦刀铺刮砂浆易产生空穴，砂浆层不饱满。

（2）采用大缩口铺灰方法，砌体砖缝缩口深度达 2～3cm，使砂浆饱满度降低。

【防治措施】

砌砖尽可能采用和易性好、掺加塑化剂的混合（微沫）砂浆砌筑，以提高灰缝砂浆饱满度；改进砌筑方法，避免采用推尺铺灰法或摆砖砌筑。

砂浆试配时应采用机械搅拌。搅拌时间应自投料结束算起，并应符合下列规定：

（1）对水泥砂浆和水泥混合砂浆，不得小于120s；

（2）对掺用粉煤灰、外加剂和保水增稠材料的砂浆，不得小于180s。

3）砌筑砂浆的配合比计算

（1）砌筑砂浆配合比计算，应按下列步骤进行：

①计算砂浆试配强度 $f_{m,0}$

$$f_{m,0} = kf_2 \tag{4-40}$$

式中：$f_{m,0}$——砂浆的试配强度，MPa，精确至 0.1MPa；

$\quad$ f_2——砂浆强度等级，MPa，精确至 0.1MPa；

$\quad$ k——系数，按表 4-45 取值。

砌筑砂浆现场强度标准差（σ）的确定应符合下列规定：

a. 当有统计资料时，应按式（4-41）计算：

$$\sigma = \sqrt{\frac{\sum_{i=1}^{n} f_{m,i}^2 - n\mu_{f_m}^2}{n-1}} \tag{4-41}$$

式中:$f_{m,i}$——统计周期内同一品种砂浆第 i 组试件的强度,MPa;

μ_{f_m}——统计周期内同一品种砂浆 n 组试件强度的平均值,MPa;

n——统计周期内同一品种砂浆试件的总组数,$n \geqslant 25$。

b. 当不具有近期统计资料时,砂浆现场强度标准差 σ 可按表 4-45 取用。

砂浆强度标准差 σ 选用值 表 4-45

施工水平	砂浆强度标准差 σ(MPa)							k
	M5	M7.5	M10	M15	M20	M25	M30	
优良	1.00	1.50	2.00	3.00	4.00	5.00	6.00	1.15
一般	1.25	1.88	2.50	3.75	5.00	6.25	7.50	1.20
较差	1.50	2.25	3.00	4.50	6.00	7.50	9.00	1.25

②计算水泥用量

a. 计算每立方米砂浆中的水泥用量 Q_C。

每立方米砂浆中的水泥用量,应按式(4-42)计算。

$$Q_C = \frac{1000(f_{m,0} - \beta)}{\alpha \cdot f_{ce}} \qquad (4-42)$$

式中:Q_C——每立方米砂浆的水泥用量,kg,精确至 1kg;

α、β——砂浆的特征系数,其中 $\alpha = 3.03$,$\beta = -15.09$;

f_{ce}——水泥的实测强度(MPa),精确至 0.1MPa。

注:各地区也可用本地区试验资料确定 α、β 值,统计用的试验组数不得少于 30 组。

b. 在无法取得水泥的实测强度时,可按式(4-11)计算 f_{ce}。

③计算每立方米砂浆石灰膏用量 Q_D

水泥混合砂浆石灰膏的用量应按下式计算:

$$Q_D = Q_A - Q_C \qquad (4-43)$$

式中:Q_D——每立方米砂浆石灰膏的用量,kg,精确至 1kg,石灰膏使用时的稠度为 120 ± 5mm;

Q_C——每立方米砂浆的水泥用量,kg,精确至 1kg;

Q_A——每立方米砂浆中水泥和石灰膏的总量,kg,精确至 1kg,为保证和易性,水泥混合砂浆中水泥和石灰膏总量宜为 350kg。

④确定每立方米砂浆砂用量 Q_S

每立方米砂浆中的砂用量 Q_S,应按干燥状态(含水率小于 0.5%)的堆积密度值作为计算值。

⑤每立方米砂浆中的用水量 Q_W,按砂浆稠度等要求选用,一般可为 210~310kg。

注:混合砂中的用水量,不包括石灰膏中的水;

(2)水泥砂浆配合比选用

①因为水泥强度太高,砂浆强度太低,造成计算得出的水泥用量偏少,所以直接查表确定,水泥砂浆材料用量可按表 4-46 选用。

每立方米水泥砂浆材料用量（kg/m³） 表 4-46

强度等级	水泥用量	砂子用量	用 水 量
M5	200~230		
M7.5	230~260		
M10	260~290		
M15	290~330	砂子的堆积密度值	270~330
M20	340~400		
M25	360~410		
M30	430~480		

注:1. M15 及以下强度等级水泥砂浆,水泥强度等级为 32.5 级;M15 以上强度等级水泥砂浆,水泥强度等级为 42.5 级。

2. 当采用细砂或粗砂时,用水量分别取上限或下限。

3. 稠度小于 70mm 时,用水量可小于下限。

4. 施工现场气候炎热或干燥季节,可酌量增加用水量。

5. 试配强度应按式(4-40)计算。

②水泥粉煤灰砂浆材料用量可按表 4-47 选用。

每立方米水泥粉煤灰砂浆材料用量（kg/m³） 表 4-47

强度等级	水泥和粉煤灰总量	砂 用 量	用 水 量	粉煤灰用量
M5	210~240			
M7.5	240~270	砂的堆积密度值	270~330	粉煤灰掺量可占胶凝材料总量的 15%~20%
M10	270~300			
M15	300~330			

注:1. 表中水泥强度等级为 32.5 级水泥。

2. 当采用细砂或粗砂时,用水量分别取上限或下限。

3. 稠度小于 70mm 时,用水量可小于下限。

4. 施工现场气候炎热或干燥季节,可酌量增加用水量。

5. 试配强度应按式(4-40)计算。

（3）预拌砌筑砂浆的试配要求

①预拌砌筑砂浆应满足下列规定:

a. 确定湿拌砌筑砂浆稠度时,应考虑砂浆在运输和储存过程中的稠度损失。

b. 湿拌砌筑砂浆应根据凝结时间要求确定外加剂掺量。

c. 干混砌筑砂浆应明确拌制时的加水量范围。

d. 预拌砌筑砂浆的搅拌、运输、储存等应符合《预拌砂浆》(GB/T 25181—2019)的规定。

②砌筑砂浆的试配应符合下列规定:

a. 预拌砌筑砂浆生产前应进行试配,试配强度应按式(4-40)计算确定,试配时稠度取 70~80mm。

b. 预拌砌筑砂浆中可掺入保水增稠材料、外加剂等,掺量应经试配后确定。

（4）砌筑砂浆配合比试配、调整与确定

①按计算或查表所得配合比进行试拌时,应按行业标准《建筑砂浆基本性能试验方法标

准》(JGJ/T 70—2009)测定砌筑砂浆拌合物的稠度和保水率。当稠度和保水率不能满足要求时,应调整材料用量,直到符合要求为止,然后确定试配时的砂浆基准配合比。

②试配时至少应采用 3 个不同的配合比,其中一个为基准配合比,其他两个配合比的水泥用量应按基准配合比分别增加或减少 10%。在保证稠度、保水率合格的条件下,可将用水量、石灰膏、保水增稠材料或粉煤灰等活性掺合料用量做相应调整。

③砌筑砂浆试配时稠度应满足施工要求,应按《建筑砂浆基本性能试验方法标准》(JGJ/T 70—2009)分别测定不同的配合比砂浆的表观密度及强度,并应选定符合试配强度及和易性要求、水泥用量最低的配合比作为砂浆的试配配合比。

④砌筑砂浆试配配合比应按下列步骤进行校正:

a. 应根据上述内容确定的砂浆配合比材料用量,按式(4-44)计算砂浆的理论表观密度值:

$$\rho_t = Q_C + Q_D + Q_S + Q_W \tag{4-44}$$

式中:ρ_t——砂浆的理论表观密度值,kg/m^3,精确至 $10kg/m^3$;

b. 计算砂浆配合比校正系数 δ:

$$\delta = \frac{\rho_c}{\rho_t} \tag{4-45}$$

式中:ρ_c——砂浆的实测表观密度值,kg/m^3,精确至 $10kg/m^3$。

c. 当砂浆的实测表观密度值与理论表观密度值之差的绝对值不超过理论值的 2% 时,则将试配配合比确定为砂浆设计配合比;当超过 2% 时,应将试配配合比中每项材料用量均乘以校正系数 δ 后,确定为砂浆设计配合比。

⑤预拌砌筑砂浆生产前应进行试配、调整与确定,并应符合《预拌砂浆》(GB/T 25181—2019)的规定。

5.2　抹面砂浆

涂抹于建筑物或建筑构件表面的砂浆称为抹面砂浆。

由于抹面砂浆常用于桥涵圬工砌体和地下结构物的表面,一般对抹面砂浆的强度要求不高,但要求保水性好,与基底的黏附性好。

按使用要求不同,抹面砂浆又分为普通抹面砂浆和防水抹面砂浆等。

普通抹面砂浆可对砌体起保护作用,通常分两层或三层施工。它要求砂浆具有较高的流动性和保水性。其组成可参考有关施工手册。

防水砂浆主要用于隧道和地下工程,可用普通水泥砂浆制作,也可在水泥砂浆中掺入防水剂。常用的防水剂有:氯化物金属盐类防水剂,水玻璃防水剂和金属皂类防水剂等。近年来还掺加高聚物涂料,使之尽快形成密实的刚性砂浆防水层。

模块六　水泥混凝土性能检测

6.1　水泥混凝土拌合物的拌和与现场取样方法（JTG 3420 T0521—2005）

1）目的和适用范围

本方法规定了水泥混凝土拌合物室内拌和与现场取样方法。

本方法适用于普通水泥混凝土的拌和与现场取样，也适用于轻质水泥混凝土、防水水泥混凝土、碾压水泥混凝土等其他特种水泥混凝土的拌和与现场取样，但因其特殊性所引起的对仪具及方法的特殊要求，均应按这些水泥混凝土的相关技术规定进行。

2）仪器设备

（1）强制式搅拌机：应符合《混凝土试验用搅拌机》（JG 244—2009）的规定。

（2）振动台：应符合《混凝土试验用振动台》（JG/T 245—2009）的要求。

（3）磅秤：最大量程不小于50kg，感量不大于5g。

（4）天平：最大量程不小于2000g，感量不大于1g。

（5）其他：铁板、铁铲等。

主要仪器设备如试图4-1所示。

a)搅拌机

b)振动台

c)磅秤

d)天平

试图4-1　水泥混凝土拌合物的拌和与现场取样所用主要仪器设备

3)试验准备

(1)所有材料均应符合有关要求,拌和前材料应放置于温度(20±5)℃环境中不少于24h。

(2)为防止粗集料的离析,可将集料分档堆放,使用时再按一定比例混合。试样从抽样至试验结束的整个过程中,避免阳光直晒和水分蒸发,必要时应采取保护措施。

4)试验步骤

(1)水泥混凝土拌合物的拌和

①拌和时保持室温20℃±5℃,相对湿度大于50%。

②拌合物的总量至少应比所需量高20%以上。拌制混凝土的材料用量应以质量计,称量的精确度:集料为±1%,水、水泥、掺合料和外加剂为±0.5%。

③粗集料、细集料均以干燥状态为基准,计算用水量时应扣除粗集料、细集料的含水率。

注:干燥状态是指含水率小于0.5%的细集料和含水率小于0.2%的粗集料。

④外加剂的加入。

对于不溶于水或难溶于水且不含潮解型盐类的外加剂,应先和一部分水泥拌和,以保证充分分散。

对于不溶于水或难溶于水但含潮解型盐类的外加剂,应先和细集料拌和。

对于水溶性或液体型外加剂,应先加水拌和。

其他特殊外加剂,应遵照有关规定。

⑤拌制混凝土所用各种用具,如铁板、铁铲、馒刀应预先用水润湿,使用后必须清洗干净。

⑥使用搅拌机前,应先用少量砂浆进行涮膛,再刮出涮膛砂浆,以避免正式拌和混凝土时水泥砂浆黏附筒壁的损失。涮膛砂浆的水灰比及砂灰比,应与正式的混凝土配合比相同。

⑦用搅拌机拌和时,拌和量宜为搅拌机最大容量的1/4~3/4之间。

⑧搅拌机搅拌。按规定称好原材料,往搅拌机内顺序加入粗集料、细集料和水泥。开动搅拌机,将材料拌和均匀,在拌和过程中徐徐加水,全部加料时间不宜超过2min。水全部加入后,继续拌和约2min,而后将拌合物倾出倒在铁板上,再经人工翻拌1~2min,务必使拌合物均匀一致。

⑨人工拌和。采用人工拌和时,先用湿布将铁板、铁铲润湿,再将称好的砂和水泥在铁板上拌匀,加入粗集料,再混合搅拌均匀。而后将此拌合物堆成长堆,中心扒成长槽,将称好的水倒入约一半,将其与拌合物仔细拌匀,再将材料堆成长堆,中心扒成长槽,倒入剩余的水,继续进行拌和,来回翻拌至少10遍。

⑩从试样制备完毕到开始做各项性能试验不宜超过5min(不包括成型试件)。

(2)现场取样

①新混凝土现场取样。凡由搅拌机、料斗、运输小车以及浇制的构件中取新拌混凝土代表性样品时,均须从三处以上的不同部位抽取大致相同分量的代表性试样(不要抽取已经离析的混凝土),在室内集中用铁铲拌均匀,而后立即进行拌合物试验。拌合物取样量应大于试验所需数量的1.5倍,且最小体积≥20L。

②从第一次取样到最后一次取样不宜超过15min。

6.2 水泥混凝土拌合物稠度试验(坍落度仪法)(JTG 3420 T0522—2005)

1)目的与适用范围

坍落度是表示混凝土拌合物稠度的一种指标。本试验适用于坍落度大于10mm、集料最大粒径不大于31.5mm的混凝土。

2)试验仪器

(1)坍落筒:应符合现行《混凝土坍落度仪》(JG/T 248—2009)的规定。坍落筒为铁板制成的截头圆锥筒,厚度不小于1.5mm,内侧平滑,没有铆钉头之类的突出物,在筒上方约2/3高度处有两个把手,近下端两侧焊有两个踏脚板,保证坍落筒可稳定操作,尺寸见试表4-1。

坍落筒尺寸表 试表4-1

集料最大粒径(mm)	筒的名称	筒的内部尺寸(mm)		
		底面直径	顶面直径	高度
≤31.5	标准坍落筒	200 ± 2	100 ± 2	300 ± 2

(2)捣棒:直径为16mm,长约600mm,并具有半球形端头的钢质圆棒。

(3)天平:称量20kg,感量1g。

(4)量筒:1000mL和200mL各一个。

(5)磅秤:称量100kg,感量50g。

(6)钢尺:分度值为1mm。

(7)坍落度高度测量器、漏斗、铁板、铁锹、镘刀、小铲,如试图4-2和试图4-3所示。

试图4-2 坍落筒、测尺和捣棒

试图4-3 铁锹、镘刀

3)试验步骤(人工拌和)

(1)试验前先将坍落筒内外洗净,再用湿布擦净坍落筒,检查校准磅秤及天平,备齐试验用砂石材料。用湿布将拌和板、铁锹擦湿,防止吸收混合料中的水分。

(2)称量各种材料,先将水泥与细集料倒在拌合板上,用铁锹干拌均匀,加入粗集料,再一起拌和均匀。将拌合物堆成长堆,中心扒成长槽,将称好的水倒入约一半,将其与拌合物仔细拌匀。再将材料堆成长堆,中心扒成长槽,倒入剩余的水,继续拌和。来回拌至少10遍,当拌合物少于30L时,从加水完毕时起,一般拌和4~5min。

（3）将已润湿的坍落筒放在经水润湿过的平板上（平板吸水时应垫塑料布），并踏紧踏脚板。筒口放上漏斗，将代表样分三层装入筒内，每层装入高度稍大于筒高的 1/3，用捣棒在每一层的横截面上均匀插捣 25 次。插捣在全部面积上进行，沿螺旋线由边缘至中心，插捣底层时插至底部，插捣其他两层时，应插透本层并插入下层约 20～30mm，插捣须垂直压下（边缘部分除外），不得冲击。在插捣顶层时，装入的混凝土高出坍落筒，随插捣过程随时添加拌合物，当顶层插捣完毕后，将捣棒用锯和滚的动作，清除多余的混凝土，用抹刀抹平筒口，刮净筒底周围的拌合物，而后立即垂直地提起坍落筒，提筒宜控制在 3～7s 内完成，并使混凝土不受横向及扭力作用。从开始装料到提出坍落筒整个过程应在 150s 内完成。

（4）将坍落筒放在锥体混凝土试样一旁，筒顶平放木尺，用钢尺量出木尺底面至试样顶面最高点的垂直距离，即为该混凝土拌合物的坍落度，精确至 1mm，如试图 4-4 所示。

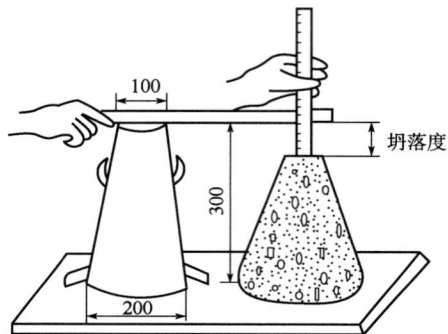

试图 4-4　坍落度测定示意图（尺寸单位：mm）

（5）当混凝土试件的一侧发生崩坍或一边剪切破坏，则应重新取样另测。如果第二次仍发生上述情况，则表示该混凝土和易性不好，应记录。

（6）当混凝土拌合物的坍落度大于 160mm 时，用钢尺测量混凝土扩展后最终的最大直径和最小直径，在这两个直径之差小于 50mm 的条件下，用其算术平均值作为坍落扩展度值。否则，此次试验无效。

（7）坍落度试验同时，可用目测方法评定混凝土拌合物的下列性质，并记录。

①棍度。按插捣混凝土拌合物时难易程度评定，分"上""中""下"三级。

"上"：表示插捣容易；

"中"：表示插捣时稍有石子阻滞的感觉；

"下"：表示很难插捣。

②黏聚性。观测拌合物各组成成分相互黏聚情况，评定方法是用捣棒在已坍落的混凝土锥体侧面轻打，如锥体在轻打后渐渐下沉，表示黏聚性良好；如锥体突然倒塌，部分崩裂或发生石子离析现象，即表示黏聚性不好。

③保水性。保水性指水分从拌合物中析出情况，分"多量""少量""无"三级评定：

"多量"：表示提起坍落筒后，有较多水分从底部析出；

"少量"：表示提起坍落筒后，有少量水分从底部析出；

"无"：表示提起坍落筒后，没有水分从底部析出。

4）结果整理

混凝土拌合物坍落度和坍落扩展度值以 mm 为单位,测量精确至1mm,结果修约至5mm。

6.3 水泥混凝土拌合物稠度试验(维勃仪法)(JTG 3420 T0523—2005)

1）试验目的

维勃稠度是用维勃时间表示的混凝土拌合物稠度指标,本方法适用于集料粒径不大于31.5mm 的混凝土及维勃稠度在 5 ~ 30s 干稠性水泥混凝土的稠度测定。

2）试验仪器

(1)混凝土搅拌机:强制式,应附有产品品质保证文件。

(2)维勃稠度仪:应符合现行《维勃稠度仪》(JG/T 250)的规定。实物图如试图 4-5 所示,由金属圆筒、坍落筒、漏斗、透明塑料圆盘、振动台等部分组成。振动台工作频率(50 ±3)Hz,空载振幅(0. 5 ±0. 1)mm,上有固定容器的螺栓。

(3)磅秤:称量 100kg,感量 50g。

(4)秒表:分度值为 0. 5s。

(5)其他:拌和用铁板、铁锹、捣棒、馒刀、小铲、量筒1000mL 和 200mL 各一个。

试图4-5　维勃稠度仪

3）试验步骤(机械拌和)

(1)使用拌和机前,应先用少量砂浆进行涮膛,其水灰比及砂灰比与正式混凝土配合比相同。

(2)按规定称好各种原材料,往拌合机内顺序加入粗集料、细集料、水泥,加料时间不宜超过2min,开动机器将材料拌和均匀,将水徐徐加入,水全部加入后,继续拌和约2min。将拌合物倾出倒在铁板上,再经人工翻拌 1 ~2min,务使拌合物均匀一致。

(3)将擦净的容量筒固定在振动台上,拧紧螺母,放入润湿的坍落筒。把漏斗转到坍落筒上口,拧紧螺栓,使漏斗对在坍落筒口上方。按坍落度试验步骤,分三层经漏斗装拌合物,每装一层用捣棒从周边向中心螺旋形均匀插捣 25 次,插捣底层时捣棒应贯穿整个深度,插捣第二层时,捣棒应插透本层至下一层的表面,捣毕第三层混凝土后,拧松螺栓,把漏斗转回到原先的位置,并将筒模顶上的混凝土刮平,然后轻轻提起筒模。拧紧定位螺栓使圆盘可定向向下滑动,仔细转动圆盘到混凝土上方,并轻轻与混凝土接触,检查圆盘是否可以顺利滑向容器。开动振动台并计时,通过透明圆盘观察混凝土的振实情况,当圆盘底面正好被水泥浆布满时,立即按停秒表和关闭振动台,记下秒表所记时间,即为维勃稠度,精确至1s。

(4)仪器每测试一次后,必须将容器、筒模及透明塑料圆盘洗净擦干,并在滑棒等处涂薄层黄油,以备下次使用。

4）试验结果

所记录的时间即为混凝土拌合物稠度的维勃时间,用秒(s)表示。以两次试验结果的算术平均值作为混凝土拌合物稠度的维勃时间,结果精确到1s。

6.4 水泥混凝土抗压强度试验（JTG 3420 T0553—2005）

1）目的和适用范围

本试验规定了测定混凝土抗压强度的试验方法，以确定水泥混凝土的强度等级，作为评定混凝土品质的主要指标。

本试验适用于各类水泥混凝土的立方体试件的抗压强度试验，也适用于高径比为 1∶1 的钻芯试件。

2）试验仪器

（1）拌和用铁板、铁锹、馒刀、小铁铲。

（2）磅秤：称量 100kg，精度 0.5kg。

（3）天平：称量 2000g，感量 1g。

（4）量筒：1000mL、200mL 各一个。

（5）压力机或万能试验机：上下压板平整并有足够刚度，可以均匀地连续加荷，满足试件破型吨位的要求，实物如试图 4-6 所示。

注：混凝土强度等级大于或等于 C50 时，试件周围应设置防崩裂网罩。

（6）球座：钢质坚硬，面部平整度要求在 100mm 距离内的高低差值不超过 0.05mm，球面及球窝粗糙度 $R_a = 0.32\mu m$，研磨、转动灵活。

（7）养护用水槽。

（8）试模：每组 3 个，尺寸为 150mm × 150mm × 150mm 的立方体，实物如试图 4-7 所示。

试图 4-6　压力试验机

试图 4-7　试模

3）试验步骤

（1）将拌合铁板、铁锹用湿布擦净，称量各种材料的用量，先将水泥和细集料拌和均匀摊成一薄片。倒入粗集料，干拌均匀，将拌合物堆成一堆，中心扒槽，将拌和水倒入约一半，仔细拌匀。再堆成堆，中心扒槽，倒入剩余水，继续拌和，防止水分流失。来回至少翻拌 10 遍。

（2）成型前试模内壁涂一薄层矿物油。

（3）取拌合物的总量至少应比所需量多20%以上，并取出少量混凝土拌合物代表样，在5min内进行坍落度或维勃试验，认为品质合格后，应在15min内开始制件或做其他试验。

（4）成型试件

①当坍落度小于25mm时，可采用ϕ25mm的插入式振捣棒成型。将混凝土拌合物一次装入试模，装料时应用抹刀沿各试模壁插捣，并使混凝土拌合物高出试模口；振捣时捣棒距底板10~20mm，且不要接触底板。振动直到表面出浆为止，且应避免过振，以防止混凝土离析，一般振捣时间为20s。振捣棒拔出时要缓慢，拔出后不得留有孔洞。用刮刀刮去多余的混凝土，在临近初凝时，用抹刀抹平。试件抹面与试模边缘高低差不得超过0.5mm。

②当坍落度大于25mm且小于90mm时，用标准振动台成型。将试模放在振动台上夹牢，防止试模自由跳动，将拌合物一次装满试模并稍有富余，开动振动台至混凝土表面出现乳状水泥浆时为止，振动过程中随时添加混凝土使试模常满，记录振动时间（约为维勃秒数的2~3倍，一般不超过90s）。振动结束后，用金属直尺沿试模边缘刮去多余混凝土，用抹刀将表面初次抹平，待试件收浆后，再次用抹刀将试件仔细抹平，试件表面与试模边缘的高低差不得超过0.5mm。

③当坍落度大于90mm时，用人工成型。拌合物分厚度大致相等的两层装入试模。捣固时按螺旋方向从边缘到中心均匀地进行。插捣底层混凝土时，捣棒应到达模底；插捣上层时，捣棒应贯穿上层后插入下层20~30mm处。插捣时应用力将捣棒压下，保持捣棒垂直，不得冲击，捣完一层后，用橡皮锤轻轻击打试模外端面10~15下，以填平插捣过程中留下的孔洞。每层插捣次数在100cm^{2}面积内不少于12次。试件抹面与试模边缘高低差不得超过0.5mm。

④当试样为自密实混凝土时，在新拌混凝土不离析的状态下，将自密实混凝土搅拌均匀后直接倒入试模内，不得使用振动台和插捣方式成型，但可以采用橡皮锤辅助振动。试样一次填满试模后，可用橡皮锤沿着试模中线位置轻轻敲击6次/侧面。用抹刀将试件仔细抹平，使表面略低于试模边缘1~2mm。

（5）试件成型后，用湿布覆盖表面（或其他保持湿度的办法），在室温20℃±5℃、相对湿度大于50%的情况下，静放一个到两个昼夜，然后拆模并做第一次外观检查、编号。对有缺陷的试件应除去，或加工补平。将完好试件放入标准养护室进行养护，标准养护室温度为20℃±2℃，相对湿度在95%以上，试件宜放在铁架或木架上，间距至少10~20mm。试件表面应保持一层水膜，并避免用水直接冲淋。当无标准养护室时，将试件放入温度20℃±2℃的饱和氢氧化钙溶液中养护。标准养护龄期为28d（以搅拌加水开始），非标准的龄期为1d、3d、7d、60d、90d、180d。

（6）至试验龄期时，自养护室取出试件，应尽快试验，避免其湿度变化。取出试件，检查其尺寸及形状，相对两面应平行。量出棱边长度，精确至1mm。试件受力截面面积按其与压力机上下接触面的平均值计算。在破型前，保持试件原有湿度，在试验时擦干试件。

（7）以成型时的侧面为上下受压面，试件中心应与压力机几何对中，开动压力机施加荷载。圆柱体应对端面进行处理，确保端面的平行度。

强度等级小于C30的混凝土取0.3~0.5MPa/s的加荷速度；强度等级大于或等于C30小于C60时则取0.5~0.8MPa/s的加荷速度；强度等级大于或等于C60时则取0.8~1.0MPa/s的加荷速度。当试件接近破坏而开始迅速变形时，应停止调整试验机油门，直至试件破坏，记

录破坏极限荷载 $F(N)$,试件抗压过程和破坏状态如试图 4-8 所示。

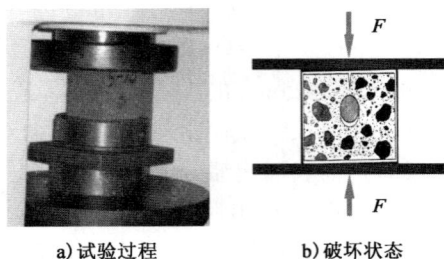

a)试验过程   b)破坏状态

试图 4-8　试件抗压过程和破坏状态

4)数据整理

混凝土立方体试件抗压强度计算公式:

$$f_{cu} = \frac{F}{A} \tag{试4-1}$$

式中:f_{cu}——混凝土立方体抗压强度,MPa;

$\quad\quad\quad F$——极限荷载,N;

$\quad\quad\quad A$——受压面积,mm^2。

以 3 个试件测值的算术平均值作为测定值,计算值精确至 0.1MPa。三个试件测值的最大值或最小值中如有一个与中间值之差超过中间值的 15%,则取中间值为测定值;如最大值和最小值与中间值的差值均超过中间值的 15%,则该组试验结果无效。

混凝土强度等级小于 C60 时,非标准试件的抗压强度应乘以尺寸换算系数(表 4-8),并应在报告中注明。当混凝土强度等级大于或等于 C60 时,宜用标准试件,使用非标准试件时,换算系数由试验确定。

6.5　水泥混凝土抗弯拉强度试验(JTG 3420 T0558—2005)

1)目的与适用范围

抗弯拉强度是水泥混凝土路面设计的重要指标。本试验规定了测定混凝土抗弯拉强度的方法,以提供设计参数,检查水泥混凝土施工品质和确定抗弯拉弹性模量试验的加荷标准。

本试验适用于各类混凝土的棱柱体试件。

2)试验仪器

(1)混凝土搅拌机:自由式或强制式,应附有产品品质保证文件。

(2)拌和用铁板、铁锹、馒刀、小铲。

(3)磅秤:称量 100kg,感量 50g。

(4)天平:称量 2000g,感量 1g。

(5)量筒:1000mL 和 200mL 各一个。

(6)压力机或万能试验机:同(JTG 3420 T0553—2005)标准中有关压力机的相关规定。

(7)抗弯拉强度试模:尺寸为 150mm × 150mm × 550mm。

(8)弯拉试验装置(即三分点处双点加荷和三点自由支承式混凝土弯拉强度与弯拉弹性模量的试验装置)。

(9)养护试件用水槽。

3)试验步骤(机械拌和)

(1)使用拌和机前,应先用少量砂浆进行涮腔,其水灰比及砂灰比与正式混凝土配合比相同。

(2)按规定称好各种原材料,往拌和机内顺序加入粗集料、细集料、水泥,加料时间不宜超过2min,开动机器将材料拌和均匀,将水徐徐加入,水全部加入后,继续拌和约2min。将拌合物倾出倒在铁板上,再经人工翻拌1~2min,务必使拌合物均匀一致。

(3)成型前试模内壁涂一薄层矿物油。拌合物分厚度大致相等的两层装入试模。捣固时按螺旋方向从边缘到中心均匀地进行。插捣底层混凝土时,捣棒应到达模底;插捣上层时,捣棒应贯穿上层后插入下层20~30mm处。插捣时应用力将捣棒压下,保持捣棒垂直,不得冲击,捣完一层后,用橡皮锤轻轻击打试模外端面10~15下,以填平插捣过程中留下的孔洞。每层插捣次数在100cm²面积内不少于12次。试件抹面与试模边缘高低差不得超过0.5mm。同时在试件长向中部1/3区段内表面不得有直径超过5mm、深度超过2mm的孔洞。

(4)将试件放入水槽中进行养护,水温应在17~23℃,若用其他方法养护,须在报告中说明养护方法。混凝土弯拉强度试件应以同龄期者为一组,每组为3根同条件制作和养护的试件。

(5)到达试验龄期时,从水槽中取出试件并擦干表面水分,检查试件,如试件中部有蜂窝,则该试件作废。用湿毛巾覆盖并及时进行试验,保持试件干湿状态不变。在试件中部量出其宽度和高度,精确至1mm。在试件表面画出支点及加荷位置,距端部分别为50mm、200m、350mm、500mm。

(6)试件取出后,用湿毛巾覆盖并及时进行试验,保持试件干湿状态不变。在试件中部量出其宽度和高度,精确至1mm。调整两个可移动支座,将试件安放在支座上,试件成型时的侧面朝上,几何对中后,务必使支座及承压面与活动船形垫块的接触面平稳、均匀,否则应垫平。

(7)加荷时,应保持均匀、连续。当混凝土的强度等级小于C30时,加荷速度为0.02~0.05MPa/s;当混凝土的强度等级大于等于C30且小于C60时,加荷速度为0.05~0.08MPa/s;当混凝土的强度等级大于等于C60时,加荷速度为0.08~0.10MPa/s。当试件接近破坏而开始迅速变形时,不得调整试验机油门,直至试件破坏,记下破坏极限荷载F(N)。

(8)记录下最大荷载和试件下边缘断裂的位置。

4)数据整理

当断面发生在两个加荷点之间时试件的弯拉强度,混凝土试件抗弯拉强度计算公式:

$$f_f = \frac{FL}{bh^2} \tag{试4-2}$$

式中:f_f——试件的弯拉强度,MPa;

F——极限荷载,N;

L——支座间距,mm;

b——试件宽度,mm;

h——试件高度,mm。

（1）以 3 个试件测值的算术平均值为测定值,计算结果精确到 0.01MPa。3 个试件中最大值或最小值中如有一个与中间值之差超过中间值的 15%,则把最大值和最小值舍去,以中间值作为试件的抗弯拉强度;如最大值和最小值与中间值之差值均超过中间值 15%,则该组试验结果无效。

（2）3 个试件中如有一个断裂面位于加荷点外侧,则混凝土抗弯拉强度按另外两个试件的试验结果计算。如果这两个测值的差值不大于这两个测值中最小值的 15%,则以两个测值的平均值为测试结果,否则结果无效。如果有两试件均出现断裂面位于加荷点外侧,则该组结果无效。

注:断面位置在试件断块短边一侧的底面中轴线上量得。

（3）采用 100mm × 100mm × 400mm 非标准试件时,在三分点加荷的试验方法同前,但取得的抗弯拉强度值应乘以尺寸换算系数 0.85,当混凝土强度等级大于或等于 C60 时应采用标准试件。

5）试验中应注意的问题

（1）试件从养护水槽取出后应尽快擦干试件表面水分,以防试件的湿度发生显著变化。

（2）试验前准确地在试件表面划出支点位置及加荷位置。

复习与思考题

4-1　在混凝土工程中,根据什么选用水泥的品种与强度等级?

4-2　试述提高水泥混凝土强度的方法。

4-3　影响水泥混凝土干缩大小的因素有哪些? 怎样减少或防止水泥混凝土的缩裂?

4-4　影响水泥混凝土和易性的主要因素有些?

4-5　水泥混凝土应具有哪些主要性能?

4-6　为什么要求水泥混凝土混合物具有良好的和易性?

4-7　影响水泥混凝土强度的主要因素有哪些?

4-8　简述水泥混凝土初步配合比的设计步骤。

4-9　工程中常用的水泥混凝土外加剂有哪些? 试述减水剂和引气剂的作用机理和应用效果。

4-10　施工中新拌砂浆有哪些主要技术性质?

4-11　某公路修建钢筋混凝土梁式桥,要求混凝土设计强度等级为 C20,受一般自然条件影响,配筋中等疏密程度,坍落度要求 30 ~ 50mm,机械搅拌,机械振捣,求该混凝土的初步配合比。原材料的有关技术性质如下:

水泥:强度等级 42.5 的矿渣水泥,密度为 $\rho_c = 3.0 \text{g/m}^3$;砂:河砂,细度模数 $M_x = 2.5$,表观密度 $\rho_s = 2.65 \text{g/m}^3$,堆积密度 $\rho'_s = 1.52 \text{g/cm}^3$,级配良好;石子:卵石,最大粒径 $D = 40 \text{mm}$,表观密度 $\rho_g = 2.70 \text{g/cm}^3$,堆积密度 $\rho'_g = 1.55 \text{g/cm}^3$,空隙率,$n_g = 41\%$;水:自来水。

4-12 按强度等级为 C20 的混凝土配合比制成一组 15cm × 15cm × 15cm 的试块,在标准条件下养护 28d,做抗压强度试验:其破坏荷载分别为 $5.5 \times 10^5 N$,$5.2 \times 10^5 N$,$4.8 \times 10^5 N$,问该混凝土实测强度为多少?

4-13 现在实验室求得 $1m^3$ 路面用混凝土的各种材料用量为水泥 360kg,砂 612kg,石子 1241kg,水 187kg,求该混凝土的实验室配合比。如工地所用砂含水率 3%,饱和面干含水率 0.8%;石子含水率 2%,饱和面干含水率 1%,求该混凝土的工地配合比。

4-14 假设混凝土密度为 $2400kg/m^3$,经初步计算,某混凝土每立方米各种材料用量为水泥 360kg,砂 612kg,石子 1241kg,水 187kg,现实验室测得混凝土密度 $2350kg/m^3$,试求修正后该混凝土的配合比。如工地用砂含水率 3%,石子含水率 2%,均不计饱和面干含水率,求混凝土施工配合比(材料用量取整数,配合比取两位小数)。

4-15 已知混凝土质量配合比 C∶S∶G∶W 为 1∶2.2∶4.30∶0.55,各种材料为:52.5 普通水泥密度 $3.10g/cm^3$;砂子视密度 $2.65g/cm^3$;石子视密度 $2.70g/cm^3$;水的密度 $1g/cm^3$,试求配制 $5m^3$ 水泥混凝土需各种材料多少?

4-16 已知某水泥混凝土配合比为 1∶1.76∶3.41∶0.50,用水量 $= 180kg/m^3$。求:

(1)一次拌制 25L 水泥混凝土,各材料取多少千克?

(2)配制出来的水泥混凝土的密度应是多少?配制强度是多少?

水泥强度等级 42.5,采用碎石 $\alpha_a = 0.46$,$\alpha_b = 0.07$,$\gamma_c = 1.13$。

4-17 已知某水泥混凝土施工配合比 1∶2.30∶4.30∶0.54,每立方米水泥混凝土水泥用量 350kg,工地搅拌机容量 400L,制成系数 0.70,试计算每拌一次应备各材料多少千克?

4-18 已确定水灰比为 0.5,每立方米水泥混凝土用水量为 180kg,砂率为 33%,水泥混凝土假定为 $2400kg/m^3$,试求该水泥混凝土各材料的初步配合比。

4-19 今有一组普通水泥混凝土试件(150mm × 150mm × 150mm),测得 28d 的破坏荷载分别为 625kN,797kN,692kN,试确定其强度等级。

4-20 试配制 7.5 号水泥石灰膏砌筑砂浆,采用中砂和强度等级 42.5 的普通硅酸盐水泥,水泥密度为 $1300kg/m^3$,石灰膏堆积密度为 $1350kg/m^3$,求该混合砂中水泥、石灰膏和砂的体积比是多少?

4-21 配制某强度等级混合砂,每立方米需用水泥 168kg,已知水泥堆积密度 $\rho_c = 1300kg/m^3$,石灰膏密度 $\rho_D = 1350kg/m^3$,试计算混合砂初步配合比。

拓展案例：混凝土工程质量通病及预防

【工程实例拓展 4-1】蜂窝

【现象】

混凝土结构表面局部出现酥松、砂浆少石子多、石子之间形成类似蜂窝的空隙。

【原因分析】

(1)混凝土配合比不当或加水量计量不准,造成砂浆少、石子多;

(2)混凝土搅拌时间不够,未拌和均匀,和易性差,振捣不密实;

(3)混凝土下料过高,未设串筒,造成石子砂浆离析;

(4)混凝土未分层下料,振捣不实,或漏振,或振捣时间不够;

(5)模板缝隙未堵严,水泥浆流失严重;

(6)钢筋较密,使用的石子粒径过大或混凝土坍落度过小;

(7)基础、柱、墙根部未先浇同配比减石子砂浆。

【防治措施】

(1)严格控制混凝土配合比,计量准确,混凝土拌和均匀,坍落度符合要求;

(2)混凝土下料高度超过2m应设串筒或溜槽,墙体、柱等竖向构件根部在浇筑混凝土前应先浇同配比减石子砂浆(一般以30~50mm为宜);

(3)浇灌混凝土时应分层下料,分层振捣,防止漏振;

(4)模板缝应堵塞严密,浇灌中应随时检查模板支撑情况防止漏浆,基础、柱、墙根部应在下部浇完间歇1~1.5h,待下部混凝土沉实后再浇上部混凝土,避免出现"烂脖子";

(5)如出现小蜂窝:将其洗刷干净后,用1:2或1:2.5水泥砂浆抹平压实;

(6)如出现较大蜂窝:凿去蜂窝薄弱松散颗粒,刷洗干净后支斜模,采用高一级细石混凝土仔细填塞捣实;较深蜂窝,如清除困难,可埋压浆管、排气管、表面抹砂浆或灌筑混凝土封闭后,进行水泥压浆处理。

【工程实例拓展 4-2】麻面

【现象】

混凝土表面局部出现缺浆和许多小凹坑、麻点,形成粗糙面,但无钢筋外露现象。

【原因分析】

(1)模板表面粗糙或黏附水泥浆渣等杂物未清理干净,拆模时混凝土表面被粘坏;

(2)模板未浇水湿润或湿润不够,构件表面混凝土的水分被吸去,使混凝土失水过多出现麻面;

(3)模板拼缝不严,局部漏浆;

(4)模板隔离剂涂刷不匀,或漏刷或失效,导致混凝土表面与模板黏结造成麻面;

(5)混凝土振捣不实,气泡未排出,停在模板表面,拆模后形成麻点。

【防治措施】

(1)模板表面清理干净,不得粘有水泥砂浆等杂物,浇灌混凝土前,模板应浇水充分湿润,模板缝隙,应用双面胶条等堵严;

（2）模板隔离剂应选用长效的，并且涂刷均匀，不得漏刷；

（3）混凝土应分层均匀振捣密实，直至气泡基本不再逸出为止。

【工程实例拓展 4-3】缝隙、夹层

【现象】

混凝土表面发现水平或垂直的松散混凝土。

【原因分析】

（1）施工缝或变形缝未经接缝处理、未清除表面水泥薄膜和松动石子、未除去软弱混凝土层、未充分湿润就浇筑混凝土；

（2）施工缝处锯屑、泥土、砖块等杂物未清除或未清除干净；

（3）混凝土浇灌高度过大，未设串筒、溜槽，造成混凝土离析；

（4）底层交接处未灌接缝砂浆层，接缝处混凝土未很好振捣。

【防治措施】

（1）认真按施工验收规范要求处理施工缝及变形缝交接部位；

（2）接缝处锯屑、泥土、砖块等杂物应清理干净并洗净；

（3）混凝土浇灌高度大于 2m 应设串筒或溜槽；

（4）接缝处浇灌混凝土前先浇同配比减石子砂浆（一般以 30～50mm 为宜），并加强接缝处混凝土的振捣；

（5）若缝隙夹层不深时，可将松散混凝土凿去，洗刷干净后，用 1:2 或 1:2.5 水泥砂浆强力填嵌密实；

（6）若缝隙夹层较深时，应清除松散部分和内部夹杂物，用压力水冲洗干净后支模，强力灌细石混凝土或将表面封闭后进行压浆处理。

【工程实例拓展 4-4】表面不平整

【现象】

混凝土表面凹凸不平，或板厚薄不一，表面不平。

【原因分析】

（1）混凝土浇筑后，表面仅用铁锹拍平，未用抹子找平压光，造成表面粗糙不平；

（2）模板未支承在坚硬土层上，或支承面不足，或支撑松动、泡水，致使新浇灌混凝土早期养护时发生不均匀下沉；

（3）混凝土未达到一定强度时，上人操作或运料，使表面出现凹陷不平或印痕。

【防治措施】

（1）严格按施工规范操作，浇筑混凝土后，应根据水平控制标志或弹线用抹子找平、压光，终凝后浇水养护；

（2）模板应有足够的强度、刚度和稳定性，应支设在坚实地基上，有足够的支撑面积，并防止浸水，确保不发生下沉；

（3）混凝土强度达到 1.2MPa 以上，方可在已浇结构上走动施工。

【工程实例拓展4-5】裂缝

【现象】

1）混凝土材料方面

（1）水泥凝结（时间）不正常，较大面积混凝土凝结初期出现不规则裂缝；

（2）水泥不正常膨胀，出现放射型网状裂纹；

（3）混凝土凝结时浮浆及下沉，混凝土浇筑一两小时后在钢筋上面及墙和楼板交接处断续发生；

（4）混凝土表面出现不规则网状干裂；

（5）大体积混凝土浇筑1~2周后出现等距离规则的直线裂缝，有表面的也有贯通的；

（6）混凝土的硬化干缩，在细长梁、楼板等处出现等距离垂直裂纹；

（7）混凝土从内部爆裂，潮湿地方比较多。

2）施工方面

（1）全面出现网状及长短不规则裂缝；

（2）沿混凝土肋周围发生，及沿配筋和配管表面发生；

（3）浇筑1~2小时后，在钢筋上面、在墙与板、梁与柱交接处部分出现裂缝；

（4）模板鼓起，平行于模板移动的方向，部分出现裂缝；

（5）接茬处出现冷茬裂缝；

（6）脱模后混凝土表面出现返白、空鼓等。

3）使用及环境条件

（1）类似干缩裂纹，已出现的裂纹随环境温度、湿度的变化而变化；

（2）整个表面出现龟裂纹；

（3）混凝土表面受腐蚀，或产生膨胀性物质而全面溃裂。

4）结构及外力影响

（1）在梁与楼板受拉侧出现垂直裂纹；

（2）柱、梁等处发生45°斜裂纹。

【原因分析】

（1）水灰比过大，表面产生气孔，龟裂；

（2）水泥用量过大，收缩裂纹；

（3）集料中含泥，养护不好或不及时，水泥水化热过大，表面脱水，干缩裂纹；

（4）搅拌时间过长，泵送时增加水及水泥量；

（5）坍落度太大，浇筑过高过厚，素浆上浮，表面龟裂；

（6）浇注速度过快，浇注不均匀，不密实，拆模过早，用力不当将混凝土撬裂；

（7）混凝土表面抹压不实，接茬不好；

（8）配筋被踩乱，钢筋保护层太薄，混凝土顺筋而裂；

（9）缺箍筋、温度筋使混凝土开裂；

（10）大体积混凝土无降低内外温差措施；

（11）洞口拐角等应用集中处无加强钢筋；

（12）温度、湿度变化，火灾表面受热，受酸及盐类浸蚀；

(13)超载,地震、堆积荷载。

【防治措施】

　　控制混凝土水泥用量、水灰比和砂率不要过大;严格控制砂石含量,避免使用过量粉砂;混凝土应振捣密实,并注意对板面进行二次抹压,以提高抗拉强度、减少收缩量;加强混凝土早期养护,并适当延长养护时间。

考证训练题

一、单项选择题

1.已知一组水泥混凝土标准抗折试件测得的破坏荷载分别是(单位:kN):41.25、39.75、48.00。计算该组试件的抗折强度为5.4MPa,可以认为该结果(　　　)。

　　A.正确,符合计算和数据处理要求

　　B.不正确,有测定值超过误差要求,试验应无效

　　C.不正确,试验结果应取3个测定值的算术平均值

　　D.不正确,不应在除去超过误差要求的测定值之后取平均值

答案:D

解析:$f_f = FL/(bh^2) = 41250 \times 450/(150 \times 1502) = 5.5(MPa)$

同样另外两个答案:5.3MPa、6.4MPa

　　因为$(6.4-5.5) \div 5.5 = 16.4\% > 15\%$(差值超过中值的15%),$(5.5-5.3) \div 5.5 = 3.6\% < 15\%$,所以取中值5.5MPa为最终测定结果。

2.如分别测得新拌混凝土单位面积贯入阻力是2.8MPa、3.5MPa、28MPa、35MPa,用于判断混凝土初凝时间和终凝时间的贯入阻力是(　　　)。

　　A.初凝3.5MPa,终凝28MPa

　　B.初凝2.8MPa,终凝28MPa

　　C.初凝3.5MPa,终凝35MPa

　　D.初凝2.8MPa,终凝35MPa

答案:A

3.水泥混凝土工作性测定的方法主要有坍落度泫和维勃稠度法,下面对这两种方法适应性的描述正确的是(　　　)。

　　①维勃稠度法适用于集料公称最大粒径≤31.5mm、坍落度大于10mm的混凝土

　　②坍落度法适用于集料公称最大粒径≤31.5mm、维勃时间5~30s的混凝土

　　③坍落度法适用于集料公称最大粒径≤31.5mm、坍落度大于10mm的混凝土

　　④维勃稠度法适用于集料公称最大粒径≤31.5mm、维勃时间5~30s的混凝土

　　A.①②　　　　　　B.①③　　　　　　C.③④　　　　　　D.②④

答案:C

4.已知水泥混凝土抗压试验3个试件测得的破坏荷载分别为859kN、969kN、1113kN,某

试验人员计算结果是 43.6MPa,这一结果(　　　)。

    A. 不正确,因为试验数据超过误差要求,试验应无效

    B. 正确,符合计算和数据处理要求

    C. 不正确,应采用不超过误差要求测定值的平均值

    D. 不正确,应取三个试验数据的中间值

    答案:B

5. 水泥混凝土试件采用标准养护时,拆模前养护温度为(　　　)度。

    A. 20 ± 1 B. 20 ± 2 C. 20 ± 4 D. 20 ± 5

    答案:B

6. 进行混凝土凝结时间测定时,需要更换测针的情况是(　　　)。

    A. 贯入阻力超过一定程度   B. 经过一段时间后

    C. 环境温度或湿度发生改变   D. 贯入操作时在测孔边出现微裂缝

    答案:D

7. 坍落度法测水泥混凝土拌合物稠度的适用条件(　　　)

    A. 坍落度大于 15mm,集料公称最大粒径不大于 31.5mm

    B. 坍落度小于 15mm,集料公称最大粒径不小于 31.5mm

    C. 坍落度大于 10mm,集料公称最大粒径不大于 31.5mm

    D. 坍落度小于 10mm,集料公称最大粒径不小于 31.5mm

    答案:C

8. 一组水泥混凝土标准立方体试件抗压强度试验,极限荷载分别为 780kN,710kN,900kN,该组试件的抗压强度为(　　　)。

    A. 35.4MPa   B. 34.7MPa   C. 33.1MPa   D. 作废

    答案:B

9. 水泥混凝土路面的设计强度采用(　　　)。

    A. 7d 龄期抗压强度   B. 28d 龄期抗压强度

    C. 7d 龄期弯拉强度   D. 28d 龄期弯拉强度

    答案:D

10. 立方体抗压强度试件的立方体标准尺寸的边长为(　　　)mm。

    A. 50   B. 100   C. 150   D. 200

    答案:C

11. 超声回弹法测定路面水泥混凝土抗弯强度时要求水泥混凝土路面板厚度不低于(　　　)mm。

    A. 100   B. 150   C. 200   D. 250

    答案:A

二、判断题

1. 对连续配筋的混凝土路面和钢筋混凝土路面的交工验收检测评定时,由于干缩、温缩产生的裂缝,应予以减分。(　　　)

答案:错误

2. 坍落度法适合测量坍落度在 10mm 以上任何值的混凝土的流动性。(   )

答案:错误

解析:当坍落度大于 220mm 时,采用坍落扩展度,即测量混凝土坍落后的直径。

3. 水泥混凝土强度等级越高,力学试验加载时要求的标准加载速率就应越快。(   )

答案:正确

4. 面层普通水泥混凝土配合比设计标准采用 28 天龄期的抗压强度。(   )

答案:错误

5. 水泥混凝土路面错台的测定位置,通常以行车道错台最大处横断面为准。(   )

答案:错误

解析:非经注明,错台的测定位置,以行车道错台最大处纵断面为准。

6. 混凝土坍落度愈大,表面混凝土的保水性就愈差。(   )

答案:正确

7. 在进行水泥混凝土配合比设计时,原则上水泥用量能少则少。(   )

答案:错误

8. 混凝土使用引气剂后,将有利于混凝土的抗冻性能,但不利于混凝土的力学性能。
(   )

答案:错误

9. 水泥混凝土立方体抗压强度试验时,试件的尺寸越小测得结果越高。(   )

答案:正确

10. 水泥混凝土立方体试件在标准养护室养护的条件为 20℃±2℃,相对湿度 95% 以上,直至规定的龄期。(   )

答案:正确

三、多项选择题(下列各题的备选项中,至少有两个是符合题意的,选项全部正确得满分,选项部分正确按比例得分,出现错误选项该题不得分)

1. 下列针对混凝土成型不正确的操作方式有(   )。

　　A. 坍落度 10mm,采用人工插捣方式成型

　　B. 坍落度 23mm,采用插入式捣棒成型

　　C. 坍落度 80mm,采用振动台成型

　　D. 坍落度 100mm,采用人工插捣成型

答案:AC

解析:坍落度小于 25mm,采用插入式捣棒成型;坍落度在 25~70mm 之间,采用标准振动台;坍落度大于 70mm,采用人工成型。

2. 现场测定水泥混凝土强度的方法有(   )。

　　A. 回弹仪法　　　B. 超声回弹法　　　C. 射钉法　　　D. 超声法

答案:AB

3. 成型后的混凝土养护分为初期的带模养护和脱模后的正常养护,下列选项中正确的养

护方式是(　　)。

　　A.带模养护:保湿条件下室温 20°C ±5°C,相对湿度大于 50%

　　B.脱模养护:温度 20°C ±2°C,相对湿度大于 95%

　　C.带模养护:温度 20°C ±2°C,相对湿度大于 90%

　　D.脱模养护:水温 20°C ±5°C 的饱和石灰水浸泡

答案:AB

4.现场检测水泥混凝土路面强度可以采用(　　)方法检测。

　　A.回弹仪法　　　　B.低应变法　　　　C.落球仪法　　　　D.超声回弹法

答案:AD

5.水泥混凝土路面加铺设计前,需要调查的内容包括(　　)

　　A.地表弯沉　　　　B.接缝传荷能力　　　C.板底脱空状况　　　D.路面厚度

答案:BCD

6.提高水泥混凝土强度的措施包括(　　)。

　　A.选用高等级水泥　　　　　　　　B.提高浆集比

　　C.提高粗集料的最大粒径　　　　　D.降低水灰比

答案:AD

7.以下在水泥混凝土拌合物凝结时间试验中用到的仪器设备包括(　　)。

　　A.阻力贯入仪　　　B.测针　　　　　C.坍落度仪　　　　D.计时器

答案:ABD

四、综合题(下列各题的备选项中,有 1 个或 1 个以上是符合题意的,出现漏选或错误选项均不得分,完全正确得满分)

1.通过经验方法得到混凝土的室内初步配合比,水泥:砂:石 = 1:1.73:3.33,W/C = 0.42。但是,该配合比还需进行一系列检验和修正,以确保室内配合比满足设计要求。针对这样的工作内容,回答下列问题。(配合比结果四舍五入取整数,水灰比保留 2 位小数)

(1)不同条件下,当配制 1 立方米混凝土时,各材料用量计算结果正确的选项有(　　)。

　　A.如果水泥用量是 370kg,则配合比是水泥:水:砂:石 =370:155:640:1232(kg/m³)

　　B.如果用水量 160kg,则配合比是水泥:水:砂:石 =381:160:659:1269(kg/m³)

　　C.如果砂用量是 660kg,则配合比是水泥:水:砂:石 =382:160:660:1272(kg/m³)

　　D.如果碎石用量是 1300kg,则配合比是水泥:水:砂:石 =385:162:674:1300(kg/m³)

答案:ABC

(2)当采用水泥用量为 370kg/m³ 的配合比进行坍落度试验时,发现测得的坍落度值不满足工作性设计要求,而黏聚性和保水性较好,需要调整 3% 的用水量。则调整后正确的配合比可能有(　　)。

　　A.水泥:水:砂:石 =370:160:623:1266(kg/m³)

　　B.水泥:水:砂:石 =381:160:623:1266(kg/m³)

　　C.水泥:水:砂:石 =370:150:623:1266(kg/m³)

　　D.水泥:水:砂:石 =381:150:623:1266(kg/m³)

答案:B

解析:调整3%的用水量,可能增加,也可能减少,但必须保持水灰比不变的情况下,同时增加或减少水泥用量。而砂石材料用量完全不变。

增加3%用水量:水 $155 \times 1.03 = 160$,水泥 $370 \times 1.03 = 381$

减少3%用水量:水 $155 \times 0.97 = 150$,水泥 $370 \times 0.97 = 359$

(3)当对上述工作性的配合比进行强度验证时,发现强度偏低,需要适当降低混凝土的水灰比,由原来水灰比降低0.02,则下述对配合比调整的结果可能有(   )。

  A. 水泥∶水∶砂∶石 $= 400∶160∶623∶1266(kg/m^3)$

  B. 水泥∶水∶砂∶石 $= 381∶152∶623∶1266(kg/m^3)$

  C. 水泥∶水∶砂∶石 $= 375∶150∶623∶1266(kg/m^3)$

  D. 水泥∶水∶砂∶石 $= 359∶144∶623∶1266(kg/m^3)$

答案:A

解析:用水量不能变化,维持160,否则坍落度不满足要求。

(4)若对上述问题(3)四个选项分别进行密度修正,假设实测密度均为 $2450kg/m^3$,则正确的修正结果可能有(   )。(密度修正系数四舍五入取小数点后2位)

  A. 水泥∶水∶砂∶石 $= 400∶160∶623∶1266(kg/m^3)$

  B. 水泥∶水∶砂∶石 $= 385∶154∶629∶1279(kg/m^3)$

  C. 水泥∶水∶砂∶石 $= 379∶152∶629∶1279(kg/m^3)$

  D. 水泥∶水∶砂∶石 $= 366∶147∶635∶1291(kg/m^3)$

答案:AD

(5)当砂、石含水率分别是3%和1%时,正确的工地配合比有(   )。

  A. 室内配合比水泥∶水∶砂∶石 $= 400∶160∶623∶1266(kg/m^3)$ 对应的工地配合比是水泥∶水∶砂∶石 $= 400∶123∶648∶1279(kg/m^3)$

  B. 室内配合比水泥∶水∶砂∶石 $= 400∶160∶623∶1266(kg/m^3)$ 对应的工地相对用量配合比是水泥∶砂∶石 $= 1∶1.56∶3.17;W/C = 0.40$

  C. 室内配合比为水泥∶水∶砂∶石 $= 384∶154∶629∶1279kg/m^3$)。如需拌和 $0.5m^3$ 的混凝土,工地材料组成计算结果(kg)是:水泥∶水∶砂∶石 $= 192∶61∶324∶646$

  D. 室内配合比水泥∶水∶砂∶石 $= 384∶154∶629∶1279(kg/m^3)$ 对应的工地相对用量配合比是水泥∶砂∶石 $= 1∶1.69∶3.36;W/C = 0.32$

答案:CD

解析:水泥∶水∶砂∶石 $= 400∶160∶623∶1266$

水泥 $= 400$,不变

砂 $= 623 \times 1.03 = 642$,石 $= 1266 \times 1.01 = 1279$,水 $= 160 - 623 \times 0.03 - 1266 \times 0.01 = 129$

转化成相对用量:水泥∶砂∶石 $= 1∶1.61∶3.20;W/C = 0.32$

所以A和B选项都不对。

水泥∶水∶砂∶石 $= 384∶154∶629∶1279$

水泥 $= 384 \times 0.5 = 192$,砂 $= 629 \times 1.03 \times 0.5 = 324$,石 $= 1279 \times 1.01 \times 0.5 = 646$

水 $= (154 - 629 \times 0.03 - 1279 \times 0.01) \times 0.5 = 61$

转化成相对用量：

水泥∶砂∶石 = 1∶1.69∶3.36；W/C = 0.32

所以 C 和 D 选项都对。

2. 某公路工程开展普通混凝配合比设计工作，设计抗压强度等级为 C30，请根据规范要求以及试验数据回答下面问题。

(1) 混凝土配合比设计应满足下面哪些要求(　　　)。

  A. 混凝土配制强度　 B. 拌合物性能

  C. 经济性能　 D. 耐久性能的设计

答案：ABCD

(2) 以下属于混凝土配合比设计步骤的有(　　　)。

  A. 计算初步配合比　 B. 提出基准配合比

  C. 确定实验室配合比　 D. 换算工地配合比

答案：ABCD

(3) 混凝土配置强度 $f_{cu,0}$ 与混凝土设计强度 $f_{cu,k}$ 的计算公式是(　　　)。

  A. $f_{cu,0} \geq f_{cu,k} + 1.645\sigma$　 B. $f_{cu,0} \geq f_{cu,k} + 2\sigma$

  C. $f_{cu,0} \geq f_{cu,k} + 3\sigma$　 D. $f_{cu,0} \geq 1.15 f_{cu,k}$

答案：A

(4) 关于混凝土耐久性的说法正确的有(　　　)。

  A. 耐久性主要取决于混凝土的密实程度

  B. 水灰比大有利于提高混凝土构件的耐久性

  C. 为保证混凝土的耐久性，设计中要考虑最大水灰比也要考虑最小水泥用量

  D. 设计中，先满足经济性要求，后考虑耐久性要求

答案：AC

(5) 若水泥∶砂∶石 = 1∶1.73∶3.33，W/C = 0.42。当配制 1 立方米混凝土时，各材料用量正确的选项有(　　　)。

  A. 如果水泥用量是 370kg，则配合比是水泥∶水∶砂∶石 = 370∶155∶640∶1232(kg/mg^3)

  B. 如果用水量 160kg，则配合比是水泥∶水∶砂∶石 = 381∶160∶659∶1269(kg/mg^3)

  C. 如果砂用量是 660kg，则配合比是水泥∶水∶砂∶石 = 382∶160∶660∶1272(kg/mg^3)

  D. 如果碎石用量是 1300kg，则配合比是水泥∶水∶砂∶石 = 385∶162∶671∶1300(kg/mg^3)

答案：ABC

单元五
UNIT FIVE
无机结合料稳定材料

知识目标

了解无机结合料稳定材料的分类和组成材料;熟悉无机结合料稳定材料各组成材料的技术要求;掌握无机结合料稳定材料的技术性质及主要指标的检测方法。

能力目标

能根据《公路工程无机结合料稳定材料试验规程》(JTG E51—2009)对无机结合料稳定材料的相关技术指标进行检测,并能依照《公路路面基层施工技术细则》(JTG TF20—2015)对所测定的技术指标进行评定和对无机结合料稳定材料进行组成设计;

能够规范填写试验原始记录,并独立出具试验报告。

价值引领

《论语》里说到"君子和而不同,小人同而不和"。无机结合料稳定材料是由几种特点鲜明的材料组成的,虽说万事万物"尺有所短,寸有所长",但只要心往一处想,劲儿往一处使,齐心协力,各显其能,最终会打造出完美的材料。

模块一　　无机结合料稳定材料概述

在粉碎的或原来松散的土中掺入一定量的无机结合料(包括水泥、石灰、粉煤灰或工业废渣等)和水,经拌和得到的混合料在压实与养护后,其抗压强度符合规定要求的材料称为无机结合料稳定材料。无机结合料稳定材料主要用于公路路面的基层与底基层,具有稳定性好、结构本身自成板体、抗冻性较好等特点,但容易产生干缩和温缩裂缝,耐磨性差。其强度和刚度介于刚性水泥混凝土和柔性粒料之间,且强度和刚度有随时间流逝而增长的特征,因此亦称之为半刚性材料。

　　按照所用结合料的不同,常用的无机结合料稳定类材料主要包括水泥稳定材料、石灰稳定材料、综合稳定材料和工业废渣稳定材料。

1.1　水泥稳定材料

　　以水泥为结合料,掺入经过粉碎的或原来松散的材料(包括各种粗、中、细粒土)中,再加入足量的水,经拌和,在压实和养护后,其抗压强度符合规定要求的混合料,称为水泥稳定材料。包括水泥稳定级配碎石、水泥稳定级配砾石、水泥稳定石屑、水泥稳定砂、水泥稳定土等。

　　水泥稳定材料是一种经济实用的筑路材料,具有优良的性能,可用于各种道路的基层和底基层。不足的是,水泥稳定材料在温度、湿度变化时,易产生裂缝而影响面层的稳定性,当细颗粒含量高、水泥用量大时开裂更为严重。

1.2　石灰稳定材料

　　以石灰为结合料,掺入粉碎的或原来松散的材料中,再加入足量的水,经拌和,在压实和养护后,其抗压强度符合规定要求的混合料,称为石灰稳定材料,包括石灰碎石土、石灰土等。

　　用石灰稳定材料铺筑的路面基层和底基层,分别称石灰稳定材料基层和石灰稳定材料底基层。石灰稳定材料具有良好的力学性能,并有较好的水稳性和一定程度的抗冻性,它的初期强度和水稳性较低,后期强度较高。由于干缩、温缩系数较大,易产生裂缝。在冰冻地区的潮湿路段以及其他地区的过分潮湿路段,不宜采用石灰土作基层。如若只能采用石灰土时,应采取措施防止水分侵入石灰土基层。

1.3　综合稳定材料

　　以两种或两种以上材料为结合料,通过加水与被稳定材料共同拌和形成的混合料,包括水泥石灰稳定材料、水泥粉煤灰稳定材料、石灰粉煤灰稳定材料等,例如石灰粉煤灰级配碎石和石灰粉煤灰级配砂砾,简称二灰碎石和二灰砂砾。石灰常与其他结合料(如水泥)一起作为综合稳定材料,此时,石灰起着一种活化剂的作用。

1.4　工业废渣稳定材料

　　以石灰或水泥为结合料,以粉煤灰、煤渣、高炉矿渣、钢渣(已经过崩解达到稳定)及其他冶金矿渣、煤矸石等工业废渣为主要被稳定材料,通过加水拌和形成的混合料,称为石灰工业废渣稳定材料。

　　石灰工业废渣稳定材料,具有良好的力学性能、板体性、水稳性和抗冻性,其抗冻性较石灰土高得多。石灰工业废渣的初期强度低,但随龄期的增长,强度的增长幅度变大,后期强度与水泥稳定材料基本类似。近年来修筑高等级公路,常选用石灰稳定工业废渣作高级或次高级路面的基层或底基层。

模块二 无机结合料稳定材料的组成

2.1 被稳定材料

1）粗集料

粗集料是无机结合料稳定材料中的被稳定材料,宜采用各种硬质岩石或砾石加工成的碎石,也可直接采用天然砾石,其质量应符合表 5-1 中 Ⅰ 类粗集料的相关规定;而级配碎石粗集料的质量应符合表 5-1 中 Ⅱ 类粗集料的相关规定;用于高速公路、一级公路底基层和二级及二级以下公路基层、底基层无机结合料稳定材料中的被稳定材料天然砾石材料除满足表 5-1 的相关规定外,还应级配稳定,塑性指数不应超过 9。

粗集料的技术要求 表 5-1

指 标	道路层位	高速公路、一级公路				二级及以下公路		试验方法
		极重、特重交通		重、中、轻交通				
		Ⅰ 类	Ⅱ 类	Ⅰ 类	Ⅱ 类	Ⅰ 类	Ⅱ 类	
压碎值(%),≤	基层	22①	22	26	26	35	30	T0316
	底基层	30	26	30	26	40	35	
针片状颗粒含量(%),≤	基层	18	18	22	18	—	20	T0312
	底基层	—	20	—	20	—	20	
0.075 mm 以下颗粒含量(%),≤	基层	1.2	1.2	2.0	2.0	—	—	T0310
	底基层	—	—	—	—	—	—	
软石含量(%),≤	基层	3.0	3.0	5.0	5.0	—	—	T0320
	底基层	—	—	—	—	—	—	

注:①对花岗岩石料,压碎值可放宽至 25%。

用于基层、底基层的粗集料的规格应符合表 5-2 的相关技术要求。高速公路和一级公路极重、特重交通荷载等级基层的 4.75mm 以上粗集料应采用单一粒径的规格料。而对于级配碎石或砾石无机结合料稳定材料基层,高速公路和一级公路公称最大粒径应不大于 26.5mm,二级及二级以下公路公称最大粒径应不大于 31.5mm;用于底基层的粗集料,其公称最大粒径应不超过 37.5mm。

粗集料的规格要求 表 5-2

规格	工程粒径(mm)	通过下列筛孔的质量百分率(%)									公称粒径(mm)
		53	37.5	31.5	26.5	19.0	13.2	9.5	4.75	2.36	
G1	20 ~ 40	100	90 ~ 100	—	0 ~ 10	0 ~ 5	—	—	—	—	19 ~ 37.5
G2	20 ~ 30	—	100	90 ~ 100	—	0 ~ 10	0 ~ 5	—	—	—	19 ~ 31.5
G3	20 ~ 25	—	—	100	90 ~ 100	0 ~ 10	0 ~ 5	—	—	—	19 ~ 26.5

续上表

规格	工程粒径 (mm)	通过下列筛孔的质量百分率(%)									公称粒径 (mm)
		53	37.5	31.5	26.5	19.0	13.2	9.5	4.75	2.36	
G4	15～25	—	—	100	90～100	—	0～10	0～5	—	—	13.2～26.5
G5	15～20	—	—	—	100	90～100	0～10	0～5	—	—	13.2～19.0
G6	10～30	—	100	90～100	—	—	—	0～10	0～5	—	9.5～31.5
G7	10～25	—	—	100	90～100	—	—	0～10	0～5	—	9.5～26.5
G8	10～20	—	—	—	100	90～100	—	0～10	0～5	—	9.5～19.0
G9	10～15	—	—	—	—	100	90～100	0～10	0～5	—	9.5～13.2
G10	5～15	—	—	—	—	100	90～100	40～70	0～10	0～5	4.75～13.2
G11	5～10	—	—	—	—	—	100	90～100	0～10	0～5	4.75～9.5

应选择适当的碎石加工工艺,用于破碎的原石粒径应为破碎后碎石公称最大粒径的3倍以上。高速公路基层用碎石,应采用反击破碎的加工工艺。碎石加工中,根据筛网放置的倾斜角度和工程经验,应选择合理的筛孔尺寸。粒径尺寸与筛孔尺寸对应关系宜符合表5-3的规定。根据破碎方式和石质的不同,可适当调整筛孔尺寸,调整范围宜为1～2mm。

粒径尺寸与筛孔尺寸对应表 表5-3

粒径尺寸(mm)	4.75	9.5	13.2	16	19	26.5	31.5	37.5
筛孔尺寸(mm)	5.5	11	15	18	22	31	36	43

2)细集料

细集料应洁净、干燥、无风化,并根据不同的工程应用环境选择适当的颗粒级配。高速公路和一级公路用细集料的质量应符合表5-4的相关技术要求。

细集料的技术要求 表5-4

检测项目	水泥稳定类[②]	水泥粉煤灰综合稳定类	石灰粉煤灰综合稳定类	石灰稳定类
颗粒分析	相关级配要求			
塑性指数[①](%),≤	17	—	适宜范围12～20	适宜范围15～20
有机质含量(%)	<2		≤10	
硫酸盐含量(%),≤	0.25		—	0.80

注:①应测定0.075mm以下材料的塑性指数。

②水泥稳定类包括水泥石灰综合稳定类材料。

细集料规格要求应符合表5-5的相关规定。其中对0～3mm和0～5mm的细集料应分别严格控制大于2.36mm和4.75mm的颗粒含量,对3～5mm的细集料应严格控制小于2.36mm的颗粒含量。在高速公路和一级公路中,细集料中小于0.075mm的颗粒含量应不大于15%;二级及二级以下公路,细集料中小于0.075mm的颗粒含量应不大于20%。

细集料的规格要求　　　　　　　　　　　　表 5-5

规格	工程粒径(mm)	通过下列筛孔的质量百分率(%)								公称粒径(mm)
		9.5	4.75	2.36	1.18	0.6	0.3	0.15	0.075	
XG1	3~5	100	90~100	0~15	0~5	—	—	—	—	2.36~4.75
XG2	0~3	—	100	90~100	—	—	—	—	0~15	0~2.36
XG3	0~5	100	90~100	—	—	—	—	—	0~20	0~4.75

2.2　无机结合料

1)石灰

在土中掺加石灰可使土粒胶结成整体,密实性、水稳定性和强度均会提高。

在石灰剂量不大的情况下,钙质石灰稳定土比镁质石灰稳定土的初期强度高;在石灰剂量较大时,镁质石灰稳定土的后期强度优于钙质石灰稳定土。

根据《公路路面基层施工技术细则》(JTG/T F20—2015)的相关要求,石灰的技术指标应符合表 5-6 和表 5-7 的相关技术要求。

生石灰的技术要求　　　　　　　　　　　　表 5-6

项　　目	钙质生石灰			镁质生石灰			试验方法
	I	II	III	I	II	III	
有效 CaO + MgO 含量(%),≥	85	80	70	80	75	60	T0813
未消化残渣含量(5mm 圆孔筛筛余)(%),≤	7	11	17	10	14	20	T0815
钙镁石灰的分界线, 氧化镁含量(%)	≤5			>5			T0812

高速公路和一级公路用石灰应不低于 II 级技术要求,二级公路用石灰应不低于 III 级技术要求,二级以下公路宜不低于 III 级技术要求。高速公路和一级公路的基层,宜采用磨细消石灰。二级以下公路使用石灰时,有效氧化钙含量应在 20% 以上,且混合料强度应满足要求。

消石灰粉技术指标　　　　　　　　　　　　表 5-7

项　　目		钙质生石灰			镁质生石灰			试验方法
		I	II	III	I	II	III	
有效 Cao + MgO 含量(%),≥		65	60	55	60	55	50	T0813
游离水(含水率)(%),≤		4						T0801
细度	0.60mm 筛筛余(%),≤	0	1		0	1		T0814
	0.15mm 筛筛余(%),≤	13	20	—	13	20	—	T0814
钙镁石灰的分界线, 氧化镁含量(%)		≤4			>4			T0812

2）水泥和外加剂

水泥在稳定土中的作用是与水反应后能大大降低土的塑性,增加土的强度和水稳定性。

强度等级为 32.5 级或 42.5 级的普通硅酸盐水泥等均可使用,所用水泥初凝时间应大于3h,终凝时间应大于 6h 且小于 10h。在水泥稳定材料中掺加缓凝剂或早强剂时,应对混合料进行试验验证,缓凝剂和早强剂的技术要求也应符合《公路路面基层施工技术细则》(JTG/T F20—2015)的规定。

3）粉煤灰

将粉煤灰加入土中既能起填充作用,与石灰反应的产物也起胶结作用,由此可达到改善稳定土强度、密实性和水稳定性的目的。

大多数粉煤灰的主要成分是二氧化硅(SiO_2)和三氧化二铝(Al_2O_3),其总含量常超过70%,氧化钙(CaO)含量一般在 2% ～6%,这种粉煤灰称为硅铝粉煤灰。个别地方的粉煤灰含有 10% ～40% 的氧化钙,称为高钙粉煤灰。干排或湿排的硅铝粉煤灰和高钙粉煤灰等均可用作基层或底基层的结合料。粉煤灰的技术指标应符合表 5-8 的相关规定。

高等级公路的底基层、二级及二级以下公路的基层使用的粉煤灰,通过率指标不满足表 5-8 要求时,应进行混合料强度试验,达到《公路路面基层施工技术细则》(JTG/T F20—2015)相关要求的强度指标后,方可使用。

粉煤灰的规格要求　　　　　　　　　　　　　表 5-8

检测项目	SiO_2、Al_2O_3 和 Fe_2O_3 总含量(%)	烧失量(%)	表面积(cm^2/g)	0.3mm 筛孔通过率(%)	0.075mm 筛孔通过率(%)	湿粉煤灰含水率(%)
技术要求	>70	≤20	>2500	≥90	≥70	≤35
试验方法	T0816	T0817	T0820	T0818	T0818	T0801

煤矸石、煤渣、高炉矿渣、钢渣及其他冶金矿渣等工业废渣可用于修筑基层或底基层,使用前应崩解稳定,且宜通过不同龄期条件下的强度和模量试验以及温度收缩和干湿收缩试验等评价混合料性能。

2.3　水

符合《生活饮用水卫生标准》(GB 5749—2006)和《混凝土用水标准》(JGJ 63—2006)要求的饮用水可直接作为基层、底基层材料拌和与养护用水,对拌和使用的非饮用水应进行水质检验,技术要求应符合表 5-9 的相关规定。养护用水可不检验不溶物含量,其他指标应符合表 5-9 的相关规定。

非饮用水技术要求　　　　　　　　　　　　　表 5-9

检测项目	技术要求	试验方法
pH 值,≥	4.5	
Cl^- 含量(mg/L),≤	3500	JGJ 63—2006
SO_4^{2-} 含量(mg/L),≤	2700	
碱含量(mg/L),≤	1500	

续上表

检 测 项 目	技 术 要 求	试 验 方 法
可溶物含量,≤	10000	
不溶物含量,≤	5000	JGJ 63—2006
其他杂质	不应有漂浮的油脂和泡沫以及明显的颜色和异味	

模块三 无机结合料稳定材料的技术性质

3.1 强度

在土中掺入适量的石灰或水泥,在最佳含水率下拌和均匀并压实,由于无机结合料与土发生的一系列物理、化学作用,无机结合料稳定材料逐渐形成较高的强度。

1)无机结合料稳定材料强度的测定方法

无机结合料稳定材料的强度采用 7d 龄期的无侧限抗压强度指标来表征,方法是按最佳含水率和工地要求达到的压实度计算出干密度及材料月量,将试件制成高径比为 1∶1 的圆柱体,在标准养护条件(温度 20℃ ±2℃,相对湿度在 95% 以上)下养护 6d,浸水 1d,进行无侧限抗压强度测定。无侧限抗压强度测试仪及试模如图 5-1 与图 5-2 所示。

图 5-1 无侧限抗压强度测试仪

图 5-2 无侧限抗压强度试模

2)影响无机结合料稳定材料强度的因素

(1)土质

对于石灰稳定材料,塑性指数 15～20 的黏性土比较适宜,稳定效果显著,强度较高。塑性指数过大的重黏土,难以粉碎拌和,用石灰稳定易产生收缩裂缝,用水泥稳定时其水泥用量过高,不经济。

对于水泥稳定材料,可用各种碎石、砂砾、粉质土和黏质土。但级配良好的碎石和砂砾效果最好,不但强度高,而且水泥用量还比较少。

（2）结合料品种及用量

石灰的质量主要取决于其活性 $CaO + MgO$ 的含量，活性成分含量越高，稳定的效果越好。在相同剂量条件下，石灰细度越大，石灰与土粒作用越充分，反应进行得越快，稳定效果也越好。随着石灰剂量的增加，土的塑性、膨胀量、吸水量减小，强度也随之提高，但剂量超过一定值时，强度反而会下降。因此，石灰稳定材料中石灰存在一个最佳剂量。

对于水泥稳定材料，通常情况下，硅酸盐水泥的稳定效果好，而铝酸盐水泥较差。随着水泥分散度的增加，其活性程度和硬化能力也有所增大，从而使得水泥稳定材料的强度也随之提高。

水泥稳定材料的强度随水泥剂量的增加而增长，但过大的水泥用量，虽然能够使得强度增大，但不经济，效果也不是特别显著，而且还会使得水泥稳定材料开裂。

二灰稳定材料中粉煤灰用量越大，早期强度越低，但后期强度增长的幅度反而越大。如果需要提高二灰稳定土的早期强度，则可以掺加少量水泥或早强剂。

（3）含水率

一般情况下，在最佳含水率条件下进行压实，无机结合料稳定材料的干密度较大，强度也较高，因此，实际施工时应尽可能达到最佳含水率，并注意控制养护过程中水分的蒸发，以保证被稳定材料中的水泥能够充分水化。

（4）密实度

无机结合料稳定材料的密实度越大，强度越高，受水影响的可能性就越小。施工时可通过改善被稳定材料的级配和采用适当的施工工艺，严格控制混合料的压实度，以确保其密实度。

（5）养护条件

无机结合料稳定材料的强度发展需要适当的温度和湿度，因此，它们必须在潮湿的条件下进行养护。同时，养护温度越高，强度增长越快。

（6）施工时间

施工时间的长短主要是针对水泥稳定材料而言，水泥稳定材料从开始加水拌和到完全压实的时间要尽可能短，一般情况下不能超过 6h，因为时间如果过长，则会导致水泥凝结，使得碾压过程不但保证不了压实度要求，反而还会破坏已硬结水泥的胶凝作用，使得水泥稳定材料的强度下降。

【工程实例 5-1】

如图 5-3 所示，某工程石灰土无机结合料作为基层材料，由于石灰未消解完全，造成路基"鼓包"现象。

图 5-3 某工程石灰土无机结合料路基"鼓包"现象

【原因分析】

未采用强制拌和设备,拌和遍数不够。

【防治措施】

将备好的土和石灰按相关比例分层交叠堆在拌和场地上,采用旋耕机或路拌机等拌和设备进行搅拌,要求拌和均匀,色泽一致,无花白现象。若土质较干,要采取加水措施,以控制最佳含水率。

3.2 缩裂

无机结合料稳定材料在温度和湿度变化时容易产生裂缝。当采用此种无机结合料稳定材料充当沥青路面基层时,产生的裂缝容易反射到面层,导致路面产生裂缝,进而严重影响沥青路面的使用性能。

1)缩裂特性

(1)干缩

随着无机结合料稳定材料强度的不断形成,水分逐渐消耗,加之水分也会不断蒸发,从而导致体积发生收缩。当体积收缩受到限制时,无机结合料稳定材料内部会逐渐产生裂缝,这种裂缝被称为干缩裂缝。而干缩裂缝是否会产生主要跟以下影响因素有关。

①土的类别及粒料含量

土中黏粒含量越多,稳定材料的干缩就越大;土的塑性指数越大,即塑性越大,干缩就越大。对于细粒土含量较多的无机结合料稳定材料,通常会产生干缩。然而随着粒料含量增大,在一定程度上干缩的产生会受到抑制。

②结合料的种类及剂量

通常石灰稳定材料比水泥稳定材料更容易产生干缩裂缝。对于稳定细粒材料,干缩性大小排列顺序为:石灰土 > 水泥土和水泥石灰土 > 石灰粉煤灰土;对于稳定粒料类,干缩性大小的排列顺序为:石灰稳定类 > 石灰粉煤灰稳定类 > 水泥稳定类。

为减小收缩,应在满足强度要求的条件下,尽可能采用较低剂量的无机结合材料。

③养护条件

在养护初期,应保证无机结合料稳定材料表面潮湿,使稳定材料尽早成型,从而产生比较高的早期强度,以此来减轻其干缩开裂。此外,干缩也会随着龄期的增长而逐渐减小。

④含水率和密实度

土稳定材料制作试件时,其干缩应变会随着含水率的增加而明显增大,也会随着密实程度的增大而减小。

(2)温缩

无机结合料稳定材料具有热胀冷缩性,随着气温的降低,稳定材料会冷却并产生收缩,一旦收缩变形受到约束,就会逐渐形成裂缝,这种裂缝被称为温缩裂缝。实践表明,温缩裂缝有以下特性。

①石灰稳定材料比水泥稳定材料的温缩大

对于稳定细粒材料,温缩性大小排列顺序为:石灰土 > 石灰粉煤灰土 > 水泥土和水泥石灰土;对于稳定粒料类,温缩性大小的排列顺序为:石灰稳定类 > 石灰粉煤灰稳定类 > 水泥稳定类。

②细粒土比粗粒土的温缩大

原材料中砂粒以上颗粒的温度收缩系数较小,粉粒以下颗粒的温度收缩系数较大,故细粒土比粗粒土的温缩大。当采用稳定粒料做基层时,为减少基层材料的收缩并减轻基层裂缝,集料应控制塑性指数大的土的含量。

根据《公路路面基层施工技术细则》(JTG/T F20—2015)规定,无机结合料稳定细粒材料,如水泥稳定土、水泥稳定石屑,强度可以满足技术要求,但是抗冲刷性和抗裂性不足,并不适用于基层。其主要原因就是无机结合料稳定细粒材料的干缩和温缩较明显,容易产生严重的收缩裂缝,此外其表层具有遇水易软化、抗冲刷能力差等缺点。

③掺加一定数量的粉煤灰可以降低无机结合料稳定材料的温缩系数

④无机结合料稳定材料的温缩系数随温度的降低而增大

2)缩裂的防治措施

(1)改善土质

稳定材料用土黏性越大,则缩裂越严重。所以,采用黏性较小的土,或在黏性土中掺加砂土、粉煤灰等,可以降低土的塑性指数。

(2)控制压实时的含水率及压实度

稳定材料的含水率过大会导致干缩裂缝更容易产生,压实度小时产生的干缩比压实度大时更严重,因此,稳定材料压实时的含水率比最佳含水率略小为宜,并尽可能达到最佳压实效果。

(3)掺加粗粒料

掺入一定数量(掺入量60%~70%)的粗粒料,如砂、碎石、砾石等,使混合料满足最佳级配要求,可以提高其强度和稳定性,减少裂缝的产生,同时可以节约结合料并改善碾压时的拥挤现象。

(4)加强初期养护

无机结合料稳定材料在成型初期,干缩比较大,因此要重视初期养护,保证稳定材料表面潮湿,严禁干晒。

(5)为防止无机结合料稳定材料基层的缩裂反射到沥青路面的面层,可采取以下措施:

①设置沥青碎石或沥青灌入式联结层;

②设置碎石上基层。

【工程实例5-2】

无机结合料基层裂缝的防治

【原因分析】

(1)混合料中石灰、水泥、粉煤灰等比例偏大,或集料级配中细料偏多,或石粉中性指数偏大;

(2)碾压时含水率偏大;

(3)成型温度较高,强度形成较快;

(4)碎石中含泥量较高;

(5)路基沉降尚未稳定或路基发生不均匀沉降;

(6)养护不及时、缺水或养护时洒水量过大;

（7）拌和不均匀。

【预防措施】

（1）改善施工用土的土质；

（2）保证拌和遍数；

（3）铺筑碎石过渡层，在石灰土基层与路面间铺筑一层碎石过渡层，可有效避免裂缝；

（4）分层铺筑时，在石灰土强度形成期，任其产生收缩裂缝后，再铺筑上一层，可有效减少新铺筑层的裂缝；

（5）控制压实含水率；

（6）设计合理的配合比。

3.3 抗疲劳性能

所谓疲劳，是指在荷载反复作用下，材料的极限强度会随着作用次数的增加而降低的现象。材料从开始至出现疲劳破坏的荷载作用次数称为疲劳寿命。无机结合料稳定材料一般采用劈裂疲劳或小梁疲劳试验测定其抗疲劳性能。试验表明，石灰粉煤灰稳定材料的抗疲劳性能优于水泥砂砾。

在一定的应力水平条件下，材料的疲劳寿命取决于材料的强度和刚度，强度越大，刚度越小，疲劳寿命就越长。

3.4 水稳定性和抗冻性

稳定类基层材料除具有适当的强度，能承受设计荷载以外，还应具备一定的水稳定性和冰冻稳定性。否则，稳定类基层由于面层开裂、渗水或者两侧路肩渗水将导致稳定土含水率增加而强度降低，从而使路面过早破坏。在冰冻地区，冰冻将加剧这种破坏。评价材料的水稳定性和抗冻性可用浸水强度和冻融循环试验。影响水稳定性和冰冻稳定性的主要因素如下：

（1）土类。细土含量大、塑性指数大的土，水稳定性和抗冻性能差。

（2）稳定剂种类和剂量。石灰粉煤灰粒料和水泥粒料的水稳定性最好。当稳定剂剂量不足时，胶结作用弱，透水性大，强度达不到要求，其稳定性也差。

（3）密实度。密实度大时，透水能力降低，水稳定性增强。

（4）龄期。由于某些稳定剂如水泥、石灰或二灰（石灰和粉煤灰）的强度形成需要一定的时间，因此，这类稳定材料的水稳定性随龄期的增加而增强。

模块四 无机结合料稳定材料的组成设计

无机结合料稳定材料组成设计的主要目的是：根据强度指标和使用性能要求，确定稳定土中组成材料的比例；根据击实试验确定稳定土的最大干密度和最佳含水率，作为工地现场进行质量控制的参考数据。所配制的稳定土各项使用性能应能符合路面结构的设计要求，并能够准确地进行生产质量控制，易于摊铺与压实，比较经济。

4.1　强度要求

根据《公路路面基层施工技术细则》(JTG/T F20—2015),无机结合料稳定材料在进行组成设计时,应采用7d龄期无侧限抗压强度作为主要控制指标,高速公路和一级公路还应验证所用材料的7d龄期无侧限抗压强度与90d或180d龄期弯拉强度的关系。各种无机结合料稳定材料的7d龄期无侧限强度标准 R_d 见表5-10。

表5-10

无机结合料稳定材料的7d无侧限强度标准 R_d(MPa)

结　构　层		公　路　等　级	极重、特重交通	重　交　通	中、轻交通
水泥稳定材料	基层	高速公路和一级公路	5.0～7.0	4.0～6.0	3.0～5.0
		二级及二级以下公路	4.0～6.0	3.0～5.0	2.0～4.0
	底基层	高速公路和一级公路	3.0～5.0	2.5～4.5	2.0～4.0
		二级及二级以下公路	2.5～4.5	2.0～4.0	1.0～3.0
石灰粉煤灰稳定材料	基层	高速公路和一级公路	≥1.1	≥1.0	≥0.9
		二级及二级以下公路	≥0.9	≥0.8	≥0.7
	底基层	高速公路和一级公路	≥0.8	≥0.7	≥0.6
		二级及二级以下公路	≥0.7	≥0.6	≥0.5
水泥粉煤灰稳定材料	基层	高速公路和一级公路	4.0～5.0	3.5～4.5	3.0～4.0
		二级及二级以下公路	3.5～4.5	3.0～4.0	2.5～3.5
	底基层	高速公路和一级公路	2.5～3.5	2.0～3.0	1.5～2.5
		二级及二级以下公路	2.0～3.0	1.5～2.5	1.0～2.0
石灰稳定材料	基层	高速公路和一级公路	—		
		二级及二级以下公路	≥0.8[①]		
	底基层	高速公路和一级公路	≥0.8		
		二级及二级以下公路	(0.5～0.7)[②]		

注:1. 公路等级高或交通荷载等级高或结构安全性要求高时,推荐取上限强度标准。

2. 表中强度标准是指7d龄期无侧限抗压强度的代表值。

3. 石灰粉煤灰稳定材料强度不满足表中要求时,可外加混合料质量1%～2%的水泥。

4. 石灰土强度达不到表中规定的抗压强度标准时,可添加部分水泥,或改用另一种土。塑性指数过小的土,不宜用石灰稳定,宜改用水泥稳定。

①在低塑性材料(塑性指数小于7)地区,石灰稳定砾石土和碎石土的7d龄期无侧限抗压强度应大于0.5MPa(100g平衡锥测液限)。

②低限用于塑性指数小于7的黏性土,且低限值宜仅用于二级以下公路。高限用于塑性指数大于7的黏性土。

4.2　材料组成设计步骤

无机结合料稳定材料组成设计应包括原材料检验、混合料的目标配合比设计、混合料的生产配合比设计和施工参数确定四部分。其中生产配合比设计和施工参数确定均是在目标配合比设计的基础上进行,借助于施工单位的拌和、摊铺和碾压设备,在进行试生产的基础上完成。混合料组成设计应按设计要求,选择技术经济合理的混合料类型和配合比。应根据公路等级、交通荷载等级、结构形式、材料类型等因素确定材料技术要求。无机结合料稳定材料设计流程如图 5-4 所示。本节主要介绍混合料的目标配合比设计方法。

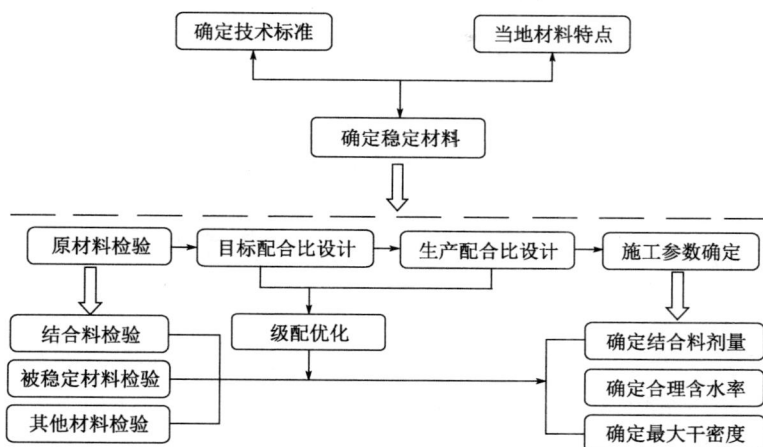

图 5-4 无机结合料稳定材料设计流程

1）原材料检验

原材料检验包括结合料、被稳定材料及其他相关材料的试验。所有检验指标均应满足相关设计标准或技术文件的要求。

（1）土：包括含水率、液限、塑限、颗粒分析、有机质和硫酸盐含量等。

（2）砾石（碎石）：包括含水率、级配、液限、塑限、毛体积相对密度和吸水率、压碎值、粉尘含量、针片状颗粒含量、软石含量等。

（3）细集料：包括含水率、级配、液限、塑限、毛体积相对密度和吸水率、有机质和硫酸盐含量等。

（4）石灰：检验含水率、有效钙镁含量、残渣含量。

（5）水泥：检验强度等级和初、终凝时间。

（6）粉煤灰：检验含水率、烧失量、细度、二氧化硅等氧化物含量。

2）拟定混合料目标配合比，制备试件

（1）目标配合比设计应包括下列技术内容

①选择级配范围。应根据当地材料的特点和混合料设计要求，通过配合比设计选择最优的工程级配。

②确定结合料类型及掺配比例。选择不少于 5 种不同结合料剂量，分别制备混合料。《公路路面基层施工技术细则》（JTG/T F20—2015）建议的结合料剂量见表 5-11 ~ 表 5-14。

水泥稳定材料配合比试验推荐水泥试验剂量　　　　　　　　　　表 5-11

被稳定材料	条件		推荐试验剂量表（%）
有级配的碎石或砾石	基层	$R_d \geqslant 5.0$	5、6、7、8、9
		$R_d < 5.0$	3、4、5、6、7
土、砂、石屑等		塑性指数 < 12	5、7、9、11、13
		塑性指数 ≥ 12	8、10、12、14、16

续上表

被稳定材料	条　件		推荐试验剂量表(%)
有级配的碎石或砾石	底基层	—	3、4、5、6、7
土、砂、石屑等		塑性指数 < 12	4、5、6、7、8
		塑性指数 ≥ 12	6、8、10、12、14
碾压混凝土	基层	—	7、8.5、10、11.5、13

水泥的最小剂量　　　　　　表 5-12

被稳定材料类型	拌 和 方 法	
	路拌法	集中厂拌法
中、粗粒材料	4	3
细粒材料	5	4

注:1. 粗粒材料是指公称最大粒径不小于 26.5mm 的材料。

2. 中粒材料是指公称最大粒径不小于 16mm,且小于 26.5mm 的材料。

3. 细粒材料是指公称最大粒径小于 16mm 的材料。

石灰粉煤灰稳定材料和石灰煤渣稳定材料推荐比例　　　　表 5-13

材料类型	材料名称	使用层位	结合料间比例	结合料与被稳定材料间比例
石灰粉煤灰	硅铝粉煤灰的石灰粉煤灰类①	基层或底基层	石灰:粉煤灰 = 1:2 ~ 1:9	—
	石灰粉煤灰土	基层或底基层	石灰:粉煤灰 = 1:2 ~ 1:4②	石灰粉煤灰:细粒材料 = 30:70③ ~ 10:90
	石灰粉煤灰稳定级配碎石或砾石	基层	石灰:粉煤灰 = 1:2 ~ 1:4	石灰粉煤灰:被稳定材料 = 20:80 ~ 15:85④
石灰煤渣	石灰煤渣稳定材料	基层或底基层	石灰:煤渣 = 20:80 ~ 15:85	—
	石灰煤渣土	基层或底基层	石灰:煤渣 = 1:1 ~ 1:4	石灰煤渣:细粒材料 = 1:1 ~ 1:4⑤
	石灰煤渣稳定材料	基层或底基层	石灰:煤渣:稳定材料 = (7 ~ 9):(26 ~ 33):(67 ~ 58)	

注:①CaO 含量为 2% ~ 6% 的硅铝粉煤灰。

②粉土以 1:2 为宜。

③采用此比例时,石灰与粉煤灰之比宜为 1:2 ~ 1:3。

④石灰粉煤灰与粒料之比为 15:85 ~ 20:80 时,在混合料中,粒料形成骨架,石灰粉煤灰起填充孔隙和胶结作用,这种混合料称为骨架密实式石灰粉煤灰粒料。

⑤混合料中石灰应不少于 10%,可通过试验选取强度较高的配合比。

水泥粉煤灰稳定材料和水泥煤渣稳定材料推荐比例　　　　表 5-14

材料类型	材 料 名 称	使 用 层 位	结合料间比例	结合料与被稳定材料间比例
水泥粉煤灰	硅铝粉煤灰的水泥粉煤灰类①	基层或底基层	水泥：粉煤灰 = 1:3 ~ 1:9	
	水泥粉煤灰土	基层或底基层	水泥：粉煤灰 = 1:3 ~ 1:5	水泥粉煤灰：细粒材料 = 30:70② ~ 10:90
	水泥粉煤灰稳定级配碎石或砾石	基层	水泥：粉煤灰 = 1:3 ~ 1:5	水泥粉煤灰：被稳定材料 = 20:80 ~ 15:85③
水泥煤渣	水泥煤渣稳定材料	基层或底基层	水泥：煤渣 = 5:95 ~ 15:85	—
	水泥煤渣土	基层或底基层	水泥：煤渣 = 1:2 ~ 1:5	水泥煤渣：细粒材料 = 1:2 ~ 1:5④
	水泥煤渣稳定材料	基层或底基层	水泥：煤渣：稳定材料 = (3 ~ 5):(26 ~ 33):(71 ~ 62)	

注：①CaO 含量为 2% ~ 6% 的硅铝粉煤灰。
　②采用此比例时，石灰与粉煤灰之比宜为 1:2 ~ 1:3。
　③水泥粉煤灰与粒料之比为 15:85 ~ 20:80 时，在混合料中，粒料形成骨架，水泥粉煤灰起填充孔隙和胶结作用，这种混合料称为骨架密实式石灰粉煤灰粒料。
　④混合料中水泥应不少于 4%，可通过试验选取强度较高的配合比。

③验证混合料相关的设计及施工技术指标。

a. 采用重型击实法（或振动压实法）确定各种不同结合料剂量混合料的最佳含水率和最大干密度；

b. 按规定压实度分别计算不同剂量时试件应有的干密度；

c. 按最佳含水率和计算得的干密度制备试件。试件采用静压法成型，径高比应为 1:1。无机结合料稳定细粒材料的试件直径应为 100mm，无机结合料稳定中、粗粒材料的试件直径应为 150mm。试验结果的变异系数大于表中规定值时，应重做试验或增加试件数量。进行强度试验时，平行试验最少的试件数量见表 5-15。

平行试验最少的试件数量　　　　表 5-15

材 料 类 型	变异系数要求		
	<10%	10% ~ 15%	15% ~ 20%
粗粒材料	6	9	—
中粒材料	6	9	13
细粒材料	—	9	13

④用于基层的无机结合料稳定材料，强度满足要求时，尚宜检验其抗冲刷和抗裂性能。

3）试件的强度试验

试件在规定温度下保湿养护 6d，浸水 1d 后，进行无侧限抗压强度试验。根据试验结果按式（5-1）计算强度代表值 R_d^0：

$$R_d^0 = \overline{R} \cdot (1 - Z_c C_v) \tag{5-1}$$

式中：Z_α——标准正态分布表中随保证率或置信度 α 而变的系数,高速公路和一级公路应取保证率 95%,即 $Z_\alpha = 1.645$;二级及二级以下公路应取保证率 90%,即 $Z_\alpha = 1.282$;

$\overline{R}$——一组试验的强度平均值;

C_v——一组试验的强度变异系数。

4)选定结合料剂量

根据表 5-10 的强度标准,选定合适的结合料剂量,此剂量制作的试件室内试验结果的强度值 R_d^0 应不小于强度标准值 R_d,当 $R_d^0 < R_d$ 时,应重新进行配合比试验。

对于水泥稳定材料,工地实际采用的水泥剂量宜比室内试验确定的剂量多 0.5% ~ 1.0%。采用集中厂拌法施工时宜增加 0.5%,采用路拌法施工时宜增加 1%。

【工程实例 5-3】 设计某地二级公路路面基层用水泥稳定碎石的配合比。

解：

1)设计要求

水泥稳定碎石的设计 7d 无侧限抗压强度标准值为 3.0 ~ 3.5MPa,工地要求压实度为 98%,工地上采用集中厂拌法施工。

2)原材料选用

(1)集料:选用 4 种单粒级配集料,集料规格为 4 号 19 ~ 31.5mm,3 号 9.5 ~ 19mm,2 号 4.75 ~ 9.5mm,1 号 0.075 ~ 4.75mm。根据混合料级配要求,确定掺配比例为 4 号：3 号：2 号：1 号 =19%：28%：22%：31%。

(2)水泥:复合硅酸盐水泥,强度等级为 32.5 级。

3)设计计算

(1)确定水泥剂量范围

查表 5-11,选用 4.0%、4.5%、5.0%、5.5%、6.0% 五种不同的水泥剂量,分别与掺配的集料拌制成水泥稳定碎石。

(2)测定水泥稳定碎石的最佳含水率和最大干密度

采用重型击实法,测定五种不同水泥剂量的水泥稳定碎石的最佳含水率和最大干密度试验结果见表 5-16。

击实试验及强度检测结果　　　　表 5-16

水泥剂量 （%）	最佳含水率 ω_0（%）	最大干密度 γ_{max}（g/cm³）	计算密度 $\gamma_{i,max}$（g/cm³）	抗压强度 $\overline{R}$（MPa）	强度代表值 R_d^0（MPa）	强度标准值 R_d（MPa）	$R_d^0 \geq R_d$
4.0	4.8	2.198	2.154	3.5	2.9		否
4.5	5.2	2.201	2.157	3.6	3.0		否
5.0	5.5	2.202	2.158	4.0	3.4	3.0 ~ 3.5	是
5.5	5.9	2.205	2.161	4.3	3.8		偏高
6.0	6.0	2.207	2.163	5.0	4.5		偏高

(3)强度检验

根据工程要求,工地预定压实度为 98%,将 98% 乘以最大干密度,计算出不同水泥剂量下的水泥稳定碎石试件的干密度,见表 5-16 第 4 列中的数据,按此干密度和最佳含水率制备试件。水泥稳定碎石试件在标准条件下养护,进行 7d 无侧限抗压强度试验,每一组强度平均值列入表 5-16 第 5 列,并计算强度代表值 R_d^0 列入表 5-16 第 6 列。

(4)确定水泥的最佳剂量

从表 5-16 可知,满足 $R_d^0 \geq R_d$ 的水泥最佳剂量为 5.0%,既符合技术质量要求,又符合经济效益要求。根据施工条件,工地上实际采用的水泥剂量为 5.5%,该水泥稳定碎石的最大干密度为 2.205g/cm³,最佳含水率为 5.9%。

5)生产配合比设计主要技术内容

(1)确定料仓供料比例。

(2)确定水泥稳定材料的容许延迟时间。

(3)确定结合料剂量的标定曲线。

(4)确定混合料的最佳含水率、最大干密度。

6)施工参数确定主要技术内容

(1)确定施工中结合料的剂量。

(2)确定施工合理含水率及最大干密度。

(3)验证混合料强度技术指标。

在施工过程中,材料品质或规格发生变化、结合料品种发生变化时,应重新进行材料组成设计。

模块五　无机结合料稳定材料性能检测

5.1 无机结合料稳定材料试件制作方法(圆柱形)(JTG E51 T0843—2009)

1)目的和适用范围

本方法适用于无机结合料稳定材料的无侧限抗压强度、间接抗拉强度、室内抗压回弹模量、动态模量、劈裂模量等试验的圆柱形试件。

2)仪器设备

(1)方孔筛:孔径 53mm、37.5mm、31.5mm、26.5mm、4.75m 和 2.36mm 的筛各一个。

(2)试模。

①细粒土:试模直径×高 = ϕ50mm×50mm;

②中粒土:试模直径×高 = ϕ100mm×100mm;

③粗粒土:试模直径×高 = ϕ150mm×150mm。

(3)电动脱模器;

(4)反力架:反力为 400kN 以上;

(5)液压千斤顶:200~1000kN;

(6)钢板尺:量程 200mm 或 300mm,最小刻度为 1mm;

(7)游标卡尺:量程 200mm 或 300mm;

(8) 电子天平: 量程 15kg, 感量 0.1g; 量程 4000g, 感量 0.01g;

(9) 万能试验机: 可替代千斤顶和反力架, 量程不小于 2000kN, 行程、速度可调, 如试图 5-1 所示。

3) 试验准备

(1) 试件的径高比一般为 1:1, 根据需要也可成型 1:1.5 或 1:2 的试件。试件的成型根据需要的压实度水平, 按照体积标准, 采用静力压实法制备。

(2) 将具有代表性的风干试料(必要时, 也可以在 50℃ 烘箱内烘干)用木锤和木碾碾碎, 但应避免破坏粒料的原粒径。按照公称最大粒径的大一级筛, 将土过筛并进行分类。

(3) 在预定做试验的前一天, 取有代表性的试料测定其风干含水率。对于细粒土, 试样应不少于 100g; 对于中粒土, 试样应不少于 1000g; 对于粗粒土, 试样应不少于 2000g。

(4) 用击实试验方法确定无机结合料混合料的最佳含水率和最大干密度。

试图 5-1　万能试验机

(5) 根据击实结果, 称取一定质量的风干土, 其质量随试件大小而变。对于 $\phi50mm \times 50mm$ 的试件, 1 个试件需干土 180~210g; 对于 $\phi100mm \times 100mm$ 的试件, 1 个试件需干土 1700~1900g; 对于 $\phi150mm \times 150mm$ 的试件, 1 个试件需干土 5700~6000g。

对于细粒土, 一次可称取 6 个试件的土; 对于中粒土, 一次宜称取 3 个试件的土; 对于粗粒土, 一次只能称取 1 个试件的土。

(6) 将准备好的试料分别装入塑料袋中备用。

4) 试验步骤

(1) 调试成型所需的各种设备, 检查是否运行正常; 将成型用的模具擦拭干净, 并涂抹机油。成型中、粗粒土时, 试模筒的数量应与每组试件的个数相配套。上下垫块应与试模筒相配套, 上下垫块能够刚好放入试筒内上下自由移动(一般来说, 上下垫块直径比试筒内径小约 0.2mm), 且上下垫块完全放入试筒后, 试筒内未被上下垫块占用的空间体积能满足径高比为 1:1 的设计要求。

(2) 对于无机结合料稳定细粒土, 至少应该制备 6 个试件, 对于无机结合料稳定中粒土和粗粒土, 至少应该分别制备 9 个和 13 个试件。

(3) 根据击实结果和无机结合料的配合比, 按式(试 5-1)计算每份料的加水量、无机结合料的质量。

(4) 将称好的土放在长方盘(约 400mm×600mm×70mm)内。向土中加水拌料闷料。

对于石灰稳定材料、水泥和石灰粉煤灰综合稳定材料, 可将石灰或粉煤灰和土一起拌和, 将拌和均匀的试料放在密闭容器内浸润备用。

对于细粒土(特别是黏性土), 浸润时的含水率较最佳含水率小 3%, 对于中粒土和粗粒土, 按最佳含水率加水; 对于水泥稳定类材料, 加水量应比最佳含水率小 1%~2%。应加的水量可按式(试 5-1)计算。

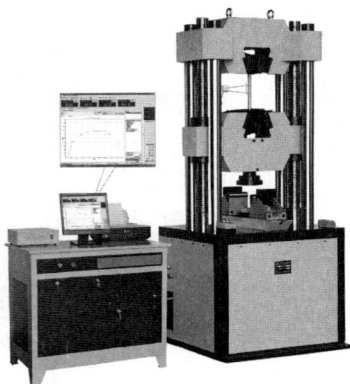

$$m_{\mathrm{w}} = \left(\frac{m_{\mathrm{n}}}{1 + 0.01 w_{\mathrm{n}}} + \frac{m_{\mathrm{c}}}{1 + 0.01 w_{\mathrm{c}}} \right) \times 0.01 w - \frac{m_{\mathrm{n}}}{1 + 0.01 w_{\mathrm{n}}} \times 0.01 w_{\mathrm{n}} - \frac{m_{\mathrm{c}}}{1 + 0.01 w_{\mathrm{c}}} \times 0.01 w_{\mathrm{c}}$$

（试 5-1）

式中：m_{w}——混合料中应加水的质量，g；

m_{n}——混合料中素土（或集料）的质量，g，其原始含水率为 w_{n}，即风干含水率，%；

m_{c}——混合料中水泥或石灰的质量，g，其原始含水率为 w_{c}，%（水泥的 w_{c} 通常很小，也可以忽略不计）；

w——要求达到的混合料的含水率，%。

浸润时间：黏性土为 12～24h；粉性土、砂砾土、红土砂砾、级配砂砾等可缩短到 4h 左右；含土很少的未筛分碎石、砂砾及砂可以缩短到 2h，浸润时间一般不超过 24h。

（5）在试件成型前 1h 内，加入预定数量的水泥并拌和均匀。在拌和过程中，应将预留的水（细粒土为 3%，水泥稳定类为 1%～2%）加入土中，使混合料达到最佳含水率。拌和均匀加有水泥的混合料应在 1h 内按下述方法制成试件，超过 1h 的混合料应该作废。其他结合料稳定土的混合料虽不受此限制，但也应尽快制成试件。

（6）用反力框架和液压千斤顶，或采用压力试验机制作试件。

将试模的下压柱放入试模的下部，但外露 2cm 左右，将称量的规定数量 m_2 的稳定材料混合料分 2～3 次灌入试模中，每次灌入后用夯棒轻轻均匀插实。如制作的是 $\phi 50\mathrm{mm} \times 50\mathrm{mm}$ 的小试件，则可以将混合料一次倒入试模中，然后将与试模配套的上垫块放入试模内，应使其也外露 2cm 左右（即上下垫块露出试模外的部分应该相等）。

（7）将整个试模（连同上下垫块）放到反力框架内的千斤顶上（千斤顶下应放一扁球座）或压力机上，以 1mm/min 的加载速率加压，直到上下垫块都压入试模为止。维持压力 2min。

（8）解除压力后，取下试模，并放到脱模器上将试件顶出。用水泥稳定有黏结性的材料（如黏质土）时，制件后可立即脱模；用水泥稳定无黏结性的细粒土时，最好过 2～4h 再脱模。对中、粗粒土的无机结合料稳定材料，也最好过 2～6h 再脱模。

（9）在脱模器上取试件时，应用双手抱住试件侧面的中下部，然后沿水平方向轻轻旋转，待感觉到试件移动后，再将试件轻轻捧起，放置到试验台上，切勿直接将试件向上拔起。

（10）称试件的质量 m_2，小试件准确到 0.01g，中试件准确到 0.01g，大试件准确到 0.1g。然后用游标卡尺量试件的高度 h，准确到 0.1mm。检查试件的高度和质量，不满足成型标准的试件作为废件。

（11）称量试件后，应立即将其放在塑料袋中封闭，并用潮湿的毛巾覆盖，移放至养护室。

5）结果整理

（1）单个试件的标准质量

$$m_0 = V \times \rho_{\mathrm{max}} \times (1 + w_{\mathrm{opt}}) \times \gamma$$

（试 5-2）

考虑到试件成型过程中的质量损耗，实际操作过程中每个试件的质量可增加 0%～2%，即：

$$m'_0 = m_0 \times (1 + \delta)$$

（试 5-3）

每个试件的干料（包括干土和无机结合料）总质量：

$$m_1 = \frac{m'_0}{1 + w_{opt}} \tag{试5-4}$$

每个试件中的无机结合料质量:

外掺法:

$$m_2 = m_1 \times \frac{\alpha}{1 + \alpha} \tag{试5-5}$$

内掺法:

$$m_2 = m_1 \times \alpha \tag{试5-6}$$

每个试件中的干土质量:

$$m_3 = m_1 - m_2 \tag{试5-7}$$

每个试件中的加水量:

$$m_w = (m_2 + m_3) \times w_{opt} \tag{试5-8}$$

验算:

$$m'_0 = m_2 + m_3 + m_w \tag{试5-9}$$

式中:V——试件体积,cm^3;

w_{opt}——混合料最佳含水率,%;

ρ_{max}——混合料最大干密度,g/cm^3;

γ——混合料压实度标准,%;

m_0、m'_0——混合料质量,g;

m_1——干料质量,g;

m_2——无机结合料质量,g;

m_3——干土质量,g;

δ——计算混合料质量的冗余量,%;

α——无机结合料的掺量,%;

m_w——加水的质量,g。

(2)结果整理

①小试件的高度误差范围应为 -0.1 ~ 0.1cm,中试件的高度误差范围应为 -0.1 ~ 0.15cm,大试件的高度误差范围应为 -0.1~0.2cm。

②质量损失:小试件应不超过标准质量5g,中试件应不超过25g,大试件应不超过50g。

5.2 无机结合料稳定材料无侧限抗压强度试验(JTG E51 T0805—2009)

本方法适用于测定无机结合料稳定材料(包括稳定细粒土、中粒土和粗粒土)试件的无侧限抗压强度。

1)目的与适用范围

2)仪器设备

(1)标准养护室。

(2)水槽:深度应大于试件高度50mm。

（3）压力机或万能试验机（也可用路面强度仪和测力计）：压力机应符合相应的要求，其测量精度为±1%，同时应具有加载速率指示装置或加载速率控制装置。上下压板平整并有足够刚度，可以均匀地连续加载卸载，可以保持固定荷载。开机停机均灵活自如，能够满足试件吨位要求，且压力机加载速率可以有效控制在1mm/min，如试图5-2所示。

（4）电子天平：量程15kg，感量0.1g；量程4000g，感量0.01g。

（5）量筒、拌和工具、大小铝盆、烘箱等。

（6）球形支座。

（7）机油：若干。

3）试验准备

（1）试件制备：

①细粒土：试模的直径×高 = $\phi50mm \times 50mm$；

②中粒土：试模的直径×高 = $\phi100mm \times 100mm$；

③粗粒土：试模的直径×高 = $\phi150mm \times 150mm$。

（2）按照现行试验规程的方法成型径高比为1:1的圆柱形试件。

（3）按照现行试验规程的标准养生方法进行7d的标准养护。

（4）将试件两顶面用刮刀刮平，必要时可用快凝水泥砂浆抹平试件顶面。

（5）为保证试验结果的可靠性和准确性，每组试件的数目要求为：小试件不少于6个；中试件不少于9个；大试件不少于13个。

4）试验步骤

（1）根据试验材料的类型和一般的工程经验，选择合适量程的测力计和压力机，试件破坏荷载应大于测力量程的20%且小于测力量程的80%。将球形支座和上下顶板涂上机油使球形支座能灵活转动。

（2）将已浸水一昼夜的试件从水中取出，用软布吸去试件表面的水分，并称试件的质量 m_4。

（3）用游标卡尺量试件的高度 h，准确到0.1mm。

（4）将试件放到路面材料强度试验仪或压力机上，并在升降台上先放一扁球座，进行抗压试验。试验过程中，应保持速率约为1mm/min，记录试件破坏时的最大压力 $P(N)$。

（5）从试件内部取有代表性的样品（经过打破），按照现行试验规程的方法，测定其含水率 w。

5）结果整理

（1）试件的无侧限抗压强度 R_c，按式（试5-10）计算。

$$R_c = \frac{P}{A} \qquad\qquad （试5-10）$$

式中：R_c——试件的无侧限抗压强度，MPa；

P——试件破坏时的最大压力，N；

试图5-2　路面材料强度试验仪

A——试件的截面面积,mm^2,$A = \dfrac{\pi D^2}{4}$;

D——试件的直径,mm。

（2）数据处理

①抗压强度保留 1 位小数。

②同一组试件试验中,采用 3 倍均方差方法剔除异常值,小试件可允许有 1 个异常值,中试件允许有 1~2 个异常值,大试件允许有 2~3 个异常值。异常值数量超过上述规定的应重做试验。

③同一组试验的变异系数 C_v（%）应符合下列规定才是有效试验:小试件 $C_v \leqslant 6\%$,中试件 $C_v \leqslant 10\%$,大试件 $C_v \leqslant 15\%$。如果不能保证试验结果的变异系数小于规定的值,则应按允许误差 10% 和 90% 概率重新计算所需的试件数量,增加试件数量并另做新试验。将新试验结果与老试验结果一并重新进行统计评定,直到变异系数满足上述规定。

（3）报告内容

①材料的颗粒组成。

②水泥的种类和等级,或石灰的等级。

③重型击实的最佳含水率（%）和最大干密度（g/cm^3）。

④无机结合料类型及剂量。

⑤试件干密度（保留 3 位小数,g/cm^3）或压实度。

⑥吸水量以及测抗压强度时的含水率（%）。

⑦若干个试验结果的最小值、最大值、平均值$\overline{R}$、标准差 S、偏差系数 C_v 和 95% 概率的值 $R_{C0.95}$（$R_{C0.95} = \overline{R} - 1.645S$）。

复习与思考题

5-1　何谓无机结合料稳定材料? 它具有什么特点?

5-2　无机结合料稳定材料中对各组成原材料有什么要求?

5-3　无机结合料稳定细粒材料为什么不宜用作高等级道路的基层?

5-4　简述无机结合料稳定材料强度的形成原理,并分析影响强度的主要因素。

5-5　如何防治无机结合料稳定材料的缩裂?

5-6　如何提高无机结合料稳定材料的水稳定性和抗冻性?

5-7　简述水泥稳定材料组成设计的基本步骤。

拓展案例：水泥稳定基层质量通病及预防

【工程实例拓展 5-1】　强度偏差

【现象】

实验室经现场钻孔取样测试时发现其厚度不够,强度不足。

【原因分析】

（1）水泥稳定集料级配不好；

（2）水泥的矿物成分和分散度对其稳定效果的影响；

（3）含水率不合适，水泥不能在混合料中完全水化和水解，发挥不了水泥对土的稳定作用，影响强度；

（4）水泥、土和水拌和得不均匀。

【防治措施】

（1）用水泥稳定级配良好的碎（砾）石和砂砾，选择材料首先选碎（砾）石和砂砾，其次是砂性土，再其次是粉性土和黏性土；

（2）水泥的矿物成分和分散度对其稳定效果有明显影响，优先选用硅酸盐水泥，尽量不使用铝酸盐水泥。实验室进行水泥分级优化试验，在良好的材料级配下，选用最佳的水泥含量；

（3）实验室配合比设计不但要找到最佳含水率，而且在找到一个含水率达到最佳的同时，也要满足水泥完全水化和水解作用的条件；

（4）水泥、集料和水拌和得均匀，且在最佳含水率下充分压实，使之干密度最大，强度和稳定性提高。

【工程实例拓展 **5-2**】 水稳基层表面松散起皮

【现象】

水稳基层表面松散起皮，局部离析现象严重，大粒径集料集中，形成集料窝，碾压不密实。

【原因分析】

（1）熟料拌和不均匀，堆放时间长；

（2）卸料时自然滑落，细颗粒中间多，两侧粗粒多；

（3）刮风下雨造成表层细颗粒减少；

（4）铺筑时，因粗颗粒集中造成填筑层松散，压不实；

（5）运输过程中的急转弯、紧急制动，熟料卸车不及时；

（6）有送料刮料板外露现象。

【防治措施】

（1）水泥稳定混合料随拌随用，避免熟料过久堆放；

（2）运输时避免急转弯、紧急制动；

（3）混合料两侧采用方木支撑，先在路边缘 $30 \sim 40$cm 处开始碾压，接下来碾压边缘留下部分时，压路机每次向边缘方向推进 $10 \sim 15$cm；

（4）加强拌和站的材料控制：一是控制原材料，对不合格的原材料重新过筛；二是上料仓的材料不能出现间断现象；三是严格控制成品料；

（5）采用大车运输并使用篷布覆盖，确保混合料始终处于最佳含水率状态。

【工程实例拓展 **5-3**】 混合料碾压不密实

【现象】

混合料表面松软、浆液多，碾压成型后的压实面不稳定，有明显的车辙轮迹。

【原因分析】

（1）石料场分筛后的粒料规格不标准，料场不同规格的粒料堆放混乱；

(2) 料场四周排水设施不健全,下雨使集料含水率增大,细集料被水溶解带走;

(3) 拌和站进料仓被大块粒料堵塞,配料机工作不正常;

(4) 加水设备异常,造成混合料忽稀忽稠现象,混合料未达到最佳含水率;

(5) 碾压机械设备组合不当,造成碾压不密实。

【防治措施】

(1) 分筛后各种规格的集料应分开堆放,堆与堆之间设置编织袋隔墙;

(2) 使用自动计量拌和站,电控加水;

(3) 采用重型压路机进行碾压,碾压时一般采用 20～50t 振动压路机;

(4) 混合料两侧支撑采用方木,每根方木至少固定三个点;

(5) 实验室专人在现场对压实度跟踪检测,确保压实度达到规定标准值。

【工程实例拓展5-4】 干(温)缩裂缝

【现象】

水泥稳定基层混合料水泥固化及水分散发后使基层表面产生的细微开裂现象,然后向深部和横向扩展,最后贯通整个基层。

【原因分析】

(1) 混合料含水率过高;

(2) 不同品种的水泥干缩性有所不同;

(3) 当黏土含量增加,混合料的温缩系数随温度降低的变化幅度越来越大;

(4) 细集料含量的多少对水泥稳定土的质量影响非常大;

(5) 水泥稳定基层的养护原因;

(6) 基层施工时的温度与冬季温度之间的温差越大,基层就越容易产生裂缝。

【防治措施】

(1) 充分重视原材料的选用及配合比设计;

(2) 施工时间的准确选择;

(3) 精准控制含水率;

(4) 增加水稳碾压密实度;

(5) 在混合料中掺入纤维,提高抗压强度;

(6) 在混合料中加入膨胀剂,减少水泥稳定基层的干缩裂缝。

考证训练题

一、单项选择题

1. 石方路基质量评定中,一般不用(　　　)指标来评价压实质量。

 A. 固体体积率   B. 层厚和压实次数

 C. 沉降差   D. 压实度

答案:D

2.下列针对粉煤灰烧失量测定说法正确的是(　　)。

　　A.烧失量主要来自粉煤灰中硫化物

　　B.温度控制是烧失量检测的核心控制因素

　　C.粉煤灰细度越高烧失量越大

　　D.试验时要严格控制高温灼烧时间

答案:B

解析:粉煤灰灼烧,去除水分和二氧化碳,同时将存在的易氧化元素氧化。由硫化物的氧化引起的烧失量误差必须进行校正。在 950~1000℃下反复灼烧至恒量。

3.有可能造成无机结合料无侧限抗压强度试验结果偏高的原因是(　　)。

　　A.试件两个底面不平整　　　　　　　B.加载速率快

　　C.使用的球形支座未能灵活转动　　　D.加载过程中温度偏高

答案:B

4.无机结合料稳定类材料配合比设计采用(　　)天龄期无侧限抗压强度。

　　A.3　　　　　　　B.7　　　　　　　C.14　　　　　　　D.28

答案:B

5.测定刚性基层透层油的渗透深度时,不正确的做法是(　　)。

　　A.在透层油基本渗透或喷洒48h 后,钻取芯样

　　B.将芯样顶面圆周随机分成约8 等份,分别量测圆周上各等分点处透层油渗透的深度

　　C.取所有芯样渗透深度的算术平均值作为测试路段的渗透深度

　　D.去掉 5 个最小值,计算其他 3 点渗透深度的算术平均值作为单个芯样的渗透深度

答案:D

6.路基工作区是指汽车荷载通过路面传递到路基的应力与路基土自重应力之比大于(　　)的应力分布深度范围。

　　A.0.2　　　　　　　B.0.1　　　　　　　C.0.02　　　　　　　D. 0.01

答案:B

7.采用烘干法对石灰稳定土含水率进行测定时,下列做法正确是(　　)。

　　A.将石灰稳定取样后, 置于烘箱中, 将烘箱调整到 110℃

　　B.将石灰稳定取样后,置于烘箱中,将烘箱调整到 105℃

　　C.将石灰稳定取样后,置于温度已达 105℃ 的烘箱中

　　D.将石灰稳定取样后,置于温度已达 110℃ 的烘箱中

答案:C

8.对相同的水泥稳定碎石分别采用烘干法和酒精法进行含水率检测,得到的含水率分别为4.8% 和 6.2% ,则下列说法正确的是(　　)。

　　A.以烘干法测值为准　　　　　　　B.以酒精法测值为准

　　C.重新试验,查明原因　　　　　　D.取两者平均值

答案:C

解析:当酒精法与烘干法有严重数字不符时,应重新试验,查明原因;若仍不符合,则以烘干法试验数据为准。4.8% 与 6.2% 相差 1.4% ,属于严重不符合,最优答案为 C。

9. 采用 EDTA 滴定法进行水泥剂量检测过程中,溶液从玫瑰红直接变为蓝色,其原因可能是(   )。

    A. 说明滴定试验成功　　　　　　　　B. EDTA 二钠溶液浓度过低

    C. 滴定速度过快　　　　　　　　　　D. 钙红指示剂滴定量不足

    答案:C

10. 路面基层施工中,采用 EDTA 滴定法进行石灰或水泥剂量的测定时,首先要制作标准曲线。在整个施工过程中,可能要二次制作标准曲线,需重新制作标准曲线的原因是(   )。

    A. 原材料发生变动　　　　　　　　　　B. EDTA 溶液用完后需重新配制

    C. 待测无机结合料取样方式改变　　　　D. 施工环境发生改变

    答案:A

二、判断题

1. 半刚性基层材料配合比设计中,可根据需要任意选择重型击实或振动压实成型试件。

                                                      (　　)

    答案:错误

2. 半刚性基层施工现场压实度的测定,应以当天通过现场取样并成型试件测得的最大干密度为准进行评定。   (　　)

    答案:正确

3. 基层材料力学强度越高,越利于其抗开裂或抗冲刷性能。   (　　)

    答案:错误

4. 无机结合料生产配合比验证工作分为两个阶段,第一阶段是各个料仓生产剂量的标定和调整,使得最终的混合料级配能够与室内试验确定的级配曲线尽量吻合一致;第二阶段是对生产过程中水泥剂量和水量的控制手段与标准的确认。   (　　)

    答案:错误

5. 水泥稳定碎石圆柱形试件,养护期边角发现损伤,应立即进行修补。   (　　)

    答案:错误

6. 无侧限抗压强度试验时水泥稳定碎石养护 7 天,在最后一天需泡水,水温为室温。

                                                        (　　)

    答案:错误

7. 在无侧限抗压强度试验中,直径相同的试件,随试件高度增加,抗压强度会先增加后减小。   (　　)

    答案:错误

8. 在半刚性基层透层油渗透深度检测项目中,单个芯样渗透深度的计算需要去掉一个最大值和一个最小值,以其余测点数据的算术平均值作为测试结果。   (　　)

    答案:错误

9. 对无机结合料稳定级配碎石或砾石材料,应根据当地材料特点和技术要求,优化设计混合料级配,确定目标级配曲线和合理的变化范围。   (　　)

    答案:正确

10. 水泥稳定碎石试件的径高比一般为 1∶1,根据需要也可成型 1∶1.5 或 1∶2 的试件。

（　　）

答案：正确

三、多项选择题（下列各题的备选项中,至少有两个是符合题意的,选项全部正确得满分,选项部分正确按比例得分,出现错误选项该题不得分）

1. 无机结合料稳定土的含水率测定方法有（　　）。

　　A. 烘干法　　　　　B. 比重法　　　　　C. 酒精法　　　　　D. 碳化钙气压法

答案：AC

2. 路面基层施工过程中,现场基层材料试验取样需要考虑的因素包括（　　）。

　　A. 取样数量　　　B. 取样部位　　　C. 取样温度　　　D. 取样方法

答案：ABD

3. 水泥稳定类基层材料加水时间超过 1h 后成型,将对水泥基层材料造成的影响有（　　）。

　　A. 密实度变小　　　　　　　　　B. 含水率变大

　　C. 水泥水化反应变慢　　　　　　D. 成型后的强度降低

答案：AD

4. 路面基层稳定土粒料进行无侧限抗压强度试验符合条件的是（　　）。

　　A. 在规定温度下保湿养护 6d　　　B. 在规定温度下养护 6d

　　C. 浸水 24h　　　　　　　　　　　D. 浸水 12h

答案：AC

5. 下列关于无机结合料稳定材料取样方法正确的是（　　）。

　　A. 在无机结合料堆取样应从中部取样,不得在顶部和底部取样

　　B. 为评价施工离散性,宜在施工现场取样

　　C. 在施工过程中取样时,宜在摊铺机后取样,且取料来源应在 3~4 台不同料车

　　D. 生产配合比阶段取样总质量应大于分料取样后每份质量的 4~8 倍

答案：BC

6. 以下关于无机结合料养护方法的说法中正确的是（　　）。

　　A. 标准养护和快速养护相对湿度分别为 95% 和 98% 以上

　　B. 标准养护时,发现湿度不够,应立即对试件冲水保湿

　　C. 快速养护的温度为 60℃ ±1℃

　　D. 高温养护需确定龄期与强度的关系

答案：CD

7. 无机结合料稳定类材料的施工工序主要包括（　　）。

　　A. 拌和　　　　　B. 摊铺　　　　　C. 碾压　　　　　D. 养护

答案：ABCD

8. 某新建二级公路为确定基层无机结合料稳定材料的最大干密度,可采用（　　）方法。

　　A. 振动压实　　B. 重型击实　　C. 轻型击实　　D. 试验路压力机压实

答案:AB

四、综合题(下列各题的备选项中,有1个或1个以上是符合题意的,出现漏选或错误选项均不得分,完全正确得满分)

某公路路面底基层为石灰稳定细粒土,基层为水泥稳定碎石,围绕混合料配合比设计、路面基层施工中的相关试验,请回答下列问题。

(1)石灰稳定细粒土配合比设计中,不需要进行的试验项目是(　　)。

　　A.石灰的有效氧化钙和氧化镁含量试验　　B.液塑限试验

　　C.压碎值试验　　　　　　　　　　　　　D.有机质含量

答案:C

(2)进行石灰稳定细粒土击实试验,在试验准备环节,需风干试料,同时土团应捣碎到能通过(　　)的筛备用。

　　A.1.18mm　　　　B.2.36mm　　　　C.4.75mm　　　　D.9.5mm

答案:C

(3)进行石灰稳定土击实试验,以下不属于该次试验的计算和处理的内容有(　　)。

　　A.湿密度的计算　　　　　　　　　　　B.干密度的计算

　　C.级配的确定和计算　　　　　　　　　D.最大干密度和最佳含水率的确定

答案:C

(4)水泥稳定碎石配合比设计中必须进行的试验项目有(　　)。

　　A.硫酸盐含量测定　　　　　　　　　　B.击实试验

　　C.压碎值试验　　　　　　　　　　　　D.有机质含量测定

答案:BC

(5)在底基层和基层施工环节,需要进行EDTA滴定法测定石灰和水泥剂量,以下叙述正确的是(　　)。

　　A.基层施工中,可取300g湿混合料进行滴定试验

　　B.底基层施工中,更换了取土坑,不需要重做标准曲线

　　C.底基层施工中,更换了石灰厂家,需要重做标准曲线

　　D.基层施工中,更换了水泥厂家,需要重做标准曲线

答案:CD

本单元思维导图

单元六
UNIT SIX
沥青材料

📖 知识目标

了解煤沥青、改性沥青和乳化沥青的技术性能及其应用;熟悉石油沥青的组成结构,技术性质和技术标准;掌握石油沥青三大技术指标的测试方法,能根据技术指标做出正确评价。

📖 能力目标

能根据《公路工程沥青及沥青混合料试验规程》(JTG E20—2011)对石油沥青相关技术指标进行检测,并能依照《公路沥青路面施工技术规范》(JTG F40—2004)对所测定的技术指标进行正确评定和合理选用沥青;

能够规范填写试验原始记录,并独立出具试验报告。

📖 价值引领

"黑"似乎让人有些难以亲近,但"其貌不扬"的石油沥青用其自身的黑色给人类创造了舒适的交通环境。"人不可貌相,海水不可斗量"值得我们学习。如今我国各种新型沥青应运而生,赋予道路以特殊功能,而且也备受青睐,这凸显了"中国制造"的强大。

模块一   沥青及其分类

沥青是一种有机胶结材料,是由一些极其复杂的高分子碳氢化合物(通常是带有不同长短侧链的高度缩合的环烷烃和芳环烃)以及这些碳氢化合物的非金属(氧、硫、氢等)衍生物,有时还含有一些微量金属元素(钒、镍、锰、铁等)的碳氢化合物所组成的混合物。它的外观颜色呈黑色以及黑褐色,在常温下呈液态、半固态或固态,它们几乎完全溶解于二硫化碳、三氯甲烷等有机溶剂。

沥青按其在自然界中获取的方式不同,可分为地沥青和焦油沥青两大类。

1.1 地沥青

地沥青可以是天然形成的,也可以是石油工业的副产品。按其产源不同可分为天然沥青和石油沥青两类。

1)天然沥青

天然沥青是指石油在天然条件下,长期受地壳挤压、变化,并与空气、水接触逐渐变化而形成的产物。其中常混有一定比例的矿物质。天然沥青按形成的环境可以分为湖沥青、岩沥青、海底沥青等。

2)石油沥青

石油沥青是原油分馏各类产品后的残渣经过精制加工而制成的。我国储藏着极其丰富的石油资源,如大庆油田、克拉玛依油田、胜利油田和茂名油田等都有很大储量。各地油田的类别不同,沥青的性能也有明显的差异。石油沥青是我国道路工程中使用量最大的一种沥青材料。

注:(1)原油:是特指从地层中取出、未经任何提炼的黑色或深棕色的稠厚、有黏性的油状物质,它除了叫"原油"外,也可以称之为"石油"。而当"原油"送交炼油厂经加工炼制后,得到的新的物质,仍可以叫作"石油",更确切地说,是"石油产品"。

(2)石油:是天然气和人造石油及其成品油总称。地下开采出来的石油未加工前,叫原油,也叫天然石油;用煤和油母页岩,经干馏,高压加氢和合成反应获得的石油叫人造石油。原油经过蒸馏和精制,加工成各种燃料、润滑油,总称为石油产品。而加工原油提炼各种石油产品的过程叫石油炼制。

1.2 焦油沥青

焦油沥青是由各种有机物(如煤、木材、页岩等)干馏加工而得到的焦油,经再加工所得的产物。焦油沥青按其加工的有机物名称而命名,如由煤干馏所得的煤焦油经再加工(蒸馏)的残余物就命名为煤沥青;油页岩中提炼石油后得到的沥青称为页岩沥青。

沥青的分类如图 6-1 所示。

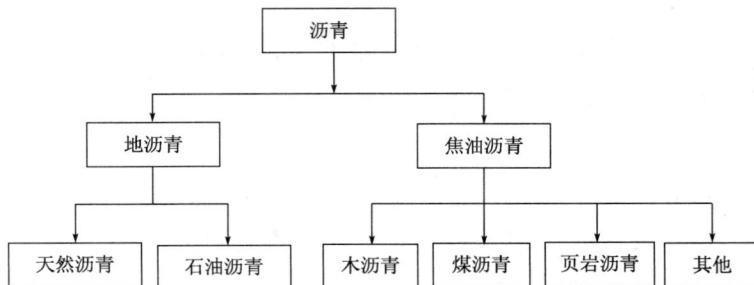

图 6-1 沥青的分类

在各类沥青中,石油沥青是应用最为广泛的。

模块二 石油沥青

2.1 石油沥青的分类

1）按沥青在常温下的稠度分类（图6-2）

a）液态沥青   b）半固态沥青   c）固态沥青

图6-2 不同状态的沥青

（1）液体沥青

在常温下为液体状态的沥青，称为液体沥青，其针入度大于300，液体沥青主要来源为：一是蒸馏石油时直接得到的产品，如渣油；二是用稀释剂将黏稠沥青稀释而得到的产品，这是制取液体沥青最常用的方法。

（2）黏稠沥青

在常温下呈固体、半固体状态的沥青，称为黏稠沥青，其针入度在300以下。黏稠沥青的用途很广，如沥青混凝土、沥青碎石等都是用黏稠沥青配制的。黏稠沥青的来源主要是将液体沥青减压、蒸馏处理后得到的稠度较大的沥青。

2）按不同的加工方法分类

我国生产沥青的主要工艺方法有：蒸馏法、氧化法、半氧化法、溶剂法和调和法等。提炼石油的方法不同，沥青的制造方法不同，沥青的性状就有很大的差异。

（1）直馏沥青

原油经过常压塔和减压塔，将石油在不同沸点温度的馏分如汽油、煤油和柴油等蒸馏提出之后，可以获得加工沥青的原料，或再经减压深拔，残留的黑色液体状产品，符合沥青标准的，称为直馏沥青。直馏沥青含有许多不稳定的碳氢化合物，所以直馏沥青温度敏感性高（即温度升高容易变软），温度稳定性和气候稳定性较差，一般不能直接使用。但当针入度不大时，直馏沥青具有较好的低温变形能力，其延度较好。

（2）蒸馏沥青

将残留沥青或渣油加热至300～330℃后，吹入过热水蒸气，使沥青中的部分油质被水蒸气蒸馏，从而提高了沥青树脂和沥青质的相对含量，增大了沥青的稠度，这通常是提高沥青稠度的一种方法，这种沥青称为蒸馏沥青。如果残留沥青中含有大量的树脂类物质，经此蒸馏后就能得到品质优良的路用沥青。

（3）氧化沥青

将各种低标号沥青或渣油在200～220℃的高温下吹入空气，通过氧化改变沥青的成分，提高沥青稠度，称为氧化沥青。目前，高标号石油沥青大多是采用这种方法加工而成。氧化沥青比直馏沥青的稠度高，具有较低的温度感应性，不易受温度变化的影响，有很高的热稳定性，且具有弹性，但低温变形能力较差（即低温时容易脆裂），其延度没有直馏沥青好。

（4）调和沥青

为了得到理想的沥青材料，可以按要求调配沥青中的化学组分，这种由人工调配组分的沥青称为调和沥青。调和沥青可根据沥青性能的需要，调配成延性和温度稳定性均很好的沥青。

（5）溶剂沥青

渣油采用溶剂脱沥青的装置萃取脱沥青油后，剩下的沥青称为溶剂沥青。常用的溶剂有丙烷、丙丁烷和丁烷等。通过这种方法得到的溶剂沥青含蜡量降低，可改善沥青的性能。

3）按原油的基属分类

原油是炼制石油沥青的原料，石油沥青的性质首先与原油的基属有关。原油的成分不同，炼油后所得到的沥青，其成分也不相同，性能也不一样。因此，通过不同的原油可以得到不同类型的沥青。

目前，我国的原油是按照"关键馏分特性"和"含硫量"的分类方法进行分类的。主要包括石蜡基原油、环烷基原油、中间基原油。

按现行常规工艺，原油基属的选择，最好是选用环烷基原油，其次是中间基原油，最好不选用石蜡基原油，因为石蜡的存在将给沥青路用性能带来不良的影响。但是，石蜡基原油通过现代工艺如溶剂法处理，也能生产出优质的沥青。

2.2 石油沥青的元素组成和化学组分

1）石油沥青的元素组成

石油沥青是由多种极其复杂的碳氢化合物和这些碳氢化合物的非金属衍生物组成的混合物，它的通式为 $C_nH_{2n+a}O_bS_cN_d$，所以它的化学元素主要是碳（80%～87%）和氢（10%～15%），其次是非烃元素，如氧、硫、氮等（小于3%），此外还含有一些微量的金属元素，如镍、钒、铁、锰等，含量约为百万分之几至百万分之几十。

2）石油沥青的化学组分

由于沥青化学组成结构的复杂性以及目前分析技术的限制，要将沥青分离为纯净的化合物的单体存在许多困难，因此不能直接得到沥青的化学元素与路用性能的相互关系。目前通常采用化学组分分析的方法，利用沥青在不同有机溶剂中的选择性溶解或在不同吸附剂上的选择性吸附,而将沥青分离为几个化学性质与路用性能有一定联系的组,这些组就称为"沥青的化学组分",简称"组分"。

将沥青分为不同组分的化学分析方法称为组分分析法。组分分析是利用沥青在不同有机溶剂中的选择性溶解或在不同吸附剂上的选择性吸附等性质进行分组。

沥青的组分分析方法较多。丁·马尔库松(德国)早就提出将石油沥青分离为沥青酸、沥青酸酐、油分、树脂、沥青质、沥青碳和似碳物等组分的方法。后来经过许多研究者的改进,美国人 L. R 哈巴尔德和 K. E 斯坦费尔德将其完善为三组分分析法。此后,科尔贝特(L. W. Corbete)(美国)又提出了四组分分析法。

(1)三组分分析法

石油沥青的三组分分析法是将石油沥青分离为油分、树脂、沥青质三个组分,又称为溶解-吸附法。这种方法的优点是组分分解明确,组分含量在一定程度上能说明沥青的路用性能;主要缺点是分析流程复杂,分析时间长。按三组分分析法所得的各组分的性状见表6-1。

石油沥青三组分分析法的各组分性状 表6-1

组 分	性 状			
	外观特征	平均分子量(M_W)	碳氢比(C/H)	物化特征
油分	淡黄色透明液体	200~700	0.5~0.7	可溶解于大部分有机溶剂,具有光学活性,常发现有荧光
树脂	红褐色黏稠半固体	800~3000	0.7~0.8	温度敏感性高,熔点<100℃,相对密度大于1.000
沥青质	深褐色固体粉末状微粒	1000~5000	0.8~1.0	加热不熔化,分解为硬焦炭,使沥青呈黑色

(2)四组分分析法

四组分分析法是由科尔贝特(L. W. Corbete)提出的。美国规范《ASTM D 4124-09》和我国《公路工程沥青及沥青混合料试验规程》(JTG E20—2011)中都有沥青四组分分析的标准试验方法。"四组分"分析法所得沥青各组分的性状见表6-2。

"四组分"分析法所得沥青各组分的性状 表6-2

组 分		性 状			
		外观特征	平均分子量(M_W)	碳氢比(C/H)	物化特征
沥青质		深褐色固体粉末状微粒	1000~5000	<1.0	提高热稳定性和黏滞性
油分	饱和分	无色黏稠液体	300~1000	<1.0	赋予流动性
	芳香分	萘色黏稠液体			
胶质		红褐色至黑褐色黏稠液体	500~1000	≈1.0	增加胶体稳定性,提高黏附性及可塑性
蜡		白色结晶	300~1000	—	破坏沥青结构的均匀性,降低沥青的黏结性和塑性

沥青的化学组分与沥青的物理、力学性质有着密切关系,主要表现为沥青组分及其含量的不同将引起沥青性质发生变化。一般认为,相同油源、不同生产工艺制得的沥青,其组分不同。沥青中各组分的相对含量对其路用性能有着重要的影响,对于由相同油源、相同生产工艺制得的沥青:沥青质和胶质含量越高,其针入度值越小(稠度越大),软化点越高;饱和分含量越高,其针入度值越大(稠度越小),软化点越低;芳香分含量对针入度、软化点无显著影响,但极性芳香分含量高,对其黏附性有利。同时,沥青质能够提高沥青的黏结性和热稳定性,而胶质则能改善其塑性。

值得指出的是石油沥青中各种化学组分都不是稳定的化合物。沥青在长期使用过程中,在空气、阳光、水的作用下,它的化学组分也会发生转化,其转化的趋势是油分、树脂含量逐渐减少,沥青质的含量不断增加,从而使沥青不断"老化"。

2.3　石油沥青的胶体结构

胶体理论研究表明,大多数沥青属于胶体体系,它是由相对分子量很大、芳香性很强的沥青质分散于分子量较低的可溶性介质(如油分)中形成的一种复杂的胶体结构。该胶体体系中固态微粒的沥青质是分散相,液态的油分是分散介质。沥青质对油分是憎液性的,而且不在油分中溶解。如果将这两种组分混合在一起,则会形成不稳定的体系,沥青质极易絮凝。沥青之所以能成为稳定的胶体系统,是因为树脂组分在其中起了过渡性的保护作用,即树脂对沥青质是亲液性的,树脂对油分也是亲液性的,树脂使沥青质很好地胶溶于油分介质之中。我们把这种以沥青质为核心,树脂吸附包裹在其表面,并逐渐向外扩散,均匀地分散在油分介质中的胶体结构单元称为"胶团"。

在"胶团"结构中,从分散相到分散介质,油分是均匀的、逐步转变的,没有明显的分界线。但在不同的沥青胶体中,由于油分、树脂、沥青质等各组分的相对含量不同,由此而形成的"胶团"数量也不相同,从而决定了沥青具有不同的胶体结构类型。根据沥青中各组分的化学组成和相对含量不同,沥青的胶体结构可分为溶胶、凝胶、溶-凝胶三种类型,如图6-3所示。

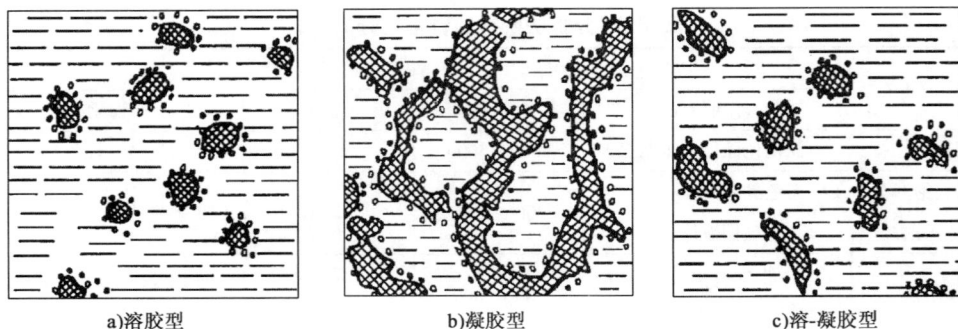

a)溶胶型　　　　　　　　　b)凝胶型　　　　　　　　　c)溶-凝胶型

图6-3　沥青的胶体结构类型

1)溶胶型结构

沥青中油分和树脂含量足够多,而沥青质的含量极少(<10%),由沥青质形成的胶团能全部分散,并在油分介质中自由移动,这种胶体结构的沥青被称为溶胶型沥青,如图6-3a)所示。溶胶型沥青的特点是:由于含有较多的油分和树脂,因而具有良好的塑性和流动性,开裂后的自愈能力较强,但在路用性能上表现为有较大的感温性,温度过高会流淌,因而高温稳定性较差。液体沥青等大部分直馏沥青多属于溶胶型沥青。

2)凝胶型结构

沥青中油分和树脂的含量很少,沥青质含量较多(>30%),树脂包裹沥青质所形成的胶团含量增大,相互之间距离缩小,吸引力增强,使胶团靠得很近,胶团相互之间形成不规则的空间网络结构,胶团间相互移动比较困难,具有明显的弹性效应。这种胶体结构的沥青称为凝胶型沥青,如图6-3b)所示。这类沥青的特点是:弹性和黏结性较高,温度敏感性小,高温稳定性较好,但流动性和塑性较差,开裂后的自愈能力较差。氧化沥青多属于凝胶型沥青。

3)溶-凝胶型结构

沥青中沥青质的含量适当(15% ~25%),并有较多的树脂起保护作用,形成的沥青质胶团数量适中,胶团既悬浮于油分介质之中,相互之间又存在一定的吸引力。这种介于溶胶和凝胶二者之间的沥青称为溶-凝胶型沥青,如图6-3c)所示。这类沥青在路用性能上表现为有较好的黏结性、塑性和温度稳定性,高温时有较低的感温性,低温时又有较好的变形能力,是道路沥青中较为理想的沥青结构。

由此可知,在上述的三种胶体结构中,路用性能最好的是溶-凝胶型沥青。目前人工配制的"溶剂沥青",以及环烷基稠油的直馏沥青或半氧化沥青多属于此类沥青。

2.4　石油沥青的技术性质

沥青作为一种胶结材料,它应具备黏性、塑性、感温性(温度稳定性)等技术性质。

2.4.1　黏结性(黏滞性)

沥青作为路面结合料而将各种矿质材料胶结为一个具有一定强度的整体,首先它应具有一定的黏结性(黏滞性)。沥青的黏结性(黏滞性)是指沥青材料在外力的作用下抵抗变形的能力,是反映沥青内部材料阻碍其相对流动的特性,是技术性质中与沥青路面力学行为联系最密切的一种性质。

沥青的黏结性通常用黏度表示。如图6-4所示,在两块金属板中间夹一沥青层,当其受到剪切变形时,沥青层会产生抵抗移动的抗力。这种抗力用沥青的内摩擦系数即绝对黏度 η 表示。由于绝对黏度的测定方法比较复杂,因此,在实际应用上多测定沥青的"技术黏度"(或称"条件黏度"),最常采用的技术黏度如下:

1)针入度

针入度试验是国际上普遍采用的测定黏稠石油沥青黏结性的一种方法,本方法适用于道路石油沥青、改性沥青以及液体石油沥青蒸馏或乳化沥青蒸发后残留物的针入度的测定。沥青的针入度是指沥青试样在规定温度的条件下,以规定荷载的标准针,在规定的时间内贯入沥青试样的深度,以 1/10mm(或 0.1mm)为单位表示,如图 6-5 所示。

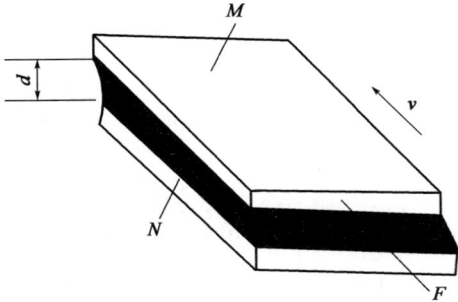

图 6-4　沥青的剪切变形示意图　　　　　图 6-5　沥青的针入度测定装置

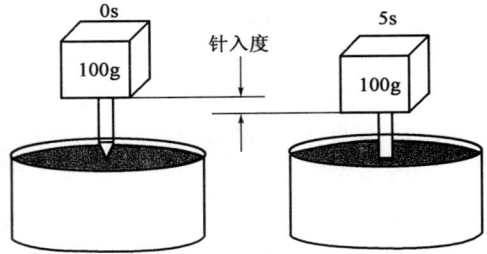

《公路工程沥青及沥青混合料试验规程》(JTG E20—2011)规定通常采用的测定条件:标准针、针连杆和附加砝码的总质量为 100g ± 0.05g,温度为 25℃,荷载为 100g,贯入的时间为 5s。例如某沥青试样在上述试验条件下,测得标准针贯入的深度为 65(1/10mm),则其针入度值可表示为 $P_{(25℃,100g,5s)} = 65(1/10mm)$。黏稠沥青的黏结性是用针入度表示的,针入度值越小,表示沥青的黏结性越好。针入度也是划分黏稠沥青标号的依据,例如,针入度值在(60 ~ 80)(1/10mm)的沥青,其标号为 AH-70 号。

如果为确定针入度指数(PI),常用的试验条件为 15℃、25℃和 30℃,如果采用 30℃作为试验条件测得的针入度值过大,则可以采取 5℃作为试验条件。

2)标准黏度

沥青标准黏度试验是测定液体沥青条件黏度的一种方法。该法适用于测定液体石油沥青、煤沥青、乳化沥青等流动状态沥青的黏度。

《公路工程沥青及沥青混合料试验规程》(JTG E20—2011)规定沥青的黏度是以沥青试样在规定温度下,通过规定流孔,流出规定体积(50mL)的沥青所需的时间(s)来表示液体沥青的黏结性,以 $C_{T,d}$ 表示。其中 T 为试验温度(℃),d 为流孔直径(mm)。试验装置如图 6-6 和图 6-7 所示。

常用的试验温度为(25 ± 0.1)℃、(30 ± 0.1)℃、(50 ± 0.1)℃和(60 ± 0.1)℃,常用的流孔有(3 ± 0.025)mm、(4 ± 0.025)mm、(5 ± 0.025)mm 和(10 ± 0.025)mm 四种,试验温度和流孔直径根据液体沥青的黏度选择。未加说明时,温度 T 为 60℃,流孔 d 为 5mm,流出的体积为 50mL。例如,某沥青在上述条件下,流出 50mL 体积沥青所需的时间为 100s,则黏度表示为 $C_{60,5} = 100(s)$。

根据我国现行标准,液体沥青的标号是按黏度来划分的,例 $C_{60,5} = 60(s)$ 的液体沥青为 AL(M)-4 号沥青。黏度值越大,表示沥青越黏稠,其标号亦越高,所以液体沥青亦被称为黏度级沥青。

各种石油沥青的黏结性(黏滞性)变化范围很大,黏结性(黏滞性)的大小与组分及温度有关。当沥青质含量较高,胶质适量,油分较少时,沥青的黏结性(黏滞性)较大。在一定温度范围内,当温度升高时,沥青的黏结性(黏滞性)随之降低,反之则增大。在高温、重载交通条件下,为防止路面出现车辙,沥青黏度的选择是首要考虑的参数。

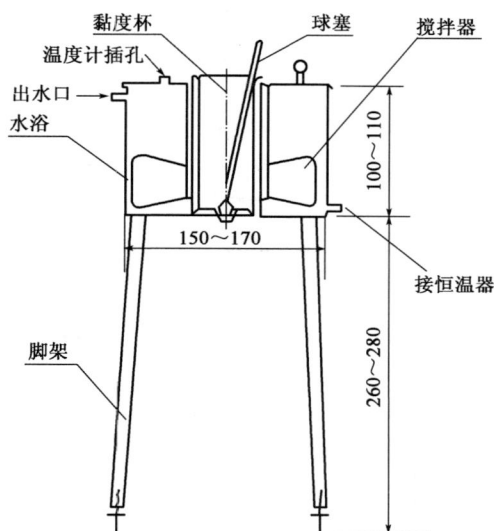

图 6-6　沥青标准黏度试验装置(尺寸单位:mm)　　　　图 6-7　盛样管(尺寸单位:mm)

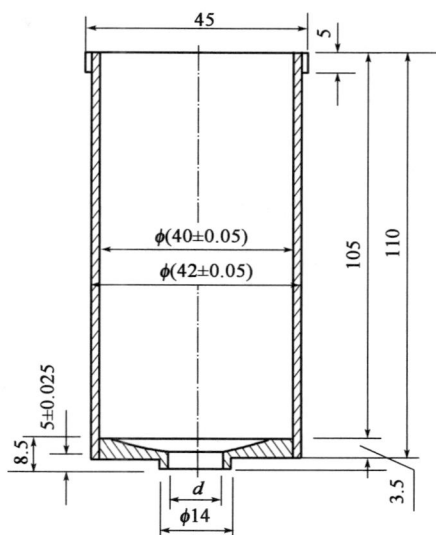

2.4.2　塑性

塑性是指沥青在外力作用下,产生变形而不破坏的能力。沥青路面之所以有良好的柔性,在很大程度上取决于这种性质。

目前,测定沥青塑性的常用方法是延度试验法。延度试验是将沥青做成∞字形标准试件,利用延度试验机,通常在 25℃、15℃、10℃或 5℃的温度下,以(5 ± 0.25)cm/min 速度将其拉伸至断裂时伸长的长度(cm),即为延度。通常采用的拉伸速度为(5 ± 0.25)cm/min,低温下采用(1 ± 0.5)cm/min。我国《公路沥青路面施工技术规范》(JTG F40—2004)规定:对 A、B 级道路石油沥青,试验温度为 10℃,拉伸速度为(5 ± 0.25)cm/min;对 C 级道路石油沥青,试验温度为 15℃,拉伸速度为(5 ± 0.25)cm/min。(注:A 级沥青技术要求相当于"国际先进水平",B级相当于以往的"重交通沥青"水平,C 级基本相当于以往的"普通道路沥青"。)

沥青延度越大,表明沥青的塑性越好,因此,延度是评定沥青塑性好坏的重要指标。沥青的延度与沥青的流变特性、胶体结构和化学组分等有密切关系。当沥青化学组分不协调、胶体结构不均匀以及含蜡量增加时,都会使沥青的延度值相对降低。通常,延度大的沥青不易产生裂缝,并可减少摩擦时产生的噪声。

为了研究沥青的塑性,常在不同的温度下检验其延度,特别是低温时,因为在低温时,沥青会失去必要的塑性,使路面在冬季产生脆裂。

2.4.3　温度稳定性

温度稳定性是指沥青的黏结性和塑性随温度升降而变化的性能。沥青是无定形的非结晶高分子化合物,它的力学性能对温度的变化非常敏感。当外界温度增高时,沥青就软化;当温度降低时,沥青就变脆。温度稳定性好的沥青,使用时不易因夏季升温而软化,也不易因冬季低温而脆裂。

因此,沥青的感温性日益被人们所重视。目前,软化点和脆点是表示沥青感温性的主要指标。

1)高温稳定性——软化点

软化点是沥青材料由固体状态转变为具有一定流动性的黏塑状态时的一种条件温度。软化点是评价沥青高温稳定性的重要指标,按《公路工程沥青及沥青混合料试验规程》(JTG E20—2011)规定软化点采用环球法测定。

环球法是将沥青试样加热后注入规定尺寸的两个铜环内,将铜环装于试验搁架的中层板上,在环内的沥青试样上各放置一个标准钢球,将其架置在盛有规定液体的烧杯内,并规定起始温度,如图6-8a)所示,以5℃/min加热速度,一直加热到沥青在钢球自重作用下,试样下垂至与试验搁架底板接触时的温度,即为试样的软化点,如图6-8b)所示。

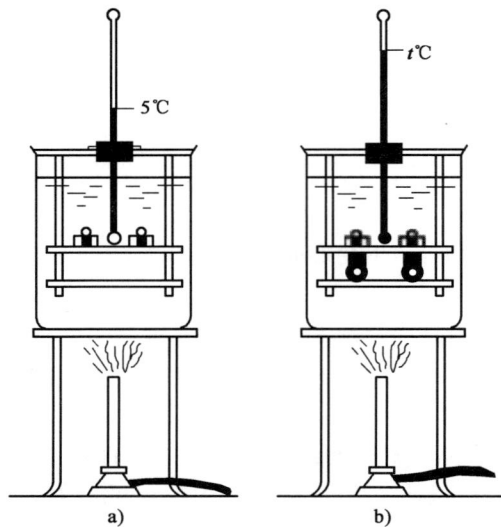

图6-8 软化点试验

黏稠石油沥青三大技术指标之间的关系:沥青标号大,针入度大,黏结性差,延度大,塑性好,软化点低,热稳定性差。

2)低温稳定性——脆点

脆点是沥青材料在低温条件下,产生脆裂时的温度。试验方法是将(0.4 ± 0.01)g沥青试样均匀涂在(41 ± 0.5)mm$\times(20 \pm 0.2)$mm的薄钢片上,再将此薄钢片放在弗拉斯脆点仪(图6-9)弯曲器(图6-10)的夹钳上,用漏斗把干冰慢慢加到酒精中,控制温度下降的速度为1℃/min,同时均匀摇动弯曲器手柄,使涂在金属片上的沥青薄膜按一定的速度进行弯曲—伸直循环,直至出现一个或多个裂缝时的温度即为脆点。

沥青脆点和软化点的大小随其组分不同而不同,在实际应用时总希望沥青具有较高的软化点和较低的脆点。所以常对沥青进行改性,通过添加增塑剂、橡胶、树脂等填料改变它的软化点和脆点。

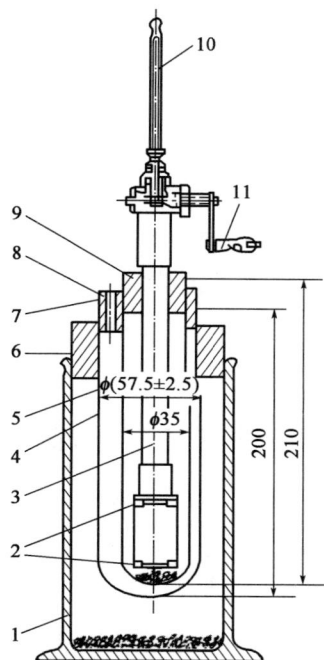

图 6-9　弗拉斯脆点测试仪(尺寸单位:mm)
1-摇把;2、3-橡胶管;4-试样管;5-真空玻璃管;
6-硬塑料管;7-夹钳;8-外筒;9-通冷却液管道;
10-温度计;11-薄钢片

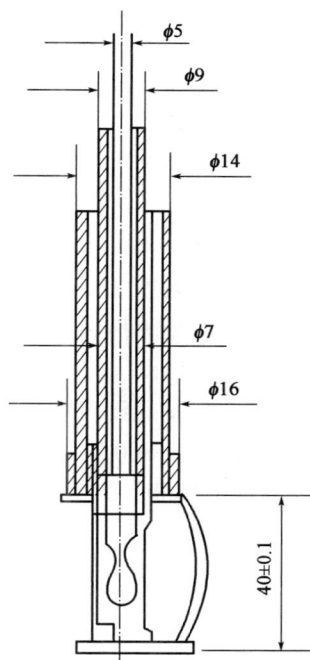

图 6-10　沥青脆点弯曲器(尺寸单位:mm)

2.4.4　感温性

　　沥青的感温性通常是采用黏度随温度变化而变化的行为(黏-温关系)来表达。国际上有许多种评价沥青感温性的指标,针入度指数是最常用的一种评价沥青感温性的指标。

　　针入度指数是应用针入度和软化点试验结果来表征沥青感温性的一种指标,同时,针入度指数也可以用来评价沥青的胶体结构状态。针入度指数宜在 15℃、25℃和30℃的温度条件下测定针入度后按规定的方法计算得到,若 30℃时的针入度值过大,可采用 5℃代替。

　　普费和范德波尔等人通过长期的试验研究,应用针入度和软化点的试验结果,提出了一种能表征沥青的感温性和胶体结构的所谓"针入度指数"(简称 PI),并根据试验得出如下经验公式:

$$\lg P = AT_{R\&B} + B \tag{6-1}$$

$$PI = \frac{30}{1 + 50A} - 10 \tag{6-2}$$

式中:P——在 25℃,100g,5s 条件下测定的针入度,0.1mm;

A——针入度-温度感应系数；

B——回归系数；

$T_{R\&B}$——环球法测定的软化点温度，℃；

PI——针入度指数。

该经验公式能反映沥青以下三个方面的技术性能：

1）沥青的感温性

式（6-1）表明，针入度的对数和温度呈直线关系，A 为直线的斜率（在此称为针入度的感温率），B 为截距，如图 6-11 所示。

根据试验普费尔发现沥青在软化点（$T_{R\&B}$）温度时其针入度值恒等于 800。由此，以软化点的温度（$T_{R\&B}$）、针入度值（800）与 25℃时针入度值的关系，得针入度感温系数 A 为：

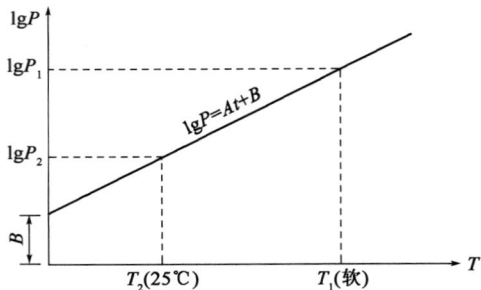

图 6-11 针入度和温度关系图

$$A = \frac{\lg800 - \lg P}{T_{R\&B} - 25} \tag{6-3}$$

A 是直线的斜率，A 值越大，直线越陡，即表明当横坐标的温度 T 有一微小变化时，纵坐标的针入度值就有明显的变化，即沥青的感温性差。

例 6-1

某沥青试样 I，测得其软化点的温度为 36℃，25℃ 时的针入度为 210；沥青试样 II 的软化点温度为 49℃，25℃ 时的针入度为 98，试比较沥青试样 I 与沥青试样 II 的感温性。

解：$A_1 = \dfrac{\lg800 - \lg P}{T_m - 25} = \dfrac{\lg800 - \lg210}{36 - 25} = 0.0528$

$A_2 = \dfrac{\lg800 - \lg P}{T_m - 25} = \dfrac{\lg800 - \lg98}{49 - 25} = 0.038$

因为 $A_1 > A_2$，所以试样 II 的感温性更好。

2）划分沥青胶体结构的类型

如前所述，沥青按其化学组分相对含量的不同，共有三种不同的结构类型，如何从量化指标上来区别这些结构类型是一个重要的问题，根据式（6-2）计算的针入度指数 PI 提供了鉴别沥青胶体结构类型的量化指标，即：

$PI > 2$　凝胶型沥青，有明显胶凝特征，耐久性差

$PI < -2$　溶胶型沥青，温度敏感性强

$PI = -2 \sim 2$　溶-凝胶型沥青

一般认为，PI 值为 $-1 \sim 1$ 的溶-凝胶型沥青比较适宜修筑沥青路面。按照式（6-2）可绘制成诺谟图，如图 6-12 所示。

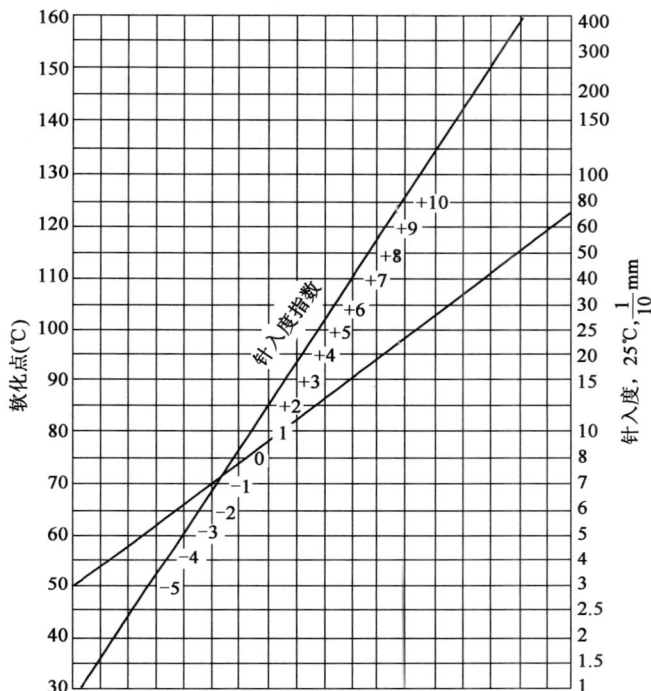

图 6-12　由针入度和软化点求取针入度指数 *PI* 的诺谟图

例 6-2

某厂生产的溶剂型沥青,经检验其针入度为 60,软化点为 45℃,试确定其针入度指数并判别其结构。

解: $PI = \dfrac{30}{1 + 50A} - 10 = -2.13$

因为 $PI = -2.13 < -2$,所以属于溶胶型结构。

3)当量软化点 T_{800} 和当量脆点 $T_{1.2}$

当量软化点是相当于沥青针入度为 800 时的温度,用以评价沥青的高温稳定性。当量脆点 $T_{1.2}$ 是相当于沥青针入度为 1.2 时的温度,用以评价沥青的低温抗裂性能。

其计算公式见式(6-4)和式(6-5)。

$$T_{800} = \frac{\lg 800 - B}{A} \tag{6-4}$$

$$T_{1.2} = \frac{\lg 1.2 - B}{A} \tag{6-5}$$

2.4.5　安全性

1)闪点和燃点

沥青在使用时通常要加热,而当加热到一定温度时,沥青材料中挥发的油分蒸汽与周围空气组成的混合气体遇到火焰极易发生闪火。若继续加热,油分蒸汽的饱和度增加,此混合气体遇火极易燃烧,以致引起火灾。为此,必须测定沥青加热闪火和燃烧的温度,即沥青的闪点和燃点,以保证施工安全。

闪点是沥青试样在规定的盛样器内,按规定的加热速度加热至一定温度时,用点火器的试焰沿试验杯口水平扫过,当试样液面上首次出现一闪即灭的蓝色火焰时,此时的试样温度即为闪点。按规定的加热速度继续加热,并按上述要求用点火器的试焰从杯口水平扫过,当试样表面接触火焰立即着火,并持续燃烧 5s 以上时试样的温度即为燃点。闪点和燃点的温度值越高,表示沥青的使用越安全。

2)含水率

含水率是指沥青试样内含有水分的数量,以质量百分率表示。沥青中如含有水分,当沥青加热时会形成泡沫,泡沫的体积随温度升高而增大,最终使沥青从熔锅中溢出,除损失沥青材料外,溢出的泡沫还可能引起火灾,故沥青中的含水率不宜过多,否则不仅影响沥青用量,而且还会影响施工安全。沥青的含水率是用含水率测定仪测定的,以抽提出的水分占原沥青试样质量的百分率表示。

2.4.6　黏弹性

路用沥青多为溶-凝胶型沥青,在低温时表现为弹性,高温时表现为黏性,在相当大的温度范围内表现为黏性和弹性共存,是一种典型的黏弹性物体。黏弹性物体在应力保持不变的情况下,应变随时间而增加的现象,称为蠕变。例如,公共汽车停靠站处的沥青路面因受汽车荷载长时间重压而产生凹陷就是蠕变的过程。沥青的结构、环境的温度和作用力的大小都对蠕变有影响。与蠕变现象相反,在保持应变不变的条件下,应力随时间增加而逐渐减小的现象称为应力松弛。蠕变和应力松弛可能是由沥青胶体结构内部的某些分子产生位移或分子构型发生变化而导致的。

研究沥青材料的黏弹性具有很重要的实用价值。在荷载作用下,应力和应变呈现非线性关系,采用劲度模量描述沥青处于黏弹状态下的力学特性。它是随温度和荷载作用时间变化而变化的参数,是表现沥青黏性和弹性联合效应的指标。

范德玻尔采用以荷载作用时间 t 和温度 T 为函数的应力应变之比来表示黏弹性沥青抵抗变形的性能,由此得出劲度模量为:

$$S = (\sigma/\varepsilon)_{T,t} \tag{6-6}$$

式中:S——沥青的劲度模量,Pa;

　　σ——应力,Pa;

　　ε——应变;

　　t——荷载作用时间,s;

　　T——温度,℃。

沥青材料的劲度模量 S 可以采用"微膜滑板黏度计"或"微弹性仪"等仪器来测定,也可通过图表确定。范德玻尔根据荷载作用时间 t 或频率 ω、路面温度差 T、沥青的胶体结构类型(PI)等参数绘制出了实用沥青劲度模量诺谟图,如图 6-13 所示。应用诺谟图时,荷载作用时间根据汽车交通作用时间而定,通常采用停车站的停车时间进行校核。路面温度差是指当地平均最低气温时,路面面层 5cm 深度的温度与软化点的差值。

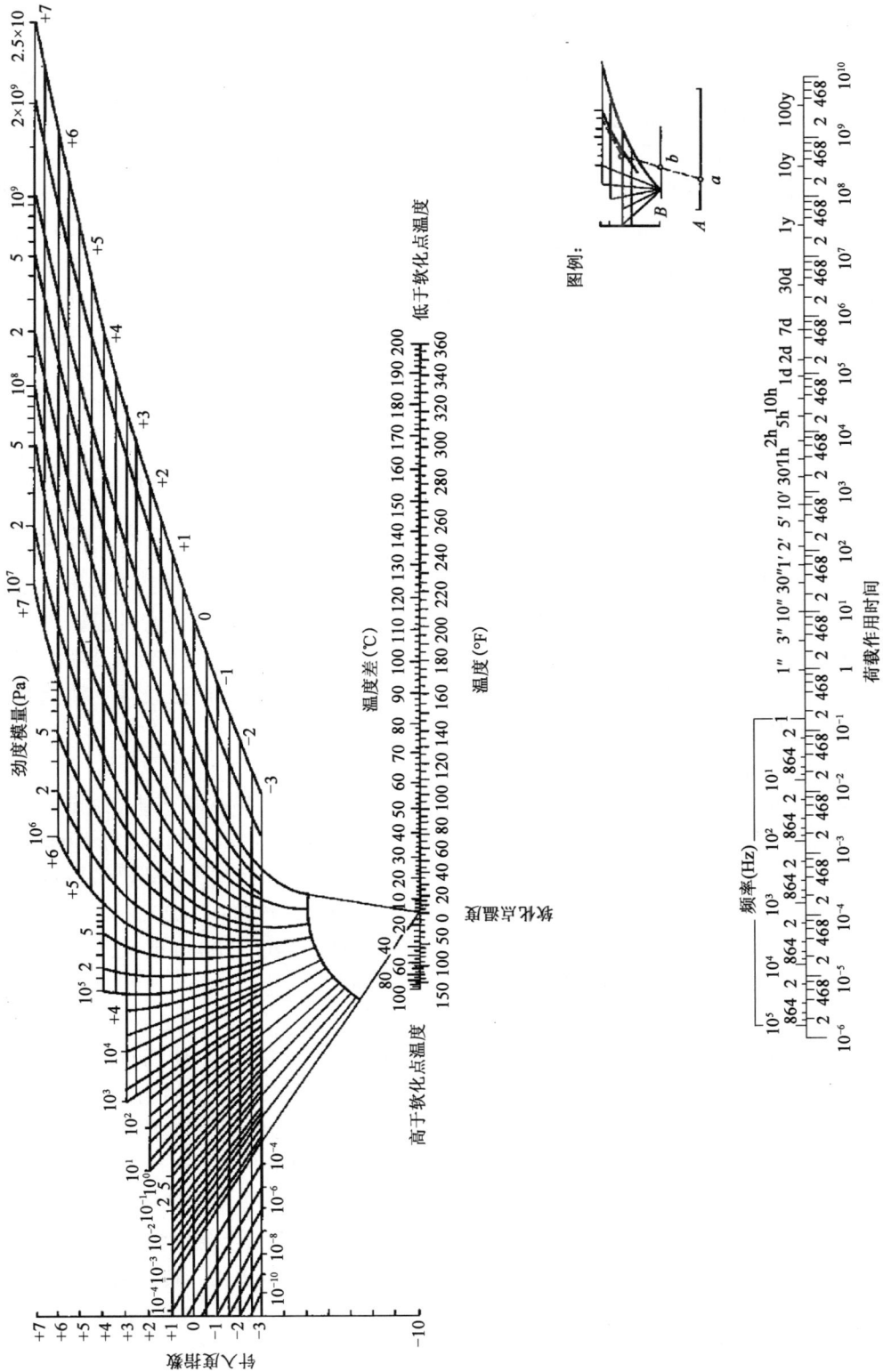

图6-13 沥青劲度模量诺谟图

2.4.7 黏附性

沥青与集料的黏附性是沥青的重要路用性能之一,直接影响沥青路面的使用质量和耐久性。特别是在使用酸性岩石和潮湿石料施工时,黏附性尤为重要。

我国《公路工程沥青及沥青混合料试验规程》(JTG E20—2011)规定,沥青与粗集料黏附性试验方法根据沥青混合料的最大粒径决定,最大粒径大于13.2mm时采用水煮法;最大粒径小于等于13.2mm时采用水浸法。水煮法是选取粒径为13.2～19mm形态接近立方体的规则集料5个,用沥青裹覆后,在蒸馏水中沸煮3min,按沥青膜剥落的情况分为5个等级来评价沥青与集料的黏附性。水浸法是选取粒径为9.5～13.2mm的集料100g与5.5g的沥青在规定温度条件下拌和成混合料,冷却后浸入80℃的蒸馏水中保持30min,然后按剥落面积百分率来评定沥青与集料的黏附性。

2.4.8 其他性质

一般在鉴定沥青材料的技术性能时,除测定针入度、延度、软化点这三大指标外,还须测定以下常规指标。

1)溶解度

溶解度是指沥青试样在规定的有机溶剂中可溶物的质量占试样总质量的百分率。溶解度能反映沥青中沥青碳及矿物质等有害杂质的含量,这些有害杂质降低了沥青的黏滞性。石油沥青的溶解度很高,一般在98%以上;天然沥青由于含有较多的不溶性矿物质,其溶解度较低,在实际工作中,除特殊目的外,一般不进行沥青的化学组分分析,而是按规定测定其溶解度,以确定沥青中有效成分的含量。

2)含蜡量

蜡在沥青中的存在,对沥青的技术性质有显著的影响,尤其是蜡含量过大,会显著地降低沥青的抗滑性能、塑性和温度稳定性,除此之外,蜡的组成结构对沥青的性能也有影响,因此蜡是一种有害组分。目前国产沥青中通常含有较高的蜡质,因此,如何改善含蜡沥青的性能目前仍是一个重要问题。我国《公路工程沥青及沥青混合料试验规程》(JTG E20—2011)规定含蜡量用蒸馏法测定。根据《公路沥青路面施工技术规范》(JTG F40—2004)规定,含蜡量(蒸馏法)A级不大于2.2%,B级不大于3%,C级不大于4.5%。

3)加热稳定性

沥青在过热或长时间加热过程中,会发生一系列的物理、化学变化,使沥青的化学组分和性质也发生相应的变化。通常把沥青被加热时化学组分和性质保持稳定的能力称为沥青的加热稳定性。为了解沥青在施工及使用过程中的加热稳定性,通常要进行沥青的加热质量损失和加热后残渣性质的试验。对于黏稠沥青一般采用加热损失试验。

4)老化

如前所述,沥青在施工过程中长时间加热,在自然环境中受空气、阳光、气温、降水及矿料相互作用等因素的影响,沥青的分子会发生氧化反应,使沥青的组分发生转化。转化的大致趋势是:

油分→树脂质→沥青质→沥青碳,似碳物

在上述转化过程中,沥青组分里油分和树脂的含量相对减少,沥青质、沥青碳的含量逐渐增加。沥青的化学组分转化后,其性质也发生了变化,其最主要的变化是针入度降低、延度降低、软化点升高、脆性增大、塑性减小,最终导致沥青的技术性质变差。

沥青老化后技术性质与化学组分的变化示例,见表6-3。

沥青老化后技术性质与化学组分的变化　　　　表6-3

沥青名称	老化周期（循环次数）	技术性质			化学组成（%）		
		针入度(25℃)(1/10mm)	延度(25℃)(cm)	软化点(环球法)(℃)	油分	树脂	沥青质
调和石油沥青-60甲	0	78	100	46.0	42.54	38.62	18.84
	5	72	100	50.0	40.79	38.27	20.94
	11	52	98	51.0	38.69	37.85	23.46
	15	53	73	51.3	37.29	37.57	25.14
	21	44	61	52.1	35.19	37.15	27.66
	26	37	54	52.3	33.44	36.80	29.76

【工程实例6-1】

某施工队为沥青路面材料加热熬制石油沥青,沥青碎块的平均尺寸为22cm,并且工程量较大,加热和保温时间都比较长。施工后发现沥青的塑性下降明显,效果不好。

【原因分析】

沥青与空气接触会逐渐氧化,沥青中逐渐形成高分子的胶团,使沥青硬化,降低了柔韧性。温度越高,时间越长,氧化越快。所以随着时间的推移沥青的塑性也随之下降。

【防治措施】

首先将沥青碎块破碎为10cm以下,缩短熬制时间,当天熬制的沥青应当天用完。

2.5　石油沥青的技术要求

我国石油沥青分为道路石油沥青和道路用液体石油沥青两大类。

我国道路石油沥青采用针入度划分等级,《公路沥青路面施工技术规范》(JTG F40—2004)在针入度分级的基础上引入了气候分区的概念,并将各个牌号的沥青又进一步分为A、B、C三个档,每一牌号按照具体的气候分区和档次设定了不同的指标要求。其具体适用范围见表6-4。

道路石油沥青的适用范围　　　　表6-4

沥青等级	适用范围
A级沥青	各个等级的公路的任何场合和层次
B级沥青	1.高速公路、一级公路沥青下面层及以下的层次 2.二级及二级以下公路的各个层次 3.用作改性沥青、乳化沥青、改性乳化沥青和稀释沥青的基质沥青
C级沥青	4.三级及三级以下公路的各个层次

工程实践表明,针入度、软化点和延度等指标不能有效地控制和评价沥青的使用性能。在《公路沥青路面施工技术规范》(JTG F40—2004)中,修订了沥青等级的划分方法、增补了沥青的技术指标,更能充分全面地反映沥青的技术性能。该标准对道路石油沥青的技术要求见表6-5。

道路石油沥青的技术要求（JTG F40—2004）

表 6-5

指　标	单位	等级	160号①	130号①	110号	90号	70号②	50号②	30号①	试验方法③
针入度(25℃,5s,100g)	0.1mm	—	140~200	120~140	100~120	80~100	60~80	40~60	20~40	T0604
适用的气候分区④	—	—	注①	注①	2-1　2-2　3-2	1-1　1-2　1-3　2-2　2-3	1-3　1-4　2-2　2-3　2-4	1-4	注①	—
针入度指数 PI⑤	—	A	−1.5~+1.0（适用于全部标号）							T0604
		B	−1.8~+1.0（适用于全部标号）							
软化点(R&B),≥	℃	A	38	40	43	45 / 44	46 / 45	49	55	T0606
		B	36	39	42	43 / 42	44 / 43	46	53	
		C	35	37	41	42	43	45	50	
60℃动力黏度⑤,≥	Pa·s	A	—	60	120	160 / 140	180 / 160	200	260	T0602
10℃延度⑤,≥	cm	A	50	50	40	45 / 30 / 20	25 / 20	15	10	T0605
		B	30	30	30	20 / 15	20 / 15	10	8	
15℃延度,≥	cm	A,B	100	100	100	100	100	80	50	T0605
		C	80	80	60	50	40	30	20	
蜡含量(蒸馏法),≤	%	A	2.2（适用于全部标号）							T0615
		B	3.0（适用于全部标号）							
		C	4.5（适用于全部标号）							

续上表

指标	单位	等级	沥青标号							试验方法③
			160号①	130号①	110号	90号	70号②	50号②	30号①	
闪点,≥	℃	—	230			245	260			T0611
溶解度,≥	%	—	99.5							T0607
密度(15℃)	g/cm³	—	实测记录							T0603
TFOT(或RTFOT)后⑥										T0610 或 T0609
质量变化,≤	%	—	±0.8							
残留针入度比,≥	%	A	48	54	55	57	61	63	65	T0604
		B	45	50	52	54	58	60	62	
		C	40	45	48	50	54	58	60	
残留延度(10℃),≥	cm	A	12	12	10	8	6	4	—	T0605
		B	10	10	8	6	4	2	—	
残留延度(15℃),≥	cm	C	40	35	30	20	15	10	—	T0605

注：①30号沥青仅适用于沥青稳定基层,130号和160号沥青除寒冷地区可直接在中低级公路上应用外,通常用作改性沥青、乳化沥青和稀释沥青的基质沥青。

②70号沥青可根据需要要求供应商提供针入度范围为60~70或70~80的沥青,50号可要求提供针入度范围为40~50或50~60的沥青。

③试验方法按照《公路工程沥青及沥青混合料试验规程》(JTG E20—2011)的规定方法执行,用于仲裁试验求取PI时的5个温度的针入度关系的相关系数不得小于0.997。

④气候分区见《公路沥青路面施工技术规范》(JTG F40—2004)附录A。

⑤经建设单位同意,表中PI值、60℃动力黏度、10℃延度可作为选择性指标,也可不作为施工质量检验指标。

⑥老化试验以TFOT为准,也可以RTFOT代替。

为了适应高等级公路和一般等级公路的建设需要,根据石油沥青的技术性质,交通运输部制定了"重交通量道路石油沥青技术要求""中、轻交通量道路石油沥青技术要求"和"液体石油沥青的技术要求",见表6-6~表6-8。

重交通量道路石油沥青技术要求   表6-6

试 验 项 目		AH-130	AH-110	AH-90	AH-70	AH-50	试验方法
针入度(25℃,100g,5s)(0.1mm)		120~140	100~120	80~100	60~80	40~60	T0604
延度(5cm/min,15℃)(cm)		>100	>100	>100	>100	>80	T0605
软化点(环球法)(℃)		40~50	41~51	42~52	44~54	45~55	T0606
闪点(COC)(℃)		>230					T0611
含蜡量(蒸馏法)(%)		≤3					T0615
密度(15℃)(g/cm³)		实测记录					T0603
溶解度(三氯乙烯)(%)		99.0					T0607
薄膜加热试验(163℃,5h)	质量损失(%)	<1.3	<1.2	<1.0	<0.8	<0.6	T0609
	针入度比(%)	>45	>48	>50	>55	>58	T0609 T0604
	延度(25℃)(cm)	>75	>75	>75	>50	>40	T0609 T0605
	延度(15℃)(cm)	实测记录					T0609 T0605

注:1. 在有条件时,应测定沥青的60℃动力黏度(mm³),并在检验报告中注明。

    2. 如需表中密度及薄膜加热试验后的15℃延度,用户可向供方提要求。

中、轻交通量道路用石油沥青技术要求   表6-7

标号试验项目		A-200	A-180	A-140	A-100甲	A-100乙	A-60甲	A-60乙	试验方法
针入度(25℃,100g,5s)(1/10mm)		200~300	160~200	120~160	90~120	80~120	50~80	40~80	T0604
延度(25℃,5cm/min)(cm)		—	>100	>100	>90	>60	>70	>40	T0605
软化点(环球法)(℃)		30~45	35~45	38~48	42~52	42~52	45~55	45~55	T0606
溶解度(三氯乙烯)(%)		99.0	99.0	99.0	99.0	99.0	99.0	99.0	T0607
蒸发损失试验(163℃,5h)	质量损失(%)	≤1	≤1	≤1	≤1	≤1	≤1	≤1	T0608
	针入度(%)	≥50	≥60	≥60	≥65	≥65	≥70	≥70	T0608 T0604
闪点(COC)(℃)		≥180	≥200	≥230	≥230	≥230	≥230	≥230	T0611

注:当25℃延度达到100cm时,如15℃延度不少于100cm,也认为是合格的。

表 6-8

道路用液体石油沥青技术要求

试验项目		单位	快凝		中凝						慢凝						试验方法
			AL(R)-1	AL(R)-2	AL(M)-1	AL(M)-2	AL(M)-3	AL(M)-4	AL(M)-5	AL(M)-6	AL(S)-1	AL(S)-2	AL(S)-3	AL(S)-4	AL(S)-5	AL(S)-6	
黏度	$C_{25,5}$	Pa·s	<20	—	<20	—	—	—	—	—	<20	—	—	—	—	—	T0621
	$C_{60,5}$	s	—	5~15	—	5~15	16~25	26~40	41~100	101~200	—	5~15	16~25	26~40	41~100	101~200	
蒸馏体积	225℃前	%	>20	>15	<10	<7	<3	<2	0	0	—	—	—	—	—	—	T0632
	315℃前	%	>35	>30	<35	<25	<17	<14	<8	<5	—	—	—	—	—	—	
	360℃前	%	>45	>35	<50	<35	<30	<25	<20	<15	<40	<35	<25	<20	<15	<5	
蒸馏后残留物	针入度 25℃	0.1mm	60~200	60~200	100~300	100~300	100~300	100~300	100~300	100~300	—	—	—	—	—	—	T0604
	延度 25℃	cm	>60	>60	>60	>60	>60	>60	>60	>60	—	—	—	—	—	—	T0605
	浮标度 50℃	s	—	—	—	—	—	—	—	—	>20	>20	>30	>40	>45	>50	T0631
闪点(TOC)		℃	>30	>30	>65	>65	>65	>65	>65	>65	>70	>70	>100	>100	>120	>120	T0633
含水量		%	≤0.2		≤0.2						≤2.0						T0612

模块三　其他沥青

3.1　煤沥青

煤在隔绝空气的条件下,经焦化、干馏得到的黏性液体称为"焦油"。焦油再经进一步加工而得到黏稠液体或半固体的产品称为"煤沥青"。

煤沥青的种类很多,按煤干馏的温度不同,可分为高温煤焦油和低温煤焦油;按工艺过程不同,可分为焦炭焦油和煤气焦油。道路建筑用的煤沥青主要是由炼焦和制造煤气得到的高温煤焦油再经加工而得到的。

3.1.1　煤沥青的化学组分与结构

煤沥青和石油沥青一样,也是一种复杂的高分子碳氢化合物及其非金属的衍生物。

1)煤沥青的化学组分

目前,对煤沥青化学组分的研究与前述的石油沥青方法相似,也是将煤沥青划分为几个化学性质相近、且与路用性能有一定联系的组分。煤沥青的组成主要包括芳香族碳氢化合物及其氧、硫、氮衍生物的混合物。其主要化学元素有 C、H、O、S 和 N。通常将煤沥青分离为游离碳、树脂和油分等几个组分,现将各组分的组成和性能简述如下:

(1)游离碳。游离碳是高分子有机化合物的固态微粒,不溶于任何有机溶剂,有足够的稳定性,只有在高温下才分解。游离碳能使煤沥青的黏度增加,提高热稳定性;但当游离碳含量超过一定限度时,煤沥青会呈现脆性,煤沥青中的游离碳相当于石油沥青中的沥青质,但颗粒比沥青质大得多。

(2)树脂。煤沥青中的树脂分为硬树脂和软树脂两种。硬树脂是固态树脂,类似于石油沥青中的沥青质,它能增加煤沥青的黏度。软树脂是一种赤褐色黏塑性物质,类似于石油沥青中的树脂,它能使煤沥青具有塑性。

(3)油分。油分是液态碳氢化合物,类似于石油沥青的油分,它能增加煤沥青的流动性。在煤沥青的油分中还含有萘油和蒽油,它们对煤沥青的技术性质有不良影响,而且蒽油有毒,能引起呼吸道黏膜和皮肤发炎。

在煤沥青中除含有上述组分外,还有酸性和碱性等表面活性物质,且含量比石油沥青多,所以煤沥青的表面活性比石油沥青好,无论对酸性、碱性石料均有较好的黏结性。

2)煤沥青的结构

煤沥青的结构和石油沥青类似,也是一种复杂的胶体结构。其中,游离碳和硬树脂组成的胶体微粒为分散相,油分为分散介质,软树脂为过渡性物质,它吸附在固态分散胶粒周围,并逐渐向外扩散,胶粒溶于油分之中,使分散系组成稳定的胶体结构。

3.1.2 煤沥青的技术性质和技术要求

1）煤沥青的技术性质

煤沥青的技术性质主要有以下几项：

（1）黏度

黏度表示煤沥青的稠度。当煤沥青组分中油分含量较少、固态树脂及游离碳含量较多时，煤沥青的黏度较大。煤沥青的温度稳定性和大气稳定性较差，当温度变化或"老化"时，其黏度也会显著地变化。煤沥青的黏度测定方法与液体沥青相同，也是用黏度计测定的。

（2）蒸馏及蒸馏后残渣的性质

煤沥青中含有各种沸点的油分，这些油分的蒸发将影响煤沥青的技术性质。为了预估煤沥青在路面使用过程中的性质变化，在测定其原始黏度的同时，还必须测定煤沥青在各馏程中所含馏分及其蒸馏后残留物的性质。

沥青蒸馏试验是测定试样受热时，在规定温度范围内蒸出的馏分含量，以质量百分率表示，除非特殊需要，各馏分蒸馏的标准切换温度分别为 170℃、270℃、300℃。其中 170℃ 以前的为轻油，170℃~270℃ 的为中油，270℃~300℃ 的为重油，300℃ 以后的残留油为蒽油。

在蒸馏出 300℃ 前的油分后，再测定蒸馏后残留物的软化点、脆点等性质，以反映煤沥青的温度稳定性和"老化"速度。

（3）有害杂质的含量

煤沥青中的有害杂质对其性能有一定的影响，必须加以限制。

①游离碳含量。游离碳在煤沥青中能增加其黏度和热稳定性，但含量过大时，会产生低温脆裂，因此，在保证低温塑性和高温稳定性的条件下，对游离碳的含量应加以限制。

②酚含量。酚能溶于水，从而降低了路面的水稳性。同时酚有毒，对人类和牲畜有害，故酚在煤沥青中的含量越少越好。

③萘含量。萘在低温时易结晶析出，常温下易升华，使煤沥青产生假黏度而失去塑性，加快老化速度。此外，萘也有毒，故对其含量应加以限制。

④含水率。与石油沥青一样，煤沥青中含有水分，会使煤沥青在施工加热时造成沥青外溢，甚至引起火灾事故。因此，煤沥青中的含水率必须小于规范规定的数值。

综上所述，煤沥青与石油沥青相比，具有以下差异：

①煤沥青的温度稳定性差。煤沥青是由较粗的分散系组成的，树脂的可溶性高，受热容易软化。因而在加热时应严格控制温度，不宜重复加热，否则易引起性质的变化。

②煤沥青的塑性较差。煤沥青中含有较多的游离碳，降低了沥青塑性，在使用时容易使路面开裂。

③煤沥青的气候稳定性差。在煤沥青的化学组成中含有未饱和的芳香烃化合物。这些物质有相当大的化学反应潜能，使用过程中，在周围介质（空气中的氧、湿和紫外线等）作用下比石油沥青更容易产生聚合、氧化等作用，使沥青的黏度增加，塑性降低，加快沥青老化。

④煤沥青有毒性和臭味。由于煤沥青中含有酚、蒽、萘油等有毒成分，虽然防腐性好，但对人类、动植物均有害。蒽油的蒸汽和尘粒，会引起人体各种器官的炎症，特别是在阳光作用下危害更大，因此施工时应特别注意防护措施。

⑤煤沥青与矿料的黏附性好,这是煤沥青最大的优点。由于煤沥青中含有较多的酸碱性物质,因此,不论对酸性石料还是碱性石料,煤沥青均有较好的黏结性。

2)煤沥青的技术要求

煤沥青的路用技术要求见表6-9。

道路用煤沥青技术要求   表6-9

试 验 项 目		T-1	T-2	T-3	T-4	T-5	T-6	T-7	T-8	T-9	试验方法
黏度(s)	$C_{30,5}$	5~25	26~70	—	—	—	—	—	—	—	T0621
	$C_{30,10}$	—	—	5~25	26~50	51~120	121~200	—	—	—	
	$C_{50,10}$	—	—	—	—	—	—	10~75	76~200	—	
	$C_{60,10}$	—	—	—	—	—	—	—	—	35~65	
蒸馏馏出量(%),≤	170℃前	3	3	3	2	1.5	1.5	1.0	1.0	1.0	T0641
	270℃前	20	20	20	15	15	15	10	10	10	
	300℃	15~25	15~35	30	30	25	25	20	20	15	
300℃蒸馏残留物软化点(℃)		30~45	30~45	35~65	35~65	35~65	35~65	40~70	40~70	40~70	T0606
水分(%),≤		1.0	1.0	1.0	1.0	1.0	0.5	0.5	0.5	0.5	T0612
甲苯不溶物(%),≤		20	20	20	20	20	20	20	20	20	T0646
萘含量(%),≤		5	5	5	4	4	3.5	3	2	2	T0645
焦油酸含量(%),≤		4	4	3	3	2.5	2.5	1.5	1.5	1.5	T0642

3.2 改性沥青

改性沥青是指掺加橡胶、树脂、高分子聚合物、磨细的橡胶粉或其他填料型外掺剂(改性剂)与沥青混合均匀,或采取对沥青轻度氧化加工等措施,使沥青的性能得以改善而制成的有机结合料。

通过对沥青材料的改性,可以改善以下几方面的性能:提高高温抗变形能力,从而增强沥青路面的抗车辙性能;提高沥青的弹性,从而改善其抗低温和抗疲劳开裂性能;改善沥青与矿料的黏附性;提高沥青的抗老化能力,从而延长沥青路面的寿命。

3.2.1 改性剂

1)改性剂的种类

改性剂是指在沥青中加入的天然的或人工的有机或无机材料,可熔融分散在沥青中(与沥青发生反应或裹覆在集料表面上),从而改善或提高沥青路面性能的材料。常用的改性剂主要为高聚物,如树脂类、橡胶类、热塑性弹性体类等,各类常用高聚物名称见表6-10。

改性沥青常用的高聚物   表 6-10

树脂类高聚物	橡胶类高聚物	树脂-橡胶共聚物(热塑性弹性体)
聚乙烯(PE) 聚丙烯(PP) 聚乙烯-乙酸乙烯酯共聚物(EVA)	丁苯橡胶(SBR) 氯丁橡胶(CR) 丁腈橡胶(NBR) 苯乙烯-戊二烯橡胶(SIR) 乙丙橡胶(EPDR)	苯乙烯-丁二烯嵌段共聚物(SBS) 苯乙烯-异戊二烯嵌段共聚物(SIS)

2)改性剂的选择

改性沥青可根据改性的目的和要求选择改性剂,具体参考如下:

(1)为提高沥青的抗永久变形能力,宜选用热塑性橡胶类、热塑性树脂类改性剂。

(2)为提高沥青的抗低温开裂能力,宜选用热塑性橡胶类、橡胶类改性剂。

(3)为提高沥青的抗疲劳开裂能力,宜选用热塑性橡胶类、热塑性树脂类改性剂。

(4)为提高沥青的抗水损害能力,宜选用各类含抗剥落剂的改性剂。

3.2.2 常用聚合物改性沥青的分类及其特性

从狭义来说,现在所指道路改性沥青一般是指聚合物改性沥青。按照改性剂的不同,一般分为以下几类:

1)热塑性树脂类改性沥青

树脂类高聚物可分为热塑性树脂和热固性树脂两类。用于沥青改性的树脂主要是热塑性树脂。最常被采用的为:聚乙烯(PE)和聚丙烯(PP)。它们主要是能提高沥青的黏度,改善高温流动性,同时增大沥青的韧性,从而改善沥青的高温性能。但是对低温性能的改善有时并不明显。

2)橡胶类改性沥青

橡胶类改性沥青的特点是:低温变形能力提高,韧性增大,高温(施工温度)黏度增大,针入度降低,软化点升高。使用最多的橡胶类改性材料是丁苯橡胶(SBR)和氯丁橡胶(CR)。其中 SBR 是世界上应用最广泛的改性剂之一,尤其是胶乳形式的使用越来越广泛。CR 具有极性,常掺入煤沥青中使用,已成为煤沥青的主要改性剂之一。

3)热塑性弹性体改性沥青

热塑性弹性体由于它兼具有树脂和橡胶的特性,所以它对沥青性能的改善优于树脂和橡胶改性沥青。常用的热塑性弹性体主要是苯乙烯嵌段共聚物,如苯乙烯-丁二烯-苯乙烯(SBS)和苯乙烯-异戊二烯-苯乙烯(SIS)。其中 SBS 常用于路面沥青混合料,SIS 主要用于热熔黏结料。目前,世界各国道路改性沥青使用最多的是 SBS 改性沥青,例如,首都机场高速公路及八达岭高速公路用的就是此种改性沥青。

4)天然沥青改性沥青

天然沥青是石油经过长达亿万年的沉积、变化、再热、压力、氧化、触煤、细菌的综合作用下生成的沥青类物质。通常可加的天然沥青有湖沥青(如特立尼达湖沥青 TLA)、岩石沥青(如美国的 Gilsonite)和海底沥青(如 BMA)等。加 TLA 的混合沥青有良好的高温稳定性及低温抗裂性能,耐久性好;掺加岩石沥青的混合沥青有较好的抗剥离性、耐久性、高温抗车辙、抗老化性。加 BMA 的混合沥青适用于重交通道路、飞机场跑道、抗磨耗层等,最小铺筑厚度可减薄到 2cm,由此降低了工程造价。

5)热固性树脂类改性沥青

热固性树脂品种有聚氨酯(PU)、环氧树脂(EP)、不饱和聚酯树脂(VP)等,其中环氧树脂已成功用于配制改性沥青。环氧树脂是指含有两个或两个以上环氧或环氧基团的醚或酚的低聚物或聚合物。环氧树脂改性沥青的延性不好,但其强度很高,具有优越的抗永久变形能力、耐燃料油和润滑油腐蚀的能力。适用于钢桥面铺装、机场道面等。

3.2.3　改性沥青的技术要求

我国聚合物改性沥青性能评价方法基本沿用了道路石油沥青质量标准体系,增加了一些评价聚合物性能的指标,如弹性恢复、黏韧性和离析(48h 软化点差)等。首先,根据聚合物类型将改性沥青分为Ⅰ、Ⅱ、Ⅲ三类;其次,按照软化点的不同,又将Ⅰ、Ⅲ类聚合物改性沥青分为 A、B、C、D 四个等级,将Ⅱ类聚合物改性沥青分为 A、B、C 三个等级,以适应不同的气候条件。同一类型中的 A、B、C 或 D 主要反映基质沥青标号及改性剂含量的不同,由 A 至 D 表现为改性沥青针入度减小,黏度增加,即高温性能提高,低温性能下降。等级划分以改性沥青的针入度作为主要依据。对于采用几种不同类型改性剂制备的复合改性沥青,可以根据所掺各种改性剂的种类和剂量比例,按照工程对改性沥青的使用要求,并参照我国《公路沥青路面施工技术规范》(JTG F40—2004)对聚合物改性沥青的技术要求(表6-11),综合确定其应该达到的质量要求。

3.2.4　改性沥青的应用和发展

目前,改性沥青可用于做排水或吸声磨耗层及其下面的防水层;在旧路面上做应力吸收中间层,以减少反射裂缝,在重载交通道路的旧路面上加铺薄或超薄的沥青面层,以提高时久性;在旧路面上或新建一般公路上做表面处治,以恢复路面使用性能或减少养护工作量。我国现在正处于高等级公路的大规模建设时期,使用改性沥青时,应当特别注意路基、路面的施工质量,以避免产生路基沉降和其他早期损坏。否则,使用改性沥青就达不到应有效果。

SBS 改性沥青无论在高温、低温、弹性等方面都优于其他改性沥青,所以我国改性沥青的发展方向应该以 SBS 作为主要方向。尤其是现在,SBS 的价格比以前有了大幅度的降低,仅成本这一项,它就可以和 PE、EVA 竞争。明确这一点对于我国发展改性沥青十分重要。

3.3　乳化沥青

乳化沥青是石油沥青与水在乳化剂、稳定剂等的作用下经乳化加工制得的均匀沥青产品。将沥青加热至流动状态,再经高速离心、搅拌及剪切等机械作用,使沥青形成细小的微粒(2~5μm 左右),且均匀分散在含有乳化剂和稳定剂的水中,形成水包油(O/W)型沥青乳液。

表 6-11

聚合物改性沥青的技术要求

指　标	单位	SBS类（I类）				SBR类（II类）			EVA,PE类（III类）			
		I-A	I-B	I-C	I-D	II-A	II-B	II-C	III-A	III-B	III-C	III-D
针入度（25℃,100g,5s）	0.1mm	>100	80~100	60~80	30~60	>100	80~100	60~80	>80	60~80	40~60	30~40
针入度指数 PI，≥	—	-1.2	-0.8	-0.4	0	-1.0	-0.8	-0.6	-1.0	-0.8	-0.6	-0.4
延度（5℃,5cm/min），≥	cm	50	40	30	20	60	50	40		—		
软化点（$T_{R\&B}$），≥	℃	45	50	55	60	45	48	50	48	52	56	60
运动黏度① (135℃)，≤	Pa·s						3					
闪点，≥	℃						230					
溶解度，≥	%				99							
贮存稳定性②离析 (48h软化点差)，≤	℃		2.5				—			无改性剂明显析出、凝聚		
弹性恢复（25℃），≥	%	55	60	65	70		—			—		
黏韧性，≥	N·m						5					
韧性，≥	N·m						2.5					
TFOT (或RFOT)后残留物　质量变化，≤	%						±1.0					
TFOT (或RFOT)后残留物　针入度比 (25℃)，≥	%	50	55	60	65	50	55	60	50	55	58	60
TFOT (或RFOT)后残留物　延度 (5℃)，≥	cm	30	25	20	15	30	20	10		—		

注：①表中135℃运动黏度可采用《公路工程沥青及沥青混合料试验规程》(JTG E20—2011)中"沥青布氏旋转黏度试验方法（布洛克菲尔德旋转黏度计法）"进行测定。若在不改变沥青物理力学性质并符合安全条件的温度下易于泵送和拌和，或经证明适当提高泵送和拌和温度时能保证改性沥青的质量，容易施工，可不要求测定。

②储存稳定性指标适用于工厂生产的成品改性沥青。现场制作的改性沥青对储存稳定性指标可不作要求，但必须在制作后，保持不间断的搅拌或泵送循环，保证使用前没有明显的离析。

乳化沥青一般呈茶褐色,具有高流动性,可以冷态施工、节约能源,而且可施工季节较长;和易性好、节约沥青;无毒无臭、减少环境污染,保护环境、保障健康;乳化沥青施工受低温多雨季节影响较小,成型期较长;常温下具有较好的流动性,能保证洒布的均匀性,并能与潮湿矿料有良好的黏附性,可提高路面修筑质量;采用乳化沥青,扩展了沥青路面的类型,如稀浆封层等。但乳化沥青稳定性稍差,储存期不宜超过 6 个月,否则易引起凝聚和分层,储存温度不宜低于 0℃。因此,用乳化沥青修筑的路面有节约能源、减少污染、便利施工、降低成本等优点。

3.3.1 乳化沥青的组成材料

乳化沥青主要由沥青、乳化剂、水和稳定剂组成。

1)沥青

沥青是乳化沥青的基本组分,它在乳化沥青中的含量约占 55% ~70%(质量比)。用于制造乳化沥青的沥青,针入度多在(100 ~250)(1/10mm)之间。沥青材料的性能直接决定着乳化沥青的成膜性能和路用性能的好坏。一般来说,相同油源和工艺的沥青,针入度较大者易于形成乳液。另外,沥青中活性组分的含量与沥青乳化难易程度有直接关系,通常认为沥青酸总量大于 1% 的沥青,采用通用乳化剂和一般工艺即可加工成乳化沥青。

因此,在选择沥青时,首先要考虑它的易乳化性。沥青的易乳化性与其化学结构有密切关系。一般认为沥青中活性组分较高者较易乳化,含蜡量较高者较难乳化,且乳化后储存稳定性欠佳。

2)乳化剂

乳化沥青的性能在很大程度上依赖于乳化剂的性能,是乳化剂使互不相溶的沥青和水结合在一起,形成均匀稳定的分散系。乳化剂是乳化沥青的重要组分,在乳化沥青中虽然只占千分之几,但对乳化沥青的形成却起关键作用。

乳化剂是一种表面活性物质,称为表面活性剂。有天然产物和人工合成制品,现主要采用人工合成的表面活性剂。乳化剂分子为"两亲性"分子,一端为极性的亲水基团,另一端为非极性的亲油基团。这两个基团具有使互不相溶的沥青与水连接起来的特殊功能。亲油基团一般为碳氢原子团,即长链烷基构成,结构差别较小,它的长度由沥青性质决定,太短不能很好地与沥青相接,太长又不溶于水,通常在 14 烷基至 19 烷基之间。亲水基团则种类繁多,结构差异较大。在沥青、水分散体系中,沥青微粒被乳化剂分子的亲油基吸引,此时以沥青微粒为固体核,乳化剂包裹在沥青颗粒表面形成吸附层。

乳化剂按其亲水基在水中是否电离而分为离子型和非离子型两大类。离子型乳化剂按其离子电性分为阴离子型、阳离子型、两性离子型乳化剂。阴离子乳化剂价格便宜,但对水的要求严,不宜用硬水,否则稳定性差,易凝聚,铺成的路面对水的敏感性大。阳离子乳化剂制作乳化沥青操作比较简单,硬水也可以生产,对矿料的要求也不严格,不仅能与潮湿的硅酸盐矿料紧密结合,而且与碱性矿料也有很好的黏结性。因此,用阳离子乳化剂制成的乳化沥青稳定性好,在低温、潮湿气候条件下,施工不影响工程质量,而且路面成型较快。

3)水

水是乳化沥青中的主要组成部分,其用量一般为30%～70%,水的质量对乳化沥青的性能也会产生影响。水中常含有各种矿物质或其他影响乳化沥青形成的物质。水能溶解、润湿、黏附其他物质,并起缓和化学反应的作用。生产乳化沥青所用的水应相当纯净,不宜太硬,否则对乳化沥青性能将有很大影响。

4)稳定剂

在施工中,为防止以分散的沥青乳液在储存期内彼此凝聚,以保证乳液具有良好的储存稳定性和施工稳定性,可加入适量的稳定剂。稳定剂的类型分为无机和有机稳定剂两种,在使用稳定剂时应注意与乳化剂匹配。

无机稳定剂:常用的有氯化钙、氯化镁、氯化铵和氯化铬。这类稳定剂可提高乳液的储存稳定性。

有机稳定剂:常用的有聚乙烯醇、聚丙烯酰胺、羧甲基纤维素钠、糊精等。这类稳定剂可提高乳液的储存稳定性和施工稳定性。

3.3.2 乳化沥青的形成机理

1)乳化剂降低界面张力的作用

沥青与水的表面张力相差较大,本来是不相溶的,尽管热沥青通过机械作用分散在水中形成沥青乳状液,但当液滴相互碰撞时,沥青就会自动聚结。因此,要使乳状液成为稳定体系,就必须设法降低沥青与水的表面张力差,乳化剂就能起到这个作用。当加入乳化剂后,它能在沥青与水的界面上形成定向排列,如图6-14所示,形成一层吸附层,从而降低了沥青与水的界面张力。

2)界面膜的保护作用

乳化剂在沥青-水的界面上定向排列,在降低界面张力的同时,乳化剂的亲油基分子在沥青微滴周围形成"界面膜",如图6-15所示,此膜具有一定的强度,对沥青微滴起着保护作用,使其在相互碰撞时不易聚结。

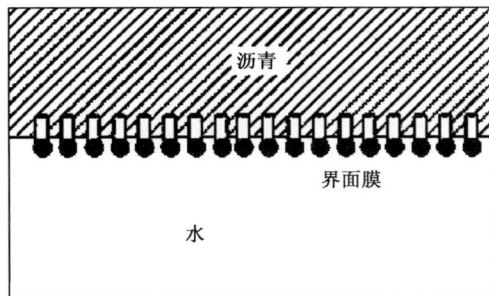

图6-14　乳化剂在沥青与水界面上定向排列　　　　图6-15　乳化剂在沥青微滴表面形成界面膜

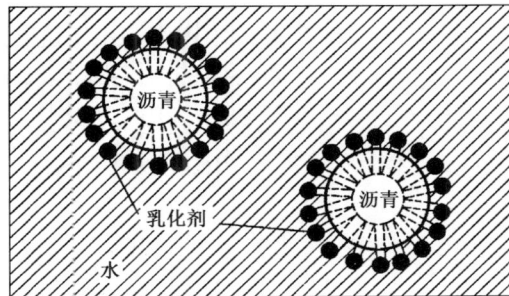

界面膜的强度和紧密程度与乳化剂的浓度有密切的关系。当乳化剂在最适宜的用量时,界面膜为密排的定向分子组成,此时界面膜的强度最高,沥青微滴聚结需要克服较大的阻力,因而保证沥青-水体系的稳定性。

3) 双电层的稳定作用

通常稳定的沥青乳液中沥青微滴都带有电荷,这电荷来源于电离、吸附和沥青微滴与水之间的摩擦。电离与吸附带电是同时发生的,例如阳离子乳化剂吸附于沥青微滴表面时,使沥青微滴带正电荷,如图 6-16a) 所示,而阴离子乳化剂吸附于沥青微滴表面时,使沥青微滴带负电荷,如图 6-16b) 所示。沥青-水界面上电荷层的结构,一般是扩散双电层分布。双电层由两部分组成,第一部分为单分子层,基本上固定在界面上,这层电荷与沥青微滴的电荷相反,此层称为吸附层;第二部分由吸附层向外,电荷向水中扩散,此层称为扩散层。由于每一沥青微滴界面都带相同电荷,并有扩散双电层的作用,故水-沥青体系成为稳定体系,如图 6-16 和 图 6-17 所示。

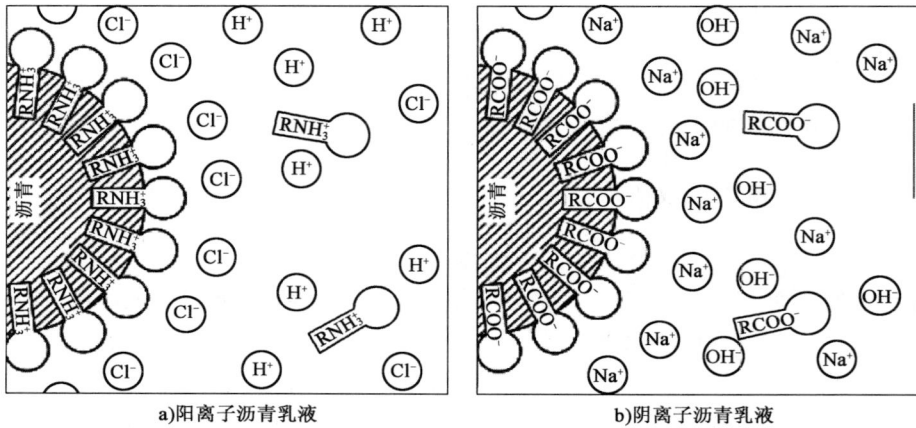

a)阳离子沥青乳液　　　　　　b)阴离子沥青乳液

图 6-16　沥青乳液中沥青-水界面上电荷层

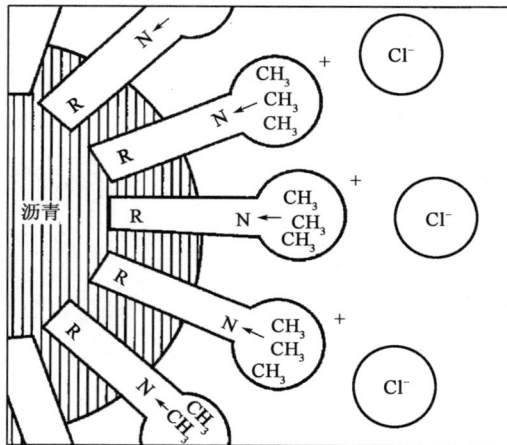

图 6-17　乳化剂形成的双电子稳定层

由此可知,乳化沥青之所以能形成稳定的乳液,主要原因是:

(1)乳化剂降低了沥青与水的界面张力;

(2)界面膜的形成对沥青微粒起了保护作用,抵制颗粒相互凝结;

（3）颗粒表面因带有同性电荷，相互排斥，达到分散颗粒的作用。

3.3.3　乳化沥青的分裂机理

乳化沥青在路面施工时，为发挥其黏结的功能，沥青微滴必须从乳液中分裂出来，当乳化沥青洒布到路面接触集料以后，沥青微粒聚集在集料的表面而形成连续的薄膜（图6-18），这一过程称为"分裂"。乳液分裂的外观特征是它的颜色由棕褐色变成黑色，只有当乳液中水分全部蒸发尽时，沥青才能产生黏聚力。

图6-18　乳化沥青中沥青微滴形成沥青薄膜的过程

沥青乳液的分裂过程主要与下列因素有关。

（1）水的蒸发作用

由于受路面施工环境气温、相对湿度和风速等因素的影响，乳液中水分的蒸发破坏乳化沥青的稳定性，加速破乳，从而造成分裂。

（2）集料的吸收作用

由于集料的矿物构造孔隙对乳液水分的吸收，同样能破坏乳液的稳定性造成分裂。

（3）乳液与集料的吸附作用

沥青乳液与矿料接触后，由于沥青微粒与集料都带有异性电荷，因而会产生离子吸附，集料表面迅速牢固地形成一层沥青薄膜，其中的水分被排除。

（4）集料物理-化学作用

乳化沥青中带电荷的微滴与不同化学性质的集料接触后产生复杂的物理-化学作用，而使乳化沥青分裂。

3.3.4　乳化沥青技术标准

乳化沥青用于修筑路面，不论是阳离子乳化沥青（代号 C）、阴离子乳化沥青（代号 A）或非离子乳化沥青（代号 N）都有两种施工方法：喷洒型（代号 P）和拌和型（代号 B）。乳化沥青按其分裂速度，可分为快裂、中裂和慢裂3种类型。

道路用乳化石油沥青技术要求

表6-12

试验项目	单位	阳离子				阴离子				非离子		试验方法
		喷洒用			拌和用	喷洒用			拌和用	喷洒用	拌和用	
		PC-1	PC-2	PC-3	BC-1	PA-1	PA-2	PA-3	BA-1	PN-2	BN-1	
破乳速度	—	快裂	慢裂	快裂或中裂	慢裂或中裂	快裂	慢裂	快裂或中裂	慢裂或中裂	慢裂	慢裂	T0658
粒子电荷	—	阳离子(+)				阴离子(-)				非离子		T0653
筛上残留物(1.18mm),≤	%	0.1				0.1				0.1		T0652
黏度　恩格拉黏度 E_{25}	—	2~10	1~6	1~6	2~30	2~10	1~6	1~6	2~30	1~6	2~30	T0622
黏度　沥青标准黏度 $C_{25,3}$	s	10~25	8~20	8~20	10~60	10~25	8~20	8~20	10~60	8~20	10~60	T0621
蒸发残留物　残留物含量,≥	%	50	50	50	55	50	50	50	55	50	55	T0651
蒸发残留物　溶解度,≥	%	97.5				97.5				97.5		T0607
蒸发残留物　针入度(25℃)	0.1mm	50~200	50~300	45~150	45~150	50~200	50~300	45~150	45~150	50~300	60~300	T0604
蒸发残留物　延度(15℃),≥	cm	40				40				40		T0605
与粗集料的黏附性(裹覆面积),≥	—	2/3			—	2/3			—	2/3	—	T0654
与粗、细粒式集料拌和试验	—	—			均匀	—			均匀	—	均匀	T0659
水泥拌和试验的筛上剩余,≤	%	—				—				—	3	T0657
常温贮存稳定性：1d,≤　5d,≤	%	1　5				1　5				1　5		T0655
低温贮存稳定性(-5℃)	%	无粗颗粒，不结块										T0656

注：1. P为喷洒型，B为拌和型，C、A、N分表表示阳离子、阴离子和非离子乳化沥青。
2. 黏度可选用恩格拉黏度计或沥青标准黏度计之一测定。
3. 表中的破乳速度，与集料的黏附性，拌和试验的要求与所用的石料有关，质量检验时应采用工程上实际采用的石料进行试验，仅进行乳化沥青产品质量评定时可不要求此三项指标。
4. 储存稳定性根据施工实际情况选用试验时间，通常采用5d，乳液生产后能在当天使用时也可用1d的稳定性。
5. 当乳化沥青需在低温冰冻条件下储存或使用时，尚需按T0656进行-5℃低温储存稳定性试验，要求没有粗颗粒，不结块。
6. 如果乳化沥青是将高浓度产品运到现场经现场稀释后使用时，表中的蒸发残留物等各项指标应为稀释前乳化沥青的要求。

乳化沥青与矿料拌和后,在空气中逐渐脱水,水膜变薄,沥青微粒逐渐靠拢,乳化剂薄膜挤裂并形成连续的沥青黏结膜层。成膜后的乳化沥青具有一定的耐热性、黏结性、抗裂性、韧性和防水性。现行规范制定了道路用乳化沥青的技术标准,路用阳离子乳化沥青和阴离子乳化沥青的质量均应满足表6-12的相关技术要求。高温条件下宜采用黏度较大的乳化沥青,寒冷条件下宜使用黏度较小的乳化沥青。

3.4 再生沥青

再生沥青是已经老化的沥青,经掺加再生剂后使其恢复到原来(甚至超过原来)性能的一种沥青。

1)沥青材料的老化

沥青材料的老化是指沥青材料在路面中受到自然因素(氧、光、热和水等)的作用,随时间而产生"不可逆"的化学组成结构和物理力学性能变化的过程。

(1)化学组分移行

沥青是由多种化学结构极其复杂的化合物组成的混合物,将其分离为几个组分来研究,这种方法称为"化学沉淀法"。该法将沥青分离为沥青质、氮基、第一酸性分、第二酸性分和链烷分等五个组分。

沥青在路面中受到自然因素作用后,就会导致沥青组分"移行"。也即沥青质显著增加,氮基和第一酸性分减少,第二酸性分稍有减少,链烷分变化很少,甚至几乎没有变化。现举国产沥青的一个例子,见表6-13。

老化沥青和再生沥青的化学组分示例　　　　表6-13

沥 青 种 类	化 学 组 分				
	链烷分 P	第二酸性分 $A2$	第一酸性分 $A1$	氮基 N	沥青质 At
原始沥青	21.9	29.1	13.1	24.9	11.0
老化沥青	20.6	21.1	12.4	15.4	30.5
再生沥青	16.5	22.4	7.0	25.1	29.0

(2)物理力学性质变化

由于沥青化学组分的移行,因而引起沥青物理-力学性质的变化。通常的规律是针入度变小、延度降低、软化点和脆点升高。表现为沥青变硬、变脆、延伸性降低,导致路面产生裂缝、松散等破坏。同前例,沥青老化后物理力学性质变化见表6-14。

老化沥青和再生沥青技术性质示例　　　　表6-14

沥 青 种 类	技 术 性 质			
	针入度(0.1mm)	延度(cm)	软化点(℃)	脆点(℃)
原始沥青	106	73	48	−6
老化沥青	39	23	55	−4
再生沥青	80	78	49	−10

2）沥青的再生

（1）沥青再生机理

沥青再生的机理目前有两种理论。一种理论是"相容性理论"，该理论从化学、热力学出发，认为沥青产生老化的原因是沥青胶体物质中各组分相溶性降低，导致组分间溶度参数差增大。如能加入一定的再生剂使其溶度参数差减小，即能恢复到（甚至超过）原来的性质。一种理论是"组分调节理论"。该理论是从化学组分移行出发，认为由于组分的移行沥青老化后，某些组分偏多，而某些组分偏少，各组分间比例不协调，所以导致沥青路用性能降低。如能通过掺加再生剂调节其组分，则沥青将恢复原来的性质。

（2）沥青化学组分调节

从表6-13沥青老化后化学组分移行可以看出；由于第一酸性分转变为氮基的数量不足以补偿氮基转变为沥青质的数量，所以氮基数量的显著减少是沥青老化的主要特征。所以，再生剂必须以氮基为主。前例沥青经掺加再生剂和改性剂后，再生沥青的技术性质与原有沥青相近，见表6-14。

3）沥青再生剂

根据《公路沥青路面再生技术规范》（JTG 5521—2019）的规定，沥青再生剂性能宜满足表6-15的要求。

沥青再生剂技术要求 表6-15

检验项目	RA-1	RA-5	RA-25	RA-75	RA-250	RA-500
60℃黏度（mm^2/s）	50～175	176～900	901～4500	4501～12500	12501～37500	37501～60000
闪点（℃）	≥220					
饱和分含量（%）	≤30					
芳香分含量（%）	实测记录					
薄膜烘箱试验前后黏度比	≤3					
薄膜烘箱试验后质量变化	≤4，≥-4					
15℃密度（g/cm^3）	实测记录					

应根据沥青混合料回收料（RAP）中沥青老化程度、沥青含量、RAP掺配比例、再生剂与沥青的配伍性、再生沥青的耐老化性能等，经试验确定适宜的沥青再生剂。沥青再生剂应储存在密闭的容器中。

3.5　泡沫沥青

向高温的普通针入度级沥青中加入少量冷水，使沥青表面积大大增加，体积膨胀数倍至数十倍，然后在1min内沥青又恢复原状，这种膨胀成泡沫的沥青称为泡沫沥青。泡沫沥青多与水泥一起作为稳定剂，应用于沥青路面的冷再生工程。

3.6　新型沥青

1）彩色沥青

彩色沥青是彩色沥青混凝土的重要材料，它直接决定了沥青路面的高温稳定性、低温抗裂性等,它用量的多少也直接影响着路面抗滑性能和施工和易性。除此之外,为了保证成品混凝土的色彩饱满、亮丽、彩色,沥青还必须尽量降低自身颜色深度。

2)溶剂沥青

作为一种新型沥青材料,其有机溶剂挥发并与空气中的物质形成水化物,减少了对环境的污染。溶剂沥青与矿料的裹附性较好,具有很强的黏结力,与矿料的拌和状态效果较好。与乳化沥青相比,其拌和时不需要外加水润湿矿料表面,拌和工艺简单、便于控制。

模块四　沥青材料性能检测

4.1　沥青针入度试验(JTG E20 T0604—2011)

1)目的及适用范围

本方法适用于测定道路石油沥青、聚合物改性沥青针入度以及液体石油沥青蒸馏或乳化沥青蒸发后残留物的针入度。用本方法评定聚合物改性沥青的改性效果时,仅适用于融混均匀的样品。

针入度指数用以描述沥青的温度敏感性,宜在 15℃、25℃、30℃ 等 3 个或 3 个以上温度条件下测定,若 30℃时的针入度值过大,可采用 5℃代替。当量软化点 T_{800} 是相当于沥青针入度为 800 时的温度,用以评价沥青的高温稳定性。当量点 $T_{1.2}$ 是相当于沥青针入度为 1.2 时的温度,用以评价沥青的低温抗裂性能。

2)仪器设备

(1)针入度仪:凡能保证针和针连杆在无明显摩擦下垂直运动,并能使指示针贯入深度准确至 0.1mm 的仪器均可使用,针和针连杆组合件总质量为 (50 ± 0.05) g,另附 (50 ± 0.05) g 砝码一只,试验时总质量为 (100 ± 0.05) g。当采用其他试验条件时,应在试验结果中注明。

仪器设有放置平底玻璃保温皿的平台,并有调节水平的装置,针连杆应与平台相垂直。仪器设有针连杆制动按钮,使针连杆可自由下落。针连杆易于装拆,以便检查其质量。仪器还设有可自由转动与调节距离的悬臂,其端部有一面小镜或聚光灯泡,借以观察针尖与试样表面接触情况。当为自动针入度时,各项要求与此项相同,温度采用温度传感器测定,针入度值采用位移计测定,并能自动显示或记录,且应对自动装置的准确性经常校验。为了提高测试精密度,不同温度的针入度试验宜采用自动针入度仪进行,如试图 6-1 所示。

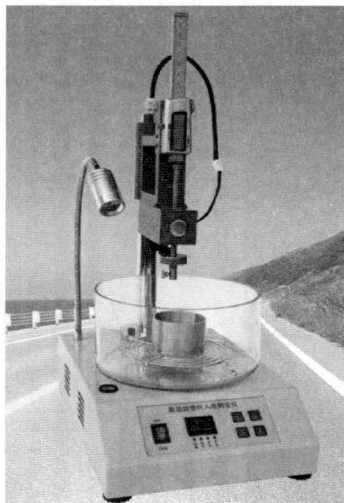

试图 6-1　针入度测试仪

(2)标准针由硬化回火的不锈钢制成,洛氏硬度 $HRC54 \sim 60$,表面粗糙度 $R_a 0.2 \sim 0.3 \mu m$,针及针杆总质量为 (25 ± 0.05) g,针杆上应打印有号码标志,针应设有固定用装置盒(筒),以免碰撞针尖。每根针必须附有计量部门的检验单,定期进行检验,其尺寸及针头如试图 6-2 所示。

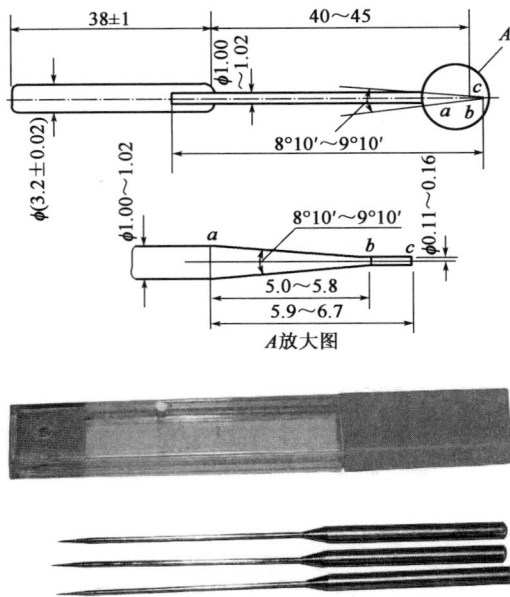

试图 6-2 针入度标准针(尺寸单位:mm)

(3)盛样皿:金属制,圆柱形平底,小盛样皿的内径 55mm、深 35mm(适用于针入度小于 200 的试样);大盛样皿内径 70mm、深 45mm(适用于针入度 200~350 的试样);对针入度大于 350 的试样需使用特殊盛样皿,其深度不小于 60mm,试样体积不少于 125mL,如试图 6-3 所示。

(4)恒温水槽:容量不少于 10L,控温的准确度为 0.1℃。水槽中应设有一带孔的搁架,位于水面下不得少于 100mm,距水槽底不得少于 50mm 处,如试图 6-4 所示。

试图 6-3 盛样皿

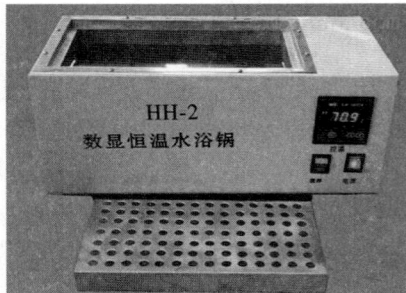

试图 6-4 恒温水槽

(5)平底玻璃皿:容量不少于 1L,深度不少于 80mm,内设有一不锈钢三脚支架,能使盛样皿稳定。

(6)温度计:0~50℃,分度为 0.1℃。

（7）秒表：分度 0.1s。

（8）盛样皿盖：平板玻璃，直径不小于盛样皿开口尺寸。

（9）溶剂：三氯乙烯等。

（10）其他：电炉或砂浴、石棉网、金属锅或瓷把坩埚等。

3）试验准备

（1）按规定的方法准备试样。

（2）按试验要求将恒温水槽调节到要求的试验温度 25℃ 或 15℃、30℃（5℃），保持稳定。

（3）将试样注入盛样皿中，试样高度应超过预计针入度值 10mm，并盖上盛样皿，以防落入灰尘。盛有试样的盛样皿在 15℃ ~30℃ 室温中冷却不少于 1.5h（小盛样皿）、2h（大盛样皿）或 2.5h（特殊盛样皿）后移入保持规定试验温度 ±0.1℃ 的恒温水槽中 1.5h（小盛样皿）、2h（大试样皿）或 2.5h（特殊盛样皿）。

（4）调整针入度仪使之水平。检查针连杆和导轨，以确认无水和其他外来物，无明显摩擦。用三氯乙烯或其他溶剂清洗标准针，并擦干。将标准针插入针连杆，用螺钉固紧。按试验条件，加上附加砝码。

4）试验步骤

（1）取出达到恒温的盛样皿，并移入水温控制在试验温度 ±0.1℃（可用恒温水槽中的水）的平底玻璃皿中的三脚支架上，试样表面以上的水层深度不少于 10mm。

（2）将盛有试样的平底玻璃皿置于针入度仪的平台上。慢慢放下针连杆，用适当位置的反光镜或灯光反射观察，使针尖恰好与试样表面接触。拉下刻度盘的拉杆，使之与针连杆顶端轻轻接触，调节刻度盘或位移计指针复位为零。

（3）若为非自动仪表，打开秒表，在指针正指 5s 的瞬间，用手紧压按钮，使标准针自动下落贯入试样，经规定时间，停压按钮使标准针停止移动。当采用自动针入度时，计时器与标准针落下贯入试样同时开始，至 5s 时自动停止。

（4）拉下刻度盘拉杆与针连杆顶端接触，读取刻度盘指针或位移计的读数，准确至 0.1mm。

（5）对同一试样进行平行试验至少 3 次，各测试点之间及与盛样皿边缘的距离不应少于 10mm。每次试验后应将盛有盛样皿的平底玻璃皿放入恒温水槽，使平底玻璃皿中水温保持试验温度。每次试验应换一根干净标准针或将标准针取下用有三氯乙烯溶剂的棉花或布揩净，再用干棉花或布擦干。

（6）测定针入度大于 200 的沥青试样时，至少用 3 支标准针，每次试验后将针留在试样中，直到 3 次平行试验完成后，才能将标准针取出。

（7）测定针入度指数时，按同样的方法在 15℃、25℃、30℃（或 5℃）3 个或 3 个以上温度条件下分别测定沥青的针入度。

5）结果整理

同一试样 3 次平行试验结果的最大值和最小值之差在下列允许偏差范围内时（试表 6-1），计算 3 次试验结果的平均值，取整数作为针入度试验结果，以 0.1mm 为单位。

针入度允许误差范围		试表 6-1

针入度(0.1mm)	允许差值(0.1mm)
0 ~ 49	2
50 ~ 149	4
150 ~ 249	12
250 ~ 500	20

当试验值不符合此要求时,应重新进行。

(1)当试验结果小于 50(0.1mm)时,重复性试验精度的允许差为 2(0.1mm),再现性试验精度的允许差为 4(0.1mm)。

(2)当试验结果等于或大于 50(0.1mm)时,重复性试验精度的允许差为平均值的 4%,再现试验精度的允许差为平均值的 8%。

4.2 沥青延度试验(JTG E20 T0605—2011)

1)目的及适用范围

(1)本方法适用于测定道路石油沥青、液体沥青蒸馏残留物和乳化沥青蒸发残留物等材料的延度。

(2)沥青延度的试验温度与拉伸速率可根据要求采用,通常采用的试验温度为 25℃、15℃、10℃或 5℃,拉伸速度为(5 ± 0.25)cm/min,当低温采用(1 ± 0.05)cm/min 拉伸速度时,应在报告中注明。

2)仪器设备

(1)延度仪:将试件浸没于水中,能保持规定的试验温度及按照规定拉伸速度拉伸试件,且试验时无明显振动的延度仪均可使用,其形状及组成如试图 6-5 和试图 6-6 所示。

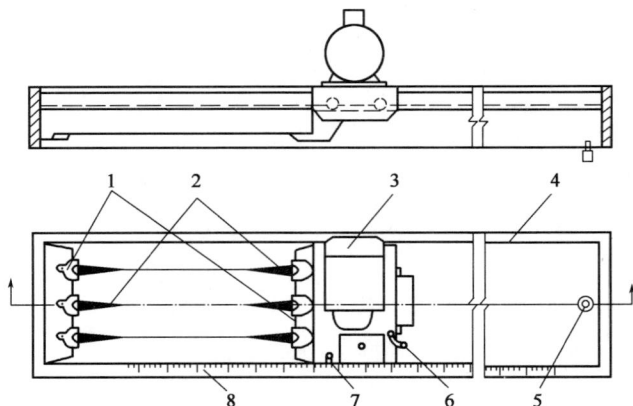

试图 6-5　沥青延度仪

1-试模;2-试样;3-电机;4-水槽;5-泄水孔;6-开关柄;7-指针;8-标尺

(2)试模:黄铜制,由两个端模和两个侧模组成,其形状及尺寸如试图 6-6 所示。试模内侧表面粗糙度 $R_a = 0.2\mu m$,当装配完好后可浇筑成试表 6-2 所示尺寸的试样。

延度试样尺寸(mm)　　　　　　　　　　　　　　　　　试表 6-2

总长	74.5 ~ 75.5
中间缩颈部长度	29.7 ~ 30.3
端部开始缩颈处长度	19.7 ~ 20.3
最小横断面宽	9.9 ~ 10.1
厚度(全部)	9.9 ~ 10.1

（3）试模底板：玻璃板或磨光的铜板、不锈钢板(表面粗糙度 $R = 0.2\mu m$)，如试图 6-6 所示。

试图 6-6　沥青延度试验机和∞字形试模

（4）恒温水槽：容量不少于 10L，控制度的准确度为 0.1℃，水槽中应设有带孔架，搁架距水槽底不得少于 50mm。试件浸入水中深度不小于 100mm，如试图 6-7 所示。

（5）温度计：0 ~ 50℃，分度为 0.1℃，如试图 6-7 所示。

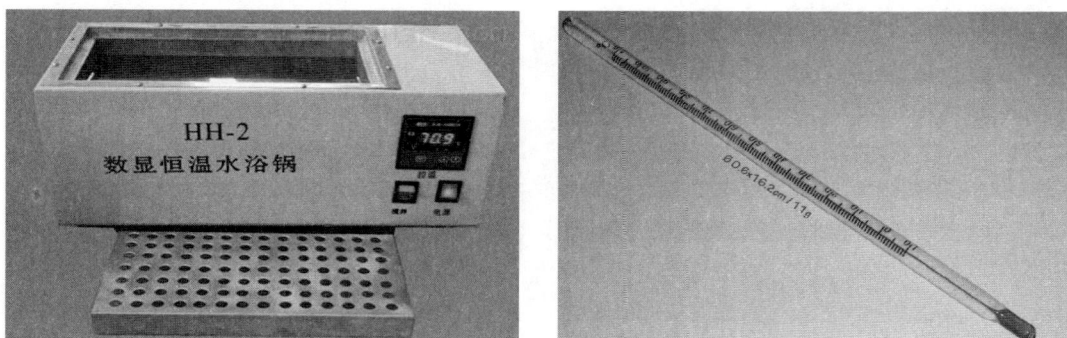

试图 6-7　恒温水槽和温度计

（6）砂浴或其他加热炉具。

（7）甘油滑石粉隔离剂(甘油与滑石粉的质量比 2∶1)。

（8）其他：平刮刀、石棉网、酒精、食盐等。

3）试验准备

（1）将隔离剂拌和均匀，涂于清洁干燥的试模底板和两个侧模的内侧表面，并将试模在试模底板上装妥。

（2）按规定的方法准备试样，然后将试样仔细自试模的一端至另一端往返数次缓缓注入模中，最后略高出试模，灌模时应注意勿使气泡混入。

（3）试件在室温中冷却 30 ~ 40min，然后置于规定试验温度 ±0.1℃的恒温水浴中，保持 30min 后取出，用热刮刀刮除高出试模的沥青，使沥青面与试模面齐平，沥青的刮法应自试模的中间刮向两端，且表面应刮得平滑。将试模连同底板再浸入规定试验温度的水槽中 1 ~ 1.5h。

（4）检查延度仪延伸速度是否符合规定要求，然后移动滑板使其指针正对标尺的零点。将延度仪注水，并保温达到试验温度 ±0.5℃。

4）试验步骤

（1）将保温后的试件连同底板移入延度仪的水槽中，然后将盛有试样的试模自玻璃板或不锈钢板上取下，将试模两端的孔分别套在滑板及槽端固定板的金属柱上，并取下侧模。水面距试件表面应不小于 25mm。

（2）开动延度仪，并注意观察试样的延伸情况。此时应注意，在试验过程中，水温应始终保持在试验温度规定范围内，且仪器不得有振动，水面不得有晃动，当水槽采用循环水时，应暂时中断循环，停止水流。

在试验中，如发现两沥青细丝浮于水面或沉入槽底时，则应在水中加入酒精或食盐，调整水的密度至与试样相近后，重新试验。

（3）试件拉断时，读取指针所指标尺上的读数，以 cm 表示，在正常情况下，试件延伸时应成尖状，拉断时实际断面接近于零，如不能得到这种结果，则应在报告中注明。试样成型和拉伸过程如试图 6-8 所示。

a)成型试件   b)试件拉伸

试图 6-8 试样成型和拉伸过程

5）结果整理

同一试样，每次平行试验不少于 3 次，如 3 次测定结果均大于 100cm，试验结果记作"> 100cm"，有特殊需要也可分别记录实测值。如 3 次测定结果中，有一个以上的测定值小于 100cm 时：若最大值或最小值与平均值之差满足重复性试验精密度要求，则取 3 个测定结果的平均值的整数作为延度试验结果，若平均值大于 100cm，记作"> 100cm"；若最大值或最小值与平均值之差不符合重复性试验精度要求时，试验应重新进行。

当试验结果小于 100cm 时，重复性试验的允许差为平均值的 20%；再现性试验的允许差为平均值的 30%。

4.3　沥青软化点试验（环球法）（JTG E20 T0606—2011）

1）目的及适用范围

本方法适用于测定道路石油沥青、聚合物改性沥青的软化点或乳化沥青破乳蒸发后残留物的软化点。

2）仪器设备

（1）软化点试验仪：如试图6-9所示，由下列部件组成。

试图6-9　软化点测定仪

①钢球：直径9.53mm，质量（3.5±0.05）g。

②试样环：黄铜或不锈钢等制成，如试图6-10所示。

③钢球定位环：黄铜或不锈钢制成，如试图6-10所示。

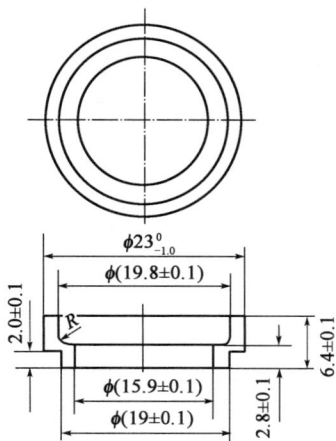

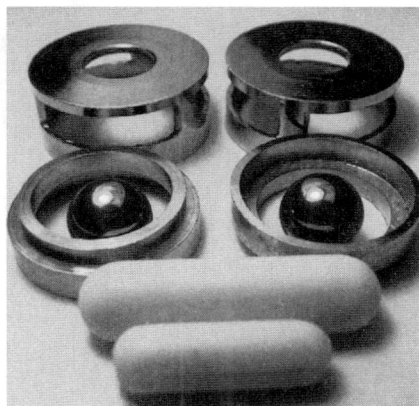

试图6-10　钢球、定位环和磁力搅拌器（尺寸单位：mm）

④金属支架：由两个主杆和三层平行的金属板组成。上层为一圆盘，直径略大于烧杯直径，中间有一圆孔，用以放温度计，中层板上有两个孔，各放置金属环，中有一小孔可支撑温度计的测温端部。一侧立杆距环上面51mm处刻有水高标记。环下面距下层底板为25.4mm，而下底板距烧杯底不少于12.7mm，也不得大于19mm，三层金属板和两个主杆由两个螺母固定

在一起,如试图 6-9 所示。

⑤耐热玻璃烧杯:容量 800~1000mL,直径不小于 86mm,高不小于 120mm。

⑥温度计:0~100℃,分度为 0.5℃,如试图 6-11 所示。

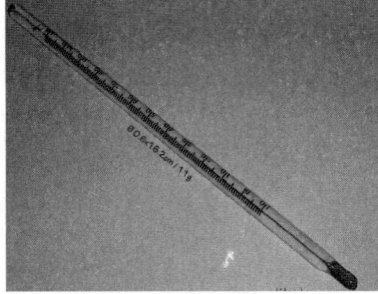

试图 6-11　温度计

(2)环夹:由钢条制成,用以夹持金属环,以便刮平表面。

(3)装有温度调节器的电炉或其他加热炉具(液化石油气、天然气炉具等)。应采用带有振动搅拌器的加热电炉,振动器置于烧杯底部。

(4)试样底板:金属板(表面粗度 R_a 应达 0.8μm)或玻璃板。

(5)低温水浴:控制的准确温度为 0.5℃,如试图 6-12 所示。

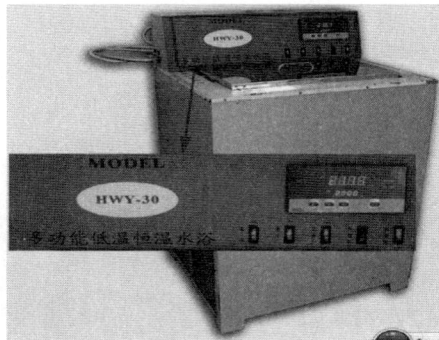

试图 6-12　低温水浴

(6)平直刮刀,如试图 6-13 所示。

(7)甘油滑石粉隔离剂(甘油与滑石粉的比例为质量比 2:1)。

(8)新煮沸过的蒸馏水。

(9)其他:石棉网。

3)试验准备

(1)将试样环置于涂有甘滑石粉隔离剂的试样底板上。按规定方法将准备好的沥青试样徐徐注入试样环内至略高出环面为止。如估计试样软化点高于 120℃,则试样环和试样底板(不用玻璃板)均应预热至 80~100℃。

(2)试样在室温冷却 30min 后,用环夹夹着试样杯,并用热刮刀刮除环面上的试样,务使其与环面齐平,如试图 6-14 所示。

试图 6-13　平直刮刀

a)成型试件　　　　　　　　　b)试验过程

试图6-14　成型试件和试验过程

4）试验步骤

（1）试样软化点在80℃以下。

①将装有试样的试样环连同试样底板置于(5 ±0.5)℃水的恒温水中至少15min；同时，将金属支架、钢球、钢球定位环等也置于相同水槽中。

②烧杯内注入新煮沸并冷却至5℃的蒸馏水，水面略低于立杆上的深度标记。

③从恒温水槽中取出盛有试样的试样环放置在支架中层板的圆孔中，套上定位环；然后将整个环架放入烧杯中，调整水面至深度标记，并保持水温为(5 ±0.5)℃，环架上任何部分不得附有气泡。将0～100℃的温度计由上层板中心孔垂直插入，使端部测温头底部与试样环下面齐平。

④将盛有水和环架的烧杯移至加热炉具上，然后将钢球放在定位环中间的试样中央，立即开动振动搅拌器，使水微微振动，并开始加热，使杯中水温在3min内调节至维持每分钟上升(5 ±0.5)℃。在加热过程中，应记录每分钟上升的温度值。如温度上升速度超出此范围时，则试验应重做。

⑤试样受热软化逐渐下坠，至与下层底板表面接触时，立即读取温度，准确至0.5℃，如试图6-14所示。

（2）试样软化点在80℃以上。

①将装有试样的试样环连同试样底板置于装有(32 ±1)℃甘油的恒温槽中至少15min；同时将金属支架、钢球、钢球定位环等也置于甘油中。

②在烧杯内注入预先加热至32℃的甘油，其液面略低于立杆上的深度标记。

③从恒温槽中取出装有试样的试样环，按上述方法进行测定，准确至1℃。

5）结果整理

同一试样平行试验两次，当两次测定值的差值符合重复性试验精密度要求时时，取其平均值作为软化点试验结果，准确至0.5℃。

（1）当试样软化点小于80℃时，重复性试验的允许差为1℃，再现性试验的允许差为4℃。

（2）当试样软化点等于或大于80℃时，重复性试验的允许差为2℃，再现性试验的允许差为8℃。

复习与思考题

6-1　简述石油沥青的化学组分与技术性质之间的关系？

6-2　我国现行的石油沥青化学组分分析方法可将石油沥青分离为哪几个组分？国产石油沥青在化学组分上有什么特点？

6-3　按流变学观点，石油沥青可划分为哪几种胶体结构？各种胶体结构的石油沥青有何特点？

6-4　黏稠石油沥青三大指标的含义是什么？它们分别表征石油沥青的什么性质？

6-5　沥青的针入度指数表征沥青的什么性质？

6-6　何谓沥青的"老化"？老化后的沥青其性质有哪些变化？

6-7　煤沥青与石油沥青在性质和应用上的区别有哪些？

6-8　何谓改性沥青？改性沥青与石油沥青相比较有什么特点？

6-9　何谓乳化沥青？试述乳化沥青的形成和分裂的机理？

6-10　某沥青试样，测得软化点为48℃，针入度为76(0.1mm)，试确定其针入度指数，并判别胶体结构的类型。

6-11　甲沥青试样软化点为42℃，针入度为105(0.1mm)；乙沥青试样软化点为51℃，针入度为58(0.1mm)。试比较甲、乙沥青试样的感温性。

6-12　现有4种石油沥青，技术指标如下表，试计算它们的针入度指数 PI（写明计算步骤），说明其胶体结构类型，比较它们的感温性，并指明哪种沥青符合高等级公路使用。

指　　标	种　　类			
	甲	乙	丙	丁
针入度温度指数 Al_{gPen}	0.065	0.020	0.034	0.045
针入度指数 PI				
胶体结构类型				

考证训练题

一、单项选择题

1.下列试验操作中需对沥青样品质量进行准确称重的是(　　)。

　　A.薄膜烘箱试验　　　　　　　　B.针入度试验

　　C.软化点试验　　　　　　　　　D.延度试验

答案：A

2.下列不属于现行规范中评价沥青抗老化性能的技术指标为(　　)。

  A.残留针入度   B.残留软化点   C.残留延度   D.质量变化

答案:D

3.沥青软化点试验,当软化点大于(　　)度时,烧杯中应注入甘油作为加热介质。

  A.60   B.80   C.90   D.100

答案:B

4.沥青材料老化后其质量将(　　)。

  A.减小   B.增加   C.不变   D.有的减小,有的增加

答案:D

5.沥青的相对密度和密度分别是在(　　)度条件下测定的。

  A.25,20   B.25,15   C.25,25   D.15,15

答案:B

6.采用毛细管黏度计测定黏稠沥青的(　　)。

  A.布氏旋转黏度 B.标准黏度   C.运动黏度   D.动力黏度

答案:C

7.沥青溶解度测试采用(　　),对沥青进行过滤。

  A.古氏坩埚   B.沥青过滤装置

  C.沥青过滤装置和玻璃纤维滤纸   D.古氏坩埚和玻璃纤维滤纸

答案:D

8.某试验人员进行试验,测得同一试件其标准针贯入深度为7.25mm、7.6mm、7.55mm,则最终的针入度值为(　　)。

  A.75   B.74.7   C.74.67   D.应重做

答案:A

9.沥青喷洒法施工的沥青用量测试时,受样盘的面积应不小(　　)。

  A.100cm^2 B.1000cm^2 C.1m^2 D.1.5m^2

答案:B

10.离心分离法测定沥青混合料中沥青含量试验中,应考虑泄露入抽提液中的矿粉含量,如果忽略该部分矿粉质量,则测得结果较实际值(　　)。

  A.偏大   B.偏小   C.基本相同   D.没有可比性

答案:A

二、判断题

1.沥青黏附性主要评价集料的性能,与沥青性能无关。   (　　)

答案:错误

2.通常,沥青的软化点越高,黏度也越高,针入度越小。   (　　)

答案:正确

3.最佳沥青用量是指能够使沥青混合料达到最好状态时所对应的用量。 (　　)

答案:错误

4. 软化点试验时,如定位环或钢球放置偏心,则测得的试验结果将会偏高。　　　(　　)

答案:正确

5. 沥青的黏稠度越高,越有利于沥青与集料之间的黏附性。　　　　　　　(　　)

答案:错误

6. 高聚物改性沥青发生离析后,往往上部沥青的软化点低于下部沥青的软化点。(　　)

答案:错误

7. 薄膜烘箱或旋转薄膜烘箱加热后的沥青各项指标与加热前的沥青相比,其差别越小,说明沥青的抗老化能力越高。　　　　　　　　　　　　　　　　　　(　　)

答案:错误

8. 对于中粒式或粗粒式密级配沥青混合料,可以适当地减少沥青的用量来提高混合料的高温稳定性。　　　　　　　　　　　　　　　　　　　　　　　(　　)

答案:正确

9. 沥青与集料的黏附性主要是评价沥青与集料的吸附能力。　　　　　　　(　　)

答案:错误

10. 混合料的空隙率随着沥青用量的增加先降低后升高。　　　　　　　　(　　)

答案:错误

11. 沥青取样时,当沥青桶不便加热熔化沥青时,可在桶高的中部将桶凿开取样,但样品应在距桶壁 5cm 以上的内部凿取。　　　　　　　　　　　　　　　(　　)

答案:正确

12. SBS 改性沥青的最大特点是使沥青的高温性能和低温性能均能有所改善。(　　)

答案:正确

13. 木质素纤维的吸油率越大,吸收沥青越多,造成一定浪费。　　　　　　(　　)

答案:错误

14. 沥青针入度和软化点都能反映沥青的黏度。　　　　　　　　　　　　(　　)

答案:正确

15. 将沥青灌入延度试验试模时,应从试模一端向另一端一次灌入。　　　(　　)

答案:错误

三、多项选择题(下列各题的备选项中,至少有两个是符合题意的,选项全部正确得满分,选项部分正确按比例得分,出现错误选项该题不得分)

1. 进行沥青试验前,试样准备工作包括(　　　)。

　　A. 落实生产沥青的油源　　　　　　　B. 除去沥青中所含水分

　　C. 确认沥青所属等级　　　　　　　　D. 筛除沥青中的异物

答案:BD

解析:沥青试样在 80 ℃烘箱中脱水使用。0.6mm 滤筛过滤,去除杂质。确认沥青所属等级是沥青针入度试验后的评价结果,不是准备试样的内容。

2. 黏稠程度高的沥青意味着该沥青具有(　　　)的特点。

　　A. 针入度较低　　　　　　　　　　　B. 黏滞性较高

C. 温度升高针入度变化程度较低　　　　　D. 与矿料的黏附性较好

答案：AB

3. 一些沥青常规试验制样时需使用隔离剂,下列试验项目中需要隔离剂的有(　　　)。

A. 针入度试验　　　B. 薄膜烘箱试验　　　C. 软化点试验　　　D. 延度试验

答案：CD

4. 关于石油沥青延度试验说法错误的是(　　　)。

A. 恒温水箱温度控制精度为 ±0.1℃

B. 根据试验温度有两种不同的拉伸速度

C. 石油沥青延度对沥青混合料的低温性能影响显著

D. 采用循环水测定延度仪时,在试验过程中不得关闭循环系统

答案：CD

5. 关于沥青与粗集料的黏附性能试验说法正确的是(　　　)。

A. 水煮法和水浸法都要由两名以上经验丰富的试验人员分别目测评定取平均等级

B. 同一种粒料存在大于 13.2mm 和小于 13.2mm 两种粒径时,对小于 13.2mm 的粒料
应采用水浸法

C. 水浸法的浸泡水温(80±1)℃

D. 评价沥青混合料的综合抗水损能力还需要进行浸水马歇尔试验和渗水试验

答案：AC

6. 软化点试验过程中,对实验结果产生影响的因素包括(　　　)。

A. 实验起始温度　　　B. 升温速度　　　　　C. 球的质量　　　　　D. 球的直径

答案：ABCD

7. 造成沥青路面产生车辙的原因有(　　　)。

A. 沥青标号偏低　　　　　　　　　　　B. 采用高黏度沥青

C. 沥青混合料中矿料嵌挤力不够　　　　D. 矿料的棱角性不好

答案：CD

单元七
UNIT SEVEN
沥青混合料

本单元思维导图

知识目标

了解沥青混合料的强度形成原理和影响因素;熟悉沥青混合料的结构类型、技术性质和配合比设计方法;掌握沥青混合料组成材料技术要求并能根据《公路沥青路面施工技术规范》(JTG F40—2004) 设计沥青混合料。

能力目标

(1)能根据《公路工程沥青及沥青混合料试验规程》(JTG E20—2011) 对沥青混合料的相关技术指标进行检测,并能依照《公路沥青路面施工技术规范》(JTG F40—2004) 对所测定的技术指标进行正确评定和进行沥青混合料的组成设计。

(2)能够规范填写试验原始记录,并独立出具试验报告。

价值引领

沥青混合料应用广泛,其路用性能在我国科技进步和前辈的辛勤努力与无私奉献下不断提高,瓶颈问题不断被突破。作为新时代的大学生要有远大的交通报国理想与爱国主义情怀,能够肩负起"交通强国"的光荣使命。

模块一　沥青混合料的特点及分类

沥青混合料是由矿质混合料(简称矿料,包含粗、细集料和矿粉)、填料与沥青结合料拌和而成的混合料的总称,有时还有外加剂,其性能好坏与其组成材料有关。其中矿料起骨架作用,沥青与填料起胶结和填充作用。

1.1 沥青混合料的特点

1）沥青混合料的优点

沥青混合料作为高等级公路最主要的路面材料，是因为它具有许多其他建筑材料无法比拟的优越性，具体如下：

（1）优良的结构力学性能和表面功能特性：一般沥青路面均具有良好的受力特性、路面平整、无裂缝或接缝、柔韧舒适、货物损失率低、噪音小等优点。

（2）良好的表面抗滑性能：沥青路面既平整又粗糙，有一定的粗、细纹理构造，能保证车辆高速安全行驶。

（3）施工方便：沥青路面可以集中拌和（厂拌）、机械化施工（摊铺、碾压等），完全可以实现大面积施工，及早开放交通。

（4）经济耐久性好：与水泥路面相比，沥青路面一次性投资要低得多，但其使用寿命一般在高速公路和机场道面中达 15 年之久。

（5）便于再生利用：沥青再生利用已成为发达国家一项热门的可持续发展和能源再生利用的新型课题，我国目前也在进行这方面的研究和技术开发。

（6）其他：如抗震性好、日照下不反射引起眩光、晴天无尘埃、雨天不泥泞等。

2）沥青混合料的缺点

（1）沥青易老化：沥青是多组分有机材料，随使用期的延长，沥青的胶体结构和组成成分发生变化，使沥青黏性变差、塑性降低、沥青路面表面易松散、整体性变低，从而导致结构破坏。

（2）温度敏感性较差：夏季高温易流淌，高温稳定性差；低温易发脆，抗裂性能差。可采用优质沥青或采取改性措施等加以改善。沥青路面出现的病害如图 7-1 所示。

a)推移　　　　　　　　b)波浪　　　　　　　　c)泛油

图 7-1　沥青路面出现的病害

1.2 沥青混合料的分类

沥青混合料的分类方法取决于矿质混合料的级配、集料最大粒径、压实空隙率和沥青品种等。通常根据沥青混合料中材料的组成特性、施工方式等，可对沥青混合料按以下几种方法进行分类：

1）按结合料类型分类

（1）石油沥青混合料：以石油沥青为结合料的沥青混合料，称为石油沥青混合料，包括道路黏稠石油沥青混合料、乳化石油沥青混合料及液体石油沥青混合料。

（2）改性沥青混合料：以改性沥青为结合料的沥青混合料，称为改性沥青混合料。

（3）煤沥青混合料：以煤沥青为结合料的沥青混合料，称为煤沥青混合料。但煤沥青混合料对环境污染严重，一般工程中很少采用煤沥青混合料。

2）按矿质混合料的级配组成及空隙率的大小分类

矿质混合料是由适当比例的粗集料、细集料和填料组成，根据矿质混合料级配组成的特点及压实后剩余空隙率的大小，可将沥青混合料分为以下几类：

（1）密级配沥青混合料

按连续密级配原理设计组成的各种粒径颗粒的矿料与沥青结合料拌和而成，设计空隙率较小（3%～6%）（对不同交通类型及气候特点、层位可做适当调整）的密级配沥青混凝土混合料（以 AC 表示）和密级配沥青稳定碎石混合料（以 ATB 表示）。

AC 沥青混凝土混合料按关键性筛孔通过率的不同又可分为细型（F 型）、粗型（C 型）密级配沥青混合料等，具体见表 7-1，可适用于任何面层结构。粗集料嵌挤作用较好的也称嵌挤密实型沥青混合料。而 ATB 可分为粗粒径式及特粗式，主要适用于基层。沥青玛蹄脂碎石混合料（SMA）也属于密级配沥青混合料。

粗型和细型密级配沥青混凝土的关键筛孔通过率表　　　　表 7-1

混合料类型	公称最大粒径（mm）	用以分类的关键性筛孔（mm）	粗型密级配		细型密级配	
			名称	关键性筛孔通过率(%)	名称	关键性筛孔通过率(%)
AC-25	26.5	4.75	AC-25C	<40	AC-25F	>40
AC-20	19	4.75	AC-20C	<45	AC-20F	>45
AC-16	16	2.36	AC-16C	<38	AC-16F	>38
AC-13	13.2	2.36	AC-13C	<40	AC-13F	>40
AC-10	9.5	2.36	AC-10C	<45	AC-10F	>45

（2）半开级配沥青混合料

该混合料由适当比例的粗集料、细集料及少量填料（或不加填料）与沥青结合料拌和而成，经马歇尔标准击实成型试件或压实后的剩余空隙率较大（6%～12%），一般为 10% 左右。半开级配沥青碎石混合料，以 AM 表示。

（3）开级配沥青混合料

即矿料级配主要由粗集料嵌挤组成，细集料及填料较少，沥青结合料黏度要求较高，设计空隙率为 18% 的混合料。其主要代表混合料：排水式沥青磨耗层混合料（OGFC），排水式沥青稳定碎石基层混合料（ATPB）。

3）按材料组成及结构分类

（1）连续级配沥青混合料

沥青混合料中的矿料是按级配原则设计，从大到小各级粒径都有，按比例相互搭配组成的混合料，称为连续级配沥青混合料。

（2）间断级配沥青混合料

矿料级配组成中缺少一个或几个粒径档次（或用量很少），即间断级配。由间断级配矿料组合而成的沥青混合料称为间断级配沥青混合料,粗集料和填料含量较多,中间集料含量较少。代表混合料如沥青玛蹄脂碎石混合料(SMA)。

4)按矿料公称最大粒径分类

集料的最大粒径是指筛分试验中,通过百分率为100%的最小标准筛孔尺寸,公称最大粒径是指全部通过或少量不通过(≤10%)的最小一级标准筛孔尺寸,通常公称最大粒径比最大粒径小一粒级。如AC-16,其公称最大粒径为16mm,最大粒径为19mm。沥青混合料按公称最大粒径的大小可分为以下几种(表7-2):

(1)特粗式沥青混合料:集料公称最大粒径大于或等于37.5mm的沥青混合料。

(2)粗粒式沥青混合料:集料公称最大粒径为31.5mm或26.5mm的沥青混合料。

(3)中粒式沥青混合料:集料公称最大粒径为19mm或16mm的沥青混合料。

(4)细粒式沥青混合料:集料公称最大粒径为13.2mm或9.5mm的沥青混合料。

(5)砂粒式沥青混合料:集料公称最大粒径小于9.5mm的沥青混合料。

沥青混合料按公称最大粒径的分类表 表7-2

沥青混合料类型	公称最大粒径(mm)	最大粒径(mm)	密 级 配		半开级配	开 级 配		间断级配
			连续密级配沥青混凝土 AC	沥青稳定碎石 ATB	沥青碎石混合料 AM	排水式沥青磨耗层 OGFC	排水式沥青稳定碎石 ATPB	沥青玛蹄脂碎石混合料 SMA
砂粒式	4.75	9.5	AC-5	—	AM-5	—	—	—
细粒式	9.5	13.2	AC-10	—	AM-10	OGFC-10	—	SMA-10
	13.2	16	AC-13	—	AM-13	OGFC-13	—	SMA-13
中粒式	16	19	AC-16	—	AM-16	OGFC-16	—	SMA-16
	19	26.5	AC-20	—	AM-20	—	—	SMA-20
粗粒式	26.5	31.5	AC-25	ATB-25	—	—	ATPB-25	—
	31.5	37.5	—	ATB-30	—	—	ATPB-30	—
特粗式	37.5	53.0	—	ATB-40	—	—	ATPB-40	—
设计空隙率(%)			3～5	3～6	6～12	>18	>18	3～4

5)根据沥青混合料制造工艺分类

按照沥青混合料制造工艺的不同,可分为热拌沥青混合料、冷拌沥青混合料和再生沥青混合料。

(1)热拌沥青混合料

热拌沥青混合料主要采用黏稠石油沥青作为结合料,需要将沥青与矿料在热态下拌和、热态下摊铺碾压成型,简称为热拌沥青混合料。

(2)冷拌沥青混合料

采用乳化沥青、改性乳化沥青或液体沥青与矿料在常温状态下经拌和后铺筑而成的沥青混合料。

(3)再生沥青混合料

再生沥青混合料是指将翻修或废弃的旧沥青路面,经翻挖、破碎后回收旧沥青混合料,然后将其与再生剂、新集料、新沥青材料等按一定比例重新拌和,形成具有一定路用性能的再生沥青混合料。

目前公路工程中最常用的是热拌沥青混合料。下面我们来重点学习。

模块二 热拌沥青混合料

热拌沥青混合料是经人工组配的矿质混合料与沥青在专门设备中加热拌和而成,用保温运输工具运至施工现场,在热态下进行摊铺和压实的混合料。用 HMA 表示。

热拌沥青混合料是沥青混合料中最典型的品种,适用于各种等级公路的沥青路面,其他各种沥青混合料均由其发展而来。本节主要学习沥青混合料的组成结构、技术性质、组成材料和配合比设计方法。

2.1 沥青混合料的组成结构与强度理论

2.1.1 沥青混合料的组成结构

1)结构理论

(1)表面理论

传统的表面理论认为混合料是由粗、细集料和填料组配而成的矿质骨架和沥青组成,沥青分布在矿质集料表面,将矿质集料胶结成具有强度的整体。其中沥青的胶结作用是一个相当复杂的过程,它包括物理吸附、化学吸附及选择性吸附作用等。

(2)胶浆理论

近代胶浆理论认为混合料是一种多级空间网状结构的分散系,以粗集料为分散相分散在沥青砂浆中形成的粗分散系,而沥青砂浆是由细集料为分散相分散到沥青胶浆中的细分散系,沥青胶浆则是以填料为分散相分散在沥青介质中形成的微分散系。在这种多级分散体系中,因沥青胶浆最为基础,也最为重要,因此沥青胶浆的组成结构决定了沥青混合料的高低温变形能力。

2)结构类型

由于材料组成分布、矿料与矿料及矿料与沥青间的相互作用、剩余空隙率大小等的不同,混合料可分为悬浮-密实结构、骨架-空隙结构、骨架-密实结构三大类。

(1)悬浮-密实结构

该结构组成的基本特点是:采用连续级配,矿料颗粒连续存在,而且细集料含量较多,将较大颗粒挤开,沥青混合料可以获得较大的密实度和强度。如图 7-2a)所示。但因粗集料数量较少使大颗粒不能形成骨架,而较小颗粒与沥青胶浆含量比较充分,将空隙填充密实,使大颗粒悬浮于较小颗粒与沥青胶浆之间,形成"悬浮-密实"结构。

力学性能特点:大颗粒未形成骨架,内摩擦角 φ 值较小;小颗粒与沥青胶浆含量充分,黏结力 c 值较大。

路用性能特点:由于压实后密实度大,该类混合料水稳定性、低温抗裂性和耐久性较好;但其高温性能对沥青的品质依赖性较大,由于沥青黏度降低,往往导致混合料高温稳定性变差。

代表类型:按连续密级配原理设计的 AC 型沥青混合料是典型的悬浮-密实结构。

(2)骨架-密实结构

其结构组成特点是:采用间断级配,粗、细集料含量较高,中间集料含量较少,使得粗集料能形成骨架,细集料和沥青胶浆又能充分填充骨架之间的空隙,形成"骨架-密实结构"。如图 7-2b)所示。

力学性能特点:由于粗集料的骨架作用,使内摩擦角 φ 值较大;小颗粒与沥青胶浆含量充分,黏聚力 c 值也较大,综合力学性能较优。

路用性能特点:该类混合料高低温性能均较好,具有较强的疲劳耐久特性;但间断级配在施工拌和过程中易产生离析现象,施工质量难以保证,使得混合料很难形成"骨架-密实"结构。随着施工技术的发展,这类结构得以普遍使用,但在混合料拌和生产、运输和摊铺等施工过程中,应防止混合料产生离析。

代表类型:沥青玛蹄脂碎石混合料 SMA。

(3)骨架-空隙结构

该结构组成的基本特点是:采用连续开级配。粗集料含量高,彼此相互接触形成骨架;但细集料含量很少(甚至没有),不能充分填充粗集料的空隙,形成所谓的"骨架-空隙"结构。如图 7-2c)所示。

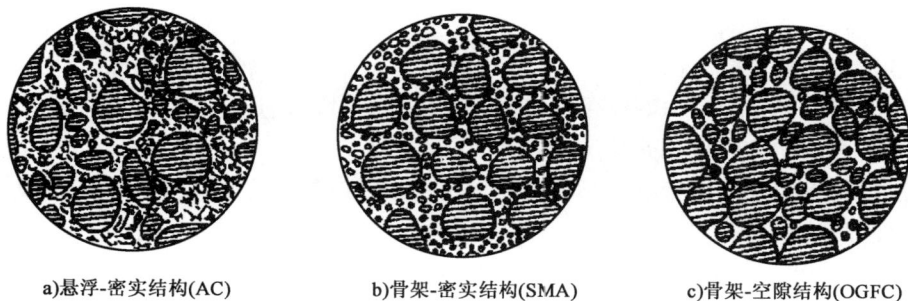

a)悬浮-密实结构(AC) b)骨架-密实结构(SMA) c)骨架-空隙结构(OGFC)

图 7-2　沥青混合料的典型结构类型

力学性能特点:大颗粒形成骨架,内摩擦角 φ 值较大;小颗粒与沥青胶浆含量不充分,黏聚力 c 值较低。

路用性能特点:粗集料充分发挥起骨架作用,使沥青混合料高温稳定性好;由于含量少,空隙未能充分填充,耐水害、抗疲劳和耐久性较差,所以一般要求采用高黏稠沥青,以防止沥青老化和剥落。

代表类型:沥青碎石 AM 和开级配磨耗层沥青混合料 OGFC 等。

2.1.2　沥青混合料的强度理论

1)沥青混合料强度形成原理

沥青路面按强度构成原理可分为嵌挤类和密实类两大类:

（1）嵌挤类

嵌挤类沥青路面要求采用矿质集料尺寸均一，路面强度和稳定性的形成以集料相互嵌挤所产生的内摩擦力为主，黏结力为辅形成。按嵌挤原则修筑路面，其热稳定性好，但因孔隙率大、易渗水，因而耐久性差。

（2）密实类

密实类沥青路面要求组成的矿料按最大密实原则设计，如：AC-25F 属于细型密级配，其强度形成以沥青混合料的黏结力为主，矿料颗粒之间嵌挤力和内摩擦力为辅。密实型沥青路面空隙率大于6%时，其热稳定性较好。

2）沥青混合料抗剪强度指标

沥青混合料的高温强度和稳定性是指在高温时，沥青混合料所具备抗剪强度和抵抗变形的能力。通常认为沥青混合料的结构强度由矿料颗粒之间的嵌锁力（内摩擦角）和沥青与矿料之间的黏结力及沥青自身的内聚力构成。沥青混合料的强度和稳定性、沥青路面设计的抗剪强度，一般采用摩尔-库仑理论来分析。沥青混合料的抗剪强度（τ）主要取决于沥青与矿料物理-化学交互作用而产生的黏结力（c）和矿料在沥青混合料中分散程度不同而产生的内摩擦角（φ）两个参数，即沥青混合料的结构强度由沥青与矿料的黏结力以及沥青自身的内聚力、矿料之间的嵌锁力（内摩擦力）构成，可由下式表征：

$$\tau = c + \sigma\tan\varphi \tag{7-1}$$

式中：τ——沥青混合料抗剪强度，MPa；

　　c——沥青混合料的黏聚力，MPa；

　　φ——沥青混合料的内摩擦角，°；

　　σ——试验时的正应力，MPa；

沥青混合料的黏结力和内摩擦角可以通过三轴剪切试验确定。

3）沥青混合料抗剪强度的影响因素

沥青混合料抗剪强度的影响因素主要是材料的组成、材料的技术性质以及外界因素，如车辆荷载、温度、环境条件等。

（1）沥青的黏度对沥青混合料黏结力 c 的影响

沥青混合料中的矿质集料是分散在沥青中的分散系。因此，它的抗剪强度与分散相的浓度和分散介质黏度有着密切的关系，在其他因素固定的条件下，沥青混合料的黏结力 c 随着沥青黏度的提高而增加；同时内摩擦角 φ 随着沥青黏度的提高稍有提高。因为在沥青混合料中，沥青对矿质混合料起胶结作用，因此沥青黏度的大小直接影响着沥青混合料黏结力的大小。沥青的黏度越大，沥青混合料的黏滞阻力也越大，抵抗剪切变形的能力越强，则混合料的黏结力就越大，因而沥青混合料具有较高的抗剪强度。

（2）矿质混合料性能对沥青混合料内摩擦角 φ 的影响

矿料的岩石种类、级配组成、颗粒形状和表面粗糙度等特性对沥青混合料的嵌锁力或内摩擦角影响较大。

岩石种类：采用粒径较大且均匀的矿料可以提高沥青混合料的嵌锁力与内摩擦角。通常，砂粒式、细粒式、粗粒式、中粒式、沥青混凝土的内摩擦角依次递增，见表7-3。由此可见，增大集料粒径是提高内摩擦角的途径，但应保证其级配良好、空隙率适当。

级配组成:连续密级配多是悬浮-密实结构,沥青的内聚力大,矿料间的内摩擦力相对较小,所以其结构强度主要依靠沥青与矿料的黏结力和沥青的内聚力;骨架-空隙结构的沥青混合料以矿料间的嵌锁力为主、沥青内聚力为辅形成结构强度;在以嵌挤原则设计的骨架-密实结构中,粗集料作用下嵌锁力较大,细料与沥青胶浆填充空隙,黏结力较好,故该结构整体强度高,稳定性好。

矿质混合料级配对沥青混合料黏结力(c)和内摩擦角(φ)值的影响　　　　表 7-3

沥青混合料级配类型	三轴试验结果	
	内摩擦角(°、′、″)	黏结力(MPa)
粗粒式沥青混凝土	45　55　00	0.076
细粒式沥青混凝土	35　45　30	0.197
砂粒式沥青混凝土	33　19　30	0.227

颗粒形状:对于相同粒径组成的集料,卵石的内摩擦角比碎石要低。

矿料表面特性:矿料尺寸近似立方体,粗糙,多棱角,矿料间嵌挤黏结能力好,φ 较大。若采用碱性石料,混合料中矿料间黏结力大,混合料强度高。

(3)沥青与矿料在界面上的交互作用

列宾捷尔认为,沥青与矿料交互作用后,因化学组分重排列,形成沥青扩散膜。这一作用是化学吸附引起的,该沥青膜即为"结构沥青",其黏度将大大提高;在"结构沥青"层外,可以"自由"运动的是"自由沥青",这部分沥青的性能保持沥青初始状态性能,混合料的性能主要由结构沥青决定,如图 7-3 所示。

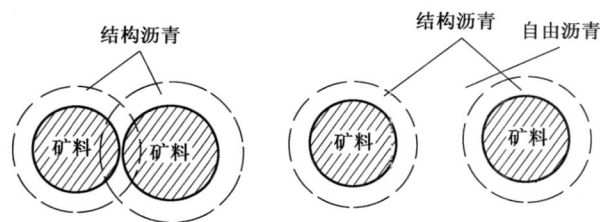

图 7-3　沥青与矿料交互作用示意图

沥青与矿料的交互作用不仅与沥青的化学性质有关,而且与矿料的性质有关。研究认为,化学吸附有选择性,石油沥青与碱性石料的黏附性比酸性石料强,这是由于在不同性质的矿料表面形成了不同组成结构和不同厚度的吸附溶剂化膜。因此,不同矿料的"结构沥青"膜厚度不一样,混合料中"结构沥青"占的比例也不同。石灰石矿料表面形成的吸附溶剂化膜较为发达,而石英石矿料表面形成的吸附溶剂化膜则较差。因此,当采用石灰石矿料时,矿料之间更有可能通过结构沥青来连接,黏结力较高。

碱性矿粉(如石灰石)与沥青亲和性良好,能形成较强的黏结性能;而由酸性石料磨成的矿粉则与沥青亲和性较差。适量提高矿粉掺量,有利于提高沥青混合料的强度。一般来说,矿粉与沥青质量之比以在 0.8～1.2 范围内为宜。

综上所述,碱性石料(如石灰石)的混合料其"结构沥青"所占比例比酸性石料的要高。所以碱性石料的沥青混合料强度和稳定性比酸性石料的好。

（4）矿料比表面积与沥青用量的影响

沥青混合料的黏结力与"结构沥青"的比例和矿料颗粒间的距离有关。

沥青混合料中的矿料不仅能填充空隙，提高密实度，而且在很大程度上也影响着混合料的黏结力。矿料间距离越近，且以"结构沥青"黏结，沥青混合料的黏结力越高；反之，矿料间距越大，且其间由"自由沥青"相互黏结，则沥青混合料的黏结力低，如图 7-4 所示。

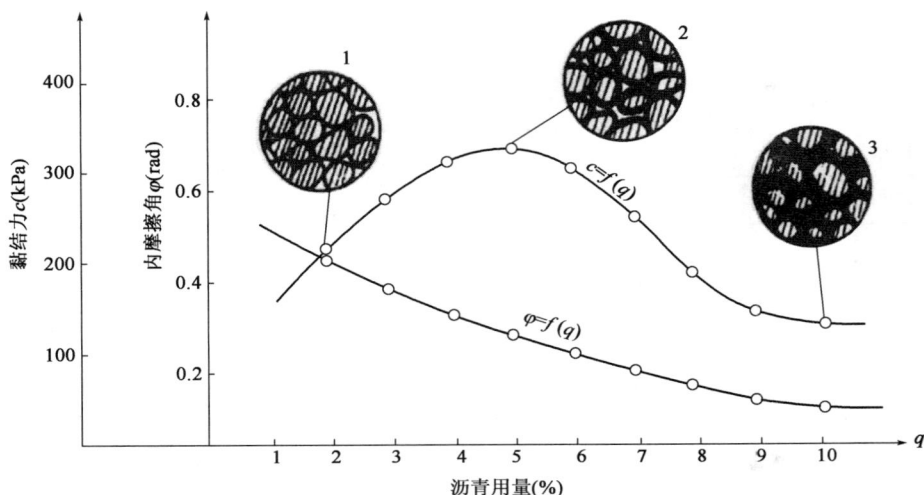

图 7-4　沥青用量对沥青混合料的黏结力（c）和内摩擦角（φ）值的影响

1-沥青用量不足；2-沥青用量适中；3-沥青用量过多

矿料比表面积的影响：在密实型的混合料中，矿料的比表面积一般占总面积的 80% 以上，这就大大增强了沥青与矿料的相互作用，减薄了沥青的膜厚，并在矿料表面形成"结构沥青层"，使矿料颗粒牢固黏结，构成强度。矿料比表面积越大，"结构沥青"的比例就越大。矿粉的用量和性质，可以影响沥青膜厚度和"结构沥青"所占比例。

沥青用量的影响：在沥青和矿料质量固定的条件下，沥青与矿料的比例（即沥青用量）是影响沥青混合料强度的重要因素。沥青用量对沥青混合料的黏结力（c）和内摩擦角（φ）值的影响如图 7-4 所示。

沥青含量较少时，沥青不足以形成结构沥青薄膜来敷裹矿料颗粒表面，沥青混合料整体强度较低；随着沥青用量增加，沥青逐渐敷裹矿料表面，使得结构沥青含量逐渐增加，矿料间的黏结力随之增强，混合料整体强度增大，直到整个矿料表面被"结构沥青"所敷裹；当沥青足够黏附在矿料颗粒表面时，若沥青用量继续增加，矿料颗粒会被逐渐推开，过量的沥青就会在颗粒间形成不与矿料发生交互作用的"自由沥青"，这部分沥青在矿间主要起润滑作用，从而使沥青混合料的黏结力下降，抗剪强度降低，如图 7-4 所示。当沥青用量增加至某一数值后，沥青混合料的黏结力主要取决于自由沥青，这时沥青不仅发挥黏结剂的作用，而且还起着润滑剂的作用致使沥青混合料的黏结力降低。

（5）使用条件（温度和荷载作用）的影响

沥青混合料的黏结力随温度升高而显著降低，但内摩擦角受温度影响较小。在其他条件相同的情况下,沥青混合料的黏结力与荷载作用时间或变形速率之间的关系密切。一般沥青黏结力随变形速率增加而显著增加,混合料的内摩擦力随变形速率增加的变化较小,那么变形速率增加,沥青混合料的黏结力也增大,整体强度则增高。

2.2　沥青混合料的技术性质与技术标准

2.2.1　沥青路面使用性能的气候分区

沥青混合料的技术性质与使用环境(如气温和湿度)关系密切。因此,根据《公路沥青路面设计规范》(JTG D50—2017)的相关规定,在选择沥青材料的等级、进行沥青混合料配合比设计、检验沥青混合料的使用性能时,应考虑沥青路面工程的环境因素,尤其是温度和湿度条件。所以,应按照不同气候分区的特点对沥青混合料的技术性能提出相应要求。

1)气候分区

(1)按工程所在地设计高温分区

按工程所在地最近30年最热月份平均最高气温的平均值,划分为气候分区的一级指标,按此设计高温指标,一级区划分为3个区;

(2)按工程所在地设计低温分区

按工程所在地最近30年的极端最低气温,作为反映沥青路面由于温度收缩产生裂缝的气候因子,并作为气候分区的二级指标,按此设计低温指标,二级区划分为4个区;

(3)按工程所在地设计雨量平均值分区

按工程所在地最近30年降雨量的平均值,作为气候分区的三级指标,三级区划分为4个区。

2)气候分区的确定

沥青路面使用性能气候分区由一、二、三级区划组合而成,以综合反映该地区的气候特征,我国《公路沥青路面施工技术规范》(JTG F40—2004)中提出的沥青路面使用性能气候分区见表7-4。每个气候分区用三个数字表示:第一个数字代表高温分区,第二个数字代表低温分区,第三个数字代表雨量分区。每个分区的数值越小,表明该气候因子对沥青路面的影响越严重。如我国上海市属于1-3-1气候区,即为夏炎热冬冷潮湿区,对沥青混合料的高温稳定性和水稳定性要求较高;而我国西安市属于1-3-2气候区,即为夏炎热冬冷湿润区。

沥青路面使用性能分区　　　　　　　　　　　　　　　　　　　　表7-4

气候分区指标		气候分区			
按照高温指标	高温气候区	1	2		3
	气候区名称	夏炎热区	夏热区		夏凉区
	七月平均最高温度(℃)	>30	20~30		<20
按照低温指标	低温气候区	1	2	3	4
	气候区名称	冬严寒区	冬寒区	冬冷区	冬温区
	极端最低气温(℃)	<-37.0	-37.0~-21.5	-21.5~-9.0	>-9.0

续上表

气候分区指标		气 候 分 区			
按照雨量指标	雨量气候区	1	2	3	4
	气候区名称	潮湿区	湿润区	半干区	干旱区
	年降雨量(mm)	>1000	1000~500	500~250	<250

2.2.2 沥青混合料的技术性质

沥青混合料作为沥青路面的面层材料,在使用过程中沥青混合料会受自然环境和交通荷载等因素的作用,因此,根据《公路沥青路面设计规范》(JTG D50—2017)的相关规定,为保证沥青路面经久耐用并能提供优良的服务性能,就要求沥青混合料必须具备高温稳定性、低温抗裂性、耐久性、抗滑性和施工和易性等路用性能。

1)高温稳定性

高温稳定性是指沥青混合料在高温(通常为60℃)的条件下,能够抵抗车辆荷载的反复作用,不发生显著永久变形,保证路面平整度的特性。

沥青混合料是典型的黏-弹-塑性材料,高温条件下或长时间承受荷载作用,沥青混合料会产生显著的变形,其中不可恢复的部分称为永久变形,这种特性是导致沥青路面产生车辙、波浪及拥包等病害的主要原因。在交通量大,重车比例高和经常变速路段的沥青路面上,车辙是最严重、最有危害的破坏形式之一。沥青路面车辙破坏照片如图7-5所示。

图7-5 沥青路面车辙破坏

我国最常用的评价沥青混合料的高温稳定性的方法是马歇尔稳定度试验和车辙试验。

(1)马歇尔稳定度试验

马歇尔稳定度试验方法是由美国密西西比州公路局的布鲁斯·马歇尔(Bruce Marshall)提出的,最初是为了美国工程兵团能快速确定沥青的用量,后来经过多人的改进,形成目前的马歇尔设计体系。马歇尔试验的最大特点是设备简单、操作方便,现在已被世界上许多国家所采用,也是目前我国评价沥青混合料高温性能进行沥青混合料配合比设计的主要试验之一。

马歇尔试验用于测定沥青混合料试件的破坏荷载和抗变形能力,以获得马歇尔稳定度(MS)、流值(FL)和马歇尔模数三项指标。

将沥青混合料制备成规定尺寸的圆柱状试件，将试件横向置于两个半圆形压模中，使试件受到一定的侧限。在规定温度和加荷速度下，对试件施加压力，记录试件所受压力与变形曲线，如图 7-6 所示。主要力学指标为马歇尔稳定度和流值，稳定度是指试件受压至破坏时承受的最大荷载，以 kN 计，流值是达到最大破坏荷载时试件的垂直变形，以 0.1mm 计。

①试件尺寸：

a. ϕ101.6mm×63.5mm（±1.3mm，两侧高度差不大于 2mm）。适用于公称最大粒径小于 26.5mm 的混合料，试件成型击实次数根据公路等级、混合料类型、气候条件选择，一般为 75 次或 50 次。试验中一组试件需平行试件通常为 4 个。

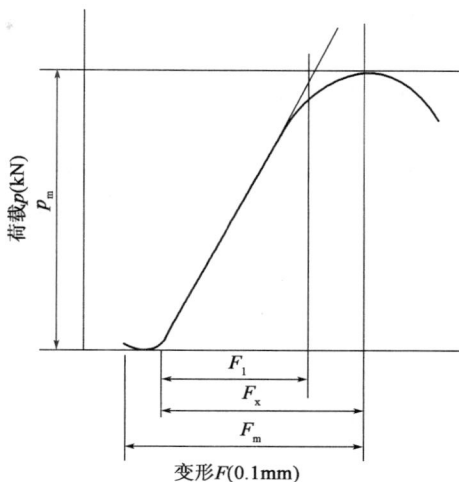

图 7-6　马歇尔试验曲线

b. ϕ152.4mm×95.3mm（±2.5mm，两侧高度差不大于 2mm）。适用于公称最大粒径 31.5mm 和 37.5mm 的混合料，击实次数一般为 112 次。试验中一组试件需平行试件通常为 4 个，必要时需增至 5~6 个（根据试验结果离散性而定）。

②试验条件：

（60±1）℃的恒温水浴，小型马歇尔试件保温 30~40min（对黏稠石油沥青），大型马歇尔试件保温 45~60min，然后把试件置于马歇尔试验仪上，以（50±5）mm/min 的速度加荷，测出马歇尔稳定度和流值。

（2）车辙试验

车辙试验方法首先是英国运输与道路研究试验所（TRRL）开发的，并经过了法国、日本等道路工作者的改进与完善。车辙试验是一种模拟车辆轮胎在路面上滚动形成车辙的工程试验方法，试验结果较为直观，与沥青路面车辙深度之间有着较好的相关性。

目前，我国车辙试验采用标准方法成型的沥青混合料板块状试件（300mm×300mm×50mm），在 60℃温度条件下，试验轮（轮压 0.7MPa）以（42±1）次/min 的频率沿着试件表面相同轨迹反复行走，测试试件表面在试验轮反复作用下所形成的车辙深度，试件变形进入稳定期后，以每产生 1mm 车辙变形试验轮所需行走的次数即动稳定度指标（DS），以次/mm 计，用以评价沥青混合料的抗车辙能力。相关试验及计算详见本章试验部分。

我国《公路沥青路面施工技术规范》（JTG F40—2004）规定：对于高速公路、一级公路的公称最大粒径等于或小于 19mm 的密级配沥青混合料（AC），及 SMA、OGFC，必须在规定的试验条件下进行车辙试验，并符合相关技术要求。

在沥青混合料的组成材料中，采用表面粗糙、多棱角、颗粒接近立方体的碎石集料，有利于增强沥青混合料的高温稳定性。沥青的高温黏度越大，与集料的黏附性越好，相应的沥青混合料的抗高温变形能力就越强。沥青混合料的高温稳定性还受沥青用量的影响，随着沥青用量的增加，沥青膜增厚，在高温条件下，易发生明显的流动变形，从而导致沥青混合料抗高温变形能力降低，而且随着沥青膜厚度的增加，车辙深度随之增加，因此可适当减小沥青混合料的沥青用量,有助于增强其高温抗变形能力。对于细粒式和中粒式密级配沥青混合料,适当减少沥青用量有利于抗车辙能力的提高;但对于粗粒式或开级配沥青混合料,不能简单地靠减少沥青用量来提高抗车辙能力。

2)低温抗裂性

沥青混合料不仅应具备高温稳定性,同时还要具有低温抗裂性,以保证路面在冬季低温时不产生裂缝。低温抗裂性是指保证沥青路面在低温时不产生裂缝的能力。一般认为,沥青路面的低温收缩开裂主要有两种形式:一种是由于温度骤降造成材料低温收缩,在有约束的沥青混合料面层内产生的温度应力超过沥青混合料在相应温度下的抗拉强度时造成的开裂;另一种是低温收缩疲劳裂缝,当沥青混合料经受长期多次的温度循环后,材料的抗拉强度降低,变成温度疲劳强度,当温度应力超过温度疲劳强度时就会产生开裂。低温收缩疲劳裂缝主要发生在温度变化频繁的温和地区。

(1)低温蠕变试验

低温蠕变试验用于评价沥青混合料低温下的变形能力与松弛能力。根据《公路工程集料试验规程》(JTG E42—2005),在规定温度下(如 −10℃),对规定尺寸的沥青混合料小梁试件(30mm × 35mm ×250mm 梁式试件)的跨中施加恒定的集中荷载,测定试件随时间不断增长的蠕变变形,如图 7-7所示。蠕变变形曲线可分为三个阶段,第一阶段为蠕变迁移阶段,第二阶段为蠕变稳定阶段,第三阶段为蠕变破坏阶段,以蠕变稳定阶段的蠕变速率评价沥青混合料的低温变形能力。蠕变速率越大,沥青混合料在低温下的变形能力越大,松弛能力越强,低温抗裂性能越好。

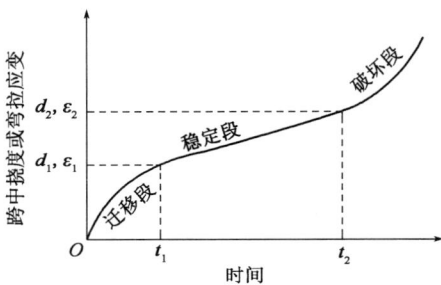

图 7-7 沥青混合料蠕变变形曲线

(2)低温弯曲试验

在(−10 ±0.5)℃ 条件下,以 50mm/min 速率,对小梁试件(30mm ×35mm ×250mm)的跨中施加集中荷载至断裂破坏,记录试件跨中荷载与挠度的关系曲线。由破坏时跨中挠度计算沥青混合料的破坏弯拉应变。沥青混合料在低温下破坏弯拉应变越大,低温柔韧性越好,抗裂性越好。试验证明,在评价改性沥青混合料低温性能时,采用低温蠕变试验方法所得结果对于改性剂种类和改性剂剂量都不够敏感,数据较为分散,而采用低温弯曲试验的破坏弯拉应变指标则相对稳定。我国《公路沥青路面设计规范》(JTG D50—2017)规定,采用低温弯曲试验的破坏弯拉应变指标作为评价改性沥青混合料低温抗裂性能的指标。

沥青混合料的低温抗裂性能与其抗拉强度、松弛能力及收缩性质等密切相关。一般情况下,沥青针入度数值越大,其感温性越低,低温劲度模量越小,沥青的低温柔韧性就越好,低温抗裂性就越好。因此,沥青混合料的低温抗裂性能取决于沥青黏度和温度敏感性,在寒冷地区,可采用稠度较低、劲度较低的沥青,或选择松弛性能较好的橡胶类改性沥青来提高沥青混合料的低温抗裂性。此外,级配类型和环境对沥青混合料的开裂也有一定的影响。

3)耐久性

耐久性是指沥青混合料在使用过程中抵抗环境因素及行车荷载反复作用的能力,它包括沥青混合料的抗老化性、水稳定性等综合性能。

（1）抗老化性

沥青混合料在使用过程中,受到空气中氧气、水、紫外线等介质的作用,促使沥青发生诸多复杂的物理化学变化,逐渐老化或硬化,致使沥青混合料变脆易裂,从而导致沥青路面出现各种与沥青老化有关的裂纹或裂缝。

沥青混合料的老化取决于沥青的老化程度,也与外界环境因素和压实空隙率等息息相关。在气候温暖,日照时间较长的地区,沥青的老化速度快;而在气温较低、日照时间短的地区,沥青的老化速率相对较慢。沥青混合料的空隙率越大,环境介质对沥青的作用就越强烈,其老化程度也越高。压实空隙率增大,会使老化程度增加,如道路中部车辆作用次数较多,对路面的压密作用较大,中部的沥青比边缘部位沥青的老化程度轻些。在沥青路面工程中,为了减缓沥青的老化速度和程度,除应选择耐老化沥青外,还应使沥青混合料中含有足量的沥青。

（2）水稳定性

水稳定性是指沥青混合料抵抗由于水侵蚀而发生沥青膜剥离、松散等破坏的能力。沥青混合料的压实空隙率较大、路面排水系统不完善时,动水压力会使沥青与矿料颗粒表面产生局部分离,同时在车辆荷载作用下,将加剧沥青路面的"水损害"病害。

① 水稳定性的影响因素

水稳定性的主要影响因素有:沥青和集料的黏附性、混合料压实空隙率大小、沥青膜厚度、成型方法,以及沥青混合料级配等。在气温低、湿度大,以及降水条件下铺筑沥青路面也会降低沥青混合料的水稳定性。而当沥青用量不足时,即使是密级配的沥青混合料也会出现水稳定性不好的问题。

② 水稳定性的评价方法和评价指标

a. 沥青与集料的黏附性试验

试验方法包括水煮法、水浸法、光电比色法及搅动水净吸附法等。这些方法是将沥青裹覆在矿料表面并浸入水中,根据矿料表面沥青的剥落程度,判断沥青与集料的黏附性。其中水煮法和水浸法是目前道路工程中的常用方法,但采用水煮法或水浸法评价沥青与集料黏附性等级时受人为因素影响较大。此外,一些满足黏附性等级要求的沥青混合料在使用时仍有可能发生水损害,试验结果存在一定的局限性。综上可知,这类试验仅可以初步评价沥青与集料的黏附性,要综合评价沥青与集料的黏附性还必须结合沥青混合料的水稳定性试验结果。

b. 浸水试验

浸水试验是根据沥青混合料浸水前后物理、力学性能的降低程度来表征其水稳定性的一类试验方法。常用的试验方法有浸水马歇尔试验、浸水车辙试验、浸水劈裂强度试验和浸水抗压强度试验等。在浸水条件下,沥青与集料之间的黏附性降低,最终表现为沥青混合料整体力学强度发生损失,通常以浸水前后的马歇尔稳定度比值、车辙深度比值、劈裂强度比值和抗压强度比值的大小来评价沥青混合料的水稳定性。

c. 冻融劈裂试验

按照《公路工程沥青及沥青混合料试验规程》(JTG E20—2011)中的方法,在冻融劈裂试验中,将沥青混合料试件分为两组:一组试件用于测定常规状态下的劈裂强度;另一组试件首先进行真空饱水,然后置于−18℃条件下冷冻16h,再置于60℃水中浸泡24h,最后进行劈裂强度测试。在冻融过程中,集料颗粒表面的沥青膜经历了水的冻胀剥落作用,促使沥青从集料表面剥落,导致沥青混合料松散,劈裂强度降低。

4)抗滑性

沥青路面的抗滑性对于保障道路交通安全至关重要,而沥青路面的抗滑性必须通过合理选择沥青混合料组成材料、正确的设计与施工来保证。

沥青路面的抗滑性与所用矿料的表面构造深度、颗粒形状与尺寸、抗磨光性有着密切的关系。矿料表面构造深度取决于矿料的矿物组成、化学成分及风化程度;颗粒形状与尺寸既受到矿物组成的影响,也与矿料的加工方法有关;抗磨光性则受到上述所有因素加上矿物成分硬度的影响。因此,用于沥青路面表层的粗集料应选用表面粗糙坚硬、耐磨、抗冲击性好、磨光值大的碎石或破碎砾石集料。通常,坚硬耐磨的矿料多为酸性石料,与沥青的黏附性较差。为了保证沥青混合料的水稳定性,应采取有效的抗剥落措施。

沥青路面的抗滑性除了取决于矿料自身的表面构造外,还取决于矿料级配所确定的表面构造深度。前者通常称为微观构造,用集料的磨光值表征;后者通常称为宏观构造,由压实后路表的构造深度或摩擦系数试验评价。

5)施工和易性

沥青混合料应具备良好的施工和易性,以便在拌和、摊铺及碾压过程中使集料颗粒保持均匀分布,并能被压实到规定的密度。这是保证沥青路面使用品质的必要条件。

影响沥青混合料施工和易性的因素很多,包括沥青混合料组成材料的技术品质、用量比例及施工条件等。目前,尚无直接评价沥青混合料施工和易性的方法和指标。

(1)组成材料的影响

矿料级配和沥青用量是影响沥青混合料和易性的主要因素。在间断级配的矿质混合料中,粗细集料的颗粒尺寸相差过大,缺乏中间尺寸颗粒,沥青混合料容易离析。如果细集料太少,沥青层就不容易均匀地分布在粗集料表面;如果细集料过多,则导致拌和困难。

当沥青用量过少或矿粉用量过多时,沥青混合料容易变得疏松且不易压实;反之,如果沥青用量过多或矿料质量不好,则容易使混合料黏结成团块,不易摊铺。

(2)施工条件的影响

沥青混合料应在一定的温度下进行施工,较高温度可以使沥青结合料达到要求的流动性,在拌和过程中能够充分均匀地黏附在矿料颗粒表面,在压实期间,矿料颗粒能相互移动就位,达到规定的压实密度。然而施工温度过高会引起沥青老化,从而严重影响沥青混合料的使用性能。

沥青混合料的拌和、压实温度与沥青黏度有关,应根据沥青黏度与温度的关系曲线确定。我国《公路工程沥青及沥青混合料试验规程》(JTG E20—2011)中对沥青的施工黏度要求见表7-5。

适用于沥青混合料拌和及压实的沥青等温黏度 表7-5

沥青结合料种类	黏 度	适宜拌和黏度	适宜压实黏度
石油沥青 (含改性沥青)	表观黏度(Pa·s)	0.17 ± 0.02	0.28 ± 0.03
	运动黏度(mm^2/s)	170 ± 20	280 ± 30
	赛波特黏度(s)	85 ± 10	140 ± 15
煤沥青	赛波特黏度(s)	25 ± 3	40 ± 5

（3）工地气温状况的影响

当地气温越高，施工和易性越好。

2.2.3 沥青混合料的技术标准

《公路沥青路面施工技术规范》（JTG F40—2004）对热拌沥青混合料的技术要求见表7-6～表7-11。

热拌沥青混合料马歇尔试验技术要求 表7-6

试验项目		密级配热拌沥青混合料（AC）						密级配沥青碎石（ATB）		沥青碎石（AM）	级配排水式开沥青碎石（OGFC）
		高速、一级公路，城市快速、主干路				其他等级道路	行人道路	公称最大粒径（mm）			
		中轻交通	重载交通	中轻交通	重载交通						
		夏炎热区		夏热区及夏凉区				26.5	≥31.5	≤26.5	≤26.5
击实次数（双面）/次		75				50	50	75	112	50	50
试件尺寸（mm）		φ101.6×63.5						φ152.4×95.3		φ101.6×63.5	
空隙率VV（%）	深90mm以内	3～5	4～6	2～4	3～5	3～6	2～4	3～6		6～10	≥18
	深90mm以下	3～6		2～4	3～6	3～6	—				
沥青饱和度（%）		见表7-7的要求						55～70		40～70	—
矿料间隙率（%）		见表7-7的要求						≥11		—	—
稳定度MS（kN），≥		8				5	3	7.5	15	3.5	3.5
流值FL（mm）		2～4	1.5～4	2～4.5	2～4	2～4.5	2～5	1.5～4	实测	—	—

密级配热拌沥青混合料的沥青饱和度与矿料间隙率的技术要求 表7-7

集料公称最大粒径（mm）			4.75	9.5	13.2	16.0	19.0	26.5
沥青饱和度VFA（%）			70～85			65～75		55～70
设计空隙率VV（%）	2	矿料间隙率VMA（%），≥	15	13	12	11.5	11	10
	3		16	14	13	12.5	12	11
	4		17	15	14	13.5	13	12
	5		18	16	15	14.5	14	13
	6		19	17	16	15.5	15	14

沥青混合料车辙试验动稳定度技术要求 表7-8

气候条件与技术指标	相应下列气候分区所要求的动稳定度（次/mm）							
七月平均最高气温（℃）及气候分区	>30				20～30			<20
	1. 夏炎热区				2. 夏热区			3. 夏凉区
	1-1	1-2	1-3	1-4	2-1	2-2	2-3 2-4	3-2
普通沥青混合料，≥	800		1000		600		800	600
改性沥青混合料，≥	2400		2800		2000		2400	1800

续上表

气候条件与技术指标		相应下列气候分区所要求的动稳定度(次/mm)
SMA 混合料	非改性,≥	1500
	改性,≥	3000
OGFC 混合料		1500(一般交通路段),3000(重交通路段)

沥青混合料水稳定性检验技术要求   表 7-9

气候条件与技术指标		相应下列气候分区的技术要求(%)			
年降雨量(mm)及气候分区		>1000	500~1000	250~500	<250
		1. 潮湿区	2. 湿润区	3. 半干区	4. 干旱区
浸水马歇尔试验残留稳定度(%)不小于					
普通沥青混合料		80		75	
改性沥青混合料		85		80	
SMA 混合料	普通沥青	75			
	改性沥青	80			
冻融劈裂试验的残留强度比(%)不小于					
普通沥青混合料		75		70	
改性沥青混合料		80		75	
SMA 混合料	普通沥青	75			
	改性沥青	80			

沥青混合料低温弯曲试验破坏应变(με)技术要求   表 7-10

气候条件与技术指标		相应下列气候分区所要求的破坏应变(με)							
年极端最低气温(℃)及气候分区		< -37.0		-21.5~-37.0			-9.0~-21.5		> -9.0
		1. 冬严寒区		2. 冬寒区			3. 冬冷区		4. 冬温区
		1-1	2-1	1-2	2-2	3-2	1-3	2-3	1-4	2-4
普通沥青混合料,≥		2600		2300			2000		
改性沥青混合料,≥		3000		2800			2500		

沥青混合料试件渗水系数技术要求   表 7-11

级配类型	渗水系数(mL/min)
密级配沥青混凝土,≤	120
普通沥青混合料,≤	80
改性沥青混合料,≤	实测

2.3 沥青混合料组成材料的技术要求

沥青混合料的技术性质取决于组成材料的性质、质量品质、用量比例和沥青混合料的制备工艺等因素。为保证沥青混合料的技术性质,首先应根据沥青混合料各组成材料的技术要求,正确选择符合质量要求的组成材料。

1)沥青材料

(1)选择依据

沥青是沥青混合料中最重要的组成材料,其性能优劣直接影响沥青混合料的技术性质。通常,为使沥青混合料获得较高的力学强度和较好的耐久性,沥青路面所用的沥青标号,宜按照公路等级、气候条件、交通性质、沥青混合料类型、路面类型、在结构层中的层位及受力特点、施工方法等因素,结合当地使用经验经技术论证后确定。

(2)选择原则

根据《公路沥青路面施工技术规范》(JTG F40—2004)和《公路沥青路面设计规范》(JTG D50—2017)的相关规定,一般来说,对高速公路、一级公路、夏季温度高或高温持续时间长、重载交通、山区及丘陵区上坡路段、服务区、停车场等行车速度慢的路段,尤其是汽车荷载剪应力大的层次,宜采用稠度大的沥青,也可提高高温气候分区的温度水平选用沥青等级;对冬季寒冷的地区或交通量小、公路等级低、旅游公路宜选用稠度小、低温延度大的沥青;对日温差、年温差大的地区宜选用针入度指数大、稠度低、低温延度大、感温性较低的沥青。当高温要求与低温要求发生矛盾时应优先考虑高温性能的要求。

选用适当标号的沥青,检验其质量必须符合规定的道路石油沥青的各项技术指标的要求。当缺乏所需标号的沥青时,可采用同标号沥青掺配的调和沥青,其掺配比例应由试验确定。

2)粗集料

(1)选择原则

根据《公路沥青路面施工技术规范》(JTG F40—2004)和《公路沥青路面设计规范》(JTG D50—2017)的相关规定,应按如下条件进行选择:

①粗集料可采用碎石、破碎砾石、筛选砾石、钢渣、矿渣等。

②用于高速公路、一级公路、城市快速公路、主干路沥青路面表层用粗集料应选用坚硬、耐磨、抗冲击性好的碎石或破碎砾石,不得使用筛选砾石、矿渣及软质集料,该类粗集料必须是由具有生产许可证的采石场生产或施工单位自行加工。应符合表7-12对磨光值和黏附性的要求。

粗集料磨光值及其与沥青的黏附性的技术要求 表7-12

技术指标		1 (潮湿区)	2 (湿润区)	3 (半干区)	4 (干旱区)	试验方法
粗集料磨光值 (*PSV*),≥	高速公路、一级公路表面层	42	40	38	36	T0321
粗集料 与沥青的 黏附性,≥	高速公路、一级公路表面层	5	4	4	3	T0616
	高速公路、一级公路的其他 层次及其他等级公路的各层次	4	4	4	3	T0663

③当坚硬石料来源缺乏时,允许掺加一定比例较小粒径的普通粗集料,掺加比例根据试验确定。在以骨架原则设计的沥青混合料中不得掺加其他粗集料。

（2）基本要求

①高速公路、一级公路沥青路面的表面层（或磨耗层）的粗集料的磨光值应符合表 7-12 的要求。除 SMA、OGFC 路面外，允许在硬质粗集料中掺加部分磨光值达不到要求的较小粒径的粗集料，其最大掺加比例由磨光值试验确定。

②粗集料与沥青的黏附性应符合表 7-12 的要求，当使用不符要求的粗集料时，宜掺加消石灰、水泥或经饱和石灰水处理后使用，必要时可同时在沥青中掺加耐热、耐水、长期性能好的抗剥离剂，也可采用改性沥青等措施，使沥青混合料的水稳定性达到要求。所掺外加剂的剂量由沥青混合料的水稳定性检验确定。

③粗集料应该洁净、干燥、表面粗糙、形状接近立方体，且无风化、不含杂质，并具有足够的强度、耐磨耗性。粗集料的质量应符合表 7-13 的要求。当单一规格集料的质量指标达不到表中要求，而按照集料配合比计算的质量指标符合要求时，工程上允许使用。对受热易变质的集料，宜采用经拌和机烘干后的集料进行检验。

沥青混合料用粗集料质量技术要求　　　　　　　　　　表 7-13

指　　标	单位	高速公路及一级公路		其他等级公路	试验方法
		表面层	其他层次		
石料压碎值，≤	%	26	28	30	T0316
洛杉矶磨耗损失，≤	%	28	30	35	T0317
表观相对密度，≥	t/m³	2.60	2.50	2.45	T0304
吸水率，≤	%	2.0	3.0	3.0	T0304
坚固性，≤	%	12	12	—	T0314
针片状颗粒含量（混合料），≤	%	15	18	20	T0312
其中颗粒大于 9.5mm，≤	%	12	15	—	
其中粒径小于 9.5mm，≤	%	18	20	—	
水洗法小于 0.075mm 颗粒含量，≤	%	1	1	1	T0310
软石含量，≤	%	3	5	5	T0320

注：1. 坚固性试验可根据需要进行。

　　2. 用于高速公路、一级公路和主干路时，多孔玄武岩的视密度可放宽至 2.45t/m³，吸水率可放宽至 3%，但须得到主管部门的批准，且不得用于 SMA 路面。

　　3. 对 S14 即 3~5mm 规格的粗集料，针片状颗粒含量可不予要求，小于 0.075mm 含量可放宽到 3%。

④破碎砾石应采用粒径大于 50 mm 的颗粒轧制，破碎前必须清洗，含泥量不大于 1%，粗集料破碎面积应符合表 7-14 规定的要求。筛选砾石仅适用于三级及三级以下公路的沥青表面处治路面。

粗集料对破碎面的要求　　　　　　　　　　表 7-14

路面部位或混合料类型		具有一定数量破碎面颗粒的含量（%）		试验方法
		1 个破碎面	≥2 个破碎面	
沥青路面表面层	高速公路、一级公路	100	90	T0346
	其他等级公路	80	60	
沥青路面中下面层、基层	高速公路、一级公路	90	80	
	其他等级公路	70	50	
SMA 混合料		100	90	
贯入式路面		80	60	

⑤钢渣作为粗集料时,仅限于三级及三级以下公路和次级公路以下的城市道路,并应经过试验论证取得许可后使用。

（3）粗集料的粒径规格

粗集料的粒径规格应按照表7-15进行生产和使用。如某一档粗集料不符合表7-15的规格,但确认与其他集料组配后的合成级配符合设计级配的要求时,也可以使用。

沥青面层用粗集料规格　　　　　　　　　　表7-15

规格	公称粒径（mm）	通过下列筛孔(标准方孔筛)的质量百分率（%）								
		37.5	31.5	26.5	19	13.2	9.5	4.75	2.36	0.6
S6	15～30	100	90～100	—	—	0～15	—	0～5	—	—
S7	10～30	100	90～100	—	—	—	0～15	0～5	—	—
S8	10～25	—	100	90～100	—	0～15	—	0～5	—	—
S9	10～20	—	—	100	90～100	—	0～15	0～5	—	—
S10	10～15	—	—	—	100	90～100	0～15	0～5	—	—
S11	5～15	—	—	—	100	90～100	40～70	0～15	0～5	—
S12	5～10	—	—	—	—	100	90～100	0～15	0～5	—
S13	3～10	—	—	—	—	100	90～100	40～70	0～20	0～5
S14	3～5	—	—	—	—	—	100	90～100	0～15	0～3

3）细集料

（1）选择原则

根据《公路沥青路面施工技术规范》（JTG F40—2004）和《公路沥青路面设计规范》（JTG D50—2017）的相关规定,应按如下条件进行选择:

①沥青路面的细集料包括天然砂、机制砂、石屑。细集料必须由具有生产许可证的采石场、采砂场生产。

②细集料应洁净、干燥、无风化、无杂质,并有适当的颗粒级配,其质量应符合表7-16的规定。细集料的洁净程度,天然砂以小于0.075mm含量的百分数表示,石屑和机制砂以砂当量（适用于0～4.75mm）或亚甲蓝值（适用于0～2.36mm或0～0.15mm）表示。

沥青混合料用细集料质量技术要求　　　　　　　　　　表7-16

项目	单位	高速公路、一级公路	其他等级公路	试验方法
表观相对密度,≥	t/m³	2.50	2.45	T0328
坚固性（>0.3mm部分）,≥	%	12	—	T0340
含泥量（<0.075mm的含量）,≤	%	3	5	T0333
砂当量,≥	%	60	50	T0334
亚甲蓝值,≤	g/kg	25	—	T0349
棱角性（流动时间）,≥	s	30	—	T0345

③与沥青有良好的黏结能力,在高速公路、一级公路、城市快速路、主干路沥青面层用与沥青黏结性能差的天然砂或用花岗岩、石英岩等酸性岩石破碎的人工砂及石屑时,应采取前述粗集料的抗剥离措施对细集料进行处理。

在高速公路、一级公路、城市快速路、主干路沥青路面面层及抗滑磨耗层中,所用石屑总量不宜超过天然砂或机制砂的用量。

(2)细集料的粒径规格

①天然砂

天然砂可采用河砂或海砂,通常宜采用粗、中砂,其规格应符合表7-17的规定,砂的含泥量超过规定时应水洗后使用,海砂中的贝壳类材料必须筛除。热拌密级配沥青混合料中天然砂的用量通常不宜超过集料总量的20%,SMA和OGFC混合料不宜使用天然砂。

沥青混合料用天然砂规格 表7-17

筛孔尺寸(mm)	通过各孔筛的质量百分率(%)		
	粗砂	中砂	细砂
9.5	100	100	100
4.75	90~100	90~100	90~100
2.36	65~95	75~90	85~100
1.18	35~65	50~90	75~100
0.6	15~30	30~60	60~84
0.3	5~20	8~30	15~45
0.15	0~10	0~10	0~10
0.075	0~5	0~5	0~5

②石屑

石屑是采石场破碎石料时通过4.75mm或2.36mm的筛下部分,是石料加工破碎过程中表面剥落或撞下的边角,强度一般较低,针片状颗粒含量较高。其规格应符合表7-18的要求。

沥青混合料用机制砂或石屑规格 表7-18

规格	公称粒径(mm)	水洗法通过各筛孔的质量百分率(%)							
		9.5	4.75	2.36	1.18	0.6	0.3	0.15	0.075
S15	0~5	100	90~100	60~90	40~75	20~55	7~40	2~20	0~10
S16	0~3	—	100	80~100	50~80	25~60	8~45	0~25	0~15

4)填料

沥青混合料的填料多为矿粉,矿粉是采用石灰岩或岩浆岩中的强基性岩石(碱性岩石)磨细制得的。矿粉应干燥、洁净,其质量应符合表7-19的要求。

沥青混合料用矿粉质量要求　　　　　　　　　　　表 7-19

项　目		单位	高速公路、一级公路	其他等级公路	试 验 方 法
表观密度,≥		t/m³	2.50	2.45	T0352
含水量,≤		%	1	1	T0103 烘干法
粒度范围	<0.6mm	%	100	100	T0351
	<0.15mm	%	90 ~ 100	90 ~ 100	
	<0.075mm	%	75 ~ 100	70 ~ 100	
外观			无团粒结块		—
亲水系数			<1		T0353
塑性指数			<4		T0354
加热安定性			实测记录		T0355

粉煤灰作为填料使用时,用量不得超过填料总量的 50%,粉煤灰的烧失量应小于 12%,与矿粉混合后的塑性指数应小于 4%,与沥青黏结力好,且水稳定性应满足要求,其余质量要求与矿粉相同。高速公路、一级公路的沥青面层不宜采用粉煤灰作填料。为改善水稳定性,可采用干燥的磨细生石灰粉、消石灰粉或水泥作填料,用量不宜超过矿料总量的 1% ~ 2%。

2.4　热拌沥青混合料的配合比设计

热拌沥青混合料配合比设计是采用马歇尔试验进行配合比设计的方法,适用于密级配沥青混凝土及沥青稳定碎石混合料。沥青混合料配合比设计全过程包括三个阶段:目标配合比设计阶段、生产配合比设计阶段和生产配合比验证(即试验路试铺)阶段。后两个阶段是在目标配合比的基础上进行的,需借助施工单位的拌和设备、摊铺和碾压设备完成。下面重点学习目标配合比设计。

目标配合比设计分为两部分进行,即矿质混合料配合比设计和最佳沥青用量的确定。

2.4.1　矿质混合料的配合比设计

矿质混合料就是能够满足级配要求的各种粒径材料的集合体,因为在水泥混凝土或沥青混合料中,所用集料颗粒的粒径尺寸范围较大,而天然或人工轧制的一种集料往往仅由几种粒径尺寸的颗粒组成,难以满足工程对某混合料的目标设计级配范围的要求,因此需要将两种或两种以上的集料配合使用,即掺配成矿质混合料,简称矿料。

根据级配理论,计算出需要的矿质混合料的级配范围,但是为了应用已有的研究成果和实践经验,通常是采用规范推荐的矿质混合料级配范围来确定。按我国《公路沥青路面施工技术规范》(JTG F40—2004)和《公路沥青路面设计规范》(JTG D50—2017)的相关规定,按下列步骤进行。

1)沥青混合料类型和矿料级配的确定

沥青混合料的矿料级配应符合工程规定的设计级配范围。密级配沥青混合料宜根据公路等级、路面类型、路面结构层位、气候及交通条件按表 7-20 选择采用粗型(C 型)或细型(F 型)混合料,再按表 7-21 和表 7-22 选择使用的沥青混合料类型,再根据已确定的沥青混合料类型,并在表7-21范围内确定工程设计级配范围,确定相应的矿质混合料级配范围,也可以根据试验研究成果选择其他的沥青混合料类型及相应的级配范围,经技术经济认证后确定。其他类型的混合料宜直接以表7-22～表7-27作为工程设计级配范围。

沥青混合料类型　　　　　　　　　表7-20

结构层次	高速公路、一级公路、城市快速路、主干路						其他等级公路		一般城市道路及其他道路工程		
	三层式路面			二层式路面							
上面层	AC-13 AC-16 AC-20	AK-13 AK-16	SMA-13 SMA-16	AC-13 AC-16	AK-13 AK-16	SMA-13 SMA-16	AC-13 AC-16	SMA-13 SMA-16	AC-13 AC-16 AC-20	AK-13 AK-16	SMA-13 SMA-16
中面层	AC-20 AC-25			—			—		AC-20 AC-25		
下层面	AC-25 AC-30			AC-20 AC-25 AC-30			AC-20 AC-25 AC-30	AM-25 AM-30	AC-25 AC-30		AM-25 AM-30

密级配沥青混合料矿料级配范围　　　　　　　　　表7-21

级配类型		通过下列筛孔(方孔筛,mm)的质量百分率(%)													
		53.0	37.5	31.5	26.5	19.0	16.0	13.2	9.5	4.75	2.36	1.18	0.6	0.3	0.15	0.075
粗粒式	AC-25	—	—	100	90～100	75～90	65～83	57～76	46～65	24～52	16～42	12～33	8～24	5～17	4～13	3～7
中粒式	AC-20	—	—	—	100	90～100	78～92	62～80	50～72	26～56	16～44	12～33	8～24	5～17	4～13	3～7
	AC-16	—	—	—	—	100	90～100	76～92	60～80	34～62	20～48	13～36	9～26	7～18	5～14	4～8
细粒式	AC-13	—	—	—	—	—	100	90～100	68～85	38～68	24～50	15～38	10～28	7～20	5～15	4～8
	AC-10	—	—	—	—	—	—	100	90～100	45～75	30～58	20～44	13～32	9～23	6～16	4～8
砂粒式	AC-5	—	—	—	—	—	—	—	100	90～100	55～75	35～55	20～40	12～28	7～18	5～10

传统 AC-I 型沥青混合料矿料级配范围　　　　　　　　　表7-22

级配类型		通过下列筛孔的百分率(方孔筛,mm)的质量百分率(%)													
		53.0	37.5	31.5	26.5	19.0	16.0	13.2	9.5	4.75	2.36	1.18	0.6	0.3	0.15	0.075
粗粒式	AC-30 I	—	100	90～100	79～92	66～82	59～77	52～72	43～63	32～52	25～42	18～32	13～25	8～18	5～13	3～7
	AC-25 I	—	—	100	95～100	75～60	62～80	53～73	43～63	32～52	25～42	18～32	13～25	8～18	5～13	3～7

续上表

级配类型		通过下列筛孔的百分率（方孔筛,mm）的质量百分率（%）													
		53.0	37.5	31.5	26.5	19.0	16.0	13.2	9.5	4.75	2.36	1.18	0.6	0.3	0.15	0.075
中粒式	AC-20 I	—	—	—	100	95~100	75~90	62~80	52~72	38~58	28~46	20~34	15~27	10~20	6~14	4~8
	AC-16 I	—	—	—	—	100	95~100	75~90	58~78	42~63	32~50	22~37	16~28	11~21	7~15	4~8
细粒式	AC-13 I	—	—	—	—	—	100	95~100	70~88	48~68	36~53	24~41	18~30	12~22	8~16	4~8
	AC-10 I	—	—	—	—	—	—	100	95~100	55~75	38~58	26~43	17~33	10~24	6~16	4~9
砂粒式	AC-5 I	—	—	—	—	—	—	—	100	95~100	55~75	35~55	20~40	12~28	7~18	5~10

密级配沥青碎石混合料矿料级配范围   表 7-23

级配类型		通过下列筛孔（方孔筛,mm）的质量百分率（%）													
		53.0	37.5	31.5	26.5	19.0	16.0	13.2	9.5	4.75	2.36	1.18	0.6	0.3	0.15	0.075
特粗式	ATB-40	100	90~100	75~92	65~85	49~71	43~63	37~57	30~50	20~40	15~32	10~25	8~18	5~14	3~10	2~6
粗粒式	ATB-30	—	100	90~100	70~90	53~72	44~66	39~60	31~51	20~40	15~32	10~25	8~18	5~14	3~10	2~6
	ATB-25	—	—	100	90~100	60~80	48~68	42~62	32~52	20~40	15~32	10~25	8~18	5~14	3~10	2~6

半开级配沥青碎石混合料矿料级配范围   表 7-24

级配类型		通过下列筛孔的百分率（方孔筛,mm）的质量百分率（%）													
		53.0	37.5	31.5	26.5	19.0	16.0	13.2	9.5	4.75	2.36	1.18	0.6	0.3	0.15	0.075
中粒式	AM-20	—	—	—	100	90~100	60~85	50~75	40~65	15~40	5~22	2~16	1~12	0~10	0~8	0~5
	AM-16	—	—	—	—	100	90~100	60~85	45~68	18~40	6~25	3~18	1~14	0~10	0~8	0~5
细粒式	AM-13	—	—	—	—	—	100	90~100	50~80	20~45	8~28	4~20	2~16	0~10	0~8	0~6
	AM-10	—	—	—	—	—	—	100	90~100	35~65	10~35	5~22	2~16	0~12	0~9	0~6

开级配沥青碎石混合料矿料级配范围　　　　　　　　表 7-25

级配类型		通过下列筛孔的百分率(方孔筛,mm)的质量百分率(%)													
		53.0	37.5	31.5	26.5	19.0	16.0	13.2	9.5	4.75	2.36	1.18	0.6	0.3	0.15	0.075
特粗式	ATPB-40	100	70～100	65～90	55～85	43～75	32～70	20～65	12～50	0～3	0～3	0～3	0～3	0～3	0～3	0～3
粗粒式	ATPB-30	—	100	80～100	70～95	53～85	36～80	26～75	14～60	0～3	0～3	0～3	0～3	0～3	0～3	0～3
	ATPB-25	—	—	100	80～100	60～100	45～90	30～82	16～70	0～3	0～3	0～3	0～3	0～3	0～3	0～3

沥青玛蹄脂碎石混合料矿料级配范围　　　　　　　　表 7-26

级配类型		通过下列筛孔的百分率(方孔筛,mm)的质量百分率(%)													
		53.0	37.5	31.5	26.5	19.0	16.0	13.2	9.5	4.75	2.36	1.18	0.6	0.3	0.15	0.075
中粒式	SMA-20	—	—	—	100	90～100	72～92	62～82	40～55	18～30	13～22	12～20	10～16	9～14	8～13	8～12
	SMA-16	—	—	—	—	100	90～100	65～85	45～65	20～32	15～24	14～22	12～18	10～15	9～14	8～12
细粒式	SMA-13	—	—	—	—	—	100	90～100	50～75	20～34	15～26	14～24	12～20	10～16	9～15	8～12
	SMA-10	—	—	—	—	—	—	100	90～100	28～60	20～32	14～26	12～22	10～18	9～16	8～13

开级配排水式磨耗层混合料矿料级配范围　　　　　　　　表 7-27

级配类型		通过下列筛孔的百分率(方孔筛,mm)的质量百分率(%)													
		53.0	37.5	31.5	26.5	19.0	16.0	13.2	9.5	4.75	2.36	1.18	0.6	0.3	0.15	0.075
中粒式	OGFC-16	—	—	—	—	100	90～100	70～90	45～70	12～30	10～22	6～18	4～15	3～12	3～8	2～6
细粒式	OGFC-13	—	—	—	—	—	100	90～100	60～80	12～30	10～22	6～18	4～15	3～12	3～8	2～6
	OGFC-10	—	—	—	—	—	—	100	90～100	50～70	10～22	6～18	4～15	3～12	3～8	2～6

2)矿质混合料级配的表示和计算

(1)集料级配的表示方法

①筛分试验

采用标准套筛对集料进行筛分,以确定集料粗细颗粒的分布情况及级配的过程,就是所谓筛分试验。通过筛分试验,求得集料试样的级配参数。

②集料的级配曲线

a. 级配曲线的绘制。为了直观形象地表示矿料各粒径的颗粒分布状况,常常采用级配曲线的方式来描述矿料级配。做法是以通过量的百分率为纵坐标,筛孔尺寸(也表示矿料不同颗粒的粒径)为横坐标,将各筛上的通过量绘制在坐标图中,然后用曲线将各点连接起来,成为所谓的级配曲线。如图7-8a)所示。

由于标准套筛的筛孔分布是按1/2递减的方式设置,在描绘横坐标的筛孔位置时,造成前疏后密的问题,以至到小孔径时无法清楚地将其位置确定。所以在绘制级配曲线的横坐标时采用对数坐标(而相应纵坐标上的通过量仍采用常坐标),以方便级配曲线图的绘制。如图7-8b)所示。

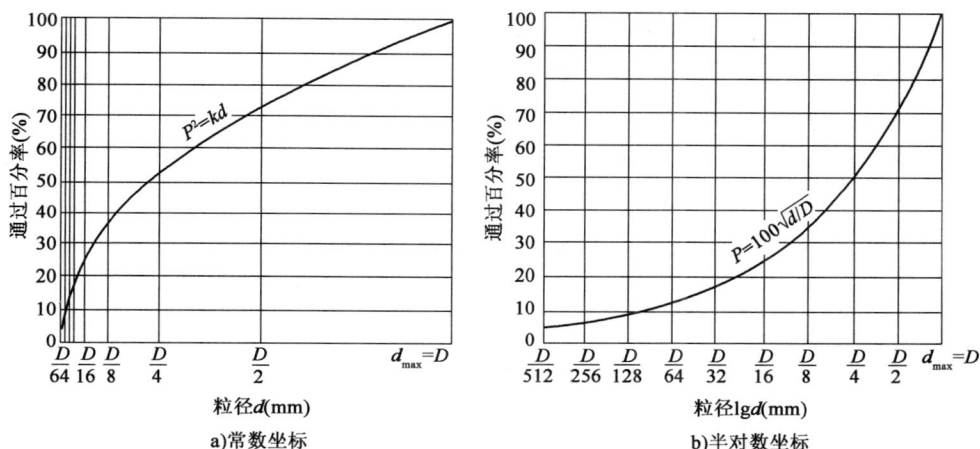

图7-8 集料级配曲线示意图

b. 级配曲线类型。粗细不同的粒径按照一定的比例组合搭配在一起,以达到较高的密实程度,根据搭配组成的结果,可得到以下几种不同级配形式:

连续级配:连续级配是某一矿料在标准套筛中进行筛分后,矿料的颗粒由大到小连续分布,每一级都占有适当的比例,所得的级配曲线平顺圆滑,具有连续不间断的性质。这种由大到小逐级粒径都有,并按比例互相搭配组成的矿质混合料,称为连续级配混合料。

间断级配:在矿料颗粒分布的整个区间里,从中间剔除一个或连续几个粒级,形成一种不连续的级配,称为所谓的间断级配。

连续开级配:整个矿料颗粒分布范围较窄,从最大粒径到最小粒径仅在数个粒级上以连续的形式出现,形成所谓的连续开级配。

不同级配类型的级配曲线如图7-9所示。

(2)矿料连续级配的计算

实践中针对连续级配各级粒径矿料数量的计算大多采用最大密度曲线理论,该理论认为,矿料的颗粒级配曲线越接近抛物线,则其密度越大。根据该理论,当矿料的级配曲线为抛物线时,最大密度理想曲线可用颗粒粒径与通过量按下式表示:

$$P^2 = kd \qquad (7-2)$$

式中:P——各级颗粒粒径集料的通过量,%;

　　　d——矿料各级颗粒粒径,mm;

　　　k——常数。

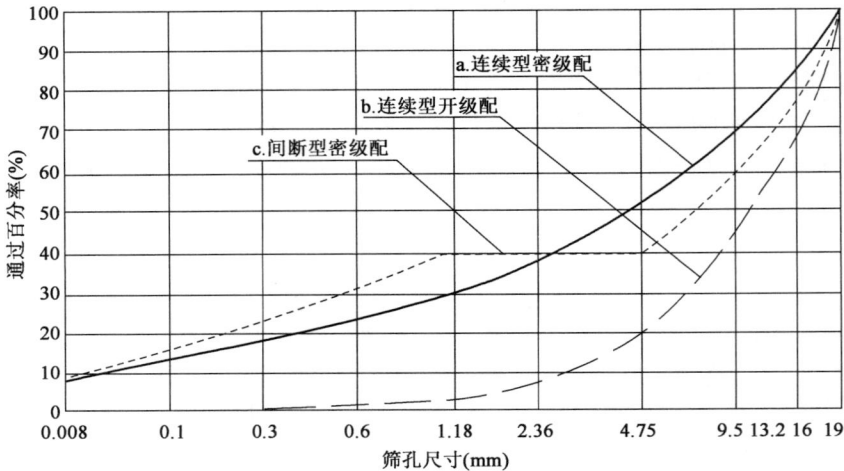

图 7-9　三种类型矿质混合料级配曲线

当颗粒粒径 d 等于最大粒径 D 时,则通过量 $P = 100\%$,即 $d = D$ 时,$P = 100$。

所以:

$$k = 100^2 \cdot \frac{1}{D} \tag{7-3}$$

当希望计算任何一级颗粒粒径 d 的通过量 P 时,则计算公式为:

$$P = 100 \sqrt{\frac{d}{D}} \tag{7-4}$$

或

$$P = 100 \cdot \left(\frac{d}{D}\right)^{0.5} \tag{7-5}$$

式中:d——希望计算的某级集料粒径,mm:

　　　D——矿质混合料的最大粒径,mm;

　　　P——希望计算某级集料的通过量,% 。

　　上式是最大密度理想曲线的级配组成计算公式,根据此公式可以计算出某矿料达到最大密实度时各级颗粒粒径的通过量。

　　但在实际应用过程中,这一公式的指数并不一定固定为 0.5。对于沥青混合料,当指数是 0.45 时的密度最大;对于水泥混凝土,指数在 0.25 ~ 0.45 时工作性更好。因此,矿料的级配计算公式的指数通常在 0.3 ~ 0.7 之间,允许矿料的级配曲线在一定的范围内变动,所以上述最大密度曲线公式采用 n 次幂的通式来表达。即:

$$P = 100 \cdot \left(\frac{d}{D}\right)^n \tag{7-6}$$

　　所以,当某一矿料的最大粒径、相应的指数确定时,则该矿料在各级上的颗粒数量就可通过此公式计算得到。

由于矿料在轧制生产过程中的不均匀性,以及混合料在配制时的波动误差等原因,使所配制的混合料难以与理论级配完全吻合一致。因此,必须允许配料时的合成级配可以在一定的范围内波动。从而提出级配范围的概念,即分别根据两个不同的指数 n_1 和 n_2 所确定的级配结果,以及由各级配所绘制的级配曲线,构成级配范围。实际级配合成时,只要得出的合成级配结果位于要求的级配范围之间,则认为该合成级配基本满足设计级配的要求。

3)矿质混合料配合比设计方法

矿料配合比设计就是根据实际工程中现有的各种集料的级配参数(即筛分结果),针对设计要求或技术规范要求,采用一定的方法确定各规格集料在合成矿料中所占比例的过程。

常用的设计方法有:数解法(试算法)、图解法(修正平衡面积法)。两种方法各有特点,前者计算简便、快捷,但要熟练掌握级配参数的含义,对三种以内的矿料设计较适宜;后者简单易掌握,适合多种矿料计算,但计算稍嫌麻烦。

(1)数解法(试算法)设计步骤

①建立基本计算方程。欲配制矿质混合料 M,混合料 M 在相应筛孔上的分计筛余百分率为 $a_{M(i)}$。设 A、B、C 三种集料在混合料中的比例分别是 X、Y、Z,则得到下面两式:

$$X + Y + Z = 100 \qquad (7\text{-}7)$$
$$a_{A(i)}X + a_{B(i)}Y + a_{C(i)}Z = a_{M(i)} \qquad (7\text{-}8)$$

②在矿质混合料中,假定某一级粒径的颗粒仅由三种集料中的一种集料来提供,而其他两种集料中不含有这一粒径的颗粒,此时这两种集料相应的分计筛余百分率为 0。例如,设在 i 粒级上仅 A 集料在此粒级上存在分计筛余,其他两个集料 B 和 C 的分计筛余全部是 0,从而简化计算过程。

③计算。根据上述假设,得 $a_{B(i)} = a_{C(i)} = 0$,带入式(7-8),得 $a_{A(i)}X = a_{M(i)}$,则 A 集料在混合料中所占的比例为:

$$X = \frac{a_{M(i)}}{a_{A(i)}} \times 100 \qquad (7\text{-}9)$$

同理,按此假设在计算 C 集料在混合料中的比例时,在 j 粒级上其他两个集料 A 和 B 在该粒级上的分计筛余百分率也是 0,得 $a_{C(j)}Z = a_{M(j)}$,则 C 集料在混合料中比例为:

$$Z = \frac{a_{M(j)}}{a_{C(j)}} \times 100 \qquad (7\text{-}10)$$

最后,由式(7-7)得到 B 集料在混合料中的用量比例为:

$$Y = 100 - X - Z \qquad (7\text{-}11)$$

④校核配合比。对以上计算得到的各集料的比例即配合比进行验算,如得到的合成级配不在所要求的级配范围内,应调整初步配合比重新验算,直到满足级配要求为止。

⑤调整配合比。矿质混合料的合成级配应根据下列要求做必要的配合比调整:

a.通常情况下,合成级配曲线宜尽量接近设计级配中值,尤其应使 0.075mm、2.36mm、4.75mm 筛孔的通过量尽量接近设计级配范围的中限。

b. 对于高速公路、一级公路、城市快速道、主干道等交通量大、轴载重的道路,合成级配可以考虑偏向级配范围的下(粗)限;而对于中、轻交通量或人行道路等,合成级配宜偏向级配范围上(细)限。

c. 合成级配曲线应尽量接近连续的或合理的间断级配,但不应有过多的犬牙交错。当经过反复调整仍有两个以上的筛孔超出设计级配范围时,必须对原材料进行调整或更换原材料重新设计。

d. 考虑路面的交通轴载及工程所在地气温状况,按表7-21确定采用粗型(C型)或细型(F型)的混合料。对夏季温度高,高温持续时间长及重载交通多的路段,宜选用粗型密级配沥青混合料(AC-C型),并取较高的设计空隙率;对冬季温度低,且低温持续时间长的地区,或者重载交通较少的路段,宜选用细型密级配沥青混合料(AC-F型),并取较低的设计空隙率。

e. 为确保高温抗车辙能力,同时兼顾低温抗裂性的需要,配合比设计时宜适当减少公称最大粒径附近的粗集料用量,减少0.6mm以下部分细料的用量,使中等粒径集料较多,形成S形级配曲线,并取中等或偏高水平的设计空隙率。

[工程实例7-1] 现有碎石、砂和矿粉三种矿料,经筛析试验各矿料的分计筛余百分率列于表7-28,并列出按推荐要求设计混合料的级配范围,试求碎石、砂和矿粉三种矿料在要求级配混合料中的用量比例。

原有矿料的分计筛余和混合料要求的级配范围   表7-28

筛孔尺寸 d_i(mm)	碎石分计筛余 $a_{A(i)}$(%)	砂分计筛余 $a_{B(i)}$(%)	矿粉分计筛余 $a_{C(i)}$(%)	矿质混合料要求级配范围通过百分率(%)
13.2	0.8	—	—	100
4.75	60.0	—	—	63~78
2.36	23.5	10.5	—	40~63
1.18	14.4	22.1	—	30~53
0.6	1.3	19.4	4.0	22~45
0.3	—	36.0	4.0	15~35
0.15	—	7.0	5.5	12~30
0.075	—	3.0	3.2	10~25
<0.075	—	2.0	83.3	—

解:(1)先将矿质混合料要求级配范围的通过百分率换算为分计筛余百分率,计算结果列于表7-29,并设碎石、砂、矿粉的配合比为 X、Y、Z。

(2)由表7-29可知,碎石中4.75m粒径颗粒含量占优势,假设混合料中4.75mm的粒径全部由碎石提供,$a_{B(4.75)} = a_{C(4.75)} = 0$,由式(7-9)可得碎石在矿质混合料中的用量比例:

$$X = \frac{a_{M(4.75)}}{a_{A(4.75)}} \times 100 = \frac{29.5}{60} \times 100 = 49$$

原有集料和要求级配范围的分计筛余　　　　表 7-29

筛孔尺寸 d_i(mm)	碎石的分计筛余 $a_{A(i)}$(%)	砂的分计筛余 $a_{B(i)}$(%)	矿粉的分计筛余 $a_{C(i)}$(%)	要求级配范围通过率的中值 $P_{(i)}$(%)	要求级配范围累计筛余中值	筛余中值 $M_{(i)}$(%)
13.2	0.8	—	—	—	—	—
4.75	60.0	—	—	70.5	29.5	29.5
2.36	23.5	10.5	—	51.5	48.5	19.0
1.18	14.4	22.1	—	41.5	58.5	10.0
0.6	1.3	19.4	4.0	33.5	66.5	8.0
0.3	—	36.0	4.0	25.0	75.0	8.5
0.15	—	7.0	5.5	21.0	79.0	4.0
0.075	—	3.0	3.2	17.5	82.5	3.5
<0.075	—	2.0	83.3	—	100.0	17.5

（3）同理，由表 7-29 可知，矿粉中 <0.075mm 粒径颗粒含量占优势，忽略碎石和砂中此粒径颗粒的含量，即 $a_{A(<0.075)} = a_{B(<0.075)} = 0$，则由式（7-10）可得矿粉在矿质混合料中的用量比例：

$$Z = \frac{a_{M(<0.075)}}{a_{C(<0.075)}} \times 100 = \frac{17.5}{83.3} \times 100 = 21$$

（4）由式（7-11）可得砂在矿质混合料中的用量比例：

$$Y = 100 - (X + Z) = 100 - (49 + 21) = 30$$

（5）校核。以试算所得配合比 $X=49, Y=30, Z=21$，按表 7-30 进行校核。

矿质混合料配合组成计算校核　　　　表 7-30

筛孔尺寸 d_i(mm)	碎石 原来级配分计筛余 $a_{A(i)}$(%)	用量比例 X(%)	占混合料百分率 $a_{A(i)}$(%)	砂 原来级配分计筛余 $a_{B(i)}$(%)	用量比例 X(%)	占混合料百分率 $a_{B(i)}$(%)	矿粉 原来级配分计筛余 $a_{C(i)}$(%)	用量比例 X(%)	占混合料百分率 $a_{C(i)}$(%)	矿质混合料 分计筛余 $M_{(i)}$(%)	累计筛余 $A_{(i)}$(%)	通过率 $P_{(i)}$(%)	级配范围通过率(%)
13.2	0.8	—	0.4	—	—	—	—	—	—	0.4	0.4	99.6	100
4.75	60.0	—	29.4	—	—	—	—	—	—	29.4	29.8	70.2	63~78
2.36	23.5	49	11.5	10.5	—	3.2	—	—	—	14.7	44.5	55.5	40~63
1.18	14.4	—	7.1	22.1	—	6.6	—	—	—	13.7	58.2	41.8	30~53
0.6	1.3	—	0.6	19.4	—	5.8	4.0	—	0.8	7.2	65.4	34.6	22~45
0.3	—	—	—	36.0	30	10.8	4.0	—	0.8	11.6	77.0	23.0	15~35
0.15	—	—	—	7.0	—	2.1	5.5	21	1.2	3.3	80.3	19.7	12~30
0.075	—	—	—	3.0	—	0.9	3.2	—	0.7	1.6	81.9	18.1	10~25
<0.075	—	—	—	2.0	—	0.6	83.3	—	17.5	18.1	100	—	—
校核	Σ=100	—	Σ=49	Σ=100	—	Σ=30	Σ=100	—	Σ=21	Σ=100	—	—	—

根据校核结果符合级配范围要求。如不符合级配范围,应调整配合比再进行试算,经几次调整,逐步接近,直至达到要求。如经计算确实不能符合级配要求,应调整或增加集料品种。

(2)图解法设计步骤

①准备工作。对所使用的各集料进行筛分,并计算出各自的通过量百分率。明确设计级配要求的级配范围,并计算出该要求级配范围的中值,如图7-10所示。

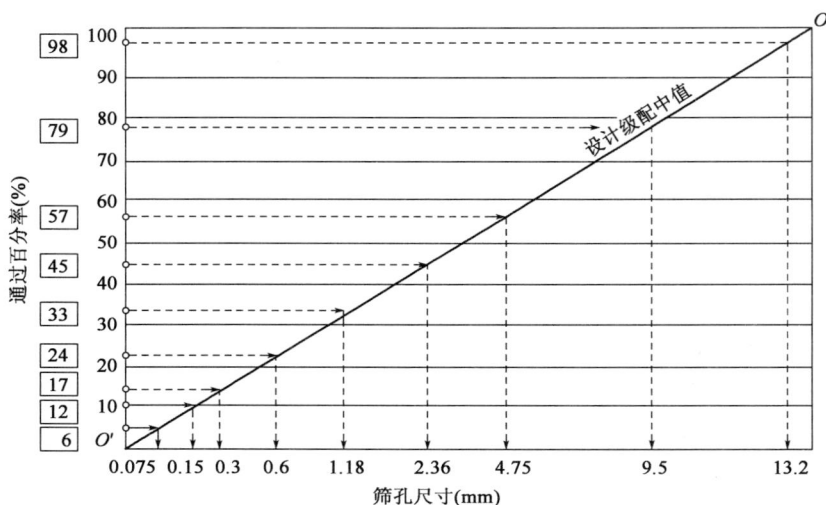

图7-10 图解法用级配曲线坐标图

②绘制框图。按比例(通常纵横边各为100mm和150mm)绘制一矩形框图,从左下向右上引对角线 OO' 作为合成级配的中值,如图7-11所示。按常数标尺在纵坐标上标出通过量百分率刻度,横坐标则表示筛孔位置,而各筛孔的具体位置则根据合成级配要求的通过量百分率中值,在纵坐标上找出该值的位置,然后从纵坐标引平行线与对角线相交,再从交点处向下作垂线,垂线与横坐标的相交点即为各筛孔相应位置。

③确定各集料用量。将参与级配合成的各集料的通过量绘制在框图中,用折线的形式连成级配曲线。假设以四种集料进行级配合成为例,根据框图中相邻两条曲线的关系,确定各集料在混合料中的掺配比例。

a.重叠关系:相邻两条曲线相互重叠,图7-11中集料A的级配曲线下部与集料B的级配曲线上部搭接。在两条级配曲线之间引一条垂线 AA',要求该垂线与集料A、B的级配曲线截距相等,即 $a = a'$。此时垂线 AA' 与对角线 OO' 相交于点 M,再通过点 M 作一水平线与纵坐标交于 P 点,OP 线段的几何长度(以 mm 计)就是集料A的用量(%)。

b.相接关系:相邻两条曲线首尾相接,图7-11中集料B的末端与集料C的首端正好相接。此时只需从C集料的首端向B集料的末端引垂线 BB',该垂线与对角线 OO' 相交于点 N,过点 N 作水平线与纵坐标交于点 Q,则 PQ 线段的几何长度就是B集料的用量(%)。

c.分离关系:相邻两条曲线分离,图7-11中集料C的级配曲线与集料D的级配曲线在水平方向彼此分离。此时作一条垂线 CC' 平分这段水平距离,要求 $b = b'$。垂线 CC' 与对角线 OO' 交于点 R,通过该点作一水平线与纵坐标交于点 S,则 QS 线段的几何长度就代表集料C的用量(%)。

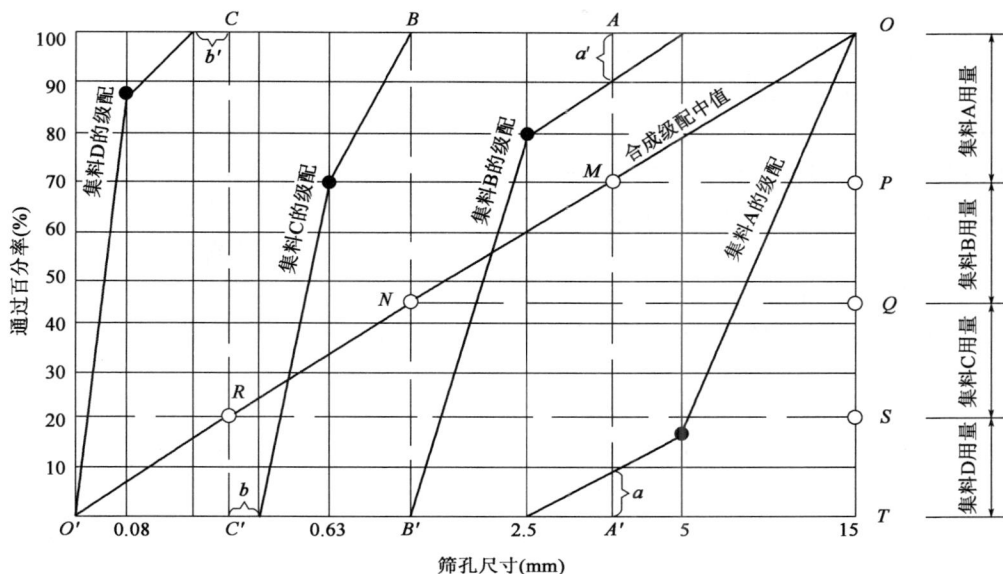

图 7-11　组成集料级配曲线和要求

剩余的 ST 线段的几何长度即为集料 D 的用量。

可以说,框图中相邻集料级配曲线的关系只可能是这三种情况,但实际操作过程中以第一种关系即重叠关系最为常见。

④合成级配的计算与校核。与试算法相同,根据图解过程求得的各集料用量比例,计算出合成级配的结果。当合成级配超出级配范围时,说明图解法得到的比例不太合适,所以要调整各集料的用量,直到满足设计级配的要求为止。如经数次调整仍不能达到要求,可掺加单粒级集料或调换其他集料。

图解法的应用详见本章例题。

2.4.2　确定沥青混合料的最佳沥青用量

沥青混合料的最佳沥青用量(简称 OAC)可以通过各种理论计算方法求得。但是由于实际材料性质的差异,按理论公式计算得到的最佳沥青用量,仍然要通过试验方法修正。

我国《公路沥青路面施工技术规范》(JTG F40—2004)规定的方法是采用马歇尔试验法确定最佳沥青用量。具体步骤如下:

1)制备试样

(1)按确定的矿质混合料配合比,计算各种矿质材料的用量。

(2)以预估的油石比为中值,按一定间隔(对密级配沥青混合料通常为 0.5%,对沥青碎石混合料可适当缩小间隔为 0.3% ~0.4%),取 5 个或 5 个以上不同的油石比分别成型马歇尔试件。

2)测定物理指标

按规定的试验方法测定试件的毛体积相对密度等,并计算空隙率、沥青饱和度及矿料间隙率等(详见本章试验部分)。

3）测定力学指标

为确定沥青混合料的最佳沥青用量,应用马歇尔稳定度仪测定沥青混合料的力学指标,如马歇尔稳定度、流值和马歇尔模数(详见本章主要试验部分)。

4）确定最佳沥青用量

（1）绘制沥青用量与物理力学指标关系图。以油石比或沥青用量为横坐标,以马歇尔试验的各项指标为纵坐标,将试验结果点绘入图中,连成圆滑的曲线。确定均符合规范规定的沥青混合料技术标准的沥青用量范围 $OAC_{min} \sim OAC_{max}$（选择的沥青用量范围必须涵盖设计空隙率的全部范围,并尽可能涵盖沥青饱和度的要求范围,并使密度及稳定度曲线出现峰值）。

注:绘制曲线时含 VMA 指标（矿料间隙率）,且应为下凹形曲线,但确定 $OAC_{min} \sim OAC_{max}$ 时不包括 VMA。

（2）根据试验曲线的走势,按下列方法确定沥青混合料的最佳沥青用量 OAC_1。

①曲线图 7-12 上求取相应的密度最大值、稳定度最大值、目标空隙率（或中值）、沥青饱和度范围中值的沥青用量 a_1、a_2、a_3、a_4,取平均值作为 OAC_1:

$$OAC_1 = (a_1 + a_2 + a_3 + a_4)/4 \qquad (7\text{-}12)$$

②如果所选择的沥青用量范围未能涵盖沥青饱和度的要求范围,按式（7-13）求取三者的平均值作为 OAC_1:

$$OAC_1 = (a_1 + a_2 + a_3)/3 \qquad (7\text{-}13)$$

③对所选择试验的沥青用量范围,密度或稳定度没有出现峰值（最大值经常在曲线的两端）时,可直接以目标空隙率所对应的沥青用量 a_3 作为 OAC_1,但 OAC_1 必须介于 $OAC_{min} \sim OAC_{max}$ 的范围内,否则应重新进行配合比设计。

（3）以各项指标均符合技术标准（不含 VMA）的沥青用量范围 $OAC_{min} \sim OAC_{max}$ 的中值作为 OAC_2。

$$OAC_2 = (OAC_{min} + OAC_{max})/2 \qquad (7\text{-}14)$$

（4）通常情况下取 OAC_1 及 OAC_2 的中值作为计算的最佳沥青用量 OAC。

$$OAC = (OAC_1 + OAC_2)/2 \qquad (7\text{-}15)$$

（5）按式（7-15）计算的最佳油石比 OAC,从图 7-12 中得出所对应的空隙率和 VMA 值,检验是否能满足表 7-7 关于最小 VMA 值的要求（OAC 宜位于 VMA 凹形曲线最小值的贫油一侧。当空隙率不是整数时,最小 VMA 按内插法确定,并将其画入图 7-12 中）。

（6）检查图 7-12 中相应于此 OAC 的各项指标是否均符合马歇尔试验技术标准。

（7）根据实践经验和公路等级、气候条件、交通情况,调整确定最佳沥青用量 OAC。

①调查当地各项条件相接近的工程的沥青用量及使用效果,论证适宜的最佳沥青用量。

②对炎热地区公路以及高速公路、一级公路的重载交通路段,山区公路的长大坡度路段,预计有可能产生较大车辙时,宜在空隙率符合要求的范围内将计算的最佳沥青用量减小 $0.1\% \sim 0.5\%$ 作为设计沥青用量。

③对寒区公路、旅游公路、交通量很少的公路,最佳沥青用量可以在 OAC 的基础上增加 $0.1\% \sim 0.3\%$,以适当减小设计空隙率,但不得降低压实度要求。

（8）按相应公式计算沥青被集料吸收的比例及有效沥青含量。

（9）检验最佳沥青用量时的粉胶比和有效沥青膜厚度（计算沥青混合料的粉胶比,宜符合

0.6~1.6 的要求。对常用的公称最大粒径为 13.2~19mm 的密级配沥青混合料,粉胶比宜控制在 0.8~1.2 范围内。

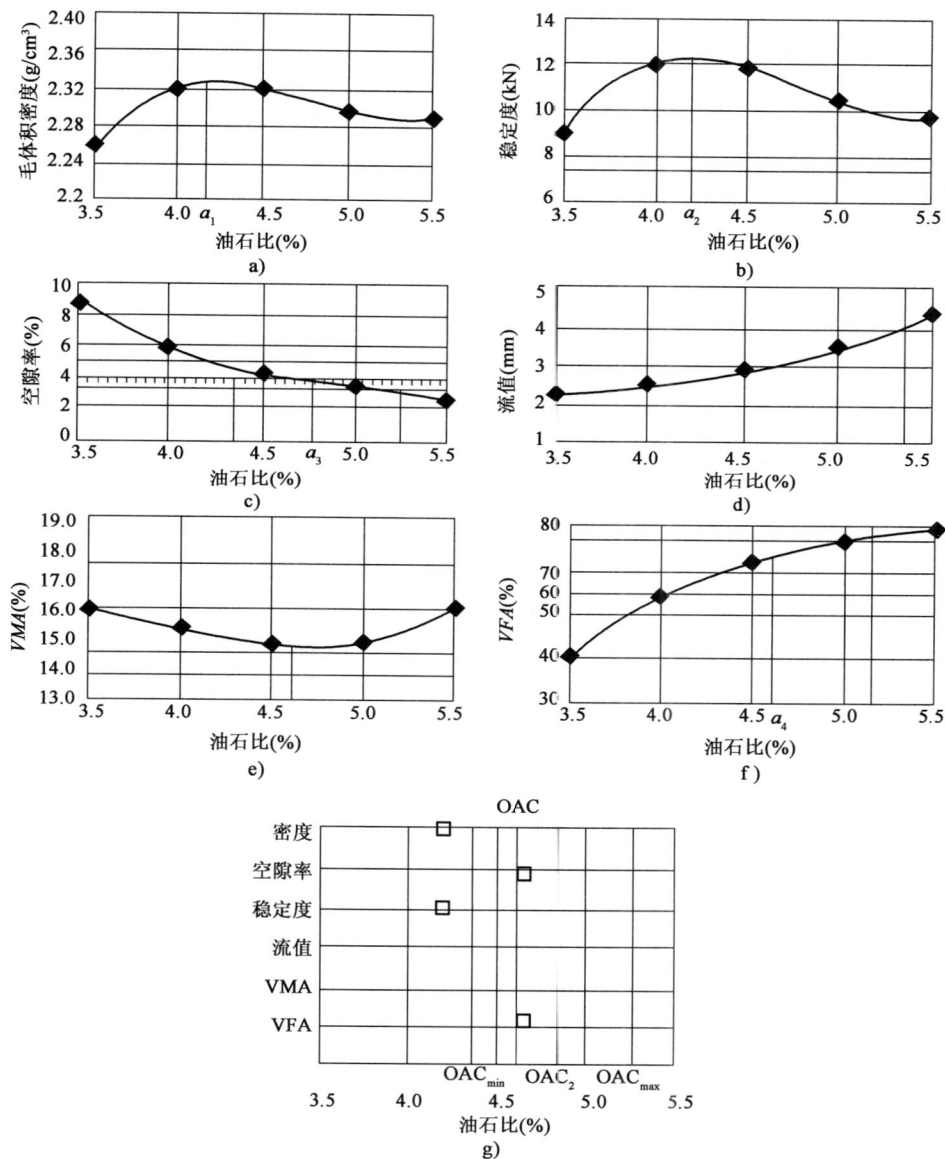

图 7-12　沥青用量与马歇尔试验结果关系图

注:图中 a_1 = 4.2%,a_2 = 4.25%,a_3 = 4.8%,a_4 = 4.7%,OAC_1 = 4.49%(由 4 个平均值确定),OAC_{min} = 4.3%,OAC_{max} = 5.3%,OAC_2 = 4.8%,OAC = 4.64%。此例中相对于空隙率 4% 的油石比为 4.6%。

5)配合比设计检验

(1)对用于高速公路和一级公路的密级配沥青混合料,需在配合比设计的基础上按要求进行各种使用性能的检验,对于不符合要求的沥青混合料,必须更换材料或重新进行配合比设计。

（2）高温稳定性检验。对公称最大粒径≤19mm 的混合料，必须按最佳沥青用量 OAC 制作车辙试件进行车辙试验，动稳定度应符合表 7-8 的要求。

（3）水稳定性检验。按最佳沥青用量 OAC 制作试件，必须进行浸水马歇尔试验和冻融劈裂试验，残留稳定度及残留强度比均应符合表 7-9 的规定。

（4）低温抗裂性能检验。对公称最大粒径≤19mm 的混合料，可以按规定方法进行低温弯曲试验。

（5）渗水系数检验。可以利用轮碾机成型的车辙试件进行渗水试验。

【工程实例7-2】　沥青混合料配合比设计例题。

【题目】　试设计某高速公路沥青混凝土路面用沥青混合料的配合组成。

【原始资料】

（1）该高速公路沥青路面为三层式结构的上面层。

（2）气候条件：最高月平均气温为 31℃，最低月平均气温为 −8℃，年降水量为 1500mm。

（3）材料性能。

①沥青材料。可供应 50 号、70 号和 90 号道路石油沥青，经检验技术性能均符合要求。

②矿质材料。碎石和石屑：石灰石轧制碎石，饱水抗压强度 120MPa，洛杉矶磨耗率 12%，黏附性（水煮法）5 级，视密度 2700kg/m³。砂：洁净海砂，细度模数属中砂，含泥量及泥块量均 <1%，视密度 2650kg/m³。矿粉：石灰石磨细石粉，粒度范围符合技术要求，无团粒结块，视密度 2580kg/m³。

【设计要求】

（1）根据道路等级、路面类型和结构层位确定沥青混凝土的矿质混合料的级配范围。根据现有各种矿质材料的筛析结果、用图解法确定各种矿质材料的配合比。

（2）根据选定的矿质混合料类型相应的沥青用量范围，通过马歇尔试验，确定最佳沥青用量。

（3）根据高速公路用沥青混合料要求，对矿质混合料的级配进行调整，沥青用量按水稳定性检验和抗车辙能力校核。

解：1）矿质混合料配合比设计

（1）确定沥青混合料类型。由题意可知：道路等级为高速公路，路面类型为沥青混凝土，路面结构为三层式沥青混凝土上面层，为使上面层具有较好的抗滑性，按表 7-20 选用细粒式密级配（AC-13）沥青混凝土混合料。

（2）确定矿质混合料级配与范围。细粒式密级配沥青混凝土的矿质混合料级配范围见表 7-31。

矿质混合料要求级配范围　　　　　　　　　　　　　　　表 7-31

混合料类型和级配		筛孔尺寸（mm）									
		16	13.2	9.5	4.75	2.36	1.18	0.6	0.3	0.15	0.075
		通过百分率（%）									
细粒式沥青混凝土（AC-13）	级配范围	100	90~100	68~85	38~68	24~50	15~38	10~28	7~20	5~15	4~8
	级配中值	100	95	76.5	53	37	26.5	19	13.5	10	6

（3）矿质混合料配合比计算。

①组成材料筛析试验。根据现场取样，碎石、石屑、砂和矿粉等原材料筛分结果列于表7-32。

组成材料筛析试验结果表　　　　表7-32

材料名称	筛孔尺寸(方孔筛)(mm)									
	16.0	13.2	9.5	4.75	2.36	1.18	0.6	0.3	0.15	0.075
	通过百分率(%)									
碎石	100	94	26	0	0	0	0	0	0	0
石屑	100	100	100	80	40	17	0	0	00	0
砂	100	100	100	100	94	90	76	38	17	0
矿粉	100	100	100	100	100	100	100	100	100	86

②组成材料配合比计算。本例采用图解法进行矿质混合料配合比设计：

步骤1：绘制图解法用图。

绘制图解法用图7-13。根据表7-31中AC-13沥青混合料的级配中值数值，确定各筛孔尺寸在横坐标上的位置。然后将各档集料与矿粉的级配曲线绘制在图7-13中。

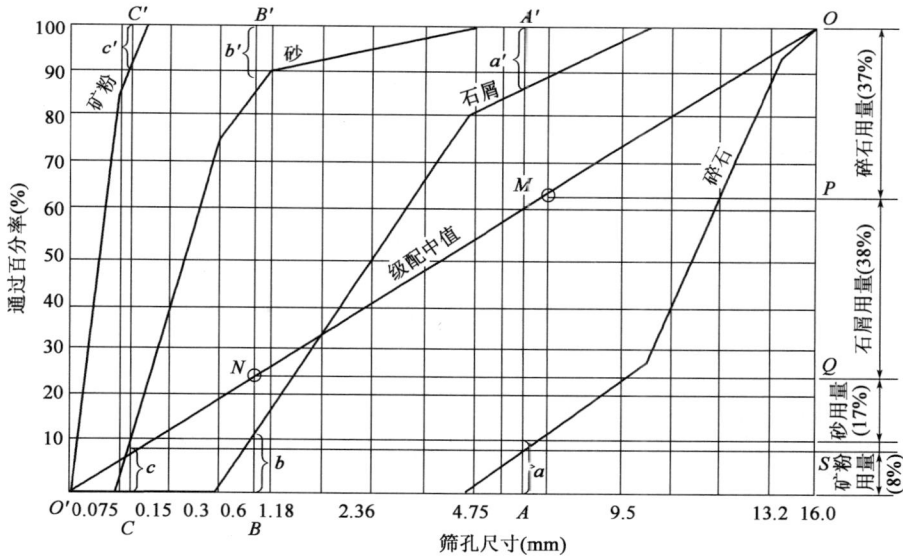

图7-13　矿质混合料配合比计算图

步骤2：确定各种集料用量。

在碎石集料与石屑集料级配曲线相重叠部分作一垂线AA'，使垂线截取这两条级配曲线的纵坐标值相等（即$a = a'$）。垂线AA'与对角线OO'有一交点M，过M引一水平线，与纵坐标交于P点，OP的长度$X = 37\%$，即为碎石集料的用量。同理，求出石屑集料的用量$Y = 38\%$，砂集料的用量$Z = 17\%$，矿粉的用量$W = 8\%$。

步骤3：调整配合比。

由于高速公路交通量大、轴载重，为使沥青混合料具有较高的高温稳定性，合成级配曲线应偏向级配曲线范围的下限,为此应调整配合比。

经过组成配合比的调整,各种材料用量为:碎石:石屑:砂:矿粉 = 43%:35%:15%:7%。此计算结果见表7-33中括号内数字。各种材料组成配合比计算见表7-33,再将表7-33计算所得合成级配绘于矿质混合料级配范围图7-14中。

矿质混合料组成配合计算表　　　　　　　　　　　表7-33

材料组成		筛孔尺寸(方筛孔)(mm)									
		16.0	13.2	9.5	4.75	2.36	1.18	0.6	0.3	0.15	0.075
		通过百分率(%)									
原材料级配	碎石100%	100	94	26	0	0	0	0	0	0	0
	石屑100%	100	100	100	80	40	17	0	0	0	0
	砂100%	100	100	100	100	94	90	76	38	17	0
	矿粉100%	100	100	100	100	100	100	100	100	100	86
各矿质材料在混合料中的级配	碎石37% (43%)	37 (43)	34.8 (40.4)	9.6 (11.2)	0 (0)	0 (0)	0 (0)	0 (0)	0 (0)	0 (0)	0 (0)
	石屑38% (35%)	38 (35)	38 (35)	38 (35)	30.4 (28)	15.2 (14)	6.5 (5.9)	0 (0)	0 (0)	0 (0)	0 (0)
	砂17% (15%)	17 (15)	17 (15)	17 (15)	17 (15)	15.9 (14.1)	15.3 (13.5)	12.9 (11.4)	6.5 (5.7)	2.9 (2.6)	0 (0)
	矿粉8% (7%)	8 (7)	8 (7)	8 (7)	8 (7)	8 (7)	8 (7)	8 (7)	8 (7)	8 (7)	6.9 (6.0)
合成级配		100 (100)	97.8 (97.4)	72.6 (68.2)	55.4 (50)	39.1 (35.1)	29.8 (26.4)	20.9 (18.4)	14.5 (12.7)	10.9 (9.6)	6.9 (6.0)
级配范围	(AC-13)	100	90~100	68~85	38~68	24~50	15~38	10~28	7~20	5~15	4~8
级配中值		100	95	76.5	53	37	26.5	19	13.5	10	6

注:括号内的数字为级配调整后的各项相应数值。

图7-14显示,调整后的合成级配曲线为一光滑平顺接近级配曲线下限的曲线。

2)最佳沥青用量确定

(1)试件成型。

根据当地气候条件属于1-4夏炎热冬温区,采用70号沥青。

根据经验,AC-13型沥青混合料的沥青用量范围为4.5%~6.5%。采用0.5%间隔变化,分别选择沥青用量4.5%、5.0%、5.5%、6.0%、6.5%拌制五组沥青混合料,按表7-6规定每面各击实75次成型五组试件。

(2)马歇尔试验。

①物理指标测定。根据沥青混合料的材料组成,计算每个沥青用量下试件的理论最大密度。采用表干法测定试件的空气中质量和表干质量,计算试件的毛体积密度、矿料间隙率、沥青饱和度等体积参数指标,结果见表7-34。

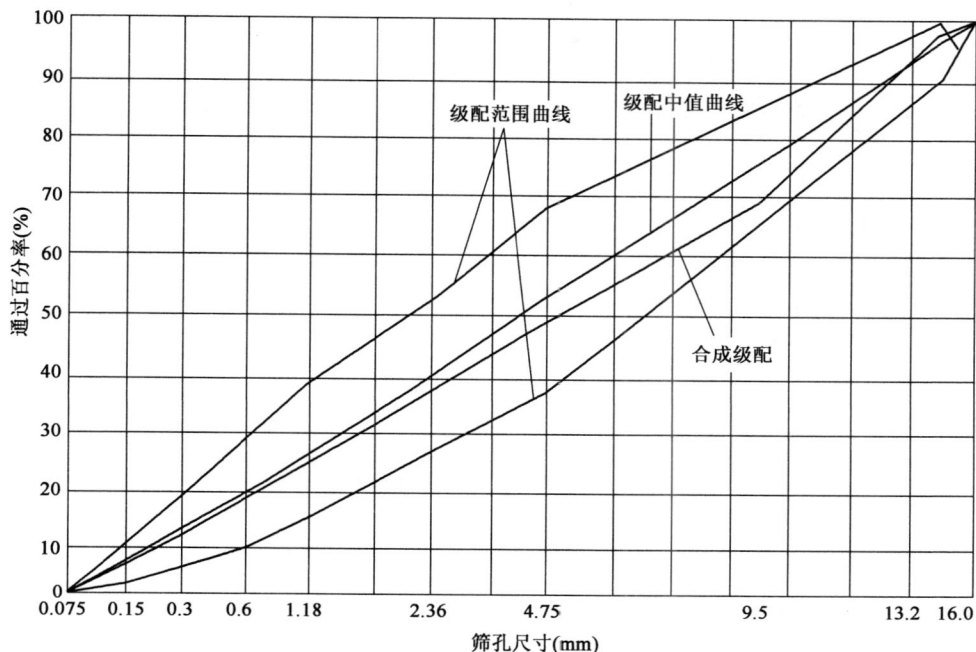

图 7-14　矿质混合料级配范围和合成级配图

马歇尔试验物理-力学指标测定结果汇总表　　　　　　表 7-34

试件组号	沥青用量（%）	技术性质					
		毛体积密度 ρ_s（g/cm³）	空隙率 VV（%）	矿料间隙率 VMA（%）	沥青饱和度 VFA（%）	稳定度 MS（kN）	流值 FL（0.1mm）
01	4.5	2.353	6.4	16.7	61.7	7.8	21
02	5.0	2.378	4.7	16.3	71.2	8.6	25
03	5.5	2.392	3.4	16.2	79.0	8.7	32
04	6.0	2.401	2.3	16.4	85.8	8.1	37
05	6.5	2.396	1.8	17.0	89.4	7.0	44
技术标准（JTG F40—2004）	—	3～6	≥15	65～75	≥8	15～40	

②力学指标测定。测定物理指标后的试件，在60℃温度下测定其马歇尔稳定度和流值。马歇尔试验结果列于表7-34，表7-34中最后一行中的数据是规范对沥青混合料各项指标的技术要求，供对照评定。

③马歇尔试验结果分析。

a. 绘制沥青用量与物理－力学指标关系图。根据表7-34马歇尔试验结果汇总表，绘制沥青用量与毛体积密度、空隙率、饱和度、矿料间隙率、稳定度、流值的关系图，如图7-15所示。

b. 确定沥青用量初始值 OAC_1。由图7-15得，相应于稳定度最大值的沥青用量 $a_1 = 5.4\%$，相应于密度最大值的沥青用量 $a_2 = 6.0\%$，相应于规定空隙率范围中值的沥青用量 $a_3 = 5.1\%$，相应于沥青饱和度范围中值的沥青用量 $a_4 = 4.9\%$。

$$OAC_1 = (5.4\% + 6.0\% + 5.1\% + 4.9\%)/4 = 5.35\%$$

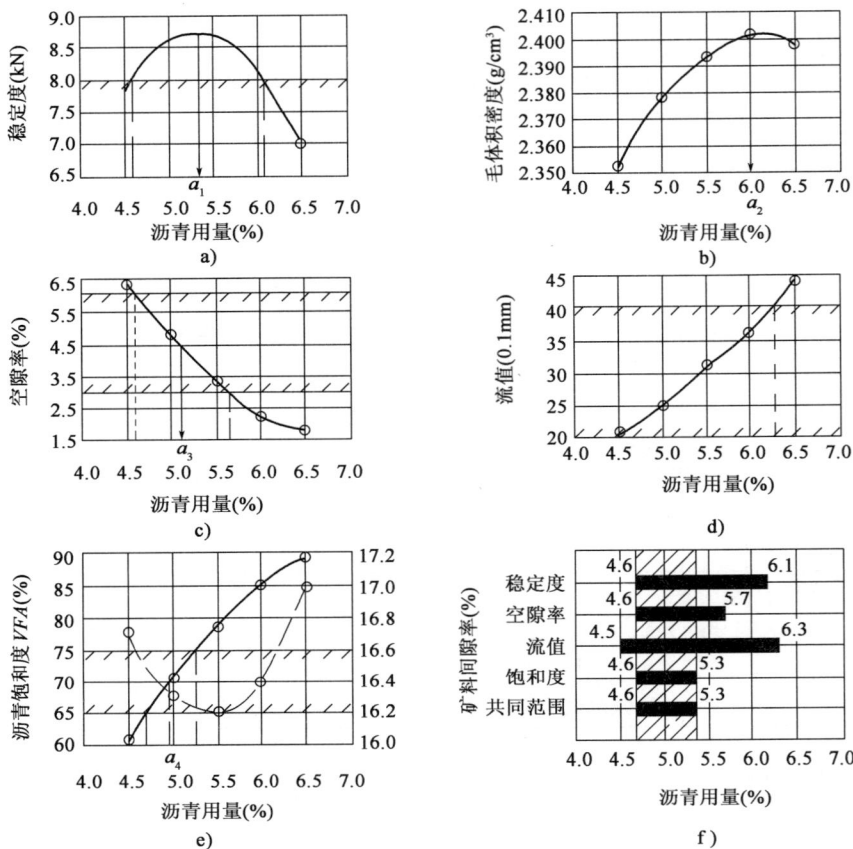

图7-15　沥青用量与马歇尔试验物理-力学指标关系图

c. 确定沥青用量初始值 OAC_2。由图7-15得,各指标符合沥青混合料技术指标的沥青用量范围: $OAC_{min} = 4.6\%$, $OAC_{max} = 5.3\%$,则

$$OAC_2 = (OAC_{min} + OAC_{max})/2 = (4.6\% + 5.3\%)/2 = 4.95\%$$

d. 通常情况下取 OAC_1 和 OAC_2 的中值作为计算的最佳沥青用量 OAC。

$$OAC = (OAC_1 + OAC_2)/2 = (5.35\% + 4.95\%)/2 = 5.15\%$$

e. 按式(7-15)计算最佳沥青用量 OAC,从图7-15中得出所对应的空隙率和 VMA 值,满足表7-7关于最小 VMA 值的要求。

f. 综合确定最佳沥青用量 OAC。一般条件下,以 OAC_1 和 OAC_2 的平均值作为最佳沥青用量,即 $OAC = 5.15\%$。当地最热月平均最高气温31℃,最冷月平均气温 −8℃,查表7-4确定该沥青路面的气候分区属于夏炎热冬温区(1 −4),考虑在高速公路上渠化交通对沥青路面的作用,预计可能出现车辙,宜在空隙率符合要求的范围内将计算的最佳沥青用量减小(0.1 ~ 0.5)%作为设计沥青用量。本例取调整后的最佳沥青用量 $OAC = 5.1\%$ 进行试验。

④沥青混合料抗车辙能力校核。采用沥青用量5.1%和5.4%分别制备车辙试件,按照规定方法进行车辙试验,试验结果见表7-35。在两种沥青用量下,试件的动稳定度均大于1000

次/mm,符合高等级道路对沥青混合料抗车辙性能的技术要求。

沥青混合料抗车辙试验 表7-35

沥青用量（%）	试验温度 T（℃）	试验轮压（MPa）	实验条件	动稳定度 DS（次/mm）	1-4-1区要求值
$OAC'=5.4$	60	0.7	不浸水	1130	≥1000
$OAC=5.1$	60	0.7	不浸水	1380	

⑤沥青混合料的水稳定性检验。采用沥青用量5.1%和5.4%分别制备沥青混合料试件，按照规定方法进行浸水马歇尔试验和冻融劈裂试验,试验结果见表7-36。从表中可知,在 $OAC=5.1\%$ 和 $OAC'=5.4\%$ 两个沥青用量下,沥青混合料的浸水残留稳定度大于80%,冻融劈裂强度比大于75%,满足沥青混合料水稳定性技术要求。

沥青混合料水稳定性试验结果 表7-36

沥青用量（%）	浸水残留稳定度 MS_0（%）	冻融劈裂强度比 TSR（%）
$OAC'=5.4$	89	82
$OAC=5.1$	82	75
1-4-1区要求值	≥80	≥75

由以上试验结果可见,当沥青用量为5.1%时,水稳定性能够符合要求,且沥青混合料的动稳定度较高,抗车辙能力较强,因此可以选择沥青用量5.1%作为最佳沥青用量。

模块三 其他沥青混合料

3.1 沥青稳定碎石混合料

沥青稳定碎石(Asphalt Treated Base,简称ATB)属路面柔性结构层材料,具有较高的抗剪强度、抗弯拉强度和抗疲劳性。与半刚性基层相比,其不易产生收缩开裂和水损害,具有良好的经济效益和使用性能。与用于面层的沥青混凝土相比,沥青稳定碎石混合料针对基层设计,粒径偏大,级配偏粗,沥青用量偏少,对原材料的要求略低。沥青稳定碎石混合料受水和冰冻病害作用小,裂缝自愈能力强,具有良好的路用性能。

1)沥青稳定碎石混合料的技术性质

(1)高温抗变形性能

作为基层的沥青稳定碎石混合料,所处环境的温度虽然远低于沥青路面表面的高温,但是在夏季高温时,沥青稳定碎石基层内的最高温度接近40℃,仍要求沥青稳定碎石具有一定的高温稳定性能以避免车辙破坏。沥青稳定碎石基层采用较低的沥青用量,级配碎石形成的骨架结构使沥青稳定碎石材料具有良好的抗高温变形能力。

(2)低温抗裂性

沥青稳定碎石混合料是黏弹性材料,相对于半刚性基层,具有良好的抗开裂能力,并具有一定的裂缝自愈能力,具有良好的低温抗裂性能。在一般气候条件下,沥青稳定碎石作为路面结构的基层所面临的低温状态不会很严重,但在冬季气温急剧降低时,也可能会因收缩而产生横向裂缝。

(3)水稳定性

沥青稳定碎石的水稳定性取决于沥青与集料的黏附作用。较低的沥青用量和较大的空隙率决定了其水稳定性能低于密级配沥青混凝土。沥青稳定碎石混合料作为基层所面临的水损害不如面层严重。大部分的地面水经面层混合料的阻挡,下渗水分已有所减少;同时,经面层应力分散后的汽车动荷载作用的动水压力和抽吸力有所下降;此外,由于地表辐射、吸热作用和温度传递随深度增加而递减的规律,使得基层混合料面临的冻融循环破坏大为缓解。

(4)耐疲劳性能

对于沥青稳定碎石基层,由于其层位的关系受到面层隔温、保护的作用,处于高温温度域或低温温度域的机会少于面层,因此,其主要处于常温温度域。此时沥青混合料的模量适中,重复荷载反复所造成的疲劳破坏成为混合料的主要破坏形式。

2)沥青稳定碎石基层的应用和优势

在我国目前的沥青路面结构中基层形式以半刚性基层为主。半刚性基层用料具有来源广泛,造价低,整体性好,刚度、强度大等优点,但同时半刚性基层也存在开裂问题而影响路面使用性能。沥青稳定碎石基层是不同于半刚性基层的柔性基层,是用适量的沥青对级配集料进行稳定后用于沥青路面的基层。

相比于半刚性基层,沥青稳定碎石具有下列优势:

①沥青稳定碎石基层沥青路面,由于面层和基层材料结构的相似性,路面结构受力、变形更为协调。

②设计优良的沥青稳定碎石基层混合料能保证一定的空隙率,使水分顺畅地通过基层排出,不会滞留在路面结构中造成路面的水稳性破坏。

③沥青混合料对于水分的变化不敏感,受水和冰冻影响较小,不会因为干缩裂缝而导致面层出现反射裂缝。

④沥青稳定碎石基层同沥青面层一起构成全厚式沥青面层,从而使得整个沥青面层的修筑时间减少。

⑤维修养护费用低,使用寿命长。

3.2 沥青玛蹄脂碎石混合料(SMA)

沥青玛蹄脂碎石混合料是一种以沥青结合料与少量的纤维稳定剂、细集料以及较多的填料(矿粉)组成的沥青玛蹄脂,填充于间断级配的粗集料骨架间隙中形成一体所得到的沥青混合料,简称 SMA。

1)强度形成理论

SMA 中粗集料形成骨架,混合料中粗集料相互之间的接触面(或支撑点)很多,细集料很少,玛蹄脂部分仅仅填充了粗集料之间的空隙,行车荷载主要由粗集料骨架承受。由于粗集料颗粒之间有良好的嵌挤作用,同时又能达到较为密实的状态,所以 SMA 混合料能够兼顾高温性能和低温性能,具有良好的耐久性,路用性能优异。

2）技术性质

（1）高温稳定性

SMA 混合料中，粒径≥4.75mm 的粗集料高达 70%～80%，矿粉用量为 10% 左右，细集料较少。粗颗粒之间有着良好的嵌挤作用，所以 SMA 混合料抵抗荷载变形的能力较强。即使在高温条件下，沥青玛蹄脂的黏度下降，对混合料抗变形能力的影响不大，因而 SMA 混合料有着较强的高温抗车辙能力。

（2）低温抗裂性

由于在 SMA 混合料中有着相当数量的沥青玛蹄脂，当温度下降混合料收缩使集料颗粒被拉开时，沥青玛蹄脂有较高的黏结能力，它的韧性和柔性使得混合料具有良好的低温变形能力。

（3）耐久性

SMA 混合料空隙率较小，沥青与水或空气的接触较少，因而 SMA 混合料的水稳定性和抗老化性较普通沥青混合料好；同时，由于 SMA 混合料基本不透水，用于路面表面层时对中、下面层和基层有着较好的保护作用和隔水作用，使沥青路面保持较高的整体强度和稳定性。

（4）表面特征

SMA 混合料是一方面使用坚硬、粗糙、耐磨的高质量碎石，另一方面采用间断级配的矿料，经过压实后形成的。SMA 混合料构造深度大，一般超过 1mm，这使得沥青面层具有良好的抗滑性和耐磨性能，还能减少溅水，减少噪声，提高道路行驶质量。

3.3　开级配抗滑磨耗层（OGFC）

开级配抗滑磨耗层（Open Graded Fiction Course，简称 OGFC），是一种多孔性排水式沥青混合料，具有优良的表面功能。在沥青路面的表面功能中，抗滑、排水、减少噪声、防溅水、防水雾、防眩光以及透水等，有些是互相矛盾的，需根据路面使用情况进行选择。开级配抗滑磨耗层是指用具有连通大空隙的沥青混合料铺筑的，能迅速从内部排走路表雨水，而具有防滑、抗车辙及降低噪声的一种路面。

1）技术性质

（1）排水性能

利用 OGFC 混合料修筑的沥青面层，可提高雨天的抗滑性和行车安全性。由于雨水能及时被排走，从而就会消除水滑现象。即使表面仍有部分积水，也会因路面丰富的空隙使水压沿多方向消散，这样可保持车轮与路面的稳定接触，避免或减轻车轮在中、大雨时的水漂程度，防止车辆制动和操纵失控，提高安全性。

（2）降噪功能

开级配抗滑磨耗层降低噪声的性能主要是由于大空隙的作用。

（3）高温稳定性

采用高黏度改性沥青的开级配抗滑磨耗层的高温稳定性比一般沥青混凝土高。由于粗集料大颗粒间相互直接接触而构成的骨架结构承担了荷载的作用，加上高黏度改性沥青优良的黏附作用，透水性沥青混合料的动稳定度能够达到约 5000 次/mm，高温下抵抗变形能力大，具有良好的抗车辙能力。

（4）耐久性

开级配抗滑磨耗层的耐久性比一般沥青混合料路面要低，主要表现为：开级配抗滑磨耗层的空隙在使用一定时间后，由于灰尘、污物堵塞而减少，排水、吸噪效果降低，会较早产生老化、剥落的现象。

2）开级配抗滑磨耗层的性能改善措施

开级配抗磨耗层沥青混合料虽然具有许多优点，但同时也存在一些性能上的不足之处，需要在原材料选择、配合比组成设计、养护方面采取相应的措施，在一定程度上消除或弥补这些不足。OGFC 沥青混合料的结合料一般要求使用掺入了高黏添加剂的优质道路沥青，改性后的沥青可增加沥青薄膜厚度，延缓沥青的老化，同时也可提高沥青与矿料间的黏结力。

3.4 乳化沥青混合料

乳化沥青混合料是采用乳化沥青与矿质混合料在常温状态下拌和的，经铺筑与压实后形成的沥青混合料。其根据矿料的级配类型分为乳化沥青碎石混合料与乳化沥青混凝土混合料。乳化沥青混合料适用于沥青路面的维修和养护，如铺筑封层、罩面、修补坑槽等，主要目的是封闭路面表面，使空气和水不能侵入路面结构内部，并抑制路表结构中混合料松散，改善道路的表面外观，是一种节约能源、保护环境、方便施工的路面养护维修材料。

1）乳化沥青混合料的强度形成特性

乳化沥青混合料的强度形成过程与热拌沥青混合料有着明显的不同。乳化沥青混合料中的乳化沥青必须经过与矿料界面黏附、分解破乳、排水、蒸发等过程才能完全恢复其中沥青的黏结性能。

由于分散在混合料中的水分不能立即排净，在铺筑初期，这些水分大部分呈游离状态占据着混合料中的空隙，而水的黏度远远低于沥青的黏度，在混合料中的"润滑"作用大大高于沥青，从而降低了矿料颗粒间的内摩阻力，使沥青混合料的早期强度和稳定性下降。因此，经碾压后的乳化沥青混合料，需要比热拌沥青混合料成型过程长得多的时间，才能达到一定的强度。乳化沥青混合料经过摊铺、碾压及行车压实，水分将逐渐蒸发，其密实度逐渐增强，强度不断提高。

2）乳化沥青混合料的材料要求

在乳化沥青混合料中，对集料和填料的质量和规格的相关要求与热拌沥青混合料基本相同。乳化沥青碎石混合料的级配可参照热拌沥青混合料 AM 型的级配，乳化沥青混凝土混合料的级配可参照热拌沥青混凝土混合料 AC 型的级配。

3.5 稀浆封层与微表处

沥青稀浆封层是用适当级配的石屑或砂、填料（水泥、石灰、粉煤灰和石粉等）与乳化沥青、外掺剂和水，按一定比例拌和而成的流动状态的沥青混合料，将其均匀地摊铺在路面上形成的沥青封层，该混合料简称为稀浆混合料。稀浆封层一般用于二级及二级以下公路的预防性养护，也适用于新建公路的下封层。由于稀浆混合料施工方便，投资费用少，对道路使用性能有着较为明显的改观，所以得到了广泛应用。沥青稀浆封层仅仅是在现有道路加铺了很薄的表层,因此它对道路结构无显著的增强作用。

微表处是用适当级配的石屑或砂、填料(水泥、石灰、粉煤灰和石粉等),采用聚合物改性乳化沥青、外掺剂和水,按一定比例拌和而成的流动状态的沥青混合料,将其均匀地摊铺在路面上所形成的沥青封层。微表处主要用于高速公路及一级公路的预防性养护,以及填补轻度车辙,也适用于新建公路的抗滑磨耗层。

1)沥青稀浆封层混合料的类型

根据乳化沥青特性和使用目的,稀浆封层混合料分为普通乳化沥青稀浆封层(简称普通稀浆封层,代号 ES)和改性乳化稀浆封层(简称改性稀装封层),用于精细表面处治封层的改性稀浆封层又简称为微表处,代号 MS。

(1)普通沥青稀浆封层混合料

在我国《沥青路面施工及验收规范》(GB 50092—1996)中,参照国际稀浆协会 ISSA 标准,按照矿料级配组成将普通沥青稀浆封层混合料分为 ES-1、ES-2 和 ES-3 三种类型。

ES-1 型称为细封层。由于矿料颗粒尺寸较小、沥青含量较高,ES-1 型稀浆混合料具有较好的渗透性,有利于治愈路面裂缝,适用于一般交通道路路面上较大裂缝的修补,以及中、轻交通道路的薄层罩面处理,尤其适合于寒冷地区道路及轻交通道路使用。ES-2 型称中粒式封层,含有足够数量的细集料和乳化沥青,又含有一定数量的粒径较大颗粒,使得稀浆混合料既能够渗透到路面裂缝之中,又兼具一定的抗滑性和耐磨性,用途广泛,是铺筑中等交通道路磨耗层最常用的类型,也适用于旧路修复罩面。ES-3 型称为粗封层,其混合料中有一定数量的较大粒径的颗粒,封层表面较为粗糙,适用于一般道跻的表层抗滑处理,以及铺筑高粗糙度的磨耗层。

(2)改性乳化沥青稀浆封层(微表处)混合料

微表处混合料分为 MS-1、MS-2 和 MS-3 三种类型。其中微表处混合料 MS-1 型适用于重要道路、桥面铺装的薄层微表处罩面。MS-2 型适用于高速公路、一级公路、城市快速路、主干路的较薄微表处。MS-3 型适用于高速公路和一级公路铺筑高粗糙度的磨耗层。高速公路与一级公路的养护维修宜采用微表处,微表处也可作为新建道路的磨耗层。

2)稀浆封层混合料的技术性能

(1)可拌和时间

通过拌和试验可预测稀浆混合料破乳前的可拌和时间。可拌和时间的长短与乳化剂品种、乳化性能及用量、乳化效果、集料性能和温度等有直接的关系,可适当调整组成材料及其配合比,使可拌和时间符合要求。

(2)稀浆混合料的稠度

稀浆混合料的稠度应满足施工和易性的要求。在进行稀浆封层施工时,若稀浆混合料稠度过大,则不便于摊铺成型;而稀浆混合料太稀,则封层的稳定性较差,摊铺后容易离析,产生集料下沉沥青上浮的现象,导致成型后的封层表面出现油膜,下部因为缺少松散集料,与原路面黏结不牢,容易出现起皮、脱落等病害。

(3)稀浆混合料的可操作时间

稀浆混合料的可操作时间包括初凝时间和固化时间。初凝时间是指拌和后至沥青乳液破乳完成的时间。为了保证有足够的时间对稀浆混合料进行拌和与铺筑操作,初凝时间不宜太短,但若初凝时间过长,将会延迟开放交通时间,给施工管理带来困难。固化时间是指混合料摊铺后开放交通的时间。固化时间不宜太长,否则将给施工和管理带来困难,延误交通。

(4)稀浆混合料的耐磨耗性能

稀浆混合料成型后,应具备一定的耐磨性,以抵抗车辆荷载的磨耗作用。湿轮磨耗试验是采用模拟汽车轮胎磨耗的方法,检验稀浆混合料中沥青用量、集料质量以及固化后混合料的耐磨强度,目的是控制稀浆封层混合料的最小沥青用量,并可对稀浆混合料的水稳定性进行初步的判断。

3)沥青稀浆封层混合料的原材料及其技术要求

(1)乳化沥青

乳化沥青是稀浆封层混合料的黏结材料,其质量直接影响稀浆封层的质量。各类乳化沥青质量必须符合相关的技术要求。

在选择乳化沥青时,要考虑稀浆混合料的施工和易性,即在乳化沥青与矿料的拌和、摊铺过程中,稀浆混合料应均匀、不破乳、不离析、处于良好的流动状态。在需要尽早开放交通路段的道路结构中,应选用凝结速率较快的、慢裂快凝的、拌和型乳化沥青或改性乳化沥青。在不需要立即通车的路段或在尚未通车的新建道路上使用时,可采用慢裂慢凝型乳化沥青或改性乳化沥青。若在普通乳化沥青稀浆掺加水泥时,可以采用非离子型乳化沥青。

(2)集料

稀浆封层与微表处混合料应选择坚硬、耐磨洁净的集料,不得含有泥土和杂物。粗集料除应满足热拌沥青混合料用粗集料的质量要求外,还应满足表7-37的技术要求。

稀浆封层用集料的技术要求　　　　　　　　表7-37

混合料类型	普通稀浆封层	改性稀浆封层	微表处
破碎面比例(%)	100	100	100
原石料的表观相对密度(g/cm^3),>	2.6	2.6	2.6
原石料的压碎值(%),<	30	28	25
原石料的洛杉矶磨耗率(%),<	30	28	25
集料的坚固性损失(%),<	12	12	12
集料的吸水率(%),<	3	2	2
粗集料的针片状颗粒含量(%),<	25	20	20
小于4.75mm细集料的砂当量(%),>	50	55	60

(3)填料和外加剂

稀浆混合料中填料的作用不仅是填充混合料的空隙,还可以改善稀浆混合料的施工和易性,如调节稀浆混合料的稠度、破乳和成型速度,并提高混合料性能和稳定性。填料可以是矿粉、水泥、石灰、粉煤灰等。填料的品种和剂量由试验确定,以不影响稀浆混合料性能为度,最好选用硅酸盐水泥作为填料。

为了调节稀浆混合料中乳化沥青的破乳速度,满足拌和、摊铺和开放交通时间的需要,可以掺加适量外加剂,如氯化钙、氯化铵、氯化钠、硫酸铝等。外加剂可以直接掺入稀浆混合料中,也可以掺入稀浆混合料的某成分中,但必须能够与这些成分均匀相容。

3.6 冷再生沥青混合料

泡沫沥青冷再生工艺是将旧沥青面层(有时连同少量基层)铣刨破碎处置后,加入一定量的新集料并通过专门设备喷入泡沫沥青,经拌和和碾压成型的,是一种节能环保、经济简便的道路维修手段。

泡沫沥青冷再生作为一种道路维修方案,在我国大面积的道路进入养护维修期时,能够获得巨大的经济和社会效益。冷再生技术的关键在于应用泡沫沥青作为结合料黏结再生粒料。泡沫沥青也称为膨胀沥青,是将一定的水注入热沥青使其体积发生膨胀,形成大量的沥青泡沫,经过很短的时间沥青泡沫破裂。当泡沫沥青与集料接触时,沥青泡沫瞬间化为数以百万计的"小颗粒",散布于细集料(特别是粒径小于 0.075mm 的细料)表面,形成黏有大量沥青的细填缝料,经过拌和和压实,这些细料能填充湿冷粗料之间的空隙并产生类似砂浆的作用,使混合料达到稳定。

模块四　沥青混合料性能检测

4.1 沥青混合料试件制作方法(击实法)(JTG E20 T0702—2011)

1)目的与适用范围

(1)本方法适用于标准击实法或大型击实法制作沥青混合料试件,以供实验室进行沥青混合料物理力学性质试验使用。

(2)标准击实法适用于马歇尔试验、间接抗拉试验(劈裂法)等所使用的 ϕ101.6mm × 63.5mm圆柱体试件的成型。大型击实法适用于 ϕ152.4mm × 95.3mm 的大型圆柱体试件的成型。

(3)沥青混合料试件制作时矿料规格及试件数量应符合如下规定:

①沥青混合料配合比设计及在实验室人工配制沥青混合料制作试件时,试件直径不小于集料公称最大粒径的 4 倍,厚度不小于集料公称最大粒径的 1~1.5 倍。对直径 ϕ101.6mm 的试件,集料公称最大粒径不大于26.5mm。对粒径大于 26.5mm 的粗粒式沥青混合料,其大于26.5mm 的集料应用等量的 13.2~26.5mm 集料代替(代替法),也可采用直径 ϕ152.4mm 的大型圆柱体试件。大型圆柱体试件适用于集料公称最大粒径不大于 37.5mm 的情况。实验室成型的一组试件的数量不得少于 4 个,必要时宜增加至 5~6 个。

②用拌和厂及施工现场采集的拌和站沥青混合料成品试样制作直径 ϕ101.6mm 的试件时,按下列规定选用不同的方法及试件数量。

a. 当集料公称最大粒径小于或等于 26.5mm 时,可直接取样(直接法)。一组试件的数量通常为 4 个。

b. 当集料公称最大粒径大于 26.5mm,但不大于 31.5mm 时,宜将大于 26.5mm 的集料筛除后使用(过筛法),一组试件数量仍为 4 个,如采用直接法,一组试件的数量应增加至 6 个。

c.当集料公称最大粒径大于 31.5mm 时,必须采用过筛法。过筛的筛孔为 26.5mm,一组试件仍为 4 个。

2)仪器设备

(1)标准击实仪:由击实锤、ϕ98.5mm 平圆形压实头及带手柄的导向棒组成。用人工或机械将压实锤举起,从 457.2mm ±1.5mm 高度沿导向棒自由落下击实,标准击实锤质量 4536g ±9g。

大型击实仪,由击实锤、ϕ149.5mm 平圆形压实头及带手柄的导向棒(直径 15.9mm)组成。用机械将压实锤举起,从 457.2mm ±2.5mm 高度沿导向棒自由落下击实,大型击实锤质量 10210g ±10g。

(2)标准击实台:用以固定试模,在 200mm×200mm×457mm 的硬木墩上面有一块 305mm×305mm×25mm 的钢板,木墩用 4 根型钢固定在下面的水泥混凝土板上。木墩采用青冈栎、松或其他干密度为 0.67 ~ 0.77g/cm³ 的硬木制成。人工击实或机械击实均必须有此标准击实台。

试图 7-1　自动击实仪

自动击实仪是将标准击实锤及标准击实台安装一体并用电力驱动使击实锤连续击实试件且可自动记数的设备,击实速度为(60 ±5)次/min,如试图 7-1 所示。大型击实法电动击实的功率不小于 250W。

(3)实验室用沥青混合料拌和机:能保证拌和温度并充分拌和均匀,可控制拌和时间,容量不小于 10L,如试图 7-2 所示。搅拌叶自转速度 70 ~ 80r/min,公转速度 40 ~ 50r/min。

(4)脱模机:电动或手动,可无破损地推出圆柱体试件,备有标准圆柱体试件及大型圆柱体试件尺寸的推出环,如试图 7-3 所示。

试图 7-2　沥青混合料拌和机

试图 7-3　脱模机

(5)试模:由高碳钢或工具钢制成,每组包括内径(101.6 ±0.2)mm,高 87mm 的圆柱形金属筒、底座(直径约 120.6mm)和套筒(内径 101.6mm、高 70mm)各 1 个。

大型圆柱体试件的试模、套筒和底座如试图 7-4 所示。套筒外径 165.1mm,内径155.6mm ±0.3mm,总高 83mm。试模内径(152.4 ±0.2)mm,总高 115mm,底座板厚 12.7mm,直径 172mm。

试图 7-4　试模、套筒和底座

（6）烘箱：大、中型各一台，装有温度调节器。

（7）天平或电子秤：用于称量矿料的，感量不大于 0.5g；用于称量沥青的，感量不大于 0.1g。

（8）沥青运动黏度测定设备：毛细管黏度计、赛波特重油黏度计或布洛克菲尔德黏度计。

（9）插刀或大螺丝刀。

（10）温度计：分度为 1℃。宜采用有金属插杆的数显式温度计，金属插杆的长度不小于 150mm。量程 0～300℃，数字显示或度盘指针的分度 0.1℃，且有留置读数功能。

（11）其他：电炉或煤气炉、沥青熔化锅、拌和铲、标准筛、滤纸（或普通纸）、胶布、卡尺、秒表、粉笔、棉纱等。

3）试验方法与步骤

（1）试验准备

①确定制作沥青混合料试件的拌和与压实温度。当缺乏沥青黏度测定条件时，试件的拌和与压实温度可按试表 7-1 选用，并根据沥青品种和标号做适当调整。针入度小、稠度大的沥青取高限，针入度大、稠度小的沥青取低限，一般取中值。对改性沥青，应根据改性剂的品种和用量，适当提高混合料的拌和和压实温度，对大部分聚合物改性沥青，需要在基质沥青的基础上提高 15～30℃左右，掺加纤维时，尚需再提高 10℃左右。

沥青混合料及压实温度参考表　　　　　　　　　　试表 7-1

沥青结合料种类	拌和温度（℃）	压实温度（℃）
石油沥青	140～160	120～150
煤沥青	90～120	80～110
改性沥青	160～175	140～170

常温沥青混合料的拌和及压实在常温下进行。

②按规定方法在拌和厂或施工现场采集沥青混合料试样。将试样置于烘箱中或加热的砂浴上保温，在混合料中插入温度计测量温度，待混合料温度符合要求后成型。需要适当拌和时可倒入已加热的小型沥青混合料拌和机中适当拌和，时间不超过 1min。但不得用铁锅在电炉或明火上加热炒拌。

③在实验室人工配制沥青混合料时，材料准备按下列步骤进行：

a. 将各种规格的矿料置于（105±5）℃的烘箱中烘干至恒重，一般不小于 4～6h。根据需要,粗集料可先用水冲洗干净后烘干,也可将粗集料过筛后用水冲洗再烘干备用。

b.按规定试验方法分别测定不同粒径规格粗、细集料及填料(矿粉)的各种密度,按规定方法测定沥青的密度。

c.将烘干分级的粗细集料,按每个试件设计级配要求称其质量,在一金属盘中混合均匀,矿粉单独加热,置于烘箱中预热至沥青拌和温度以上约15℃(采用石油沥青时通常为163℃;采用改性沥青时通常需180℃)备用。一般按一组试件(每组4~6个)备料,但进行配合比设计时宜对每个试件分别备料,当采用替代法时,对粗集料中粒径大于26.5mm的部分,以13.2~26.5mm粗集料等量代替。常温沥青混合料的矿料不应加热。

d.将规定方法采集的沥青试样,用恒温烘箱或油浴、电热套熔化加热至规定的沥青混合料拌和温度备用,但不得超过175℃。当不得已采用燃气炉或电炉直接加热进行脱水时,必须使用石棉垫隔开。

④用黏有少许黄油的棉纱擦净试模、套筒及击实座等并置于100℃左右烘箱中加热1h备用。常温沥青混合料用试模不加热。

(2)试验步骤

①拌制黏稠石油沥青或煤沥青混合料

a.沥青混合料拌和机预热至拌和温度以上10℃左右备用。

b.将加热的粗细集料置于拌和机中,用小铲子适当混合,然后再加入需要数量的已加热至拌和温度的沥青(如沥青已称量在一专用容器内时,可在倒掉沥青后用一部分热矿粉将粘在容器壁上的沥青擦拭一起倒入拌和锅中);开动拌和机,一边搅拌一边将拌和叶片插入混合料中拌和1~1.5min,然后暂停拌和,加入单独加热的矿粉,继续拌和至均匀为止,并使沥青混合料保持在要求的拌和温度范围内,标准的总拌和时间为3min。

②马歇尔标准击实法的成型步骤

a.将拌好的沥青混合料,均匀称取一个试件所需的用量(标准马歇尔试件约1200g,大型马歇尔试件约4050g)。当已知沥青混合料的密度时,可根据试件的标准尺寸计算并乘以1.03得到要求的混合料数量。当一次拌和几个试件时,宜将其倒入经预热的金属盘中,用小铲适当拌和均匀分成几份,分别取用,在试件制作过程中,为防止混合料温度下降,应连盘放在烘箱中保温。

b.从烘箱中取出预热的试模及套筒,用蘸有少许黄油的棉纱擦拭套筒、底座及击实锤底面,将试模装在底座上,垫一张圆形的吸油性小的纸,按四分法从四个方向用小铲将混合料铲入试模中,用插刀或大螺丝刀沿周边插捣15次,中间10次。插捣后将沥青混合料表面整平成凸圆弧面。对大型马歇尔试件,混合料分两次加入,每次插捣数同上。

c.插入温度计,至混合料中心附近,检查混合料温度。

d.待混合料温度符合要求的压实温度后,将试模连同底座一起放在击实台上固定。在装好的混合料上面垫一张吸油性小的圆纸,再将装有击实锤及导向棒的压实头插入试模中,然后开启电动机或人工将击实锤从457mm的高度自由落下击实规定的次数(75、50或35次)。对大型马歇尔试件,击实次数为75次(相应于标准击实50次的情况)或112次(相应于标准击实75次的情况)。

e.试件击实一面后,取下套筒,将试模翻面,装上套筒,然后以同样的方法和次数击实另一面。

f. 试件击实结束后,立即用镊子取掉上下面的纸,用卡尺量取试件离试模上口的高度并由此计算试件高度,如高度不符合要求时,试件应作废,并按下式调整试件的混合料质量,以保证高度符合 63.5mm ±1.3mm(标准试件)或 95.3mm ±2.5mm(大型试件)的要求。

$$调整后混合料质量 = \frac{要求试件高度 \times 原用混合料质量}{所得试件的高度}$$

③卸去套筒和底座,将装有试件的试模横向放置冷却至室温后(不少于 12h),置于脱模机上脱出试件。

用于现场制作马歇尔指标检验的试件,在施工质量检验过程中如急需试验,允许采用电风扇吹冷 1h 或浸水冷却 3min 以上的方法脱模,但浸水脱模法不能用于测量密度、空隙率等各项物理指标。

④将试件仔细置于干燥洁净的平面上,供试验用。

4.2 压实沥青混合料密度试验(表干法)(JTG E20 T0705—2011)

1)目的与适用范围

(1)表干法适用于测定吸水率不大于 2% 的各种沥青混合料试件,包括 I 型或较密实的 II 型沥青混凝土、抗滑表层混合料、沥青玛蹄脂碎石混合料(SMA)试件的毛体积相对密度或毛体积密度。

(2)本方法测定的毛体积密度适用于计算沥青混合料试件的空隙率、矿料间隙率等各项体积指标。

2)仪器设备

(1)浸水天平或电子秤:当最大称量在 3kg 以下时,感量不大于 0.1g;最大称量 3kg 以上时,感量不大于 0.5g;最大称量 10kg 以上时,感量 5g,应有测量水中重的挂钩,如试图 7-5 所示。

(2)网篮,如试图 7-5 所示。

(3)溢流水箱:如试图 7-6 所示,使用洁净水,有水位溢流装置,保持试件和网篮浸入水中后水位一定。

(4)试件悬吊装置:天平下方悬吊网篮及试件的装置,吊线应采用不吸水的细尼龙线绳,并有足够的长度。对轮碾成型、机碾压成型的板块状试件可用铁丝悬挂。

(5)秒表,如试图 7-7 所示。

(6)毛巾。

(7)电风扇或烘箱。

试图 7-5 浸水天平和网篮

3)试验方法与步骤

(1)选择适宜的浸水天平或电子秤,最大称量应不小于试件质量的 1.25 倍,且不大于试件质量的 5 倍。

(2)除去试件表面的浮粒,称取干燥试件的空中质量(m_a),根据选择的天平的感量读数,准确至 0.1g、0.5g 或 5g。

试图 7-6 溢流水箱

试图 7-7 秒表

（3）挂上网篮,浸入溢流水箱中,调节水位,将天平调平或复零,把试件置于网篮中（注意不要晃动水）浸水中约 3~5min,称取水中质量(m_w）。若天平读数持续变化,不能很快达到稳定,说明试件吸水较严重,不适用于此法测定,应改用蜡封法测定。

（4）从水中取出试件,用洁净柔软的拧干湿毛巾轻轻擦去试件的表面水（不得吸走空隙内的水）,称取试件的表干质量(m_f）。

（5）对从工程现场钻取的非干燥试件可先称取水中质量(m_w）,然后用电风扇将试件吹干至恒重（一般不少于 12h,当不需进行其他试验时,也可用 60℃ ±5℃烘箱烘干至恒重）,再称取空气中质量(m_a）。

4）结果整理

（1）计算试件的吸水率,取 1 位小数。

试件的吸水率即试件吸水体积占沥青混合料毛体积的百分率,按式（试 7-1）计算。

$$S_a = \frac{m_f - m_a}{m_f - m_w} \times 100 \qquad （试7-1）$$

式中:S_a——试件的吸水率,% ;

m_a——干燥试件的空中质量,g;

m_w——试件的水中质量,g;

m_f——试件的表干质量,g。

（2）计算试件的毛细体相对密度和毛体积密度,取 3 位小数。

当试件的吸水率符合 $S_a < 2\%$ 的要求时,试件的毛体积相对密度和毛体积密度按式（试 7-2）及式（试 7-3）计算,当吸水率 $S_a > 2\%$ 的要求时,应改用蜡封法测定。

$$r_f = \frac{m_a}{m_f - m_w} \qquad （试7-2）$$

$$\rho_f = \frac{m_a}{m_f - m_w} \times \rho_w \qquad （试7-3）$$

式中:r_f——试件的毛体积相对密度,用表干法测定。当试件吸水率 $S_a > 2\%$ 时,由蜡封法或体积法测定;当按规定容许采用水中重法测定时,也可用表观密度代替;

ρ_f——试件的毛体积密度,g/cm³ ;

ρ_w——常温水的密度,g/cm³ 。

（3）试件的空隙率按式（试 7-4）计算，取 1 位小数。

$$VV = \left(1 - \frac{r_\mathrm{f}}{r_\mathrm{t}}\right) \times 100 \qquad\qquad (\text{试 } 7\text{-}4)$$

式中：VV——试件的空隙率，%；

    r_t——沥青混合料理论最大相对密度，g/cm³。当实测理论最大相对密度有困难时，也可采用按式（试 7-6）或式（试 7-7）计算的理论最大相对密度。

（4）确定矿料的有效相对密度 r_se，按式（试 7-5）计算。

$$r_\mathrm{se} = \frac{100 - P_\mathrm{b}}{\dfrac{100}{r_\mathrm{t}} - \dfrac{P_\mathrm{b}}{r_\mathrm{b}}} \qquad\qquad (\text{试 } 7\text{-}5)$$

式中：r_se——合成矿料有效相对密度，无量纲；

    P_b——试验采用的沥青用量（占混合料总量的百分数），%；

    r_t——试验沥青用量条件下实测得到的最大相对密度，无量纲；

    r_b——沥青的相对密度（25℃/150℃），无量纲。

（5）确定沥青混合料的理论最大相对密度，按式（试 7-6）、式（试 7-7）计算。

$$r_\mathrm{ti} = \frac{100 + P_\mathrm{ai}}{\dfrac{100}{r_\mathrm{se}} + \dfrac{P_\mathrm{ai}}{r_\mathrm{b}}} \qquad\qquad (\text{试 } 7\text{-}6)$$

$$r_\mathrm{ti} = \frac{100}{\dfrac{P_\mathrm{si}}{r_\mathrm{se}} + \dfrac{P_\mathrm{bi}}{r_\mathrm{b}}} \qquad\qquad (\text{试 } 7\text{-}7)$$

式中：r_ti——相对于计算沥青用量 P_bi 时沥青混合料的理论最大相对密度，无量纲；

    P_ai——所计算的沥青混合料中的油石比，%；

    P_bi——所计算的沥青混合料的沥青用量，%；

    P_si——所计算的沥青混合料的矿料含量，$P_\mathrm{si} = 100 - P_\mathrm{bi}$，%；

    r_se——矿料的有效相对密度，无量纲；

    r_b——沥青的相对密度（25℃/15℃），无量纲。

（6）矿料的合成毛体积相对密度 r_sb 按式（试 7-8）计算。

$$r_\mathrm{sb} = \frac{100}{\dfrac{P_1}{r_1} + \dfrac{P_2}{r_2} + \cdots + \dfrac{P_n}{r_n}} \qquad\qquad (\text{试 } 7\text{-}8)$$

式中： r_sb——矿料的合成毛体积相对密度；

  r_1、$r_2 \cdots r_n$——各种矿料相应的毛体积相对密度，粗集料按（JTG E42 T0304—2005）测定，机制砂及石屑按（JTG E42 T0330—2005）方法测定，也可以用筛出的 2.36~4.75mm 部分的毛体积相对密度代替，矿粉（含消石灰、水泥）以表观相对密度代替。

（7）试件中的矿料间隙率按式（试 7-9）计算。

$$VMA = \left(1 - \frac{r_\mathrm{f}}{r_\mathrm{sb}} \times \frac{P_\mathrm{s}}{100}\right) \times 100 \qquad\qquad (\text{试 } 7\text{-}9)$$

式中：VMA——沥青混合料试件的矿料间隙率，%；

P_s——沥青混合料中各种矿料占沥青混合料总质量的百分率之和,即 $\sum P_i$,%;

r_{sb}——意义同前。

（8）试件的有效沥青饱和度按式（试7-10）计算。

$$VFA = \frac{VMA - VV}{VMA} \times 100 \qquad (试7\text{-}10)$$

式中:VFA——沥青混合料试件的有效沥青饱和度,%;

VMA、VV——意义同前。

（9）试件中的粗集料骨架间隙率可按式（试7-11）计算,取1位小数。

$$VCA_{mix} = 100 - \frac{r_f}{r_{ca}} \times P_{ca} \qquad (试7\text{-}11)$$

式中:VCA_{mix}——沥青混合料粗集料骨架之外的体积（通常指小于4.75mm的粗细集料、矿粉、沥青及空隙）占总体积的比例,%;

P_{ca}——沥青混合料中粗集料的比例（由计算,为矿料级配中4.75mm筛余量,即100减去4.75mm通过率之差）,%;

r_{ca}——矿料中所有粗集料颗粒部分对水的合成毛体积相对密度,按式（试7-12）计算。

$$r_{ca} = \frac{P_{1c} + P_{2c} + \cdots + P_{nc}}{\dfrac{P_{1c}}{r_{1e}} + \dfrac{P_{2c}}{r_{2e}} + \cdots + \dfrac{P_{nc}}{r_{ne}}} \qquad (试7\text{-}12)$$

式中:P_{1c}、P_{2c}…P_{nc}——各种粗集料在矿料配合比中的比例,%;

r_{1e}、r_{2e}…r_{ne}——相应的各种粗集料对水的毛体积相对密度。

应在试验报告中注明沥青混合料的类型及采用的测定密度的方法。

4.3　沥青混合料马歇尔稳定度试验（JTG E20 T0709—2011）

1）目的与适用范围

（1）本方法适用于马歇尔稳定度试验和浸水马歇尔稳定度试验,以进行沥青混合料的配合比设计或沥青路面施工质量检验。浸水马歇尔稳定度试验（根据需要,也可进行真空饱水马歇尔试验）供检验沥青混合料受水损害时抵抗剥落的能力时使用,通过测试其水稳定性检验配合比设计的可行性。

（2）本方法适用于标准马歇尔圆柱体试件和大型马歇尔圆柱体试件。

2）仪器设备

（1）沥青混合料马歇尔试验仪:对用于高速公路和一级公路的沥青混合料宜采用自动马歇尔试验仪,用计算机或 $X-Y$ 记录仪记录荷载-位移曲线,并具有自动测定荷载与试件垂直变形的传感器、位移计,能自动显示或打印试验结果。对 $\phi63.5mm$ 的标准马歇尔试件,试验仪最大荷载不小于25kN,测定精度为100N,加载速率应能保持（50±5）mm/min,钢球直径16mm,上下压头曲率半径为50.8mm。当采用 $\phi152.4mm$ 大型马歇尔试件时,试验仪最大荷载不得小于50kN,读数准确度为100N,上下压头的曲率内径为（$\phi152.4$±0.2）mm,上下压头间距（19.05±0.1）mm。马歇尔试验仪如试图7-8所示。

（2）恒温水槽：控温准确度为1℃，深度不小于150mm，如试图7-9a）所示。

（3）真空饱水容器：包括真空泵及真空干燥器。

（4）烘箱，如试图7-9b）所示。

（5）天平：感量不大于0.1g。

（6）温度计：分度为1℃，如试图7-10所示。

（7）游标卡尺，如试图7-10所示。

（8）其他：棉纱、黄油。

3）试验方法及步骤

（1）标准马歇尔试验方法

①试验准备

a.按标准击实法成型马歇尔试件，标准马歇尔试件的尺

试图7-8　马歇尔稳定度测定仪

寸应符合直径101.6mm±0.2mm、高63.5mm±1.3mm的要求。对大型马歇尔试件，尺寸应符合直径152.4mm±0.2mm，高95.3mm±2.5mm的要求。一组试件的数量不得少于4个，并符合规定。

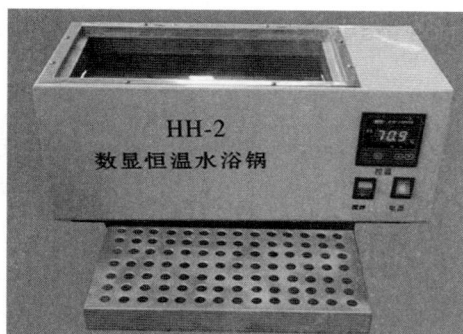

a)

b)

试图7-9　恒温水槽和烘箱

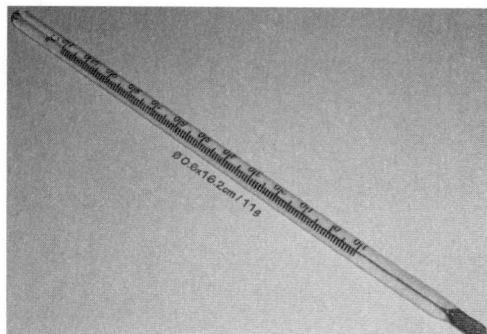

试图7-10　温度计和游标卡尺

b.测量试件的直径及高度：用卡尺测量试件中部的直径，用马歇尔试件高度测定器或用卡尺在十字对称的4个方向量测离试件边缘10mm处的高度，准确至0.1mm，并以其平均值作

为试件的高度。如试件高度不符合 63.5mm ± 1.3mm 或 95.3mm ± 2.5mm 要求或两侧高度差大于 2mm 时,此试件作废。

c. 按本规程规定的方法测定试件的密度、空隙率、沥青体积百分率、沥青饱和度、矿料间隙率等物理指标。

d. 将恒温水槽调节至要求的试验温度,对黏稠石油沥青或烘箱养护过的乳化沥青混合料为 60℃ ±1℃,对煤沥青混合料为 33.8℃ ±1℃。

②试验步骤

a. 将试件置于已达规定温度的恒温水槽中保温,保温时间对标准马歇尔试件需 30 ~ 40min,对大型马歇尔试件需 40 ~ 60min。试件之间应有间隔,底下应垫起,离容器底部不小于 5cm。

b. 将马歇尔试验仪的上下压头放入水槽或烘箱中达相同温度。将上下压头从水槽或烘箱中取出擦拭干净内面。为使上下压头滑动自如,可在下压头的导棒上涂少量黄油。再将试件取出置于下压头上,盖上上压头,然后装在加载设备上。

c. 在上压头的球座上放妥钢球,并对准荷载测定装置的压头。

d. 当采用自动马歇尔试验仪时,将计算机采集的数据绘制成压力和试件变形曲线,或由 $X - Y$ 记录仪自动记录的荷载-变形曲线,按试图 7-11 所示的方法在切线方向延长曲线与横坐标相交于 O_1,将 O_1 作为修正原点,从 O_1 起量取相应于荷载最大值时的变形作为流值(FL),以 mm 计,准确至 0.1mm。最大荷载即为稳定度(MS),以 kN 计,准确至 0.01kN。

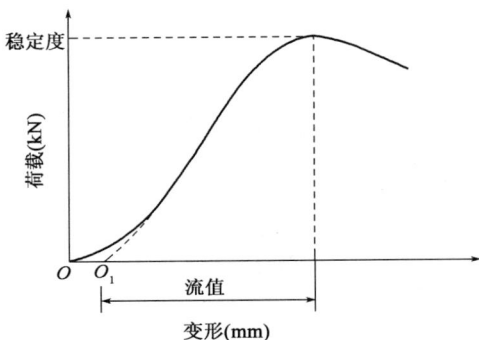

试图 7-11 马歇尔试验荷载-变形曲线

e. 当采用压力环和流值计时,将流值计安装在导棒上,将导向套管轻轻地压住上压头,同时将流值计读数调零。调整压力环中百分表对零。

f. 启动记载设备,使试件承受荷载,加载速度为 $(50 ±5)$ mm/min。计算机或 $X - Y$ 记录仪自动记录传感器压力和试件变形曲线,并将数据自动存入计算机。

g. 当试验荷载达到最大值的瞬间,取下流值计,同时读取压力环中百分表读数及流值计的流值读数。

h. 从恒温水槽中取出试件至测出最大荷载值的时间不得超过 30s。

(2)浸水马歇尔试验方法

浸水马歇尔试验方法与标准马歇尔试验方法的不同之处在于,试件在已达规定温度恒温水槽中的保温时间为 48h,其余均与标准马歇尔试验方法相同。

4)结果整理

(1)计算

①试件的稳定度及流值

a. 当采用自动马歇尔试验仪时,将计算机采集的数据绘制成压力和试件变形曲线。求由

$X-Y$ 记录仪自动记录的荷载-变形曲线。曲线上最大荷载为稳定度(MS),以 kN 计,准确到 0.01kN;曲线上相应于荷载最大值时的变形作为流值(FL),以 mm 计,准确到 0.1mm。

b.采用压力环和流值计测定时,根据压力环标定曲线,将压力环中百分表的读数换算为荷载值,或者由荷载测定装置读取的最大值即为试样的稳定度(MS),以 kN 计,准确至 0.01kN。由流值计及位移传感器测定装置读取的试件垂直变形,即为试件的流值(FL),以 mm 计,准确至 0.1mm。

②试件的马歇尔模数按式(试 7-13)计算。

$$T = \frac{MS}{FL} \tag{试 7-13}$$

式中:T——试件的马歇尔模数,kN/mm;

MS——试件的稳定度,kN;

FL——试件的流值,mm。

③试件的浸水残留稳定度按式(试 7-14)计算。

$$MS_0 = \frac{MS_1}{MS} \times 100 \tag{试 7-14}$$

式中:MS_0——试件的浸水残留稳定度,%;

MS_1——试件浸水 48h 后的稳定度,kN。

(2)报告

①当一组测定值中某个测定值与平均值之差大于标准差的 k 倍时,该测定值应予舍弃,并以其余测定值的平均值作为试验结果。当试件数目 n 为 3、4、5、6 个时,k 值分别为 1.15、1.46、1.67、1.82。

②采用自动马歇尔试验时,试验结果应附上荷载-变形曲线的原件或自动打印结果,并报告马歇尔稳定度、流值、马歇尔模数,以及试件尺寸、试件密度、空隙率、沥青用量、沥青体积百分率、沥青饱和度、矿料间隙率等各项物理指标。

4.4 沥青混合料车辙试验(JTG E20 T0719—2011)

1)目的与适用范围

(1)本方法适用于测定沥青混合料的高温抗车辙能力,供沥青混合料配合比设计的高温稳定性检验使用。

(2)车辙试验的试验温度与轮压可根据有关规定和需要选用。非经注明,试验温度为 60℃,轮压为 0.7MPa。根据需要,如在寒冷地区也可采用 45℃,在高温条件下采用 70℃ 等,但应在报告中注明。计算动稳定度的时间原则上为试验开始后 45 ~ 60min 之间。

(3)本方法适用于用轮碾成型机碾压成型的长 300mm、宽 300mm、厚 50 ~ 100mm 板块状试件,也适用于现场切割制作的长 300mm、宽 150mm、厚 50mm 板块状试件。根据需要,试件的厚度也可采用 40mm。

2)仪器设备

(1)车辙试验机:如试图 7-12 所示,主要由下列部分组成。

①试件台:可牢固安装两种宽度(300mm 及 150mm)的规定尺寸试件试模。

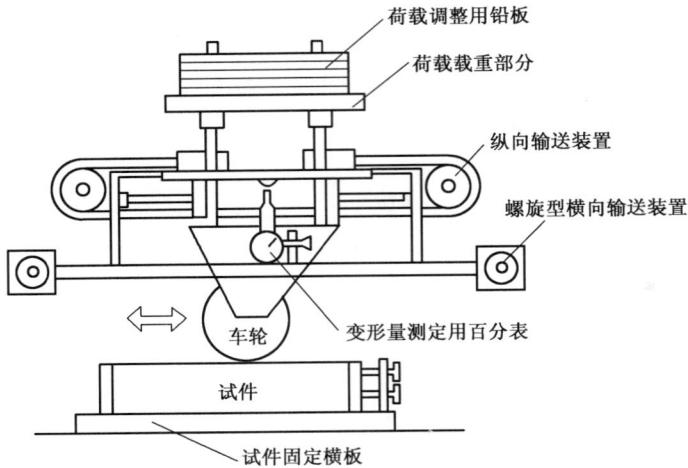

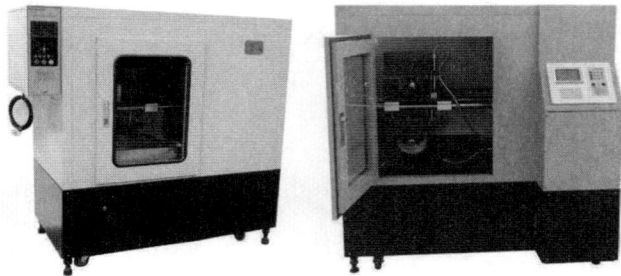

试图 7-12　车辙试验机

②试验轮:橡胶制实心轮胎,外径200mm,轮宽50mm,橡胶层厚15mm。橡胶硬度(国际标准硬度)20℃时为(84±4),60℃时为(78±2)。试验轮行走距离为(230±10)mm,往返碾压速度为(42±1)次/min(21 次往返/min)。允许采用曲柄连杆驱动试验台运动(试验轮不移动)或链驱动试验轮运动(试验台不动)的任一种方式。

注:轮胎橡胶硬度应注意检验,不符合要求者应及时更换。

③加载装置:使试验轮与试件接触压强在 60℃时为(0.7±0.05)MPa,施加的总荷重为780N 左右,根据需要可以调整。

④试模:钢板制成,由底板及侧板组成,试模内侧尺寸长为300mm,宽为300mm,厚为50～100mm(实验室制成),亦可固定 150mm 宽的现场切制试件。

⑤变形测量装置:自动检测车辙变形并记录曲线的装置,通常采用 LVDT、电测百分表或非接触位移计。

⑥温度检测装置:自动检测并记录试件表面及恒温室内温度的温度传感器、温度计,精密度0.5℃。

(2)恒温室:车辙试验机必须整机安放在恒温室内,装有加热器、气流循环装置及装有自动温度控制设备,能保持恒温室的温度为(60±1)℃[试件内部温度为(60±5)℃]。根据需要亦可为其他需要的温度。用于保温试件并进行试验。温度应能自动连续记录。

（3）台秤：称量 15kg，感量不大于 5g。

3）试验方法及步骤

（1）试验准备

①试验轮接地压强测定：测定在 60℃时进行，在试验台上放置一块 50mm 厚的钢板，其上铺一张毫米方格纸，上铺一张新的复写纸，以规定的 700N 荷载后试验轮静压复写纸，即可在方格纸上得出轮压面积，并由此求得接地压强。当压强不符合（0.7±0.05）MPa 的，荷载应予适当调整。

②用轮碾成型法制作车辙试块。在实验室或工地制备成型的车辙试件，其标准尺寸为 300mm×300mm×50mm，也可从路面切割得到 300mm×150mm×50～100mm 的试件。

当直接在拌和厂取拌和好的沥青混合料样品制作试件检验生产配合比设计或混合料生产质量时，必须将混合料装入保温桶中，在温度下降至成型温度之前迅速送达实验室制作试件。如果温度稍有不足，可放在烘箱中稍稍加热（时间不超过 30min）后使用，也可直接在现场用手动碾或压路机碾压成型试件，但不得在混合料放冷后二次加热重塑制作试件。重塑制作的试验结果仅供参考，不得用于评定配合比检验是否合格使用。

③如有需要，可将试件脱模，按规定的方法测定密度及空隙率等各项物理指标。如经水浸，应用电扇将其吹干，然后再装回原试模中。

④试件成型后，连同试模一起在常温条件下放置的时间不得少于 12h。对聚合物改性沥青混合料，放置的时间以 48h 为宜，聚合物改性沥青充分固化后方可进行车辙试验，但室温放置时间也不得长于一周。

注：为使试件与试模紧密接触，应保持四边的方向位置不变。

（2）试验步骤

①将试件连同试模一起，置于已达到试验温度 60℃±1℃的恒温室中，保温不少于 5h，也不得多于 24h。在试件的试验轮不行走的部位上，粘贴一个热电偶温度计（也可在试件制作时预先将热电偶埋入试件一角），控制试件温度稳定在 60℃±0.5℃。

②将试件连同试模移置于轮辙试验机的试验台上，试验轮在试件的中央部位，其行走方向需与试件碾压或行车方向一致，开动车辙变形自动记录仪，然后启动试验机，使试验轮往返行走，时间约 1h，或最大变形达到 25mm 时为止。试验时，记录仪自动记录变形曲线（试图 7-13）及试件温度。

注：对 300mm 宽且试验时变形较小的试件，也可对一块试件在两侧 1/3 位置处进行两次试验取平均值。

4）结果整理

（1）计算

①从试图 7-13 上读取 45min（t_1）及 60min（t_2）时的车辙变形 d_1 及 d_2，准确至 0.01mm。

当变形过大，在未到 60min 变形已达到 25mm 时，以达到 25mm（d_2）时的时间为 t_2，将其前 15min 为 t_1，此时的变形量为 d_1。

②沥青混合料试件的动稳定度按式（试 7-15）计算。

$$DS = \frac{(t_2 - t_1) \times N}{d_2 - d_1} \times C_1 \times C_2 \qquad\qquad （试7\text{-}15）$$

式中：DS——沥青混合料的动稳定度，次/mm；

d_1——对应于时间 t_1 的变形量，mm；

d_2——对应于时间 t_2 的变形量，mm；

C_1——试验机类型修正系数，曲柄连杆驱动试件的变速行走方式为 1.0，链驱动试验轮的等速方式为 1.5；

C_2——试件系数，实验室制备的宽 300mm 的试件为 1.0，从路面切割的宽 150mm 的试件为 0.8；

N——试验轮往返碾压速度，通常为 42 次/min。

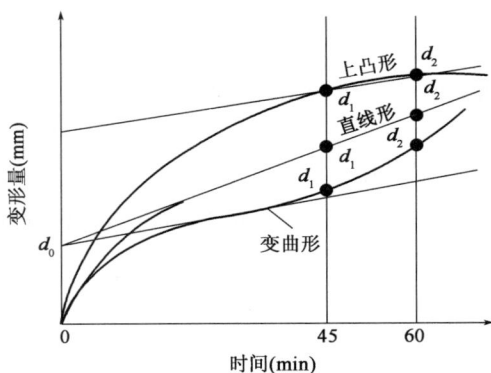

试图 7-13　车辙试验自动记录的变形曲线

（2）报告

①同一沥青混合料或同一路段的路面，至少平行试验 3 个试件，当 3 个试件动稳定度变异系数小于 20% 时，取其平均值作为试验结果。变异系数大于 20% 时应分析原因，并追加试验。如计算动稳定度值大于 6000 次/mm 时，记作：>6000 次/mm。

②试验报告应注明试验温度、试验轮接地压强、试件密度、空隙率及试件制作方法等。

③重复性试验动稳定度变异系数的允许误差为 20%。

复习与思考题

7-1　什么是沥青混合料，它有何特点？

7-2　符号 AC-16、AM-20、AK-16、SMA-16、OGFC-16 分别表示哪种类型的沥青混合料？

7-3　沥青混合料的结构可分为哪几种类型？各种结构类型的沥青混合料有什么特点及路用特性？

7-4　试述沥青混合料强度形成的原理，并从内部材料组成参数和外界影响因素加以分析。

7-5 论述路面沥青混合料应具备的主要路用技术性质及其主要影响因素。

7-6 对沥青混合料组成材料主要有哪些技术要求？

7-7 何谓连续级配和间断级配？

7-8 对矿质混合料进行组成设计的目的是什么？

7-9 我国现行沥青混合料质量评定有哪几项指标？并说明各项指标何以控制沥青混合料的技术性质。

7-10 试述我国现行热拌沥青混合料配合组成的设计方法，矿质混合料的组成和沥青最佳用量是如何确定的？

7-11 简述沥青稳定碎石混合料的基本技术特性。

7-12 简述沥青稳定碎石混合料的主要应用范围。

7-13 SMA 有何主要性能特点和优势？

7-14 简述 SMA 的结构组成特点和设计方法。

7-15 OGFC 有何路用性能特点？

7-16 乳化沥青混合料的主要性能是什么？

7-17 简述稀浆封层和微表处的技术性能和设计方法。

7-18 什么是稀浆封层和微表处？各自的适用范围是什么？

7-19 简述冷再生沥青混合料强度形成机理。

7-20 简述冷再生技术的主要优势。

7-21 试用图解法设计某高速公路用细粒式沥青混凝土矿质混合料的配合比。

【设计资料】

1）现有碎石、石屑、砂和矿粉四种矿料，筛析试验得到各粒径通过百分率列于表7-38。

2）规范要求的矿质混合料级配范围列于表7-39。

【设计要求】

试用图解法确定各种集料在混合料中的用量比例，并列表校核，确定其结果是否符合级配范围的要求。

原有矿料筛析结果 表7-38

材料名称	筛孔尺寸(方筛孔)(mm)									
	16.0	13.2	9.5	4.75	2.36	1.18	0.60	0.30	0.15	0.075
	通过百分率(%)									
碎石	100	93	17	0	0	0	0	0	0	0
石屑	100	100	100	84	14	8	4	0	0	0
砂	100	100	100	100	92	82	42	21	11	4
矿粉	100	100	100	100	100	100	100	100	96	87

矿质混合料要求级配范围 表 7-39

级配名称		筛孔尺寸(方筛孔)(mm)									
		16.00	13.2	9.5	4.75	2.36	1.18	0.60	0.30	0.15	0.075
		通过百分率(%)									
上面层细粒式 (AC-13)	级配范围	100	90~100	68~85	38~68	24~50	15~38	10~28	7~20	5~15	4~8

7-22 试计算某大桥桥面铺装用细粒式沥青混凝土的矿质混合料的配合比。

【设计资料】

1)现有碎石、石屑和矿粉三种矿料,筛分结果按分计筛余列于表 7-40。

原有矿料的分计筛余和混合料要求级配范围 表 7-40

筛孔尺寸 d_i(mm)	碎石分计筛余 $a_{A(i)}$(%)	石屑分计筛余 $a_{B(i)}$(%)	矿粉分计筛余 $a_{C(i)}$(%)	矿质混合料要求级配 范围通过百分率 $P_{(n_1 \sim n_2)}$(%)
16.0	—	—	—	100
13.2	5.2	—	—	90~100
9.5	41.7	—	—	67~85
4.75	50.5	1.6	—	38~68
2.36	2.6	24.0	—	24~50
1.18	—	22.5	—	15~38
0.6	—	16.0	—	10~28
0.3	—	12.4	—	7~20
0.15	—	11.5	—	5~15
0.075	—	10.8	13.2	4~8
<0.075	—	1.2	86.8	—

2)细粒式沥青混凝土的级配范围,根据规范(JTGF40—2004)规定,细粒式混凝土 AC-13 的要求级配按通过量列于表 7-40。

【设计要求】

1)按试算法确定碎石、石屑和矿粉在混合料中所占比例。

2)按题给的规范要求校核矿质混合料计算结果,确定其是否符合级配范围。

7-23 试设计一级公路沥青路面面层用细粒式沥青混凝土混合料配合组成。

【原始资料】

1）道路等级：一级公路。

2）路面类型：沥青混凝土。

3）结构层位：两层式沥青混凝土的上面层。

4）气候条件：最低月平均气温 −5℃。

5）材料性能。

（1）沥青材料。可供应 50 号和 70 号的道路石油沥青，轧制碎石，经检验各项指标符合要求。

（2）碎石和石屑。Ⅰ级石灰岩轧制碎石，饱水抗压强度 150MPa，洛杉矶磨耗率 10%，黏附性（水煮法）5 级，视密度 2720kg/m³。

（3）细集料。洁净河砂，粗度属中砂，含泥量小于 1%，视密度 2680kg/m³。

（4）矿粉。石灰石粉，粒度范围符合要求，无团粒结块，视密度 2580kg/m³。

粗细集料和矿粉的级配组成，经筛分试验结果列于表 7-41。

组成材料筛析结果　　　　表 7-41

材料名称	筛孔尺寸（方孔筛）（mm）									
	16.0	13.2	9.5	4.75	2.36	1.18	0.6	0.3	0.15	0.075
	通过百分率（%）									
碎石	100	96.4	20.2	2.0	0	0	0	0	0	0
石屑	100	100	100	80.3	45.3	18.2	3.0	0	0	0
砂	100	100	100	100	90.5	80.2	70.5	36.2	18.3	2.0
矿粉	100	100	100	100	100	100	100	100	100	85.2

【设计要求】

1）根据道路等级、路面类型和结构层次确定沥青混凝土的类型和矿质混合料的级配范围。根据现有各种矿质材料的筛析结果，用图解法或试算法确定各种矿质材料的配合比。

2）根据规范推荐的相应沥青混凝土类型的沥青用量范围，通过马歇尔试验的物理-力学指标，确定最佳沥青用量。

3）根据一级公路路面用沥青混合料要求，对矿质混合料的级配进行调整，并对最佳沥青用量按水稳定性进行检验，按抗车辙能力进行校核。

马歇尔试验结果汇总于表 7-42 供分析评定参考用。

马歇尔试验物理-力学指标测定结果 表7-42

试件组号	沥青用量（%）	技术性质					
		毛体积密度（g/cm³）	空隙率 VV（%）	矿料间隙率 VMA（%）	沥青饱和度 VFA（%）	稳定度 MS（kN）	流值 FL（0.1mm）
1	4.5	2.366	6.2	17.6	68.5	8.2	20
2	5.0	2.381	5.1	17.3	75.5	9.5	24
3	5.5	2.398	4.0	16.7	84.4	9.6	28
4	6.0	2.382	3.2	17.1	88.6	8.4	31
5	6.5	2.378	2.6	17.7	88.1	7.1	36

拓展案例：沥青路面工程质量通病及预防

【工程实例拓展7-1】 横向裂缝（图7-16）

图7-16 沥青路面横向裂缝

【现象】

横向裂缝走向与路线中线基本垂直，线宽不一，缝长有的贯穿整幅路面，有的路面部分开裂。

【原因分析】

（1）施工缝未处理好，接缝不紧密，结合不良；

（2）沥青未达到气候条件和使用条件的质量标准；

（3）半刚性基层收缩裂缝的反射缝；

（4）桥梁涵洞两侧的填土产生固结或地基沉降。

【预防措施】

（1）合理组织施工，摊铺作业连续进行，尽量减少冷接缝；

（2）充分压实横向接缝，选取优质的适用于本地区气候条件的沥青；

（3）桥涵两侧填土充分压实。

【治理方法】

（1）细裂缝2～5mm用乳化沥青灌缝；

（2）大于5mm的裂缝,可用改性沥青灌缝。灌缝前,清缝;灌缝后,表面撒粗砂或35 mm石屑。

【工程实例拓展7-2】 纵向裂缝(图7-17)

【现象】

纵向裂缝走向与路线走向基本平行,裂缝长度和宽度不一。

【原因分析】

（1）冷接缝未按照有关规范要求认真处理,结合不紧密而脱开;

（2）纵向沟槽回填土压实质量差而发生沉陷;

（3）拓宽路段的新老路面交界处沉降不一。

【预防措施】

（1）全路幅一次摊铺,无条件全幅摊铺时,上下层施工缝应错开15cm以上;

（2）沟槽回填土应分层填筑、压实,压实度必须达到要求;

（3）拓宽路段的基层厚度和材料须与老路面一致,或稍厚。

【治理方法】

（1）细裂缝2～5mm用乳化沥青灌缝;

（2）大于5mm的裂缝,可用改性沥青灌缝。灌缝前,清缝;灌缝后,表面撒粗砂或3～5mm石屑。

图7-17 沥青路面纵向裂缝

【工程实例拓展7-3】 龟裂、网裂和块裂(图7-18)

【现象】

裂缝纵横交错,缝宽1mm以上,缝距40mm以下,缝长1m以上。

【原因分析】

（1）路面结构中夹有软弱层或泥灰层,在荷载作用和雨水浸入下发生翻浆,产生龟裂,从而引起路面损害;

（2）沥青与沥青混合料质量差;

（3）沥青层厚度不足,层间黏结差,水分渗入,加速裂缝的形成。

【预防措施】

（1）沥青面层摊铺前,对下卧层应认真检查,及时清除泥灰,处理好软弱层,保证原材料质

量和混合料质量严格按照规范要求进行选定、拌制和施工;

（2）沥青面层各层应满足最小施工厚度的要求,保证上下层的良好黏结,路面结构设计应做好交通量调查和预测。

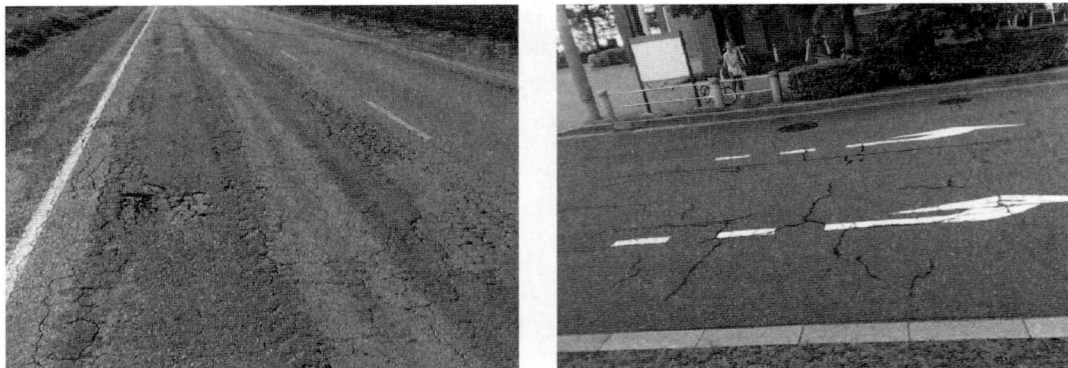

图7-18　沥青路面龟裂、网裂和块裂

【治理方法】

（1）如夹有软弱层或不稳定结构层,应将其铲除。结构层积水引起网裂,铲除面层后,加设排水设施,再铺筑新的沥青混合料;

（2）若因沥青层厚度不足引起网裂,可采用石灰或水泥处理路基,或注浆加固处理。

【工程实例拓展7-4】　车辙（图7-19）

【现象】

路面在车辆荷载作用下轮迹处下陷,轮迹两侧往往伴有隆起,形成纵向带状凹槽。在实施渠化交通的路段或车辆制动频率较高的路段较易出现。

图7-19　沥青路面车辙

【原因分析】

（1）沥青混合料热稳定性不足;

（2）面层施工时未充分压实;

（3）基层或下卧层软弱或不稳定夹层未充分压实。

【预防措施】

(1)粗集料应粗糙具有较多的破碎裂面;

(2)根据气候条件选择优质沥青,优化配合比设计;

(3)施工时按照规范碾压,保证压实度;

(4)道路结构设计时,每层厚度不超过集料最大粒径的4倍。

【治理方法】

(1)仅轮迹处凹陷,两侧无隆起,凿去面层,凿毛凹槽,涂刷黏层沥青,修补。若轮迹两侧同时隆起,应先将隆起部位凿去,将波谷处的原面层凿毛,涂黏层油,铺筑与面层相同的混合料;

(2)若因基层强度不足、水稳性不好引起,则对基层进行补强或挖除损害的基层重新铺筑。

【工程实例拓展7-5】 拥包、推移(图7-20)

【现象】

沿行车方向或横向出现局部隆起。较易发生在车辆经常启动、制动的地方。

【原因分析】

(1)沥青用量偏高或细料偏多;

(2)面层摊铺时,底层未清扫或未喷洒黏层油;

(3)基层或下面层未经充分压实,强度不足;

(4)日常养护时,局部路段沥青用量过多,细集料偏细;

(5)陡坡或平整度较差路段,面层混合料向低处积聚。

图7-20 沥青路面推移

【预防措施】

(1)配合比设计时,控制沥青含量和细集料用量;

(2)面层摊铺前下层清扫干净并喷洒黏层油;

(3)人工摊铺时,做到粗细均匀分布。

【治理方法】

(1)路面拥包可在气温较高时,用加热器烘烤发软后铲除,夯实后用烙铁烙平,而后找补平顺;

(2)对已趋于稳定不再发展的拥包,可用铣刨机,铣刨平整后,加铺稳定性较好的沥青混合料。

【工程实例拓展7-6】 搓板(图7-21)

【现象】

道路表面出现轻微、连续的接近等距离的起伏状,形似洗衣搓板。

【原因分析】

(1)沥青混合料的矿料级配偏细,沥青用量偏高,高温季节,面层材料在车辆水平力作用

下,发生位移变形;

(2)铺设沥青面层前,未将下层表面清扫干净或未喷洒黏层沥青;

(3)旧路面上原有的搓板病害未认真处理即在其上铺设面层;

(4)施工机械设备操作不当。

图 7-21　沥青路面搓板

【预防措施】

(1)合理设计与严格控制混合料的级配;

(2)在摊铺沥青混合料前,须将下层顶面的浮尘杂物清扫干净,并均匀喷洒黏层沥青;

(3)基层、面层应碾压密实;

(4)合理配置施工机械设备。

【治理方法】

(1)因上下层相对滑动引起的搓板,应将面层全部铲除,并低于原路面,其深度应大于修补沥青混合料最大粒径的 2 倍,槽壁与槽底垂直,清除下层表面的碎屑、杂物及粉尘后,喷洒黏层沥青,重新铺装沥青面层;

(2)属于基础原因形成的搓板,应对损坏的基层进行修补。

考证训练题

一、单项选择题

1.高速公路沥青凝土面层实测项目中,要求总厚度代表值不小于(　　)。

　　A.设计值的 −5%　　　　　　　　　　B.设计值的 −20%

　　C.设计值的 −10%　　　　　　　　　　D.设计值的 −8%

答案:A

2.在沥青混合料中掺加适量消石灰粉,主要是有效提高沥青混合料的(　　)。

　　A.黏附性　　　　　　　　　　　　　　B.抗疲劳性

　　C.低温抗裂性　　　　　　　　　　　　D.抗车辙变形能力

答案:A

3.沥青混合料空隙率偏小,对沥青路面可能带来的问题有( )。

A.耐久性变差 B.高温抗车辙能力较低

C.水稳性不好 D.低温环境易于开裂

答案:B

4.评价沥青混合料耐久性的指标是( )。

A.饱和度 B.动稳定度 C.马氏模数 D.稳定度

答案:A

5.以下因素:①粗集料强度低;②砂子用量过大;③粉料含量过多;④沥青针入度偏大;⑤矿料级配采用了间断级配;⑥级配偏细,其中导致沥青混合料配合比设计的马歇尔稳定度偏高的原因是( )。

A.③ B.④ C.⑤ D.⑥

答案:C

解析:马歇尔稳定度属于高温稳定性指标,间断级配可以提高高温稳定性,其他因素都可能降低马歇尔稳定度。

6.表干法、水中重法、蜡封法、体积法是沥青混合料密度试验的4种方法,其中表干法的适用条件是( )。

A.试件吸水率大于2% B.试件吸水率不大于2%

C.试件吸水率小于0.5% D.适用于任何沥青混合料

答案:B

7.关于热拌热铺沥青混合料的施工温度测试方法不正确的说法是( )。

A.采用金属杆插入式温度计

B.混合料出厂温度或运输至现场温度在运料货车上测试

C.混合料摊铺温度宜在摊铺机的一侧拨料器前方的混合料堆上测试

D.在沥青混合料碾压过程中测定压实温度,测试时温度计插入深度不小于150mm

答案:D

解析:碾压过程中插入路面混合料压实层一半深度。单层沥青路面厚度通常没有150mm。

8.车辙深度超过( )时定义为车辙损坏。

A.5mm B.10mm C.8mm D.15mm

答案:B

9.进行沥青混合料马歇尔试件密度测定时,当过度擦去混合料马歇尔试件开口空隙中的水分后,测得的毛体积密度结果将( )。

A.偏大 B.偏小 C.不受影响 D.偏差不明显

答案:A

10.车辙试验前车辙板需在规定温度下恒温一定时间,当恒温时间明显不足时,试验有可能( )。

A.随季节变化测得不同的动稳定度

B. 导致动稳定度偏高

C. 随混合料的类型变化对动稳定度造成不同影响

D. 不影响动稳定度试验结果

答案:A

11. 计算沥青混合料空隙率,除需要沥青混合料的毛体积相对密度之外,还需要沥青混合料的(   )。

    A. 材料组成比例　　　　　　　　　　　B. 表观相对密度

    C. 理论最大相对密度　　　　　　　　　D. 试件的压实度

答案:C

12. 金属杆插入式温度计不适用于检测热拌热铺沥青混合料的(   )。

    A. 拌和温度　　　　　　　　　　　　　B. 出厂温度和现场温度

    C. 摊铺温度　　　　　　　　　　　　　D. 压实温度

答案:A

13. 高速公路热拌沥青混合料施工时,气温不得低于(   )℃。

    A. 5　　　　　　　　B. 10　　　　　　　　C. 20　　　　　　　　D. 25

答案:B

14. 热拌沥青混合料路面摊铺后自然冷却到表面温度低于(   )℃方可开放交通。

    A. 20　　　　　　　　B. 30　　　　　　　　C. 50　　　　　　　　D. 70

答案:C

15. 对高速公路施工现场沥青混合料级配进行检测时,实际结果满足(   )。

    A. 目标配合比　　　B. 生产配合比　　　C. 集料级配范围　　　D. 经验配合比

答案:B

16. 车载式颠簸累积仪直接测量的是(   )。

    A. IRI　　　　　　　B. 标准差　　　　　　C. VBI　　　　　　　D. RN

答案:C

17. 以下关于短脉冲雷达法测路面厚度的说法中错误的是(   )。

    A. 路面过度潮湿的情况下不适合用该方法

    B. 设备通常工作在 0 ~ 40℃

    C. 尝试测量 8cm 时,系统的测量误差不超过 3mm

    D. 以采用 500MH 地面耦合天线检测

答案:D

18. 不同类型沥青混合料采用的级配应该不同,ATB-25 宜采用(   )级配。

    A. 连续级配　　　B. 间断级配　　　C. 开级配　　　　D. 半开级配

答案:A

19. 下列哪项不是 OGFC 沥青混合料的特点(   )。

    A. 细颗粒较少　　　　　　　　　　　B. 比普通 AC 更容易老化

    C. 排水功能显著　　　　　　　　　　D. 力学性能较好

答案:D

20. SMA-16 级配设计时确定粗集料骨架的分界筛孔尺寸为( )mm。

    A. 16　　　　　　　　B. 9.5　　　　　　　　C. 4.75　　　　　　　　D. 2.36

答案:C

21. 现行沥青路面施工技术规范规定,不属于密级配沥青混合料马歇尔技术指标的是( )。

    A. 稳定度和流值　　　　　　　　　　B. VCA(粗集料骨架间隙率)

    C. 空隙率　　　　　　　　　　　　　D. 沥青饱和度

答案:B

22. 以下不属于沥青路面施工技术规范规定的确定沥青混合料拌和及碾压温度试验的是( )。

    A. 标准黏度试验　　　　　　　　　　B. 赛博特黏度试验

    C. 布氏黏度试验　　　　　　　　　　D. 运动黏度试验

答案:A

23. 采用横向力系数测定车(SCRIM)测定路面横向力系数时,除了保证测试轮胎气压满足要求,还要保证水膜厚度不小于( )mm。

    A. 0.5　　　　　　　　B. 1　　　　　　　　C. 3　　　　　　　　D. 5

答案:A

解析:路面水膜厚度 0.5 ~ 1.0mm。

24. 下列检测项目中属于沥青混凝土路面质量评定关键项目的是( )。

    A. 摩擦系数　　　　B. 宽度　　　　C. 平整度　　　　D. 压实度

答案:D

25. 用横断面尺法测定路面车辙时,测量准确度为( )mm。

    A. 0.1　　　　　　　　B. 0.5　　　　　　　　C. 1　　　　　　　　C. 10

答案:C

26. 测得某沥青混合料吸水率为 2.2% ,应采用( )测得该沥青混合料的密度。

    A. 表干法　　　　B. 水中重法　　　　C. 蜡封法　　　　D. 体积法

答案:C

27. 影响沥青混合料耐久性的主要因素是( )。

    A. 矿料的级配　　　　　　　　　　B. 沥青混合料的空隙率

    C. 沥青的标号　　　　　　　　　　D. 沥青的细度

答案:B

二、判断题

1. 马歇尔稳定度试验时的温度越高,则稳定度愈大,流值愈小 。　　　　　　　　( )

答案:错误

2. 如车辙试验轮碾速度高于规定的要求,测得的动稳定度会偏高。　　　　　　　( )

答案:正确

3. 测定沥青混合料马歇尔试件密度时,当开口空隙中的水分全部被擦去后,测得的毛体积

密度结果与表观密度很接近。 （　　）

答案：正确

4. 采用核子密度仪测定沥青路面面层的压实度时，在表面用直接透射法测定。 （　　）

答案：错误

5. 通过拌和厂对沥青混合料生产质量的总量检验，能够计算摊铺层的平均压实层厚度。

（　　）

答案：正确

6. 马歇尔试件在水中称重时，随着开口空隙中气体的排出，电子秤的数显值会不断增加。

（　　）

答案：正确

7. 沥青混合料在规定温度下燃烧产生的损失量就是沥青混合料中的沥青含量。 （　　）

答案：错误

8. 激光构造深度仪既适用于沥青混凝土路面也适用于水泥混凝土路面的构造深度检测。

（　　）

答案：错误

9. 沥青混合料细集料较多，能有效增加混合料的施工和易性。 （　　）

答案：错误

10. 聚合物改性沥青混合料不得采用真空法测定理论最大相对密度。 （　　）

答案：正确

11. 沥青混合料用的粗集料可以根据实际需要决定是否进行坚固性指标检测。 （　　）

答案：正确

12. 新建沥青路面表层的渗水系数不应在路面成型后立即测定。 （　　）

答案：错误

13. 沥青混合料拌和时应先将各种矿料加热拌和后再加沥青。 （　　）

答案：错误

三、多项选择题（下列各题的备选项中，至少有两个是符合题意的，选项全部正确得满分，选项部分正确按比例得分，出现错误选项该题不得分）

1. 沥青混合料的表观密度是指单位表观体积混合料的质量，表观体积包括（　　）。

A. 实体体积

B. 不吸水的内部闭口孔隙体积

C. 开口孔隙体积

D. 部分开口孔隙体积

答案：AB

2. 高速、一级公路沥青混合料的配合比应在调查以往同类材料的配合比设计经验和使用效果的基础上进行设计，其步骤包括（　　）。

A. 目标配合比设计阶段　　　　　　B. 生产配合比设计阶段

C. 生产配合比验证阶段　　　　　　D. 确定施工级配允许波动范围

答案：ABC

3. 关于单轮式横向力系数 SFC 测试系统,正确的说法有(　　)。

  A. 测试轮的偏置角为 20°

  B. 测试轮胎的气压与垂直荷载应符合 BZZ-100 的要求

  C. 未在标准测试速度范围条件下测试的 SFC 值必须进行速度修正

  D. SFC 值不存在温度修正问题

答案：AC

4. 有关沥青混凝土面层弯沉测试评定中,下列说法不正确的是(　　)。

  A. 代表弯沉值大于设计弯沉值为合格

  B. 路面温度不是 20℃ ±2℃时,必须对测定值进行温度修正

  C. 沥青面层厚度不大于 5cm 时,不进行温度修正

  D. 若在非不利季节测定,测定值应进行季节影响修正

答案：AB

解析:当沥青面层厚度小于或等于 50mm 时,或路表温度在 20℃ ±2 ℃范围内,可不进行温度修正。若在非不利季节测定时,应考虑季节影响系数。

5. 以下用于评价沥青混合料用细集料洁净程度的技术指标有(　　)。

  A. 天然砂含泥量　　　　　　　　　B. 机制砂含泥量

  C. 砂当量　　　　　　　　　　　　D. 亚甲蓝值

答案:CD

6. 易造成沥青混合料高温稳定性不好的内在原因是(　　)。

  A. 空隙率过高　　　　　　　　　　B. 空隙率过低

  C. 沥青用量偏高　　　　　　　　　D. 集料的酸碱性

答案:BC

7. 路面抗滑性能的指标有(　　)。

  A. 最大间隙　　　　B. 摆值　　　　C. 构造深度　　　　D. 横向力系数

答案:CD

8. 关于横向力系数描述正确的是(　　)。

  A. 与摆式仪测的摆值一样,用于评价路面抗滑性能

  B. 交工验收时,检测了摩擦系数就不用检测构造深度了

  C. 测试轮胎的气压为 0.3MPa

  D. 横向力系数测试车的检测速度越快,检测结果越大

答案:AB

9. 有关沥青混凝土面层弯沉测试评定中,下列情况正确的是(　　)。

  A. 测得弯沉代表值越大说明路面强度越高

  B. 当路面温度不是 20℃ ±2℃时,必须对测点进行温度修正

  C. 代表弯沉值的计算中,目标可靠指标 β 应根据不同道路等级进行选择

  D. 弯沉值应在最不利季节测定,否则应进行季节修正

答案：CD

10. 关于沥青混合料水稳定性说法正确的是(　　)。

　　A. 我国对改性沥青混合料要求要严于普通沥青混合料

　　B. 浸水马歇尔试验和冻融劈裂试验都能检验混合料的水稳定性

　　C. 集料采用石灰岩的沥青混合料水稳定性要优于花岗岩的沥青混合料

　　D. 从混合料组成结构来看,产生水稳定性差的主要原因是混合料矿料间隙率

答案:BC

四、综合题(下列各题的备选项中,有 1 个或 1 个以上是符合题意的,出现漏选或错误选项均不得分,完全正确得满分)

1. 某新建高速公路交工验收,沥青混凝土路面采用横向力系数测试车检测,已知该路面的抗滑设计标准 $SFC = 49$。测值:45、55、53、42、49、50、61、56、50、52。针对本项目回答以下问题。(已知保证率 95% 时, $t_{0.95} / \sqrt{10} = 0.580$)

(1)路段横向力系数代表值的计算结果为(　　)。

　　A. 51　　　　　　　B. 48　　　　　　　C. 50　　　　　　　D. 47

答案:B

解析:因为平均值为 51.3,标准差为 5.458,所以代表值 $= 51.3 - 0.58 \times 5.458 = 48$。

(2)本路段交工验收的评价结果为(　　)。

　　A. 优　　　　　　　B. 良　　　　　　　C. 合格　　　　　　　D. 不合格

答案:D

(3)下列关于检测过程描述正确的有(　　)。

　　A. 检测前需要对路面进行清扫

　　B. 检查测试轮胎,调整气压至 0.3MPa

　　C. 检测时测试速度可以采用 60km/h

　　D. 检测过程中沿正常行车轮迹行驶

答案:CD

(4)关于横向力系数描述正确的有(　　)。

　　A. 与摆式仪测量的摆值一样,用于评价路面抗滑性能

　　B. 交工验收时,检测了摩擦系数就不用检测构造深度了

　　C. 交工验收时,以测试车速 50km/h 的检测结果作为评定数据

　　D. 横向力系数测试车的检测速度越快,检测结果越大

答案:AC

(5)下面关于检测结果受温度影响的说法中正确的是(　　)。

　　A. 标准现场测试地面温度范围为 20℃ ±5℃

　　B. 标准现场测试地面温度范围为 20℃ ±2℃

　　C. 其他地面温度条件下测试的 SFC 值必须通过转换成标准温度下的等效 SFC 值

　　D. 地面温度越高,测量的 SFC 值越大

答案:AC

2. 某一实验室需要进行 AC-20C 沥青混合料(70 号 A 级道路石油沥青)马歇尔试验。已知沥青混合料最佳沥青用量为 4.5%,粗集料、细集料和矿粉的比例分别为 65%、32% 和 3%,粗、细集料毛体积相对密度为 2.723、2.685,矿粉的表观相对密度为 2.710,最佳沥青用量对应的沥青混合料理论最大相对密度是 2.497,马歇尔试件毛体积相对密度为 2.386。请对下列各题进行判别:

(1)进行成型试验时,称量一个马歇尔试件的混合料总质量约为(   )。

A.1200g   B.1268g   C.1248g   D.1228g

答案:B

解析:$3.14 \times (10.16/2)2 \times 6.35 \times 2.386 \times 1.03 = 1264$ B 选项最接近。

(2)计算得到的最佳沥青用量相应的空隙率为(   )。

A.4.2%   B.4.0%   C.4.4%   D.4.6%

答案:C

解析:$(1 - 2.386/2.497) \times 100 = 4.4\%$

(3)计算得到的合成矿料毛体积相对密度为(   )。

A.2.707   B.2.710   C.2.71   D.2.713

答案:B

解析:合成毛体积密度 $= 100 \div (65/2.723 + 32/2.685 + 3/2.710) = 2.710$

(4)计算得到的矿料间隙率为(   )。

A.15.9%   B.16.2%   C.15.7%   D.16.4%

答案:A

解析:$(1 - 2.386/2.710 \times 0.955) \times 100 = 15.9\%$

(5)试验过程中发现第一个击实成型的马歇尔试件的高度为 65.7mm,以下操作正确的有(   )。

A. 无须调整,继续进行马歇尔击实成型所有试件

B. 提高拌和温度 5 ~ 10℃,称量 1168g 混合料重新进行马歇尔击实成型所有试件

C. 第一个试件应废弃,并重新进行试验

D. 称量 1186g 混合料重新进行马歇尔击实试验,再次测量、判断试件高度是否满足要求

答案:C

解析:63.5mm ± 1.3mm = 62.2 ~ 64.8mm,所以该试件作废。再次称量 = 63.5 × 1268 ÷ 65.7 = 1226g

3. 某类型沥青混合料配合比设计过程中需进行马歇尔试件制件、试件密度测定、混合料理论最大相对密度测定及车辙等试验项目,请根据相关条件回答下列问题。

(1)已知马歇尔试件制作采取标准击实法,试件高度符合要求的有(   )。

A.62.2mm   B.63.8mm   C.64.8mm   D.64.9mm

答案:ABC

(2)在制件过程中,试验人员往 7500g 矿料(含填料)里加入了 377g 沥青,则该试件的沥

青含量是(   )。

    A. 4.7%   B. 4.8%   C. 4.9%   D. 5.0%

答案:B

解析:沥青含量 $= 377 \div (7500 + 377) = 4.8\%$。

(3)试件密度测定过程中,测得干燥试件的空气中质量为1220.1g,试件的水中质量为719.6g,试件的表干质量为1221.3g,试件的高度为64.1mm。对于此沥青混合料试件,下述所用测定方法及相关表述正确的是(   )。

    A. 用水中重法,测得表观相对密度,以表观相对密度代替毛体积相对密度

    B. 用表干法,测得毛体积相对密度

    C. 用体积法,测得毛体积相对密度

    D. 用蜡封法,测得毛体积相对密度

答案:A

解析:吸水率 $= (1221.3 - 1220.1) \div 1220.1 = 0.1\% < 0.5\%$,所以用水中重法。

(4)有关真空法测定沥青混合料理论最大相对密度试验,以下叙述正确的是(   )。

    A. 真空法不适用吸水率大于3%的多孔性集料的沥青混合料

    B. 测量前需将沥青混合料团块细分散,粗集料不破碎,细集料团块做到小于6.4mm

    C. 测定时,开动真空泵,使负压容器内负压在2min内达到3.7kPa ± 0.3kPa

    D. 负压达到后,开动振动装置持续10min ± 2min

答案:ABC

(5)对于聚合物改性沥青混合料,成型车辙试件后,放置的时间以(   )为宜,使聚合物改性沥青充分固化后方可进行车辙试验,室温放置时间不得长于(   )。

    A. 24h;1 周   B. 24h;2 周   C. 48h;1 周   D. 48h;2 周

答案:C

本单元思维导图

单元八
UNIT EIGHT
建筑钢材

📖 知识目标

了解钢材的分类、规格、性能和应用；熟悉钢材的技术性质和技术标准；掌握钢材技术性质的检测方法和检测标准。

📖 能力目标

能根据《金属材料　弯曲试验方法》(GB/T 232—2010)和《金属材料　拉伸试验　第1部分：室温试验方法》(GB/ T228.1—2010)对钢材的弯曲和拉伸试验指标进行检测，并能依照《碳素结构钢》(GB/ T700—2006)和《钢筋混凝土用钢　第1部分：热轧光圆钢筋》(GB/ T1499.1—2017)等国家标准对所测定的技术指标进行正确评定和合理选用；

能够规范填写试验原始记录，并独立出具试验报告。

📖 价值引领

建筑钢材是重要的建筑材料，我国是世界产钢大国，截至2016年，我国钢产量已连续16年位居世界第一，这离不开一代代前辈的辛勤付出。同学们要学习和弘扬老一辈科学家爱党、爱国的高尚情操和敬业精神，要坚定"四个自信"，为交通事业的发展贡献自己的青春与力量！

模块一　建筑钢材概述

钢是含碳量在0.04%~2.3%之间的铁碳合金。常用的几种建筑钢材如图8-1所示。为了保证其韧性和塑性，含碳量一般不超过1.7%。钢中除铁、碳外，还有硅、锰、硫、磷等。

建筑钢材是指在建筑工程中用于钢结构的各种型材(圆钢、角钢、工字钢和槽钢等)、钢板、钢管和用于钢筋混凝土中的各种钢筋、钢丝等。钢材在道路桥梁工程中有着重要作用，尤其在桥梁建造中具有举足轻重的地位。几种常用的钢筋如图 8-2 所示。

a)钢筋　　　　　　　　b)锚具、夹具　　　　　　　c)预应力钢绞线

图 8-1　几种常用的建筑钢材

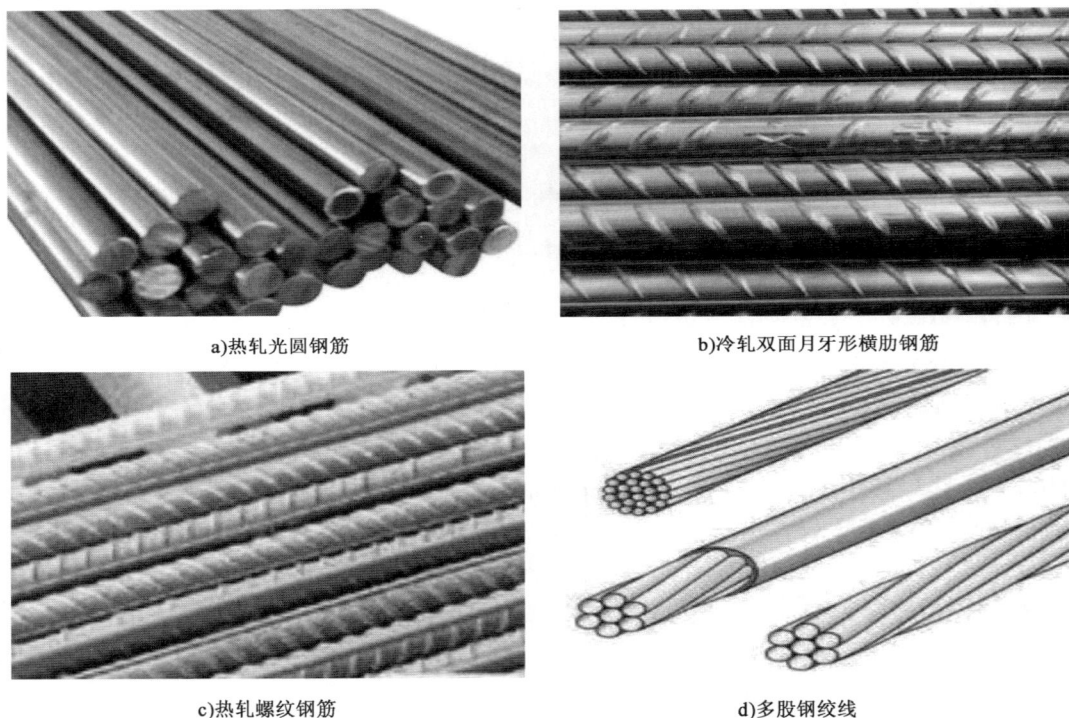

a)热轧光圆钢筋　　　　　　　　　　　b)冷轧双面月牙形横肋钢筋

c)热轧螺纹钢筋　　　　　　　　　　　d)多股钢绞线

图 8-2　几种常用的钢筋

1.1　钢材的分类

钢材的分类方法很多,较常用的有以下五种分类方法。

1)按化学成分分类

(1)碳素钢:亦称"碳钢",是含碳量不大于 2.0%,含有少量硫、磷杂质的铁碳合金。除铁和碳元素以外,常含有锰、硅、硫、磷、氧、氮等元素。

碳素钢按含碳量可分为:

①低碳钢($C < 0.25\%$):软而韧、易加工,但不能淬火和退火,是建筑工程的主要用钢;

②中碳钢($0.25\% \leqslant C \leqslant 0.60\%$):较硬,可淬火和退火,多用于机械部件;

③高碳钢(C>0.60%):很硬,可淬火和退火,是一般工具的主要用钢。

(2)合金钢:为了改善钢的机械性能、工艺性能或物理、化学性能,在冶炼时特意往钢中加入一些合金元素(锰、硅、铁、铬、钼、钨等),这种钢就称为合金钢。

合金钢按合金元素含量可分为:

①低合金钢(合金元素总含量<5%);

②中合金钢(5%≤合金元素总含量≤10%);

③高合金钢(合金元素总含量>10%)。

2)按品质分类

根据碳钢质量的高低,即根据钢中所含有害杂质硫(S)、磷(P)的含量,通常将其分三类:

(1)普通碳素钢:P≤0.045%,S≤0.050%。

(2)优质碳素钢:P≤0.040%,S≤0.040%。

(3)高级优质碳素钢:P≤0.035%,S≤0.030%。

3)按成形方法分类

(1)锻钢;

(2)铸钢;

(3)热轧钢;

(4)冷拉钢。

4)按用途分类

(1)结构钢:制造各种工程的构件(如桥梁、船舶、建筑等)和机械零件。这类钢一般属于低碳钢和中碳钢或低合金钢。

(2)工具钢:制造各种刃具、量具和模具,一般为高碳钢。

(3)特殊钢:具有特殊物理、化学性能或机械性能的高合金钢,如不锈钢、耐热钢、耐酸钢、耐磨钢、磁性钢等。

(4)专业用钢:如桥梁用钢、船舶用钢、锅炉用钢和压力容器用钢等。

5)按冶炼方法分类

(1)按脱氧程度分类

在冶炼过程中,钢水里尚有大量以FeO形式存在的氧分,FeO与C作用生成CO,以致在凝固的钢锭内形成许多气泡;此外部分铁被氧化为氧化铁,这将严重影响钢材的力学性能。因此,为了除去钢液中的氧,在浇铸钢锭之前,必须加入脱氧剂硅铁、锰铁及铝锭使之与FeO反应,生成MnO、SiO₂、Al₂O₃等钢渣而被除去,这个过程被称为"脱氧"。根据脱氧程度不同,钢可分为沸腾钢、镇静钢、半镇静钢和特殊镇静钢4种。

①沸腾钢(F):是脱氧不完全的钢,在浇铸及钢液冷却时,有大量的CO逸出,钢液呈激烈沸腾状。钢的塑性较好,有利于冲压,但钢中的碳、硫、磷等杂质分布不均匀,偏析较严重,使钢的冲击韧性和可焊性较差。

②镇静钢(Z):脱氧充分,钢水较纯净,浇铸钢锭时,钢水平静地冷却凝固,镇静钢材质致密均匀,可焊性好,抗蚀性强,质量高于沸腾钢。

③半镇静钢(b):脱氧程度及钢水质量介于上述两者之间。其质量较好,是建筑工程中应用最广泛的一种钢材。

④特殊镇静钢(TZ):脱氧程度比镇静钢还要充分彻底的钢,其质量最好,适用于特别重要的结构工程。

(2)按炉种分类

①平炉钢。

②转炉钢。

③电炉钢。

1.2　钢材的化学成分

钢是含碳量在 0.04% ~2.3% 之间的铁碳合金。钢中除铁、碳外,还有硅、锰、硫、磷等。

1)碳

碳是钢中除铁之外含量最多的元素,是决定钢性能的主要元素。含碳量不大于 0.8% 时,随含碳量的增加,钢的强度和硬度相应提高,而塑性和韧性则相应降低。而当含碳量大于 0.8% 时,钢的强度开始下降,冷脆性和时效敏感性增加,抗大气腐蚀性和可焊性降低。

2)锰

锰是低合金钢的重要合金元素,它可减轻硫的有害作用,消除钢的热脆性,改善加工性能。当含锰量为 0.8% ~1.0% 时,可显著提高钢的屈服点、抗拉强度和硬度;当含锰量大于 1.0% 时,在提高强度的同时,塑性及韧性有所下降,可焊接性能变差。

3)硅

硅在钢中是一种有益元素,在碳钢中含硅量通常小于 0.35%。含硅量不大于 1% 时,可提高钢的抗拉强度和屈服点,对塑性和韧性无明显影响,但可提高钢的抗腐蚀能力,改善钢的质量;当含硅量大于 1% 时,冷脆性增加,可焊性变差。

4)硫

硫是由炼钢原料带入钢中的有害元素。硫对碳素钢的绝大部分性能(冲击韧性、疲劳强度、可焊性及耐蚀性等)都有害,特别是在钢的热加工时易引起钢的脆裂,这种现象称为热脆。

为了避免热脆,钢中含硫量必须严格控制,一般不超过 0.065%。

在钢中增加含锰元素含量,可消除硫的有害作用。Mn 能与 S 形成熔点为 1620℃ 的 MnS,而且在高温时 MnS 具有塑性,因此可有效避免热脆现象。

5)磷

磷是由炼钢原料带入钢中的有害元素。磷对钢材起强化作用,可提高钢材的强度、屈强比和硬度,但会显著降低钢材的塑性、韧性、冷弯性能和可焊性,特别在低温下使钢材的冲击韧性下降更为显著,使钢材发生脆断,通常把这种现象称为冷脆。因此,钢中含磷量要严格控制,一般不超过 0.085%。

6)氧、氮

氧、氮都是钢中的有害元素,会显著降低钢的塑性、韧性、冷弯性能和可焊性。

综上可知,化学元素对钢材的性能影响很大,其中 C,Si,Mn 是碳素钢的有益元素,而 S,P,N,O 等微量元素则是钢材的有害元素。应严格按照规范控制各元素含量,以保证钢材的力学性能和工艺性能。

1.3　钢材的特点

钢材是在严格的技术质量控制条件下生产的材料,具有强度高、性能可靠、材质均匀、安全性高、有一定的塑性和韧性、能承受较大的冲击和振动荷载等特点;钢材具有良好的工艺性能,可以采用焊接、铆接和螺栓连接等装配工艺,易于切削加工,可进行冷加工和热处理。因此,钢材被广泛用于大跨度结构、受动力荷载结构和钢筋混凝土等建筑结构工程中,是现代桥梁(钢桥和钢筋混凝土桥)建设中极其重要的建筑结构材料之一。但钢材也存在能耗大、成本高、维修费用高、易锈蚀、耐火性差等缺点。

1.4　钢材的锈蚀与防护

钢材表面与周围环境接触,在一定条件下,可发生作用,使钢材表面腐蚀。腐蚀不仅造成钢材受力截面减小,表面不平整,导致应力集中,降低了钢材的承载能力;还会使疲劳强度大为降低,尤其是显著降低钢材的冲击韧性,使钢材脆断。混凝土中钢筋腐蚀后,产生体积膨胀,使混凝土顺筋开裂。

防止钢材锈蚀的方法有保护膜法、电化学保护法和合金保护法,但最经济有效的方法是提高混凝土的密实度和碱度,并保证钢筋有足够的保护层厚度。

模块二　建筑钢材的技术性质和技术要求

建筑钢材的技术性质主要包括力学性能(拉伸性能、塑性、冲击韧性、耐疲劳性能和硬度等)和工艺性能(冷弯性能、焊接性能等)。

2.1　建筑钢材的技术性质

2.1.1　力学性能

1)拉伸性能

(1)低碳钢的拉伸过程

低碳钢的含碳量低,强度较低,塑性较好,其应力应变图($\sigma - \varepsilon$ 图)如图 8-3 所示。从图中可以看出,低碳钢拉伸过程经历弹性阶段(ob)、屈服阶段(bc)、强化阶段(ce)和颈缩阶段(ef)四个阶段。

①弹性阶段(ob)。在拉伸的初始阶段,$\sigma - \varepsilon$ 曲线(oa 段)为一直线,说明应力与应变成正比,即满足胡克定理,此阶段称为线性阶段。线性阶段的最高点称为材料的比例极限(σ_p),线性阶段的直线斜率即为材料的弹性模量 E,单位为 MPa。a 点的应力为弹性极限,用 σ_p 表示,单位为 MPa。

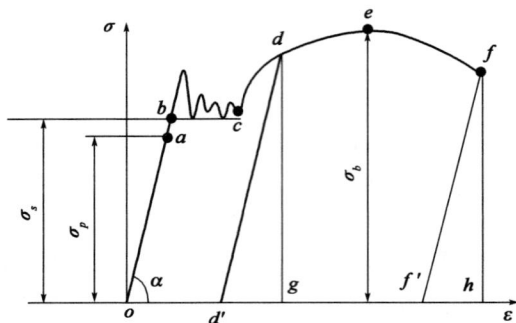

图 8-3　低碳钢的拉伸 $\sigma - \varepsilon$ 曲线

线性阶段后，$\sigma - \varepsilon$ 曲线不为直线（ab 段），应力应变不再成正比，但若在整个弹性阶段卸载，应力应变曲线会沿原曲线返回，荷载卸到零时，变形也完全消失。卸载后变形能完全消失的应力最大点称为材料的弹性极限（σ_p），一般对于钢等许多材料，其弹性极限与比例极限非常接近。

②屈服阶段（bc）。钢材在荷载作用下，超过弹性阶段后，开始丧失对变形的抵抗能力，应力几乎不变，只是在某一微小范围内上下波动，而应变却急剧增长，并产生明显的塑性变形，这种现象称为屈服。屈服强度是确定结构容许应力的主要依据。使材料发生屈服的应力称为屈服应力或屈服极限（σ_s）。

③强化阶段（ce）。应变随应力的增加而继续增加。e 点的应力称为强度极限或抗拉强度，用 σ_b 表示，单位为 MPa。屈强比（σ_s / σ_b）在工程中很有意义，此值越小，表明结构的可靠性越高，即防止结构破坏的潜力越大；但此值太小时，钢材强度的有效利用率低。合理的屈强比一般在 $0.60 \sim 0.75$ 之间。

④颈缩阶段（ef）。试样拉伸达到强度极限 σ_b 之前，在标距范围内的变形是均匀的。当应力增大至强度极限 f 之后，钢材的变形速度明显加快，而承载能力明显下降，试样出现局部显著收缩，这一现象称为颈缩。颈缩出现后，使试件继续变形所需荷载减小，故应力应变曲线呈现下降趋势，直至最后在 f 点断裂。试样的断裂位置处于颈缩处，断口形状呈杯状，这说明引起试样破坏的原因不仅有拉应力还有切应力。

（2）中碳钢、高碳钢（硬钢）的拉伸特点

中碳钢与高碳钢（硬钢）的拉伸过程无明显的屈服阶段。通常以条件屈服点 $\sigma_{0.2}$ 代替其屈服点。条件屈服点是使硬钢产生 0.2% 塑性变形（残余变形）时的应力。

（3）钢材拉伸强度

屈服强度或屈服点：

$$\sigma_S = \frac{F_S}{A_0} \tag{8-1}$$

抗拉强度或强度极限：

$$\sigma_b = \frac{F_b}{A_0} \tag{8-2}$$

式中：σ_S、σ_b——钢材的屈服强度和抗拉强度，MPa；

F_S、F_b——钢材拉伸时的屈服荷载和极限荷载，N；

A_0——钢材试件的初始横截面面积，mm^2。

2）塑性

钢材在受力破坏前可以经受永久变形的性能称为塑性。钢材的塑性通常用伸长率和断面收缩率表示。

（1）伸长率

伸长率是钢材试件拉断后标距长度的增量与原标距长度之比的百分率。断后伸长率按式（8-3）计算。

$$\delta = \frac{l_1 - l_0}{A_0} \qquad (8\text{-}3)$$

式中：l_1——试件断裂后标距的长度，mm；

l_0——试件的原标距（$l_0 = 5d_0$ 或 $l_0 = 10d_0$，d_0 为试件的直径），mm；

δ——伸长率（当 $l_0 = 5d$ 时，为 δ_5；当 $l_0 = 10d_0$ 时，为 δ_{10}）。

伸长率是衡量钢材塑性的重要指标，δ 越大，则钢材的塑性越好。伸长率大小与标距大小有关，对于同一种钢材，$\delta_5 > \delta_{10}$。钢材具有一定的塑性变形能力，可以保证钢材应力重分布，从而不至于突然产生脆性破坏。

（2）断面收缩率

断面收缩率是试件拉断后缩颈处横断面积的最大缩减量占横截面面积的百分率。断面收缩率以 ψ（%）表示，断面收缩率按式（8-4）计算。

$$\psi = \frac{A_0 - A_1}{A_0} \times 100\% \qquad (8\text{-}4)$$

式中：A_0——试样的原横截面面积，mm^2；

A_1——试样裂断（缩颈）处的横截面面积，mm^2；

伸长率和收缩率都反映了钢材的变形能力，二者越大，表明钢材的塑性越好，钢材越易加工，且易保证质量。

3）冲击韧性

冲击韧性是指钢材抵抗冲击荷载而不破坏的能力。规范规定以刻槽（V 形缺口）的标准试件（标准尺寸为：$10mm \times 10mm \times 55mm$），在冲击试验机的摆锤作用下，以破坏后缺口处单位面积所消耗的功来表示，符号 α_K，单位为 J/mm^2。α_K 值越大，冲断试件消耗的功越多，或者说钢材断裂前吸收的能量越多，说明钢材的韧性越好，不容易产生脆性断裂。钢材的冲击韧性会随环境温度下降而降低。

4）疲劳强度

钢材在交变荷载反复作用下，往往在远小于抗拉强度的情况下突然破坏，这种破坏称为疲劳破坏。钢材的疲劳破坏指标用疲劳强度或疲劳极限来表示，它是指试件在交变应力条件下，在规定的周期基数内不发生破坏所能承受的最大应力值。一般把钢材承受交变荷载作用（$1 \times 10^6 \sim 1 \times 10^7$ 次）时不发生破坏的最大应力作为疲劳强度。

5）硬度

钢材表面局部体积内抵抗更硬物体压入而引起塑性变形的能力称为硬度。我国现行国家标准测定金属硬度的方法有布氏硬度(Brinell hardness)、洛氏硬度(Rock - well hardness)和维氏硬度(Vickers hardness)三种。最常用的为布氏硬度和洛氏硬度。

布氏硬度试验时用直径为 $D(\text{mm})$ 的硬质钢球,在一定荷载 $P(\text{N})$ 作用下压入钢材表面后,经规定时间后卸荷,用读数放大镜测出压痕直径 $d(\text{mm})$,计算每单位压痕球面积所承受的荷载值,即是布氏硬度值(HB)。HB 是以 10MPa 计的数字表示,如 $HB = 150$,即表示 HB 值为 1500MPa。HB 越大,钢材越硬。

硬度的大小,既可判断钢材的软硬程度,也可以近似地估计钢材的抗拉强度。硬度越高,即表明金属抵抗塑性变形的能力越大,金属产生塑性变形越困难。各类钢材的 HB 值与强度之间有大致的正比例关系。试验证明,碳素钢的 HB 值与其抗拉强度 σ_b 之间存在以下关系:当 $HB < 175$ 时,$\sigma_b \approx 0.36HB$;当 $HB > 175$ 时,$\sigma_b \approx 0.35HB$。

2.1.2　工艺性能

钢材应具有良好的工艺性能,以满足施工工艺的要求,并使得钢材制品的质量不受影响。冷弯、冷拉、冷拔及焊接性能均是钢材的重要工艺性能。

1)冷弯性能

冷弯性能是指钢材在常温条件下,以一定的弯心直径 d 和弯曲角度 α 对钢材进行弯曲,钢材能够承受弯曲变形的能力。

钢材的冷弯,一般以弯曲角度 α、弯心直径 d 与钢材厚度(或直径)a 的比值 d/a 表示。弯曲角度越大,d/a 越小,表示钢材的冷弯性能越好。钢材的冷弯示意图如图8-4所示。

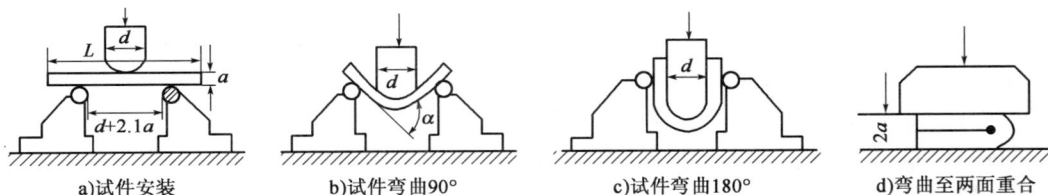

a)试件安装　　b)试件弯曲90°　　c)试件弯曲180°　　d)弯曲至两面重合

图 8-4　钢材的冷弯示意图

冷弯试验是在常温下,将试件置于冷弯机上以规定弯心直径弯曲至规定的弯曲角度(90°或180°),在弯曲处外表面,即受拉区或侧面,无裂纹、裂缝、起层、鳞落或断裂等现象,则钢材冷弯性能合格。如有一种及以上的现象出现,则钢材的冷弯性能不合格。钢材冷弯时的弯曲角度越大,弯心直径越小,则表示冷弯性能越好。冷弯试验能反映钢材是否有内部组织不均匀,是否存在内应力和夹杂物等缺陷。

伸长率较大的钢材,其冷弯性能也必然较好。但冷弯试验是对钢材塑性更严格的检验,有利于暴露钢材内部存在的缺陷,如气孔、杂质、裂纹、严重偏析等;同时在焊接时,局部脆性及焊接接头质量的缺陷也可通过冷弯试验而发现。因此,钢材的冷弯性能也是评定焊接质量的重要指标。对于重要结构和弯曲成型的钢材,其冷弯性能必须合格。

2)焊接性能

建筑工程中,各种型钢、钢板、钢筋及预埋件等通常需要焊接加工,钢材间的连接90%以上采用焊接方式,焊接的质量取决于焊接工艺、焊接材料及钢的焊接性能。因此,要求钢材应有良好的焊接性能。可焊性好的钢材在一定的工艺条件下,焊缝及附近过热区不会产生裂缝及硬脆倾向,焊接后的力学性能(如强度)不低于或略低于原材。焊接结构应选择含碳量较低的氧气转炉或平炉生产的镇静钢。当采用高碳钢及合金钢时,为了改善焊接后的硬脆性,焊接时一般要采用焊前预热及焊后热处理等措施。

2.1.3 钢材的冷加工和热处理

1)钢材的冷加工

冷加工指钢材在再结晶温度下(一般为常温下)进行的机械加工,如冷拉、冷拔、冷轧、冷扭、刻痕等,使之产生塑性变形,从而提高其强度的这个过程称为冷加工。

(1)冷加工强化

将钢材在常温下冷加工后,使之产生一定的塑性变形,从而提高屈服点,即强度和硬度明显提高,但塑性、韧性及弹性模量有所降低,这个过程称为钢材的冷加工强化(或冷作硬化)。通常冷加工变形越大,则强化越明显,即屈服强度提高越多,而塑性与韧性降低也越大。钢材常用的冷加工方式有冷拉、冷拔和冷轧。工程中大量使用的钢筋,往往是冷加工和时效处理同时采用。

(2)钢材的时效处理

将经冷加工后的钢材,在常温下存放 15 ~ 20d,或加热至 100 ~ 200℃并保持 2h 左右,其屈服强度、抗拉强度及硬度进一步提高,塑性和冲击韧性显著降低,弹性模量得以恢复的现象称为时效处理。

2)钢材的热处理

热处理是将钢材在固态范围内进行加热、保温和冷却,从而改变其金相组织和显微结构组织,获得需要性能的一种综合工艺。主要包括退火、正火、淬火、回火四种基本方式。

2.2 碳素结构钢及其技术要求

1)碳素结构钢的牌号及其表示方法

根据标准《碳素结构钢》(GB/T 700—2006)规定,碳素结构钢分四个牌号,即 Q195、Q215、Q235 和 Q275(Q 表示屈服点,数值为屈服强度值)。按其冲击性和硫、磷杂质含量由多到少分为 A、B、C、D 四个质量等级。脱氧程度:F(沸腾钢)、b(半镇静钢)、Z(镇静例)、TZ(特殊镇静钢)。

牌号表示方法:

是由代表屈服点的字母 Q、屈服点数值、质量等级(A、B、C、D)、脱氧程度(F、b、Z、TZ)四个部分按顺序组成。

镇静钢和特殊镇静钢的符号 Z 和 TZ 在钢的牌号中通常予以省略,如 Q235 - AF,表示此碳素结构钢是屈服点为 235MPa 的 A 级沸腾钢;Q235 - C,表示此碳素结构钢是屈服点为 235MPa 的 C 级镇静钢。

2)碳素结构钢的技术要求

按照标准《碳素结构钢》(GB/T 700—2006)规定,碳素结构钢的技术要求如下:

(1)化学成分:各牌号碳素结构钢的化学成分应符合表 8-1 的规定。

(2)力学性能:碳素结构钢的强度、冲击韧性等指标应符合表 8-2 的规定,冷弯性能应符合

表 8-3 的要求。

碳素结构钢的化学成分　　　　表 8-1

牌号	等级	厚度或直径（mm）	脱氧方法	化学成分（质量分数）（%），≤				
				C	Si	Mn	P	S
Q195	—	—	F、Z	0.12	0.30	0.50	0.035	0.040
Q215	A	—	F、Z	0.15	0.35	1.20	0.045	0.050
	B							0.045
Q235	A	—	F、Z	0.22	0.35	1.40	0.045	0.050
	B			0.20				0.045
	C		Z	0.17			0.040	0.040
	D		TZ				0.035	0.035
Q275	A	—	F、Z	0.24	0.35	1.50	0.045	0.050
	B	≤40	Z	0.21			0.045	0.045
		>40		0.22				
	C	—	Z	0.20			0.040	0.040
	D		TZ				0.035	0.035

注：经需方同意，Q235B 的含碳量可不大于 0.22%。

碳素结构钢的力学性能　　　　表 8-2

牌号	等级	屈服强度（N/mm²），≥						抗拉强度（N/mm²）	断后伸长率（%），≥					冲击试验（V 型缺口）	
		厚度（或直径）（mm）							厚度（或直径）（mm）					温度（℃）	功（纵）（J），≥
		≤16	16～40	40～60	60～100	100～150	150～200		≤40	40～60	60～100	100～150	150～200		
Q195	—	195	185	—	—	—	—	315～430	33	—	—	—	—	—	
Q215	A	215	205	195	185	175	165	335～450	31	30	29	27	26	—	
	B													+20	27
Q235	A	235	225	215	215	195	185	375～500	26	25	24	22	21	—	
	B													+20	27
	C													0	
	D													−20	
Q275	A	275	265	255	245	225	215	410～540	22	21	20	18	17	—	
	B													+20	27
	C													0	
	D													−20	

注：1. Q195 的屈服强度值仅做参考，不做交货条件。

2. 厚度大于 100mm 的钢材，抗拉强度下限允许降低 20N/mm²，宽带钢（包括剪切钢板）抗拉强度上限不做交货条件。

3. 厚度小于 25mm 的 Q235B 级钢材，如果供方能够保证冲击吸收功值合格，经需方同意，可不做检验。

碳素结构钢的冷弯性能   表 8-3

牌　　号	试样方向	冷弯试验（180°，$B=2a$）	
		钢材厚度（或直径）（a,mm）	
		≤60	60～100
		弯心直径 d(mm)	
Q195	纵	0	—
	横	0.5a	
Q215	纵	0.5a	1.5a
	横	a	2a
Q235	纵	a	2a
	横	1.5a	2.5a
Q275	纵	1.5a	2.5a
	横	2a	3a

注：①B 为试样宽度，a 为钢材厚度（或直径）。
　　②若钢材厚度（或直径）大于 100mm 时，弯曲试验由双方协定。

从表 8-1、表 8-2、表 8-3 可以看出，碳素结构钢随着牌号的增大，其含碳量和含锰量增加，强度和硬度提高，而塑性和韧性降低，冷弯性逐渐变差。

钢材在应用过程中还应符合国家标准《钢筋混凝土用钢　第 1 部分：热轧光圆钢筋》（GB/T 1499.1—2017）、《钢筋混凝土用钢　第 2 部分：热轧带肋钢筋》（GB/T 1499.2—2018）和《冷轧带肋钢筋》（GB/T 13788—2017）的相关技术要求。

模块三　新型建筑钢材

近年来，随着冶金和焊接技术的发展，各具特点的工程用高性能钢材也越来越多地应用于桥梁工程中，如高性能双腹板梁桥、高性能钢管端翼缘工字梁、钢管混凝土拱桥等。这不仅提高了结构可靠性、减少了材料用量、减轻了结构自重、缩小了桥墩，还有利于施工，使桥梁在实际运用中发挥了更强大的作用。下面简单介绍几种高性能钢材。

1）高强度钢

桥梁工程应用高强度钢，可有效减薄所用钢板的厚度，减轻结构的总重，获得较大的跨度，并且方便施工。在桥梁结构中，高强度钢材一般仅用到 570N/mm² 级钢为止，但在其他领域有时要求强度要比这高得多。

2）耐候钢

在湿度高、腐蚀性强的环境条件下，结构钢的防腐性能是桥梁设计考虑的重点。新型的耐候钢能有效地减少盐分环境条件下盐分对材料的腐蚀，同时不引起过量层状撕裂和无黏结的片状锈物,从而降低了桥梁结构的养护与维修成本。工程实践中,耐候钢不涂装就可以使用,是极好的结构用钢材,可使寿命期内的总费用降到最低。

3)高韧性钢

在寒冷工作条件下,钢板的冲击韧性对结构的工作性能非常重要。一般来说,桥梁钢材在寒冷工作条件下,其应变的时效效应将降低钢板的韧性,降低的幅度与钢板的制作方法有关。通过减少碳、磷、硫和氮的含量,细化晶粒结构及引入控温控轧技术(TCMP 技术),可以减少钢板韧性降低的幅度。

4)抗疲劳性能钢

目前改善钢材疲劳性能的途径主要有:通过磁化提高结构疲劳性能,通过细化钢材晶粒或加入微量镁和锆可改善钢材的低周疲劳性能。通过这些方法可以提高材料抗裂纹的能力,延迟材料产生裂纹的萌生期,从而达到提高钢材抗疲劳性能的目的。

5)高焊接性能钢

焊接工艺中焊接预热是一个关键因素。TMCP 技术是高性能钢板降低焊接预热温度所采用的一项关键技术。普通 780N/mm² 级钢焊接时需要 120℃ 以上的预热温度,这带来了各方面的问题,诸如由热膨胀引起的构件变形和高温所带来的工作荷载增加等。而不需要预热或预热温度较低的高性能钢板的出现便可以解决这类问题,增加了桥梁结构的耐久性,降低了工作难度,方便了施工。

模块四　建筑钢材性能检测

4.1　金属材料弯曲试验(GB/T 232—2010)

1)目的和适用范围

本方法用以检测金属承受规定弯曲程度的弯曲变形性能,并显示其缺陷。但不适用于金属管材和金属焊接接头的弯曲试验。

2)仪器设备

弯曲试验可用压力机、特殊试验机、万能试验机或圆口钳等设备进行。试验过程中应平稳地对试件施加压力。仪器设备如试图 8-1 所示。

3)试验准备

(1)试验可使用圆形、方形、矩形或多边形横截面的试样。样坯的切取位置和方向应按照相关产品标准的要求,如未具体规定,对于钢产品,应按照《钢及钢产品力学性能试验取样位置及试样制备》(GB/T 2975—2018)的要求进行。试样应去除由于剪切或火焰切割或类似的操作而影响了材料性能的部分。如果试验结果不受影响,允许不去除试样受影响的部分。

(2)矩形试样的棱边。试样表面不得有划痕和损伤。方形、矩形和多边形横截面试样的棱边应为倒圆,倒圆半径不能超过以下数值:

①1 mm(当试样厚度小于10mm 时);

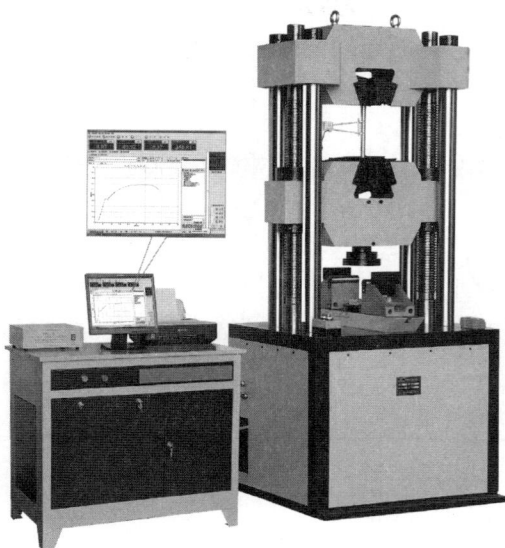

a)万能材料试验机　　　　　　　　　b)支辊式弯曲装置

试图 8-1　金属材料弯曲试验所用仪器设备

②1.5mm（当试样厚度大于或等于 10mm 且小于 50mm 时）；

③3mm（当试样厚度不小于 50mm 时）。

棱边倒圆时不应形成影响试验结果的横向毛刺、伤痕或划痕。如果试验结果不受影响，允许试样的棱边不倒圆。

（3）试样的宽度。试样的宽度应按照相关产品标准的要求，如未具体规定，应按照以下要求：

①当产品宽度不大于 20mm 时，试样宽度为原产品宽度；

②当产品宽度大于 20mm 时：

a. 当产品厚度小于 3mm 时，试样宽度为（20±5）mm；

b. 当产品厚度不小于 3mm 时，试样宽度为 20～50mm。

（4）试样的厚度。试样的厚度或直径应按照相关产品标准的要求，如未具体规定应按照以下要求：

①对于板材、带材和型材，试样厚度应为原产品厚度。如果产品厚度大于 25mm，试样厚度可以机加工减薄至不小于 25mm，并保留一侧原表面。弯曲试验时，试样保留的原表面应位于受拉变形一侧。

②直径（圆形横截面）或内切圆直径（多边形横截面）不大于 30mm 的产品，其试样横截面应为原产品的横截面。对于直径或多边形横截面内切圆直径超过 30mm 但不大于 50mm 的产品，可以将其机加工成横截面内切圆直径不小于 25mm 的试样。直径或多边形横截面内切圆直径大于 50mm 的产品，应将其机加工成横截面内切圆直径不小于 25mm 的试样。试验时，试样未经机加工的原表面应置于受拉变形的一侧。

锻材、铸材和半成品的试样：对于锻材、铸材和半成品，其试样尺寸和形状应在交货要求或协议中规定的试样进行试验。

大厚度和大宽度试样：经协议，可以使用大于第 3 条规定宽度和第 4 条规定厚度的试样进行试验。

试样的长度：试样长度应根据试样厚度（或直径）和所使用的试验设备规定。

（5）对于钢筋的冷弯试验前的相关准备为：

①直径为 d_0 的钢筋，试样长度 $L \approx 5d_0 + 150mm$。

②试件可由钢筋试件两端截取，试样中间 1/3 范围内不准有凿冲等工具刻痕或压痕。

4）试验步骤

（1）试验前：测量试样尺寸是否符合要求。

（2）选择适当的弯心直径 d，按图 8-4a）装置，支座的净距为 $d + 2.1d_0$。对于不同种类的钢材其弯心直径取值不同。试表 8-1 为《钢筋混凝土用热轧带肋钢筋》（GB 1499—2018）规定的热轧带肋钢筋取用的弯曲压头直径。

热轧带肋钢筋取用的弯心直径　　　　　　　　　　　　　　　　试表 8-1

牌　号	公称直径 d_0（mm）	弯曲压头直径 d
HRB400	6 ~ 25	$3d_0$
HRBF400	28 ~ 40	$4d_0$
HRB400E		
HRBF400E	>40 ~ 50	$5d_0$
HRB500	6 ~ 25	$6d_0$
HRBF500	28 ~ 40	$7d_0$
HRB500E		
HRBF500E	>40 ~ 50	$8d_0$
HRB600	6 ~ 25	$6d_0$
	28 ~ 40	$7d_0$
	>40 ~ 50	$8d_0$

（3）上升支座使弯心压头与试样接触，然后均匀加压，压至规定的角度，参见图 8-4b）。

（4）如需弯曲成两臂平行，可一次绕弯心弯成，参见图 8-4c）进行试验。

（5）如需压成两臂接触，可先弯成两臂平行，而后取出改在压力机上，压至试件两臂接触为止，如图 8-4d）所示。

（6）压至规定条件后，检查试件弯曲处是否有裂纹、起层分化或断裂等情况。

5）结果整理

（1）应按照相关产品标准的要求评定弯曲试验结果。如未规定具体要求，弯曲试验后不使用放大仪器观察，试样弯曲外表面无可见裂纹，应评定为合格。

（2）以相关产品标准规定的弯曲角度作为最小值；若规定弯曲压头直径，以规定的弯曲压头直径作为最大值。

4.2　金属材料室温拉伸试验（GB/T 228.1—2010）

1）目的和适用范围

本方法规定金属室温拉伸试验方法，用以测定本方法所规定的一项或几项力学性能。

2）仪器设备

（1）各种类型拉力试验机均可使用。试验机应按照相应的标准进行检验，并应为 1 级或优于 1 级准确度（试图 8-2）。

a)万能材料试验机　　　　　　　　　　　　b)游标卡尺

c)手动钢筋标距仪　　　　　　　　　　　　d)电动钢筋标距仪

试图 8-2　低碳钢的拉伸试验所用仪器设备

（2）各种类型的引伸计均可用以测定试样的伸长。测定上屈服强度、下屈服强度、规定非比例延伸强度等的验证试验，应使用不劣于 1 级准确度的引伸计；测定其他具有较大延伸率的性能，例如抗拉强度断后伸长率等，应使用不劣于 2 级准确度的引伸计。

3）试验准备

（1）试样

①试样分为比例试样和非比例试样两种。试样原始标距与原始横截面积有 $L_0 = K \sqrt{A_0}$ 关系的比例试样。国际上比例系数的值 K 为 5.65，原始标距 L_0 应不小于 15mm。当试样横截面面积太小时，比例系数可优先采用 11.3 或非比例试样。非比例试样的原始标距与其原始横截面面积无关。

比例试样横截面可以为圆形、矩形、多边形、环形，特殊情况下可以为其他形状。

②样坯截取的部位、数量以及试样的纵轴方向(沿材料的纵向、横向、放射方向或切向方向)按有关标准、技术条件或双方协议之规定执行。由金属材料和制品中截取样坯时,一般应在切削机床上进行,必要时允许用烧割、冷剪或其他方法截取;必要时对样坯及未加工试样允许校直或校平,但在操作中必须保证不显著影响金属的性能。

(2)原始横截面面积(A_0)的测定

宜在试样平行长度中心区域以足够的点数测量试样的相关尺寸。原始横截面面积 A_0 是平均横截面面积,应根据测量的尺寸计算。

原始横截面面积的计算准确度依赖于试样本身特性和类型。下面给出了不同类型试样原始横截面面积 A_0 的评估方法,并提供了测量准确度的详细说明。

①厚度 0.1~3mm 薄板和薄带使用的试样类型。

原始横截面面积应根据试样的尺寸测量值计算得到。

原始横截面面积的测定准确到 ±2%。当误差的主要部分是由于试样厚度的测量所引起的时,宽度的测量误差不应超过 0.2%。

为了减小试验结果的测量不确定度,建议原始横截面面积应准确至或优于 ±1%。对于薄片材料,需要采用特殊的测量技术。

②直径或厚度小于 4mm 线材、棒材和型材使用的试样类型。

原始横截面面积的测定准确到 ±1%。

对于圆形横截面的产品,应在两个相互垂直方向测量试样的直径,取其算术平均值计算横截面面积。

可以根据测量的试样长度、试样质量和材料密度,按式(试 8-1)确定其原始横截面面积:

$$A_0 = \frac{1000 \cdot m}{\rho \cdot l_t} \qquad (\text{试 8-1})$$

式中:m——试样质量,g;

l_t——试样的总长度,mm;

ρ——试样材料密度,g/cm^3。

③厚度等于或大于 3mm 的板材和扁材以及直径或厚度等于或大于 4mm 线材、棒材和型材使用的试样类型。

对于圆形横截面和四面机加工的矩形横截面试样,如果试样的尺寸公差和形状公差均满足要求,可以用名义尺寸计算原始横截面面积 A_0。对于所有其他类型的试样,应根据测量的原始试样尺寸计算原始横截面面积 A_0,测量的每个尺寸应准确到 ±0.5%。

④管材使用的试样类型。

试样原始横截面面积的测定应准确到 ±1%。

管段试样、不带头的纵向或横向试样的原始横截面面积可以根据测量的试样长度、试样质量和材料密度来计算,也可按式(试 8-1)计算。

(3)原始标距(l_0)的标记

应用小标记、细滑线或细墨线标记原始标距,但不得用引起过早断裂的缺口做标记。对于比例试样,应将原始标距的计算值修约至最接近 5mm 的倍数,中间数值向较大一方修约。原始标距的标记应准确到 ±1%。如平行长度(l_c)比原始标距长许多,例如不经机加工的试样,可以标记一系列套叠的原始标距,有时可以在试样表面画一条平行于试样纵轴的线,并在此线上标记原始标距。

4)试验步骤

(1)上屈服强度(σ_{sH})和下屈服强度(σ_{sL})的测定

①上屈服强度是试样发生屈服而应力首次下降前的最高应力;下屈服强度是在屈服期间,不计初始瞬时效应时的最低应力。呈现明显屈服(不连续屈服)现象的金属材料,相关产品标准应规定测定上屈服强度或下屈服强度或两者都测定。

对于上、下屈服强度位置判定的基本原则如下:

a.屈服前的第1个峰值应力(第1个极大值应力)判为上屈服强度,不管其后的峰值应力比它大还是比它小。

b.屈服阶段中如呈现两个或两个以上的谷值应力,舍去第1个谷值应力(第1个极值应力)不计,取其余谷值应力中之最小者判为下屈服强度。如只呈现1个下降谷,此谷值应力判为下屈服强度。

c.屈服阶段中呈现屈服平台,平台应力判为下屈服强度;如呈现多个而且后者高于前者的屈服平台,判第1个平台应力为下屈服强度。

d.正确的判定结果应是下屈服强度一定低于上屈服强度。

为提高试验效率,可以报告在上屈服强度之后延伸率为0.25%范围以内的最低应力为下屈服强度,不考虑任何初始瞬时效应。

注:此规定仅仅用于呈现明显屈服的材料和不测定屈服点延伸率的情况。

②图解法:试验时记录力-位移曲线。从曲线图中读取力首次下降前的最大力和不计初始瞬时效应时屈服阶段中的最小力或屈服平台的恒定力。将其分别除以试样原始横截面面积(A_0)得到上屈服强度和下屈服强度。仲裁试验采用图解方法。

③指针法:试验时,读取测力度盘指针首次回转前指示的最大力和不计初始瞬时效应时屈服阶段中指示的最小力或首次停止转动指示的恒定力。将其分别除以试样原始截面面积(A_0)得到上屈服强度和下屈服强度。

④可以使用自动装置(例如微处理机等)或自动测试系统测定上屈服强度和下屈服强度,可以不绘制拉伸曲线图。

(2)抗拉强度(σ_b)的测定

①抗拉强度是相应最大力(F_m)的应力。按照定义可采用图解法或指针法测定。

②对于呈现明显屈服(不连续屈服)现象的金属材料,从记录的力-延伸或力-位移曲线图,或从测力度盘,读取过了屈服阶段之后的最大力;对于无明显屈服(连续屈服)现象的金属材料,从记录的力-延伸或力-位移曲线图,或从测力度盘,读取试验过程中的最大力。最大力除以试样原始横截面面积(A_0)得到抗拉强度。

③可以使用自动装置(例如微处理机等)或自动测试系统测定抗拉强度,可以不绘制拉伸曲线图。

(3)断后伸长率(δ)的测定

①断后伸长率(δ)是指断后标距的残余伸长($l_1 - l_0$)与原始标距(l_0)之比的百分率。

为了测定断后伸长率应将试样断裂的部分仔细地配接在一起,使其轴线处于同一直线上,并采取特别措施确保试样断裂部分适当接触再测量试样断后标距(l_1)。这对小横截面试样和低伸长率试样尤为重要。

应使用分辨力优于 0.1mm 的量具或测量装置测定断后标距(l_1),准确到 ±0.25mm。如规定的最小断后伸长率小于 5%。建议采用特殊方法进行测定。

原则上只有断裂处与最接近的标距标记的距离不小于原始标距 1/3 的情况方为有效。但若断后伸长率大于或等于规定值,则不管断裂位置处于何处,测量均为有效。

②能用引伸计测定断裂延伸的试验机,引伸计标距(l)应等于试样原始标距(l_0),无须标出试样原始标距的标记。以断裂时的总延伸作为伸长测量值,为了得到断后伸长率,应从总延伸中扣除弹性延伸部分。原则上,断裂发生在引伸计标距以内方为有效,但若断后伸长率等于或大于规定值,则不管断裂位置处于何处,测量均为有效。

注:如产品标准规定用一固定标距测定断后伸长率,引伸计标距应等于这一标距。

(4)断面收缩率(ψ)的测定

①断面收缩率(ψ)是断裂后试样横截面面积的最大缩减量($A_0 - A_1$)与原始横截面面积(A_0)之比的百分率。断裂后最小横截面面积的测定应准确到 ±2%。

②测量时,需要将试样断裂部分仔细地配接在一起,使其轴线处于同一直线。对于圆形横截面试样,在缩颈最小处相互垂直方向测量直径,取其算术平均值计算最小横截面面积;对于矩形横截面试样,测量缩颈处的最大宽度和最小厚度,两者之乘积为断后最小横截面面积。

原始横截面面积(A_0)与断后最小横截面面积(A_1)之差除以原始横截面面积的百分率得到断面收缩率。

③薄板和薄带试样、管材全截面试样、圆管纵向弧形试样和其他复杂横截面试样及直径小于 3mm 试样,一般不测定断面收缩率。如有要求,应双方商定测定方法,断后最小横截面面积的测定准确度亦符合①的要求。

5)结果整理

试验测定的性能结果数值应按照相关产品标准的要求进行修约。如未规定具体要求,应按照如下要求进行修约:

(1)强度性能值修约至 1MPa;

(2)屈服点延伸率修约至 0.1%,其他延伸率和断后伸长率修约至 0.5%;

(3)断面收缩率修约至 1%。

复习与思考题

8-1　钢有哪些分类方法?各分为哪几种?

8-2　含碳量对建筑钢材的力学性能有哪些规律性的影响?硫、磷元素对钢材技术性能有什么影响?

8-3　建筑用钢应具备哪些主要技术性质?

8-4　钢材牌号如何规定?说明下列钢材牌号的含义:Q235A、45SiCr。

8-5　钢的屈服强度比在工程使用中有什么意义?

8-6　什么是钢材的冷加工和时效?时效有哪几种方法?冷加工和时效后的钢材在性质上发生了哪些变化?

单元九
UNIT NINE

工程高分子聚合物

知识目标

了解高分子聚合物的组成、结构和性能,以及在道路与桥梁工程中的应用。

能力目标

能根据相关规范结合工程应用环境合理选择高分子聚合物材料来改善水泥混凝土和沥青混合料的性能。

价值引领

高等级公路的快速发展,对建筑材料提出了更高的要求。工程高分子聚合物材料在道路桥梁工程中的应用,改善和提高了现有材料的技术性能。但发展之路艰辛而漫长,同学们要不断开拓进取,用创新思维去思考和解决问题,为新型材料的生产和应用建言献策!

模块一　工程高分子聚合物概述

高分子聚合物按国际理论化学和应用化学协会的定义是:组成单元相互重复连接而构成的物质。通常认为,聚合物材料包括塑料、橡胶、纤维和胶黏剂等。但最常用的是塑料、橡胶和纤维三类。

高分子材料有许多优良性能,如质轻、比强度高、耐腐蚀、耐磨、绝缘性好,同时经济效益高,不受地域、气候限制,因此,目前被广泛地应用于工程实际中。

1.1 高分子聚合物的概念

1)单体、链节、聚合物和聚合度

高分子聚合物虽然分子量大、原子数较多,但都是由许多低分子化合物聚合而成的。例如,聚乙烯($\cdots$—CH_2—CH_2—CH_2—CH_2—$\cdots$)是由低分子化合物乙烯(CH_2=CH_2)聚合而成,若将—CH_2—CH_2—看作聚乙烯大分子中的一个重复结构单元,则聚乙烯可写成$\left(CH_2-CH_2\right)_n$。

"单体"是指可以聚合成高分子聚合物的低分子化合物,如乙烯(CH_2=CH_2);"链节"是指组成高分子聚合物最小的重复结构单元,如—CH_2—CH_2—;"聚合物"是指相应组成的大分子,如$\left(CH_2-CH_2\right)_n$;"聚合度"是指聚合物中所含链节的数目,以 n 表示,当聚合度很大(10^3 以上)时的聚合物称为"高聚物"。

2)聚合物材料的分类与命名

①聚合物材料的分类

高分子聚合物的分类方法很多,经常采用的方法有如下几种:

a.按高分子聚合物的合成材料分为塑料、合成橡胶和合成纤维,此外还有胶黏剂、涂料等。

b.按高分子聚合物的分子结构分为线型、支链型和体型三种。

c.按高分子聚合物反应类别分为加聚反应和缩聚反应,其反应产物为加聚物和缩聚物。

②聚合物材料的命名

a.根据单体的名称

以形成聚合物的单体作为基础在单体名称之前加"聚"字而命名,如聚乙烯、聚丙烯、聚氯乙烯等。如单体有两种或两种以上时,常把单体的名称(或其缩写)写在前面,在其后按用途加"树脂"或"橡胶"名称,如苯酚甲醛树脂(简称酚醛树脂)、丁苯橡胶(由丁二烯和苯乙烯聚合而成)、ABS 树脂(由丙烯腈、丁二烯和苯乙烯共聚合成)等。

b.习惯上的命名或商品名称

一些聚合物常采用习惯命名或商品名称。例如聚乙二酰乙二胺,习惯上称为聚酰胺66,商品名称为尼龙66;聚甲基丙烯酸甲酯,商品名称为有机玻璃。为简化起见,聚合物也常以英文名称的缩写符号表示,如聚乙烯的英文名称为 Polyethylene,缩写为 PE;聚甲基丙烯酸甲酯的英文缩写为 PMMA 等。

1.2 聚合物的结构特征

高分子聚合物是由不同结构层次的分子有规律地排列、堆砌而成。按分子几何结构形态来分,可分为线型、支链型和体型三种,高分子聚合物结构如图 9-1 所示。

1)线型

线型高聚物的分子为线状长链分子,大多数呈卷曲状,由于高分子链之间的范德华力很微弱,使分子容易相互滑动,在适当的溶剂中能溶解,溶解后的溶液黏度很大。当温度升高时,它可以熔融而不分解,成为黏度较大、能流动的液体。利用此特性,在加工时可以反复塑制。塑性树脂大部分属于线形高聚物。线型高聚物具有良好的弹性、塑性、柔顺性,还有一定的强度,但硬度小。

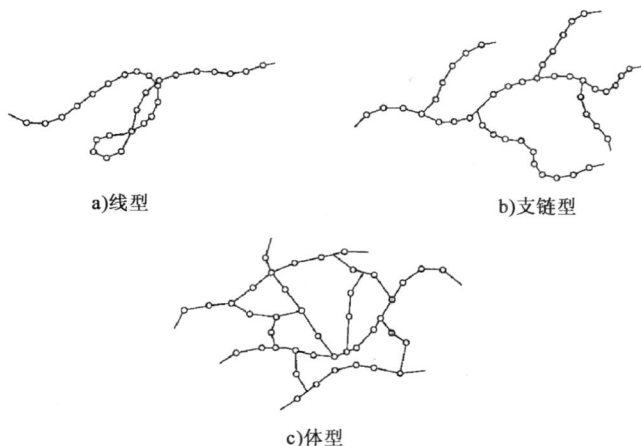

a)线型　　　　　　　　　　b)支链型

c)体型

图 9-1　高分子聚合物分子结构示意图

2）支链型

支链型高聚物的分子在主链上带有比主链短的支链，它可以溶解和熔融。但当支链的支化程度和支链的长短不同时，高聚物的结构和性能有差异。如低密度聚乙烯属于支链型结构，它与线型高密度聚乙烯相比，密度小，抗拉强度低，而溶解性增大，这是由于其分子间的作用较弱而造成的。

3）体型

体型高聚物的分子，是由线型或支链型高聚物分子以化学键交联形成，呈空间网状结构。它不能溶解于任何溶剂，最多只能溶胀。加热后不软化，也不能流动，加工时只能一次塑制。热固性树脂属于体型高聚物。

由于体型高聚物是一个巨型分子，所以塑性和弹性低，但硬度与脆性较大，耐热性较好。

三大合成材料中的合成纤维是线型高聚物，而塑料可以是线型高聚物，也可以是体型高聚物。

模块二　常用的工程高分子聚合物

道路与桥梁工程中常用的聚合物主要包括合成橡胶、合成纤维塑料以及胶黏剂等。

2.1　合成橡胶

合成橡胶是以石油、天然气为原料，以二烯烃和烯烃为单体聚合而成的高分子物质。合成橡胶中有少数品种的性能与天然橡胶相似，大多数与天然橡胶不同，但两者都是高弹性的高分子材料，一般均需经过硫化和加工之后才具有使用价值。

1) 合成橡胶的分类

(1) 按成品状态, 其可分为液体橡胶(如端羟基聚丁二烯)、固体橡胶、乳胶和粉末橡胶等。

(2) 按橡胶制品形成过程, 其可分为热塑性橡胶(如可反复加工成型的三嵌段热塑性丁苯橡胶)、硫化型橡胶(需经硫化才能制得成品, 大多数合成橡胶属此类)。

(3) 按生胶充填的其他非橡胶成分, 其可分为充油母胶、充炭黑母胶和充木质素母胶。

(4) 实际应用中按使用特性, 其可分为通用型橡胶和特种橡胶两大类。通用型橡胶指可以部分或全部代替天然橡胶使用的橡胶, 如丁苯橡胶、异戊橡胶和顺丁橡胶等, 主要用于制造各种轮胎及一般工业橡胶制品。通用橡胶的需求量大, 是合成橡胶的主要品种。

特种橡胶是指具有耐高温、耐油、耐臭氧、耐老化和高气密性等特点的橡胶, 常用的有硅橡胶、各种氟橡胶、聚硫橡胶、氯醇橡胶、丁腈橡胶、聚丙烯酸酯橡胶、聚氨酯橡胶和丁基橡胶等, 主要用于要求某种特性的特殊场合。

2) 合成橡胶的生产

合成橡胶的生产工艺大致可分为单体的合成和精制、聚合过程以及橡胶后处理三部分。合成橡胶的基本原料是单体, 精制常用的方法有精馏、洗涤、干燥等。聚合过程是单体在引发剂和催化剂作用下进行聚合反应生成聚合物的过程。后处理是使聚合反应后的物料(胶乳或胶液), 经脱除未反应单体、凝聚、脱水、干燥和包装步骤, 最后制得成品橡胶的过程。

2.2 合成纤维

1) 纤维的分类

纤维通常是线性结晶聚合物, 平均分子量较橡胶和塑料低。纤维大体分天然纤维、人造纤维和合成纤维。

天然纤维是自然生长或形成的纤维, 包括植物纤维(天然纤维素纤维)、动物纤维(天然蛋白质纤维)和矿物纤维。

人造纤维是利用自然界的天然高分子化合物——纤维素或蛋白质作原料, 经过一系列的化学处理与机械加工而制成类似棉花、羊毛、蚕丝一样能够用来纺织的纤维, 如人造棉、人造丝等。

合成纤维的化学组成和天然纤维完全不同, 是从一些本身并不含有纤维素或蛋白质的物质如石油、煤、天然气、石灰石或农副产品中加工提炼出来的有机物质, 再用化学合成与机械加工的方法制成的纤维。

2) 合成纤维的生产与特性

相对于各种天然纤维和人造纤维, 合成纤维具有强度高、密度小、弹性好、耐磨、耐酸碱和不霉、不蛀等优越性能。因此, 在道路等土木工程中, 合成纤维的应用越来越多。

合成纤维是由有机化合物单体经过制备与聚合、纺丝和后加工等三个环节完成的。合成纤维的原料是以有机高分子化合物为主要成分, 并添加了提高纤维加工性能和使用性能的某些助剂, 如二氧化钛、油剂染料和抗氧化剂等, 制成成纤高聚物。成纤高聚物的熔体或浓溶液用纺丝泵连续定量而均匀地从喷头的毛细孔中挤出, 成为液态细流, 再在空气、水或特定的凝固液中固化成初生纤维的过程称为"纤维成型"或"纺丝"。

2.3 塑料

塑料是以合成或天然聚合物为主要成分,辅以填充剂、增塑剂和其他助剂,在一定温度和压力下加工成型的材料或制品。其中的聚合物常称作树脂,可为晶态和非晶态。塑料的行为介于纤维和橡胶之间,有很广的范围;软塑料接近橡胶,硬塑料接近纤维。

1)塑料的组成

塑料是由许多材料配制而成的,其中高分子聚合物(或称合成树脂)是塑料的主要成分。此外,为了改进塑料的性能,还要在聚合物中添加各种辅助材料,如填料、增塑剂、润滑剂、稳定剂和着色剂等。

(1)合成树脂

合成树脂是塑料的最主要成分,其在塑料中的含量一般在40%～100%。由于含量大,树脂的性质常常决定了塑料的性质。塑料除了极少部分含100%的树脂外,绝大多数的塑料,除了主要组分树脂外,还需要加入其他物质。

(2)填料

填料又叫填充剂,它可以提高塑料的强度和耐热性能,并降低成本。填料可分为有机填料和无机填料两类,前者如木粉、碎布、纸张和各种织物纤维等,后者如玻璃纤维、硅藻土、石棉和炭黑等。

(3)增塑剂

增塑剂可增加塑料的可塑性和柔软性,降低脆性,使塑料易于加工成型。增塑剂一般是能与树脂混溶,无毒、无臭,对光热稳定的高沸点有机化合物,最常用的是邻苯二甲酸酯类。

(4)稳定剂

为了防止合成树脂在加工和使用过程中受光和热的作用分解和破坏,延长使用寿命,要在塑料中加入稳定剂。常用的稳定剂有硬脂酸盐和环氧树脂等。

(5)着色剂

着色剂可使塑料具有各种鲜艳、美观的颜色,常用有机染料和无机颜料作为着色剂。

(6)润滑剂

润滑剂的作用是防止塑料在成型时粘在金属模具上,同时可使塑料的表面光滑美观。常用的润滑剂有硬脂酸及其钙镁盐等。

(7)抗氧剂

防止塑料在加热成型或在高温使用过程中受热氧化,而使塑料变黄发裂等。

除了上述助剂外,塑料中还可加入阻燃剂、发泡剂和抗静电剂等,以满足不同的使用要求。

2)塑料的分类

(1)按使用特性分类

根据各种塑料不同的使用特性,通常将塑料分为通用塑料、工程塑料和特种塑料三种类型。

①通用塑料,一般是指产量大、用途广、成型性好、价格便宜的塑料。通用塑料有五大品种,即聚乙烯(PE)、聚丙烯(PP)、聚氯乙烯(PVC)、聚苯乙烯(PS)及ABS。它们都是热塑性塑料。

②工程塑料,一般是指能承受一定外力作用,具有良好的机械性能和耐高、低温性能,尺寸稳定性较好,可以用作工程结构的塑料,如聚酰胺和聚砜等。

③特种塑料,一般是指具有特种功能,可用于航空、航天等特殊应用领域的塑料。如氟塑料和有机硅具有突出的耐高温、自润滑等特殊功用,增强塑料和泡沫塑料具有高强度、高缓冲性等特殊性能。这些塑料都属于特种塑料的范畴。

（2）按理化特性分类

根据各种塑料不同的理化特性,可以把塑料分为热塑性塑料和热固性塑料两种类型。

①热塑料性塑料,是指在特定温度范围内能反复加热软化和冷却硬化的塑料,如聚乙烯、聚四氟乙烯等。热塑性塑料具有优良的电绝缘性,特别是聚四氟乙烯(PTFE)、聚苯乙烯(PS)、聚乙烯(PE)、聚丙烯(PP)都具有极低的介电常数和介质损耗,宜于做高频和高电压绝缘材料。

②热固性塑料,是指在受热或其他条件下能固化或具有不溶(熔)特性的塑料,如酚醛塑料,环氧塑料等。典型的热固性塑料有酚醛、环氧、氨基、不饱和聚酯、呋喃、聚硅醚等材料,还有较新的聚苯二甲酸二丙烯酯塑料等。它们具有耐热性高、受热不易变形等优点;它们的缺点是机械强度一般不高,但可以通过添加填料,制成层压材料或模压材料来提高其机械强度。

2.4 塑料-橡胶共聚物

随着聚合物工业的发展,不论就成分还是就形状而言,橡胶与塑料的区别已不是很明显了。例如,将聚乙烯氯化可以得到氯化聚乙烯橡胶(CPE),即氯原子部分置换聚乙烯大分子链。随着氯含量增加,氯化聚乙烯柔韧性增加而呈现橡胶的特性。ABS 树脂在光、氧作用下容易老化,为了克服这一缺点,将氯化聚乙烯与苯乙烯和丙腈烯进行接枝,可制得耐候性的ACS 树脂。高冲击聚苯乙烯树脂是由顺丁橡胶(早期为丁苯橡胶)与苯乙烯接枝共聚而成,故亦称接枝型抗冲击聚苯乙烯(HIPS)。该产品韧性较高,抗冲击强度较普通聚苯乙烯提高 7 倍以上。苯乙烯 – 丁二烯 – 苯乙烯嵌段其聚物(简称 SBS)是苯乙烯嵌段共聚物,它兼具塑料和橡胶的特性,具有弹性好、抗拉强度高、低温变形能力好等优点。SBS 是较佳的沥青改性剂,可综合提高沥青的高温稳定性和低温抗裂性。

模块三 土工合成材料

土工合成材料是工程建设中应用的以人工合成物或天然聚合物为原料制成的工程材料的总称,其主要品种有土工织物、土工膜、土工复合材料、土工特种材料等。

3.1 土工合成材料的种类和特点

土工合成材料可根据《公路土工合成材料应用技术规范》(JTG/T D32—2012)进行分类。

1）土工织物

"土工织物"是具有透水性的平面土工合成材料,俗称"土工布"。织物的成分是人造聚合物,常用的有聚丙烯(丙纶)、聚酯(涤纶)、聚乙烯、聚酰胺(锦纶)、尼龙和聚偏二氯乙烯等。土工织物主要特点是重量轻、整体连续性好、施工简便、抗拉强度高、耐腐蚀和抗微生物侵蚀性好;缺点是未经特殊处理,则抗紫外线能力低,如暴露受到紫外线直接照射容易老化,但若不直接暴露,则其抗老化及耐久性能仍是较高的。其性能与其聚合物原料、土工织物的种类及加工制造方法密切相关。土工织物如图9-2所示。

图9-2 土工织物(防渗土工布)

土工织物主要包括有纺(织造 woven)土工织物、无纺(非织造 non – woven)土工织物。

(1)有纺织物

有纺织物是由纤维纱长丝按一定方向交织而成的织物,与日用布相似可分为平纹织物(经、纬线相互垂直)和斜纹织物。

①单丝有纺织物。织物的成分大多为聚酯或聚丙烯,单丝的横截面为圆形或长方形。单丝有纺织物一般为中等强度,主要用作反滤材料。

②复丝有纺织物。它由许多细纤维的纱线织成。纤维原料多为聚丙烯和聚酯,薄膜丝原料为聚乙烯。它主要用于加筋,在铺设时应注意使其最大强度方向与最大应力方向一致,此种织物价格较高,所以应用受到限制。

③扁丝有纺织物。由宽度大于厚度许多倍的纤维织造而成。常见的扁丝织物是聚丙烯薄膜织物,扁丝之间若不经粘合易撕裂。但此织物具有较高强度和弹性模量,主要用作分隔材料。

(2)无纺织物

无纺织物是由短纤维或长丝按定向或非定向排列结合在一起的织物。无纺织物几乎是聚酯、聚丙烯或由聚丙烯与尼龙纤维混纺制成。其价格较低,具有中、低强度和中等至较大的破坏延伸率,已广泛用作反滤、隔离和加筋材料。无纺土工布如图9-3所示。

2)土工膜

土工膜是由聚合物制成的一种相对不透水的薄膜。土工膜如图9-4所示。

3)土工复合材料

将两种或两种以上的材料互相组合起来就成为土工复合材料。土工复合材料可将不同性质的材料结合起来,以更好地满足具体工程的需要,能起到多种功能的作用。主要有复合土工膜、复合土工织物和复合防排水材料三类。

图 9-3　无纺土工布

图 9-4　土工膜

复合土工膜,就是将土工膜和土工织物按一定要求制成的一种土工织物组合物,其形式有一布一膜、二布一膜。复合土工膜如图 9-5 所示。

4)土工特种材料

(1)土工格栅

具有较高强度,其开孔可容周围土、石或其他土工材料穿入,用于加筋的平面材料。土工格栅按受力性能一般分为单向、双向、三向格栅,按制造方法一般分为整体拉伸格栅、经编格栅、粘结或焊接格栅。

整体拉伸格栅为聚合物材料经过定向拉伸形成的平面网状材料;经编土工格栅是采用玻璃纤维、高强度聚酯长丝等经过编织形成的平面网状材料;粘结或焊接土工格栅为合成材料条带或其复合材料(如钢塑复合)通过粘结、焊接形成的平面网状材料。塑钢土工格栅如图 9-6 所示。

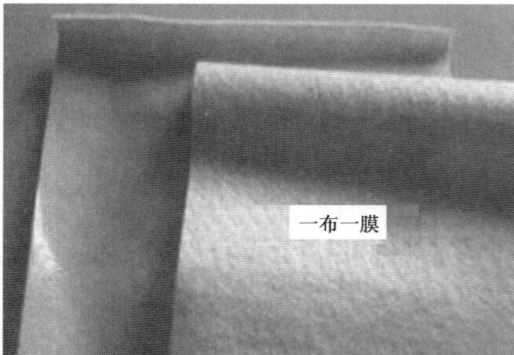

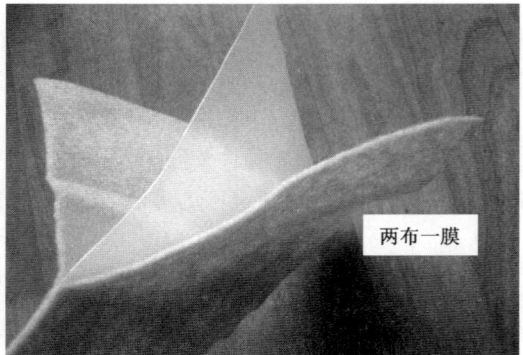

图 9-5　复合土工膜

a)双向经编土工格栅 b)双向塑料土工格栅 c)双向拉伸土工格栅

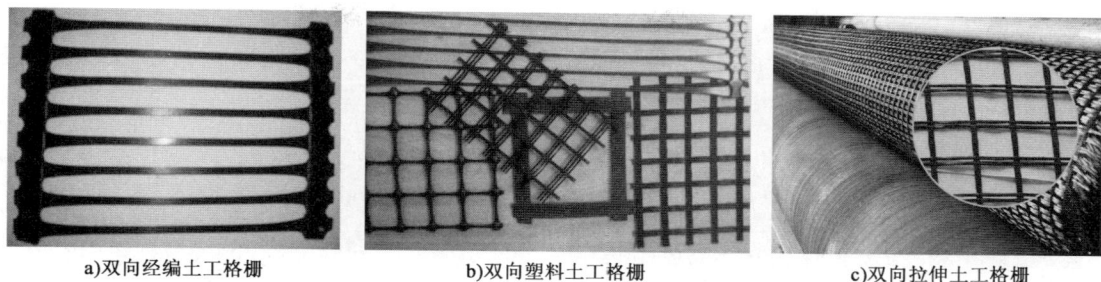

图9-6 塑钢土工格栅

（2）土工带

经挤压拉伸或再加筋制成的条带抗拉材料。包括塑料土工带、钢塑土工带等，如图9-7所示。

（3）土工格室

由长条形塑料片材或其中已加入钢丝、玻璃纤维、碳纤维的片材，经焊接、插件或扣件等方法连接，展开后构成蜂窝状或网格状的立体结构材料。土工格室如图9-8所示，土工格室的应用如图9-9所示。

图9-7 高强钢塑复合土工带

a)高强土工格室 b)无纺布土工格室

图9-8 土工格室

（4）土工网

土工网是高分子聚合物经挤出制成的网状材料或其他材料经编织形成的网状材料。土工网按制造方法一般分为挤出网和经编网，按形状一般分为平面网和三维网。土工网如图9-10所示。

塑料平面土工网，是以高密度聚乙烯或其他高分子聚合物为原料，经挤出成型的平面网状材料。

经编平面土工网，是采用玻璃纤维或高强聚酯长丝经编织机编制并经表面涂覆而成的平面网状材料。

塑料三维土工网，是由一层或多层双向拉伸或挤出平面的网，表面点焊一层或多层非拉伸挤出网，形成表面凹凸泡状的多层网状材料。

a)高强土工格室的应用　　　　　　　　　　　b)无纺布土工格室

图 9-9　土工格室的应用

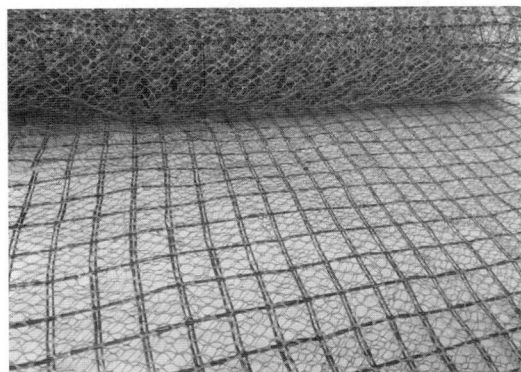

图 9-10　土工网

（5）土工模袋

双层聚合化纤织物制成的连续或单独的袋状材料。可用高压泵将混凝土或砂浆灌入其中,形成板状或其他形状的防护结构。土工模袋如图 9-11 所示。

其特点是可以在水下施工,无须做围堰或断流,可按工程要求预制成不同大小和不同厚度的几何形状,尤其适合于复杂起伏的地形。

a)土工模袋应用初期　　　　　　　b)土工模袋应用后期

图 9-11　土工模袋的应用

（6）泡沫聚苯乙烯板块

由聚苯乙烯加入发泡剂膨胀经模塑或挤压制成的轻型板块。泡沫聚苯乙烯板块如图 9-12 所示。

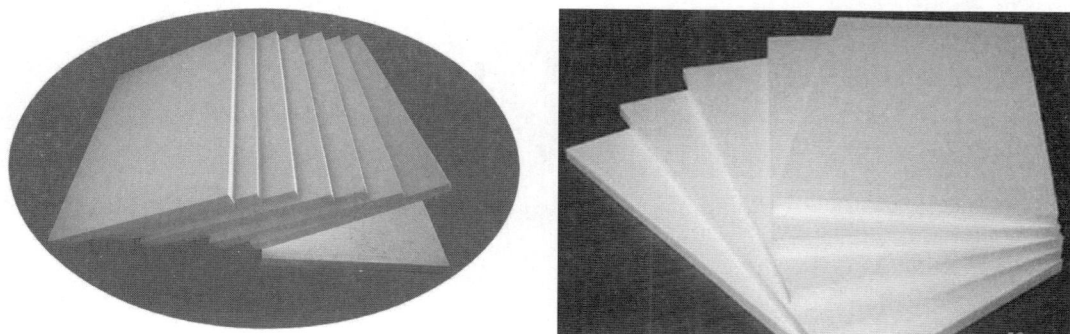

图 9-12　泡沫聚苯乙烯板块

泡沫聚苯乙烯板块具有密度小、易安装的特点，其密度一般为 $20 \sim 40 \mathrm{kg/m^3}$，是一般压实填土密度的 $1/100 \sim 1/50$。

（7）植生袋

植生袋是采用孔隙率为 $70\% \sim 99.5\%$ 的多功能过滤毯状纤维，运用针刺法和喷胶法生产出的，内含草种、灌木种、培养料、保水剂和肥料等绿化辅料的袋状材料。植生袋的应用如图 9-13 所示。

（8）土工织物膨润土垫

土工织物或土工膜间包入膨润土或其他低透水性材料，并通过针刺、缝接或化学粘结制成的一种防水材料。土工织物膨润土防水毯的应用如图 9-14 所示。

3.2　土工合成材料的工程应用

1）土工合成材料的作用

土工合成材料埋在土体之中，可以分布土体应力，增加土体的模量，传递拉应力，限制土体侧向位移；还可增加土体和其他材料之间的摩擦阻力，提高土体及有关建筑物的稳定性。

图 9-13　植生袋的应用

图 9-14　土工织物膨润土防水毯的应用

具体作用如下：

（1）排水作用

织物是多孔隙透水介质,埋在土中可以汇集水分,并将水排出土体。织物不仅可以沿垂直于其平面的方向排水,也可以沿其平面方向排水,即具有水平排水功能。

（2）反滤作用

为防止土中细颗粒被渗流潜蚀(管涌现象),传统上使用级配粒料滤层。而有纺和无纺织物都能取代常规的粒料,起反滤层作用。工程中往往同时利用织物的反滤和排水两种作用。

（3）分隔作用

在岩土工程中,不同的粒料层之间经常发生相互混杂现象,使各层失去应有的性能。将织物铺设在不同粒料层之间,可以起分隔作用。例如,在软弱地基上铺设碎石粒料基层时,在层间铺设织物,可有效地防止层间土粒相互贯入和控制不均匀沉降。织物的分隔作用在公路软土路基处理中效果很好。

（4）加筋作用

织物具有较高的抗拉强度和较大的破坏变形率,以适当方式将其埋在土中作为加筋材料,可以控制土的变形,增加土体稳定性,也可用于加筋土挡墙中。在一项工程中,可要求织物发挥多种作用。

2）土工合成材料的工程应用

土工合成材料可应用于公路路基、挡墙、路基防排水、路基防护、路基不均匀沉降处治、路面裂缝防治、特殊土和特殊路基处治、地基处理等工程中。

（1）土工织物的工程应用

土工织物可用于两种介质间的隔离、路基排水、防沙固沙、构筑物表面防腐、路面裂缝防治等场合；高强度的土工织物可用于加筋。

（2）土工复合材料的工程应用

①复合土工膜可用于路基防水、盐渍土隔离等场合。

单纯的土工膜厚度薄、强度低、易刺破损伤，因此在公路路基防水、盐渍土隔离等场合主要采用与土工织物复合的土工膜。

②复合排水材料可用于地基处理和路基排水等场合。

排水带，是我国常用的排水材料，主要用于插入软弱地基中加速地基的固结排水，增强地基强度。排水带如图9-15所示。

图9-15　排水带

排水板宽度可达50cm，不同芯材可构成不同的排水板。其中帽状芯材复合排水板比较典型，主要用于路侧排水、支挡结构内部排水。

长丝热粘排水体，由高分子聚合物长丝热粘堆缠成不同形状的排水芯体，外包土工织物作滤材组成，即通常所称的速排龙或塑料盲沟（图9-16），其强度低，适应变性能力较差。

图9-16　速排龙或排水盲沟

缠绕式排水管,具有较高的环刚度,适应变形能力强,可形成各种不同的口径,主要用于工程内部排水。缠绕式排水管如图9-17所示。

图9-17 缠绕式排水管

透水软管,一般以镀塑的弹簧钢丝或其他高强材料丝圈为骨架,外包土工织物制成,即通常所称的软式透水管,其具有环刚度高、适应能力强、易于安装的特点,主要用于路基边坡仰斜排水、路基支挡结构内部排水,以及与碎石渗沟联合使用增强渗沟排水能力等场合。透水软管如图9-18所示。

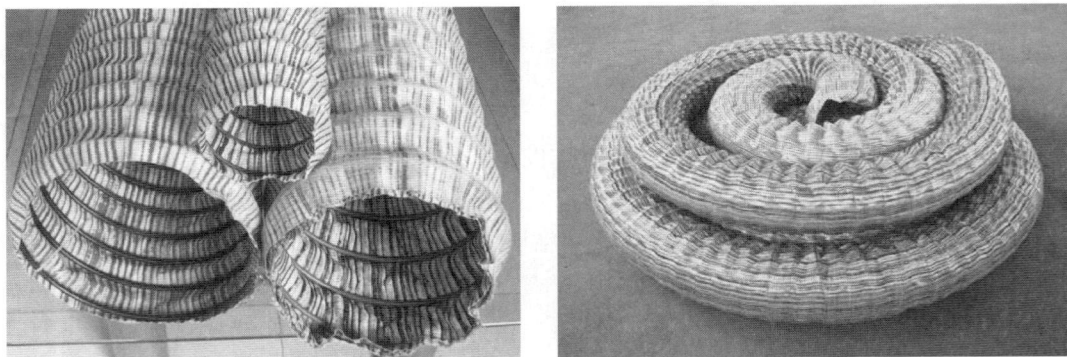

图9-18 透水软管

透水硬管,以高分子聚合物或其他材料制成的多孔管材为排水芯体,外包土工织物作为滤材,组合成圆形排水体,目前在公路工程中应用不多。透水硬管如图9-19所示。

(3)土工特种材料的工程应用

①土工格栅

土工格栅可用于路基加筋、路基不均匀沉降防治、特殊土路基处治、地基处理等场合。其中单向格栅纵向抗拉强度大,横向抗拉强度小,主要用于受力方向比较明确的加筋场合;双向格栅两个方向强度比较一致,主要用于需要考虑多方向受力或主受力方向不明确的场合。各种类型的土工格栅如图9-20所示。

图 9-19　透水硬管

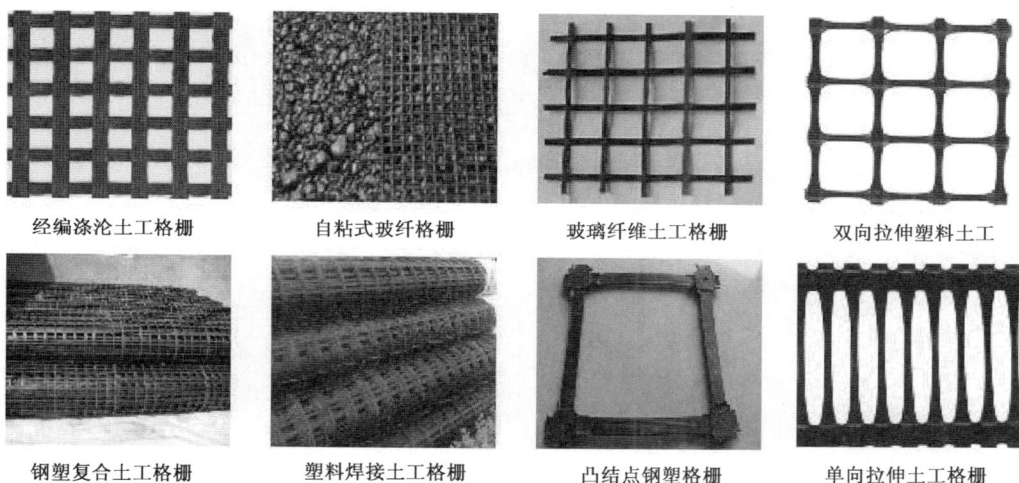

| 经编涤沦土工格栅 | 自粘式玻纤格栅 | 玻璃纤维土工格栅 | 双向拉伸塑料土工 |
| 钢塑复合土工格栅 | 塑料焊接土工格栅 | 凸结点钢塑格栅 | 单向拉伸土工格栅 |

图 9-20　各种类型的土工格栅

②土工带

土工带可用于有面板的加筋土挡墙。

③土工格室

土工格室可用于路基加筋、防沙固沙、路基防护等场合。

在公路工程中,土工格室主要有两种用途:一是在格室内回填岩土后形成具有一定厚度、整体性较好的复合垫层,用于软基等不良地基顶部,形成施工平台;二是在格室内回填种植土,形成具有一定厚度、利于织物生长的种植层,用于路基边坡生态防护。

④土工网和植生袋

土工网和植生袋可用于边坡生态防护。

⑤土工模袋

土工模袋可用于路基冲刷防护等场合。

⑥泡沫聚苯乙烯板块

泡沫聚苯乙烯板块可用于桥头或软基路段,以及需要减载的场合。

复习
与思考题

9-1　什么是高分子聚合物材料？简述其特征。

9-2　什么是土工合成材料？土工合成材料有哪些主要类别？

9-3　土工合成材料有哪些用途？

9-4　举例说明土工织物、土工复合材料和土工特种材料各自的工程应用？

9-5　简述合成橡胶、合成纤维以及塑料的主要成分、分类及性能。

参 考 文 献

[1] 中华人民共和国行业标准. 公路工程集料试验规程:JTG E42—2005[S]. 北京:人民交通出版社,2005.

[2] 中华人民共和国行业标准. 公路工程技术标准:JTG B01—2014[S]. 北京:人民交通出版社股份有限公司,2014.

[3] 中华人民共和国行业标准. 公路工程岩石试验规程:JTG E41—2005[S]. 北京:人民交通出版社,2005.

[4] 中华人民共和国国家推荐标准. 建设用砂:GB/T 14684—2011[S]. 北京:中国标准出版社,2011.

[5] 中华人民共和国国家推荐标准. 建设用卵石、碎石:GB/T 14685—2011[S]. 北京:中国标准出版社,2011.

[6] 中华人民共和国行业标准. 公路工程无机结合料稳定材料试验规程:JTG E51—2009[S]. 北京:人民交通出版社, 2009.

[7] 中华人民共和国行业标准. 建筑石灰试验方法 第一部分:物理试验方法:JC/T 478.1—2013[S]. 北京:中国标准出版社,2013.

[8] 中华人民共和国行业推荐标准. 建筑生石灰:JC/T 479—2013[S]. 北京:中国建材工业出版社,2013.

[9] 中华人民共和国行业推荐标准. 建筑消石灰:JC/T 481—2013[S]. 北京:中国建材工业出版社,2013.

[10] 中华人民共和国行业推荐标准. 公路桥涵施工技术规范:JTG/T 3650—2020[S]. 北京:人民交通出版社股份有限公司,2020.

[11] 中华人民共和国国家推荐标准. 水泥取样方法:GB/T 12573—2008[S]. 北京:中国标准出版社,2008.

[12] 中华人民共和国国家推荐标准. 通用硅酸盐水泥 国家标准第1号修改单:GB 175—2007/XG1—2009[S]. 北京:中国标准出版社,2009.

[13] 中华人民共和国国家推荐标准. 水泥细度检验方法 筛析法:GB/T 1345—2005[S]. 北京:中国标准出版社,2005.

[14] 中华人民共和国国家推荐标准. 水泥标准稠度用水量、凝结时间、安定性检验方法:GB/T 1346—2011[S]. 北京:中国标准出版社, 2011.

[15] 中华人民共和国国家推荐标准. 水泥胶砂强度检验法(ISO法):GB/T 17671—2020[S]. 北京:中国标准出版社, 2020.

[16] 中华人民共和国国家推荐标准. 水泥胶砂流动度测定方法:GB/T 2419—2005[S]. 北京:中国标准出版社,2005.

[17] 中华人民共和国国家推荐标准. 水泥比表面积测定方法 勃氏法:GB/T 8074—2008[S]. 北京:中国标准出版社, 2008.

［18］中华人民共和国国家推荐标准.水泥压蒸安定性试验方法:GB/T 750—1992［S］.北京:中国标准出版社,1992.

［19］中华人民共和国国家推荐标准.水泥化学分析方法:GB/T 176—2017［S］.北京:中国标准出版社,2017.

［20］中华人民共和国国家推荐标准.用于水泥中的粒化高炉矿渣:GB/T 203—2008［S］.北京:中国标准出版社,2008.

［21］中华人民共和国国家推荐标准.用于水泥中的火山灰质混合材料:GB/T 2847—2005［S］.北京:中国标准出版社,2005.

［22］中华人民共和国行业标准.普通混凝土配合比设计规程:JGJ 55—2011［S］.北京:中国建筑工业出版社,2011.

［23］中华人民共和国行业标准.公路工程水泥及水泥混凝土试验规程:JTG 3420—2020［S］.北京:人民交通出版社股份有限公司,2020.

［24］中华人民共和国行业标准.普通混凝土用砂、石质量及检验方法标准:JGJ 52—2006［S］.北京:中国建筑工业出版社,2006.

［25］中华人民共和国国家标准.混凝土结构工程施工质量验收规范:GB 50204—2015［S］.北京:中国建筑工业出版社,2015.

［26］中华人民共和国行业标准.混凝土用水标准:JGJ 63—2006［S］.北京:中国建筑工业出版社,2006.

［27］中华人民共和国国家推荐标准.用于水泥和混凝土中的粉煤灰:GB/T 1596—2017［S］.北京:中国标准出版社,2017.

［28］中华人民共和国国家推荐标准.混凝土外加剂匀质性试验方法:GB/T 8077—2012［S］.北京:中国标准出版社,2012.

［29］中华人民共和国国家推荐标准.混凝土质量控制标准:GB 50164—2011［S］.北京:中国标准出版社,2011.

［30］中华人民共和国行业推荐标准.公路工程混凝土结构耐久性设计规范:JTG/T 3310—2019［S］.北京:人民交通出版社股份有限公司,2019.

［31］中华人民共和国国家推荐标准.混凝土物理力学性能试验方法标准:GB/T 50081—2019［S］.北京:中国建筑工业出版社,2019.

［32］中华人民共和国国家推荐标准.混凝土强度检验评定标准:GB/T 50107—2010［S］.北京:中国建筑工业出版社,2010.

［33］中华人民共和国行业推荐标准.公路水泥混凝土路面施工技术细则:JTG/T F30—2014［S］.北京:人民交通出版社股份有限公司,2014.

［34］中华人民共和国行业标准.公路水泥混凝土路面设计规范:JTG D40—2011［S］.北京:人民交通出版社,2011.

［35］中华人民共和国国家推荐标准.道路硅酸盐水泥:GB/T 13693—2017［S］.北京:中国标准出版社,2017.

［36］中华人民共和国行业标准,公路钢筋混凝土及预应力混凝土桥涵设计规范:JTG 3362—2018［S］.北京:人民交通出版社股份有限公司,2018.

［37］ 中华人民共和国行业推荐标准,砌筑砂浆配合比设计规程:JGJ/T 98—2010［S］.北京:中国建筑工业出版社,2010.

［38］ 中华人民共和国行业推荐标准.建筑砂浆基本性能试验方法标准:JGJ/T 70—2009［S］.北京:中国建筑工业出版社,2009.

［39］ 中华人民共和国国家推荐标准.预拌砂浆:GB/T 25181—2019［S］.北京:中国标准出版社,2019.

［40］ 中华人民共和国行业推荐标准,公路路面基层施工技术细则:JTG/T F20—2015［S］.北京:人民交通出版社股份有限公司,2015.

［41］ 中华人民共和国国家标准.生活饮用水卫生标准:GB 5749—2006［S］.北京:中国标准出版社,2006.

［42］ 中华人民共和国行业标准,公路工程沥青及沥青混合料试验规程:JTG E20—2011［S］.北京:人民交通出版社,2011.

［43］ 中华人民共和国国家标准.沥青路面施工及验收规范:GB 50092—1996［S］.北京:中国标准出版社,1996.

［44］ 中华人民共和国行业标准.公路沥青路面施工技术规范:JTG F40—2004［S］.北京:人民交通出版社,2004.

［45］ 中华人民共和国行业标准.公路沥青路面设计规范:JTG D50—2017［S］.北京:人民交通出版社股份有限公司,2017.

［46］ 中华人民共和国国家推荐标准.金属材料拉伸试验　第 1 部分:室温试验方法:GB/T 228.1—2010［S］.北京:中国标准出版社,2010.

［47］ 中华人民共和国国家推荐标准.金属材料弯曲试验方法:GB/T 232—2010［S］.北京:中国标准出版社,2010.

［48］ 中华人民共和国国家推荐标准.碳素结构钢:GB/T 700—2006［S］.北京:中国标准出版社,2006.

［49］ 中华人民共和国国家推荐标准.钢筋混凝土用钢　第 1 部分:热轧光圆钢筋:GB/T 1499.1—2017［S］.北京:中国标准出版社,2017.

［50］ 中华人民共和国国家推荐标准.钢筋混凝土用钢　第 2 部分:热轧带肋钢筋:GB/T 1499.2—2018［S］.北京:中国标准出版社,2018.

［51］ 中华人民共和国国家推荐标准.冷轧带肋钢筋:GB/T 13788—2017［S］.北京:中国标准出版社,2017.

［52］ 中华人民共和国行业推荐标准.公路土工合成材料应用技术规范:JTG/T D32—2012［S］.北京:人民交通出版社,2012.

［53］ 袁捷.道路建筑材料［M］.2 版.成都:西南交通大学出版社,2018.

［54］ 张伟,王英林.建筑材料与检测［M］.北京:北京邮电大学出版社,2013.

［55］ 芦国超,张汉军.道路与桥梁工程材料［M］.北京:北京理工大学出版社,2013.

［56］ 姚昱晨.道路建筑材料［M］.北京:中国建筑工业出版社,2014.

［57］ 王士坤.土木工程材料问答实录［M］.北京:机械工业出版社,2007.

［58］ 钱树波,张征文.道路工程材料［M］.北京:高等教育出版社,2014.

[59] 陈桂萍,张丽.道路建筑材料[M].沈阳:东北大学出版社,2006.
[60] 严家伋.道路建筑材料[M].3 版,北京:人民交通出版社,2004.
[61] 李立寒.道路建筑材料[M].6 版,北京:人民交通出版社股份有限公司,2018.
[62] 邹连河.道路建筑材料[M].北京:人民交通出版社,1999.
[63] 杨云芳.公路建筑材料[M].北京:人民交通出版社,1998.
[64] 申爱琴.水泥与水泥混凝土[M].2 版.北京:人民交通出版社股份有限公司,2019.
[65] 申爱琴.道路工程材料[M].2 版.北京:人民交通出版社股份有限公司,2016.
[66] 吴初航,等.水泥混凝土路面施工及新技术[M].北京:人民交通出版社,2000.
[67] 殷岳川.公路沥青路面施工[M].北京:人民交通出版社,2004.
[68] 吴科如,张雄.土木工程材料[M].3 版.上海:同济大学出版社,2013.
[69] 习应祥,等.建筑材料[M],长沙:湖南大学出版社,1997.
[70] 张登良.沥青路面[M].北京:人民交通出版社,1999.
[71] 刘秉京.混凝土技术[M].北京:人民交通出版社,1998.
[72] 沙爱民.半刚性路面材料结构与性能[M].北京:人民交通出版社,1998.
[73] 沙庆林.高等级公路半刚性基层沥青路面[M].北京:人民交通出版社,1998.
[74] 姜志青.道路建筑材料试验实训指导[M].2 版.北京:人民交通出版社,2012.
[75] 姜志青.道路建筑材料[M].6 版.北京:人民交通出版社股份有限公司,2021.
[76] 王春阳.建筑材料[M].3 版.北京:高等教育出版社,2013.
[77] 林祖宏.建筑材料[M].北京:北京大学出版社,2008.
[78] 李福普,李闯民.公路工程试验检测人员考试用书材料[M].2 版.北京:人民交通出版社,2012.